KATE KIRKPATRICK

成為西蒙波娃

Becoming BEAUVOIR

A Life

凱特・寇克派翠——著

張葳——譯

「女性之間的關係啊，我一邊想，一邊在心底將小說裡虛構的精采女性群像快速回憶一番，未免都太簡單了。好多東西都略去不談，碰也不碰一下〔……〕她們的關係幾乎全無例外，一概是透過她們和男性的關係來呈現的。」

——《自己的房間》，維吉尼亞．吳爾芙

「讓女人得到解放，是不再將女人拘囚在她與男人的關係中，而並非否定女人和男人之間會有種種繁複的關係。」

——《第二性》，西蒙．德．波娃

致潘蜜拉

紀念真摯無私的友誼

目次

前言

誰是西蒙・德・波娃？

一九二七年的某天，西蒙・德・波娃（Simone de Beauvoir）和她父親對於什麼是「愛」起了場爭執。那個年代裡，社會期待所有女性都能把結婚生子當作人生夢想，而十九歲的波娃正在攻讀哲學，渴望找到一種她能同意並追隨的哲學觀。波娃的父親表示，愛就是對他人的服侍、愛慕與感激，而波娃實在難以苟同。她嚴正反對，驚訝地說愛不只是感激，不只是某種因著他人對我們付出而欠下的債。「有這麼多人不曾明白什麼是愛！」隔天，波娃在日記中如此寫著。[1]

十九歲的她並不知道自己日後會成為二十世紀最著名的女性知識分子之一，也不知道自己的人生會成為人們大量書寫與閱讀的題材。光是她的信件與回憶錄內容便多達百萬字[2]，她還發表了哲學論文、得獎小說、短篇故事、一篇劇本、旅行札記、社運文章、報導文章，更別提她的經典著作——被譽為女性主義聖經的《第二性》（*The Second Sex*）。她與友人共同籌辦社運雜誌、她的倡議運動成功促使政府設立新法、她為了阿爾及利亞人民遭受的非人道待遇進行抗爭、她在全球各地發表演說、擔任公部門委員會的領導人。

西蒙・德・波娃也是二十世紀最惡名昭彰的女性之一，她與尚—保羅・沙特（Jean-Paul Sartre）組成了備受爭議的知識分子情侶檔。不幸的是，整個二十世紀大半的時間裡，大眾普遍認為「知識分子」指的是沙特，而波娃只是構成「情侶」的另一人。波娃在一九八六年於巴黎過世時，《世界報》（*Le Monde*）的訃聞標題說她的著作「偏向通俗讀物而非原創作品」。[3] 一九九四年，托莉・莫伊（Toril Moi）* 在讀完當年市面上的波娃傳記後表示：「若有人認為西蒙・德・波娃的重要之處主要在於她與沙特和其他情人間的非典型戀情，那也是可以理解的。」[4]

在人們對波娃做出此番評論後的數十年間，又有一連串關於波娃的新發現，令原以為自己瞭解波娃的讀者深感意外。諷刺的是，這些新發現也加深了「波娃的感情史是她最有趣的一點」這樣的偏見，進而模糊了這位思想家的面貌。畢竟，是她的哲學形塑了她的一生，並促使她不斷思考並審視自己的生命。波娃是這麼說的：「你無法將哲學與人生分開，人生的每一步都是哲學選擇。」[5]

身為公眾人物的西蒙·德·波娃提筆寫作時，她不僅是為了自己而寫，也是為了她的讀者而寫。她相當暢銷的那幾本回憶錄可說帶有哲學上的野心，揭示著「人的自我總由他人形塑，且與他人相關」[6]的信念。不過，波娃想表達的並不只是鄧約翰（John Donne）†所說的「人非孤島」（No man is an isalnd）而已。除了與他人之間的關連，還有另一個信念促使著波娃寫下回憶錄，那就是人的自我並不見得從出生到死亡都保持相同。自我存有是一段不可逆的「**成為**」（becoming）的過程，涉及自身永不休止的改變，也涉及他人的改變。

自柏拉圖以降，哲學家討論著瞭解自我對於人生幸福的重要性。蘇格拉底表示，人必須認識自己（Know thyself）才稱得上睿智。尼采說，人生在世的任務就是成為自己（Become who you are）。但波娃在哲學上如此反駁：如果女性真實的自我根本就被禁止存在呢？如果妳在成為自己的同時，人們卻因妳沒能成為妳理當成為的人——好女人、好情人、好母親——而視妳為失敗者呢？如果成為自己令妳蒙受揶揄、蔑視或羞辱呢？

在波娃的年代，女性所擁有的可能性經歷了天翻地覆的變化。她在世的這些年裡（一九

* 譯註：托莉·莫伊（1953-），美國杜克大學教授，國際知名女性主義文學評論家。著有《性／文本政治：女性主義文學理論》（*Sexual/Textual Politics: Feminist Literary Theory*）等。

† 譯註：鄧約翰（1572-1631），英國詹姆斯一世時期的玄學派詩人。

〇八—一九八六），大學開始以相同於招收男性的條件來招收女性；女性更取得投票權，也能合法離婚與墮胎了。波娃經歷了三〇年代巴黎的波希米亞狂潮、六〇年代的性革命。在這些文化轉捩點之間，《第二性》標示出了一個革命性的時刻——女人於公共領域中思考、進而坦率談論自身的方式已有所改變了。波娃所接受的哲學教育在她的同輩之間是前所未見的；但即便如此，當她在快要四十歲時開始思考「身為女人對我而言的意義為何」，她所發現的答案竟連自己也大吃一驚。

在那個「女性主義」一詞具有許多不同涵義的年代裡，人們寫下大量品質粗劣、關於女性的愚蠢著述，被惹惱的波娃因此寫出了《第二性》。她實在是受夠人們在女性主義一題上爭論不休了。[7]不過，當波娃寫下日後將成為名言的「女人並非生而為女人，而是成為女人」（One is not born, but rather becomes, a woman）時，她並不知道《第二性》這本書竟會對自己往後的人生及後世的人們產生這麼大的影響。

已有諸多文獻深入探討這句名言的意義、探討人究竟如何「成為」女人。而本書則旨在探究波娃是如何**成為**她自己。人不可能有條理地書寫自己的人生，因為人生是永無休止地成為自己的過程——這是波娃在十八歲時得出的結論。當波娃閱讀自己前一天的日記時，她說，這就像是在閱讀「死去的自我」所作成的「木乃伊」。[8]她是位哲學家，習於思考，並永遠質問著她身處之社會的價值觀，以及自身生命的意義。

波娃認為，時間在人的生命經驗中扮演著一定的角色，因此，這本傳記也順著她生命的時間順序來書寫。波娃在年紀漸長後說，世界改變了，而她與世界的關係也有所變化。她寫下自己的人生以供他人閱讀的時候，她想要「展示生命的變化、熟成，還有他人及自己無可逆轉的衰頹」。生命於時光之中舒展，因此波娃希望跟隨「年歲所鬆解開來」的脈絡來寫。[9]在這點上，她仍與那個少女時期讀著柏格森（Henri Bergson）[*]的自己十分相似。柏格森說，自我並非一物，而是一段「進程」、一種有「生命的活動」[10]，是一段在死亡為其劃下限制之前持續改變的「成為」之過程。

波娃之所以能成為如今的她，部分要歸因於她自己做出的選擇。但她也清晰意識到自我創造與他人形塑之間的拉扯、自身心願與旁人期待的衝突。幾個世紀以來，法國的哲學家爭論著人活著到底是被人看見好，還是不被人看見好。笛卡兒（Descartes）借用奧維德（Ovid）[†]的話表示人得「不被看見，才能過得幸福」（To live well you must live

* 譯註：亨利・柏格森（1859-1941），法國哲學家。

† 譯註：奧維德（43 BC- 17/18 AD），古羅馬時代詩人，被認為是古羅馬經典詩人之一。

unseen）[11]，而沙特以大片篇幅討論他人物化的凝視（gaze）是如何將我們囚禁於次等地位之中。但波娃並不同意他們的說法，她認為人要過得好，就得被他人看見——只是必須以正確的方式被看見。

問題是，「以正確的方式被看見」取決於觀看的人與時間點。想像一下，妳是位五十出頭的女性，最近決定要寫下妳的人生故事。妳從童年寫起，然後是少女時代與青年時期。妳在短時間內連續發表了兩本暢銷的回憶錄，裡面記載著二十一歲的妳與如今已十分出名的戀人之間的對話，妳很有成就並享譽國際。不過，那是五〇年代下旬，女性的自述作品還沒有到達二十世紀裡的那個分水嶺、那個女人開始公開顯露出她們野心與憤怒的時刻——更別提公開展示自己在學術上的空前成就，以及即使是著名男性也可能無法滿足的性慾。想像一下，妳的故事成為傳奇，傳奇到人們開始透過這些故事閱讀妳的整個人生，即便這些故事只是妳生命中的片段而已。

波娃在回憶錄中寫下了兩個故事，這兩個故事塑造了她可說是相當扭曲的公眾形象。第一個故事發生在一九二九年十月的巴黎。故事裡，有兩個哲學系學生坐在羅浮宮外，正試圖定義兩人之間的關係究竟為何。這兩人剛在競爭激烈、頗具盛名的國家考試中分別拿下第一與第二高分（沙特第一而波娃第二），準備開始哲學教師的新生涯。當時沙特二十四歲，波娃二十一歲。故事裡提到，沙特並不想要傳統的忠誠關係，所以他們「協議」成為彼此「必然的戀人」（essential love），並同意對方擁有其他「偶然的戀人」（contingent loves）。[12]這會是一段開放式關係，但兩人都占有對方心中最重要的位置。他們承諾告訴對方所有事情，並暫時訂下一份「兩年之約」。正如沙特傳記的作者安妮・柯恩索拉（Annie Cohen-Solal）所說的：「他們的關係成了值得借鏡的模板，是理想的長久伴侶關係。這段關係可謂相當成功，因其顯然調解了無法調解的問題——兩人得以保持自由、平等且互相坦誠。」[13]

這個開放式的「約定」大大激起眾人的好奇心，催生了不同的傳記作品，探究這段戀情以及兩人各自的人生。在《法國人如何發明愛情》（*How the French Invented Love*）一書中，有一整章在寫波娃和沙特。報紙上的標題說，沙特和波娃是「首對現代情侶」。[14]卡羅・李維（Carlo Levi）[*]認為波娃的《鼎盛人生》（*The Prime of Life*）訴說了一個「本世紀的偉大愛情故事」。[15]哈澤爾・羅莉（Hazel Rowley）在她二〇〇八年一本有關波娃與沙特的書中寫到：「他們像是阿伯拉與哀綠綺思那樣同葬一墓，他們的名字永世相連。歷史上所有著名的戀人裡，他們兩人也名列其中。我們無法想起其中一人而不想起另一人：西蒙・德・波娃與

---

* 譯註：卡羅・李維（1902-1975），義大利籍猶太畫家、作家、反法西斯運動者、醫師。

尚－保羅・沙特。」[16]

就某方面來說，我會寫下這本書正是因為我們很難單獨想起他們其中一人。我在花上數年研究沙特早期的哲學後，發現人們看待波娃與沙特人生的方式大不相同，這令我逐漸起疑。為何波娃過世時，每篇報紙訃聞都提到沙特；但沙特過世時，有些訃聞根本沒提到波娃？

二十世紀的大多時間裡（甚至到了二十一世紀亦然），人們都不是因著波娃的學問而以她哲學家的身分記得她。而這件事有一部分肇因於波娃所說的第二個故事，這個故事的場景也在巴黎。一九二九年初，在盧森堡公園裡的梅迪奇噴泉旁，波娃決定跟沙特分享她的構想，一個她自己正試圖發展的「多元道德論」（pluralist ethics）。可是沙特猛烈抨擊她的觀點，而她突然間不再確定她「在智識上究竟擁有多少能力」。[17] 波娃無疑是那個高手輩出的著名年代裡出類拔萃的哲學系學生之一；那年夏天，二十一歲的她會成為史上通過競爭激烈的教師資格國考（Agrégation）的學生中最年輕的一個。就像沙特一樣，正要嶄露頭角的哲學家梅洛龐蒂（Maurice Merleau-Ponty）也找上波娃，希望與她談話交流；他相當重視她的意見，在往後的幾十年間持續與她見面交談，也透過寫作交流意見。但即便是在年紀稍長之後，波娃還是堅稱：「我不是哲學家〔……〕我是文學作家，沙特才是哲學家。」[18]

梅迪奇噴泉旁的對話讓後人不禁想問：寫出《第二性》的西蒙・德・波娃是否低估了自己的能耐，或對自己的能力輕描淡寫？為何她要這麼做？波娃是位令人敬畏的人物，她擁有許多前所未見的成就，為後世的女性開疆闢土。在女性主義的圈子裡，她被視為理想的典範，「無論如何，她象徵著這樣的可能性，那就是即使身為女人也能按照自己的心意自由地為自己而活，不受傳統與偏見的束縛。」[19]然而，《第二性》的核心主張之一卻是沒有任何女人曾經真的不受傳統及偏見的束縛而活，波娃本人顯然也沒有。而這本傳記所訴說的，正是傳統與偏見如何以各種方式束縛波娃，而波娃又是如何回擊的故事。

細心的讀者老早就開始懷疑波娃在回憶錄裡的形象也許經過細心編撰，卻並不總是明白波娃是怎麼做的，又為何要這麼做。畢竟，與沙特訂下戀愛約定的故事讓我們看見的是堅持保持誠實的波娃，而她寫下《第二性》更是旨在讓人看見女性的真實處境。當波娃銳利審視的目光落回自己身上的時候，是否便不再銳利了？若非如此，**為何**她要將自身思想及私人生活的重要部分藏於眾人的目光之外？為何此刻，回頭審視波娃在世人心中的印象會是件重要的事？

答案有兩個，第一個是新資料的公開。波娃在一九五八年到一九七二年間，陸續出版了四本回憶錄，其餘的著作有些也具有自傳性質，包括《西蒙波娃的美國紀行》

（一九四八）、她至中國旅遊的隨筆（一九五七）、她在母親過世及沙特過世後分別發表的回憶錄（一九六四、一九八一）。此外，她也將沙特寫給她的信件整理成冊出版（一九八三）。[20]

波娃仍在世時，以她和沙特為中心的小團體被人們稱為「沙特家族」（La famille Sartre，以家父長沙特命名）或是「小家族」，在其中，有幾個人自以為知道波娃為何要出版回憶錄：因為她想要掌控所有人的公眾形象。許多人認為波娃這麼做是出於嫉妒，她想要世人記得她是沙特感情生活中的第一順位，是他「必然的戀人」。

不過，波娃於一九八六年逝世之後的數十年間，又有新的日記及信件陸續出版，內容則與這番說法有所出入。她在一九八三年出版了沙特寫給她的信件，將戀情細節攤在陽光之下，也因此失去了一些朋友。在她死後，她的日記及寫給沙特的信於一九九〇年出版。此時，許多人震驚得知波娃不但擁有過同性戀情，對象更是她過去的學生。她寫給沙特的信也透露出他倆關係的哲學本質，以及波娃在哲學上對於沙特的影響——不過人們較少討論此事。[21]

之後，波娃寫給美國戀人納爾遜·艾格林（Nelson Algren）的情書在一九九七年出版了，人們再度發現波娃不為人知的一面：波娃是個溫柔纖細的女人，她寫給艾格林的綿綿情話甚至比寫給沙特的還要多。不到十年之後的二〇〇四年，她寫給小博斯特（Jacques-Laurent Bost）的法文書信也出版了。原來，她在與沙特訂下愛情協議後的頭十年裡就與另一個男人打得火熱，還與他保持親近直至過世。這不啻是另一個令人震驚的發現，也打破了眾人對於沙特在波娃心裡具有崇高地位的想像。當年的沙特經歷一番掙扎，才承認波娃在他的哲學思想中占有重要地位；不過，若要對波娃的人生下定論，我們似乎得先強行將沙特移出舞台中央。

過去十年，許多新書與新文獻的發表讓我們得以更為清楚地看見波娃。波娃學生時代的日記記載了她早在認識沙特前便已開始建構的哲學概念，也記載著她在與沙特相識仍不久時對他的想法；她的日記，透露了她過的生活其實與她在回憶錄中的自述相當不同。雖然她的日記已於二〇〇八年在法國出版，但尚有部分未有英譯問世，所以在學術圈之外，她人生中的這段時期並非廣為人知。二〇一八年，學者能夠接觸到的新資料更多了，包括波娃寫給克勞德・朗茲曼（Claude Lanzmann）的信[22]——他是波娃唯一曾經同居並以親密第二人稱（tu）稱呼過的戀人。同年，七星文庫（Pléiade）在法國出版了兩冊評價極高的新版波娃回憶錄，內附未曾發表過的日記摘錄以及波娃的寫作筆記。除了這些法文資料，還有由瑪格麗特・西蒙斯（Margaret Simons）及西爾維・勒・龐・德・波娃（Sylvie Le Bon de Beauvoir）主編的波娃選集。她們找出了許多波娃早期的文章並加以翻譯、出版或再版，有倫理學論文、政治哲學論文、還有《時尚》（*Vogue*）雜誌及《哈潑時尚》（*Harper's Bazaar*）的文章。

這些新資料顯示，波娃在回憶錄中確實對很多事略過不提——但它們有一部分也指出了波娃略過不提的原因。在這個媒體飽和的網路時代，人們很難想像波娃的回憶錄曾多大程度地挑戰了當時隱私的傳統界線。她的四冊回憶錄（若加上回憶母親與回憶沙特的兩本便是六冊）在讀者心中建立起一種熟悉的親密感。不過她從未承諾會全盤托出；事實上，她告訴讀者她蓄意保留了一些模糊空間。[23]

最新的資料——她的日記還有寫給朗茲曼的信——顯示她模糊帶過的不只她的戀情，還有她在早年便已有所構思的愛情哲學，以及她的哲學對沙特產生的影響。終其一生，波娃受困於人們對於她的能力與原創性的質疑之中，有些人甚至說她的著作其實是沙特寫的。有人批評，她的《第二性》是一棟「龐然的建物」，倚靠著她從沙特《存在與虛無》（*Being and Nothingness*）中拿來的「兩個輕盈的假設」而建造起來。有人說她像是「引用宗教經典一般地」引用沙特。[24]波娃有時會在作品中明確譴責這些輕視言論的不實之處，但這些言論無論是在她生前或死後都揮之不去。除了稱其著作為通俗讀物的那篇訃聞，還有另一篇訃聞語帶輕蔑地宣稱波娃「不具備創作能力」。[25]

波娃曾遭人批評不具備原創性——今日的讀者也許會對此事相當驚訝。不過在當年（悲哀的是在今日亦無不同），女性作者經常面臨這樣的指控，而她們往往會也將這樣的看法內化。波娃確實有她原創的論點，她的某些論點很可能正是令沙特聞名後世的論點。有一年，因為沙特太忙了，波娃便用沙特的名字替他發表文章，結果根本沒人發現。沙特說過，《嘔吐》（*Nausea*）原本只是一篇抽象的哲學論文，是波娃建議將其擴寫為一部小說。他也說過，在他漫長的哲學生涯中，波娃以她嚴謹的批評與深刻的洞見，幫助他在發表前將文章修改得更為出色。四〇和五〇年代裡，波娃寫下並公開發表了自己的哲學觀點；她對沙特作出批判、最終令他改變了看法。在她後面幾本回憶錄中，她出聲為自己辯護，駁斥外界對於她個人能力之抨擊，並且挑明了說她早在認識沙特之前就對於存在與虛無擁有自己的理論（沙特後來才寫了《存在與虛無》一書），而她的結論與沙特有所不同。可是，波娃對於自身獨立性與原創性的宣言在大多數時刻都遭到忽略，而她指出人們稱之為「沙特式」的哲學有些並非沙特原創一事，也同樣未被看重。

而這正是我們為何該回頭審視波娃的人生的第二個原因。人物傳記能夠告訴我們社會關心什麼、重視什麼；藉由與不同時代的另一個靈魂所擁有的價值觀相遇，我們也能更為深刻地理解自己所抱持的價值觀。《第二性》的批判是，許多有關女性的迷思不過只是男人對女人的恐懼與幻想之投射[26]，這些迷思有許多都沒能夠將女性視為能動主體（Agent）——亦即能做出選擇、規畫人生、具有意識的人類；這群人類會愛人，也想被愛，她們遭他人貶為客體而蒙受苦難。認識沙特之前，在她與父親爭論什麼是愛的前一年，十八歲的波娃在日記裡這麼寫著：「關於愛情，有幾個地方是令人厭惡的。」[27]她的抗議是道德上的抗議：人們給予男性的道德標準並沒有女性的標準來得那麼高。波娃成長的傳統教導她：若要成為道德的人，就得「學習愛人如己」（Love your neighbor as yourself）。但在她的經驗中，這條規範幾乎無人遵守，人們不是愛自己太多，就是愛自己太少。無論是在書本裡或在生活中，沒有任何愛的典範符合波娃的期待。

我們並不清楚波娃日後所擁有的那些愛情是否符合她的期待，但我們知道，波娃決定（並且反覆追認這個決定）她要過著哲學式的開闊人生，一段由自身智識之價值觀領路、有所反思的人生——一段自由的人生。她寫下了許多不同形式的文學作品以實踐這個決定，她與沙特在人生長河中不斷對話來實踐這個決定。此刻，回頭審視波娃的生命是重要的，因為在公眾的想像之中，波娃與沙特由於「愛」這個曖昧多義的字眼而結合，而「愛」，正是波娃以數十年的哲學目光細查的對象。

回頭審視波娃的人生是重要的，因為隨著歲月過去，波娃對於人們描寫她人生的方式漸生不滿——「西蒙．德．波娃」這個角色好不容易擺脫了傳統婚姻的敘事，卻又落入了情色的想像之中。人們對於「女人想要什麼」和「女人能做什麼」普遍有種假設，即使在波娃過世後，這些假設仍影響了人們記得她的方式。無論在感情上或才智上，人們都當波娃是沙特手下的犧牲者。

在感情上，波娃之所以會被視為犧牲者，有很大一部分是由於人們在談到「愛」的時候，總假定每個女人（如果她們對自己完全誠實）都想要找個男人廝守終身。在這段「傳奇戀情」持續的五十多年間，沙特公然追求不同女性，發展偶然的戀情；而波娃在她刻意有所不提的回憶錄中，**看來**似乎只有少數幾段在她五十出頭時皆已告終的偶然戀情。因此，有些人的結論是，波娃是上了沙特的當，才會進入這段剝削式的關係。雖然兩人並未結婚，但他們扮演的仍是不負責任的玩家和苦苦守候的女人這兩個陳腔濫調的角色。有時候，波娃的人生被視為父權規則下的犧牲品，但這樣的觀點，暗示了女性知識分了及年老的女性並不如男性知識分子及年老的男性那樣具有吸引力。有時，人們也會說是波娃自己不夠聰明。她的學生碧昂卡．朗布蘭（Bianca Lamblin）說，波娃拒絕進入婚姻與家庭，因而「親手栽種了自己的不快樂」。[28] 路易士．米南德（Louis Menand）在《紐約客》（*New Yorker*）中也提到：「波娃令人敬畏，但她並非真是鐵石心腸。她的那些風流韻事大多都仍帶有感情，可是她筆下的每個字也都清楚透露著，若能獨占沙特，她肯定會放棄其他戀人。」

不過波娃學生時代的日記卻不是這麼說的。日記顯示，在認識沙特的幾個星期後，波娃僅僅將沙特放在這個無可取代的位置上：她很高興遇見沙特，稱他為「我在思想上無人可及的摯友——存在我身心之中，並高於一切之上（**因在我身心之中仍可以有許多其他人**）」。[29]波娃在寫給艾格林的信中解釋，她與沙特的關係比較像是友情，而非愛情，因為沙特「不甚熱衷床笫之事。他向來是個溫暖而熱情的人，但在床上便非如此。雖然我當時沒有經驗，但我很快就發現這事。若要繼續以戀人往來，不免逐漸顯得無用，甚至有失光采。」[30]

「本世紀的偉大愛情故事」，是否其實是個關於友情的故事？

在才智上，波娃亦被描寫為沙特、父權結構、自身失敗之下的犧牲者。波娃是否內化了厭女情結？她是否對自己的哲學能力欠缺自信？在她作為公眾人物的生涯之中，人們總指控她將沙特的論點通俗化；若借用吳爾芙（Virginia Woolf）的比喻，波娃是被拿來當作鏡子了——她成了一面「有法術、有美妙魔力的鏡子，可以把鏡子外的男人照成兩倍大」。[31]更糟的是，人們指控波娃對於扮演「沙特的鏡子」這個角色並無不滿。

不過，我們其實很難知道「波娃不如沙特」這種看法有多少是根據沙特及波娃本人而論，又有多少得歸功於文化上常見的性別歧視。即便到了今日，我們都知道人們提到一位女性時，更常提及她與別人的關係（私人關係或親戚關係）而非她的專業能力，也更常使用被動語態而非主動語態。負面的性別劃分相當常見（例如：西蒙雖是女人，卻有男人的頭腦），人們對於女性的言論也較少逐字引述，而較常換句重述。

一則則知名媒體的評論橫亙了波娃漫長的職業生涯，讓我們看見公眾是如何將波娃視為沙特延伸出來的分身（甚至更糟）：

《紐約客》，**一九四七年二月二十二日**：

「與沙特旗鼓相當的女性知識分子、你所見過最漂亮的存在主義者」

威廉·貝瑞（William Barrett，**哲學家**），**一九五八年**：

「那個女人是他的朋友，她寫了本關於女性抗爭的書」[32]

《小拉魯斯字典》（*La Petit Larousse*），**一九七四年**：

「西蒙·德·波娃：女性文人、沙特的忠實信徒」

倫敦的《泰晤士報》，一九八六年：

「在哲學思考與政治理念上，她都追隨著沙特」[33]

《小拉魯斯字典》，一九八七年：

「西蒙．德．波娃：沙特的信徒與伴侶，同時也是堅定的女性主義者」

迪德莉．貝爾（Deirdre Bair），**第一本波娃傳記的作者，一九九〇年：**

她是沙特的「伴侶」，她「運用、推廣、闡明、支持並實踐」沙特他「在哲學、美學、道德與政治上的原則」[34]

《泰晤士報文學增刊》（*The Times Literary Supplement*），**二〇〇一年：**

「沙特的性奴？」[35]

有許多波娃筆下的文字都在較近期才對外公開，因此即使是最具洞見的評論家，也不免將波娃形塑為拜倒在沙特魅力之下的女人。學術上，人們說波娃是「櫃子裡的哲學家」——波娃認為學術成功「**與性感魅力只能兩者擇一**」[36]，所以宣布與哲學劃清界線（在哲學上成為「次等於沙特者」）。感情上，托莉·莫伊說波娃與沙特的關係是「她生命中連自身的批判目光都必須止步的聖域」。[37]貝爾·胡克斯（bell hooks）*則說：「沙特未說明出處便擅自取用波娃的構想，而波娃順從地接受此事。」[38]不過，在這對戀人初識時，波娃便已私下對於沙特有所批判；她也確實曾出言捍衛自己在哲學上的原創性，雖然這樣的態度要在她人生後半段才逐漸變得鮮明——在她看見公眾如何一面倒地誇大沙特對她的影響之後。

除了被剝削的受害者形象之外，人們有時也將波娃描繪為剝削他人的惡女。在波娃身後出版的沙特信件集以及她在二戰時期的日記，揭露了她在三〇年代末、四〇年代初時曾與三個年輕女性發生性關係，三個都是她以前的學生。在此之後，沙特也曾和當中的幾位交往。批評者說，波娃利用權勢對後生晚輩下手就已經夠糟了，她還誘捕這些年輕女孩以供沙特享用嗎？這一對訂有協議的戀人顯然相當重視坦誠以對——眾所皆知這是他倆戀情中的關鍵

---

* 譯註：貝爾·胡克斯（1952-），女權主義者、學者、社會運動家，本名是葛勞瑞亞·晉·沃特金（Gloria Jean Watkins），以貝爾·胡克斯（bell hooks：首字小寫）之筆名為人所知。

要素。所以，當這樣的三角關係被公諸於世時，激起了震驚、嫌惡之情與人格詆毀的言論：「到頭來，這對推崇誠實的情侶竟然持續在對情緒不穩定的年輕女孩說謊。」[39]

不過，此事引發的蔑視之情仍是奇怪地倒向一方：無論是因為波娃是女性，或是因為她是《第二性》的作者，人們似乎都相當驚訝這女人竟會做出這種事來。當波娃的《戰時日記》（*Wartime Diary*）於二〇〇九年在英國出版時，有個倒盡胃口的評論家寫了篇名為〈說謊與虛無〉的文章來表達她對於波娃在回憶錄中寫下「一頁又一頁的不實之言」有多震驚。[40]在某些讀者眼中，這個波娃只在乎自己，她的小說體現的不過是她的虛榮。當波娃寫給沙特的信於一九九一年在英國出版時，理查·海勒（Richard Heller）說她「乏味至極」，並對這本「自戀成性、令人沮喪的書」表示遺憾。[41]

如果讀者讀到波娃如何描述那些女孩，他們也許難以再對她抱有任何期待。當中有位與波娃維持友誼直至她過世的前任女友，在波娃寫給沙特的信出版後也寫了本回憶錄。她說，雖然當時距離信中所述事件已過了數十年，她在讀完波娃寫給沙特的信後仍感到被利用、被背叛。我們該相信誰？又該相信何時何刻的他們？波娃日後寫下了縝密的倫理學，闡明女性生而為自由且具有意識的人類，並要求大眾以與其尊嚴相配的方式對待女性，那麼，我們又該如何看待這些對波娃的指控？但無論如何，性別歧視（Sexism）一詞是因為波娃才被收錄進法文字典裡的。[42]而女性主義者如托莉・莫伊與貝爾・胡克斯等人都尊崇波娃為「二十世紀最具象徵性的女性知識分子」，說她是「以我渴望的方式在思想上充充實實活過的女性知識分子、思想家暨作家」。[43]

回答上述問題是重要的，因為許多女性主義者都援引波娃來支持自己的論點——無論波娃是否認同這些論點。「西蒙・德・波娃」的名字如今是女性主義與後女性主義中的頭號消費性商品：「她成了自己的商標，幻化為品牌」。[44]不過，大眾心中的品牌印象是出了名的易變無常。她對於女性所受壓迫的分析深具洞見，許多女性主義者十分推崇；但她對於愛情的理想面貌之批判也讓她的許多同儕格外憤怒，對她報以貶抑與羞辱。她在一九四九年五月發表了《第二性》當中的一段摘錄，宣稱女人要的不是兩性戰爭，而是在性生活上感受到男人對她的慾望與尊重。當時，頗具威望的作家莫里亞克（François Mauriac）嘲笑地問：「西蒙・德・波娃小姐所處理的問題真的適合寫在一篇嚴肅的哲學與文學評論裡嗎？」[45]當帕斯卡（Pascal）*探究愛與正義是否有所衝突時，他在做哲學研究。當康德與約翰・彌爾討論愛在道德中的地位時，他們也在做哲學研究。[46]但當波娃將關於愛與正義的討論往前推及兩

* 譯註：布萊茲・帕斯卡（1623-1662），法國神學家、哲學家、數學家、物理學家等。

性親密關係的時候，人們開始叫她「小姐」——試圖以其未婚的身分來羞辱她——並指控她拉低了格調。

現在看來，當時波娃所承受的似乎是「**訴諸性別**」（ad feminam）的攻擊：批評她的人若能強調她叛離女性氣質而將她貶為**失格**的女性，或因她缺乏原創性、模仿沙特而將她貶為失格的思想家，或強調她叛離他倆的道德準則而將她貶為失格的人類，那麼，人們就能簡單地摒棄她的想法，而非認真與其辯論。

原則上來說，**訴諸人身**（ad hominem）的手法所針對的對象不分男女，此種辯論策略靠著攻擊個人的品格或動機來轉移對於當前討論主題的注意力。不過，人們可不只指控波娃品格不佳、動機可議而已，他們還指控波娃有違自然法則，指控她**作為女人**簡直失敗至極。最近的學術研究指出，**能動**（Agentic）地位指的是能展現如個人能力、自信及魄力等能動性（Agency）的位置，而成功取得能動地位的女性經常會受到「社會優勢懲罰」（Social dominance penalties）。如果女性打破性別階級而去爭取傳統上保留給男性的高階地位，人們常會認為她們自大傲慢、具攻擊性，而（有時是完全無意識地）去「討伐」她們、挫其銳氣，來維持原有的性別階級。[47]

在理論思考與實際層面上，波娃都踰越了她的階級：她提出的理念有能力顛覆男人及女人的生活，而她自己也嘗試依循著這些理念而活。就這層意義而言，波娃的故事——包括她的人生故事以及她與沙特的愛情故事——所叩問的，不再只是有關他們這對男女的事何者為真，而是關於世間男女，有什麼是我們可以視其為真的普遍道理？如今在我們對於廣義的「男性」與「女性」的知識中，我們有把握的普遍真理是愈來愈少了，而這樣的劃分方式本身也受到質疑。此事有部分得歸功於波娃的思想。不過，我們在本書中也會看到，這個世界時常因為波娃竟膽敢擁有這樣的思想而對她施行懲罰。

從她學生時代的日記一直到最後的作品《論老年》（*Old Age*），波娃的哲學觀向來將「成為自己」分成兩個面向：內在性的面向（view 'from within'）以及外在性的面向（view 'from without'）。但若要一窺波娃的內在面向，她人生的某些部分幾乎完全得仰賴她自己所寫的回憶錄。對於回憶錄裡記載的許多事，我們確實有起疑的理由，所以當新資料顯示其有遺漏或矛盾之處時，我都盡可能極力加以強調。

我已提過，波娃對於她所成為的自我的理解方式，會隨著年歲而變化。我們知道，人對於自己的看法會隨著時間改變——心理學研究一再顯示人的自我概念會變化，而人也會對自己的記憶做出淘選以符合這些變化。[48]我們也知道，人會根據面前的觀眾而以不同的方式呈現自我。在波娃人生的某些段落中，我們有信件以及日記可供查閱——但信件是寫給收件人的，而人們在寫日記時也會顧慮到自己的後人可能會看見這本日記。伏爾泰（Voltaire）說，面對死者，我們應還以真相[49]——可是在我們告訴自己的故事、我們告訴他人的故事、與他人故事中的我們之間，真相又停泊於何方？

這個問題並不容易回答，而傳記主角是位女性則讓事情變得更為困難。如同卡洛琳・海布倫（Carolyn Heilbrun）[*]所說的：「就算有人為女性書寫傳記，那也是在留意著討論的內容可被接受，並同意某些事不必提及的情況下，有所約束的寫作。」[50]波娃的人生離經叛道——要考慮的遠不止他人隱私，以及她所寫下的內容是否合法。如果她對於自己的人生完全誠實，恐怕她會令自己的處境更加難堪，也令她的讀者感到難以理解。因此，對於自己的哲學理念及感情世界，她多半選擇不談；她略過了大部分的內在面向。她之所以這麼做，有許多可能的原因，我們會在這些原因出現在她的生命場景中的時候一一檢視。但在此之前，由於波娃是哲學家，還有最後一個問題必須討論：對於她的人生與著作而言，波娃的傳記有何重要之處？

有些哲學家認為，我們根本沒有必要去瞭解偉大思想家的人生，因為他們的思想都已保存在著作之中。無論他們的人生是精彩是無趣，都應被存放在與哲學分開的其他領域裡。不過也有哲學家認為，人的著作得與他的人生放在一起來理解，若要理解哲學作品的真正涵義，就必須先瞭解哲學家的人生。前者「一碼歸一碼」的看法可能導致結論與史實不符，進而造成誤解。舉例來說，此種讀哲學的方式讓人們誤以為是沙特開創了存在主義倫理學（即使率先針對此主題寫作並發表論文的是波娃，而沙特在世時並未發表他的倫理學理論）。

後一種看法則可能將人**化約**為事件造成的後果。化約式（Reductivist）的傳記經常依循著特定的考量而寫，將意義讀進主角的人生中，而非讓這段人生自行訴說其故事。這種做法有時能帶來深刻的啟發，但也遮蔽了主角的能動性，而將他們描繪為童年或階級的產物，並非他們本人所欲成為的自我。[51]

波娃本人一定也會抗拒「生活」與「著作」這樣粗略的二分法——說得像是她在寫作時不算在生活，而在生活中無需努力於寫作似的！波娃在哲學上的關鍵洞見之一就是，每個人都**被放置**在特定背景、特定軀體、特定時空與關係網絡之中，這個特定的處境影響著人們如何去想像自己在世界中的位置，而此處境也會隨著生命歷程出現變化。此外，波娃也指出女性的處境長久以來都受到性別歧視的影響。

＊ 譯註：卡洛琳·海布倫（1926-2003），哥倫比亞大學教授，是英語系第一位獲得終生職的女性，亦是女性主義文學研究者。她同時也是一位偵探推理小說家，小說作品則以筆名阿曼達·克羅斯（Amanda Cross）發表。

因此，若要書寫波娃的人生，我們必須面對的是另一種化約論的挑戰：在觀看波娃的人生時，除了童年經驗及其餘精神分析觀點，除了經濟、階級等社會條件之外，我們也必須將性別歧視的結構納入考量。如今，我們已知她的著作曾被刪減及誤譯，甚至根本沒有英譯本；有時，這些刪減和誤譯影響到波娃著作中的哲學嚴謹度及政治性意味。她的作品受到如此待遇，令人不禁想問：為什麼會這樣？在二十一世紀，「女性主義」此一概念仍帶有多重含意，人們為其爭論不休。某位女性的「自由選擇」對另一位而言可能是「壓迫」，某人的玩笑話對其他人而言可能是性別歧視，而這樣的歧義性正是波娃已臻成熟的哲學所欲探索的。

波娃的哲學著作及回憶錄都告訴我們，人若要成為具有道德的自我，自由與約束之間的張力是關鍵因素。而波娃在她的文學作品中也探討了這個議題——雖然有人主張她的文學作品與其個人生命經驗無關。在她一九四五年的小說《他人的血》（*The Blood of Others*）中，女主角伊蓮娜（Hélène）反對別人將她的想法及行為化約為「她來自下層階級」此一事實。她說：「永遠以外部環境來解釋人們的行為是多麼可笑的事，彷彿我們所是與所想並非取決於我們自身。」[52]而波娃的哲學著作也探討了這份張力，在她的論文《歧義的道德》（*The Ethics of Ambiguity*）中，波娃寫著：「如果歷史僅是機械式的進程，而人類在其中不過是被動地傳導著外界力量的話，那麼『行動』這個概念本身將會失去所有意義。」[53]

這本傳記並沒有嘗試為波娃「真正的」模樣寫下定論，因為任何傳記作者都無法由上帝視角來觀看人的一生。確切來說，這本傳記的創作動機，來自於渴望在「將波娃的人生與著作劃分開來」及「將波娃的著作化約為其人生」兩者間的這片險地上探路前行。本書贊同「波娃的行為取決於她自身」的觀點，也跟隨著波娃的腳步承認：成為女人有一部分也意味著，妳無法對於自我的所有面向都有所掌控。在《第二性》中，波娃說：「女人陷於如此境地，她們所能擁有的最多也僅是極不牢靠的力量：無論她是奴隸或是偶像，決定她命運的人從來都不是她自己。」[54] 年紀稍長後，她瞭解到她的公眾形象要求她繼續扮演西蒙·德·波娃的角色——而這個公眾形象具有公眾力量——但她的哲學也讓她瞭解，她能做的只有持續成為自己。

從十五歲開始，波娃就感到寫作是她的天職，但她並不總是滿意她所成為的這個人。在她早期的一篇論文《皮洛士與齊納斯》（*Pyrrhus and Cinéas*）中，波娃說沒有人終其一生都追求相同的事物——「在人生中，那個所有人生片刻都能彼此和解的時間點並不存在。」[55] 有時，西蒙·德·波娃覺得她的人生像是供人汲水的泉源。有時她被疑慮淹沒，後悔著她對待自己與他人的方式。她的想法有時會改變，同時她也改變了其他人的想法。她曾掙扎著對抗憂鬱。她熱愛生命，她害怕老去，她畏懼死亡。

過世前不久，波娃答應接受迪德莉・貝爾採訪她並為她作傳。她答應的原因有部分是因為貝爾想寫的不僅是波娃的女性主義，而是她人生的**全部**。[56]波娃並不喜歡被化約為毫無深度的扁平角色。貝爾所寫的傳記是在波娃死後第一本出版的波娃傳記（一九九〇年）；如今，許多想瞭解波娃的人仍會閱讀此書。此書的優勢是作者曾多次訪談波娃，但在許多層面上，其所述的也僅是波娃已公開說過的故事。

而現在的這本，則是首次取材於波娃未公開故事的傳記，記敘了她在尚未認識沙特**之前**逐漸長成女性知識分子的歲月。讀者在本書中將會看見波娃是如何發展關於自由的哲學並為其辯護，她如何希望呼喚讀者心中的自由而開始寫小說，《第二性》這本著作如何改變她的人生；也會看見波娃是如何希望自己身為知識分子所寫出的著作不只能喚起讀者的想像力，更能在他們生命中創造實質影響，因而開始書寫自己的人生，並投入女權運動。

寫這本書時，我時常感到惴惴不安，有時甚至是心驚膽戰。波娃是個活生生的人，我不願扭曲人們對她的記憶——無論那記憶令人困惑不安或心生敬佩。就算她的人生留下了再詳盡的記錄，人生記錄都不等同於實際的人生。我很清楚我所關注的面向受到自身環境的影響，也因為仰賴波娃已經淘選過的資料，而在寫作時難免有所偏倚。不過，我盡力描繪出波娃生而為人的全貌：她的自信與猶疑、她的力量與絕望、她對於智識的渴求與她激情的慾望。我沒能將她的每篇演講、每個朋友、每位戀人都寫進書裡，但我寫下了她的哲學思想，因為若沒有她的哲學，我無法如實呈現她的矛盾與她的貢獻。

波娃的人生精采萬分。她的足跡遍佈全球，旅途中曾遇見畢卡索、賈克梅第（Alberto Giacometti）*、約瑟芬・貝克（Josephine Baker）†、路易斯・阿姆斯壯（Louis Armstrong）‡、邁爾斯・戴維斯（Miles Davis）§，更別提許多二十世紀指標性的文學家、哲學家及女權運動家。波娃造訪紐約時，人們為她舉辦派對，連卓別林與柯比意（Le Corbusier）¶也來參加。有次她一口氣抽了六根大麻，還表示自己仍然十分清醒呢！不過，她是因為哲學的緣故才成為眾所皆知的西蒙・德・波娃[57]——這件事至關重要，因著兩個關鍵原因：第一，因為「波娃是沙特的信徒」這個迷思已存在太久。第二，因為他倆之間的爭論與持續一生的對話，是波娃成為自己的歷程中不可或缺的一部分。

---

* 譯註：賈克梅第（1901-1966），瑞士雕刻家，也有繪畫、版畫作品。瑞士一百法朗的紙幣上印有他的肖像。
† 譯註：約瑟芬・貝克（1906-1975），非裔美國藝人，後移居法國。有「黑人維納斯」、「黑珍珠」等暱稱。
‡ 譯註：路易斯・阿姆斯壯（1901-1971），美國爵士樂手，被稱為「爵士樂之父」。
§ 譯註：邁爾斯・戴維斯（1926-1991），美國爵士樂手、作曲家等，二十世紀最有影響力的音樂人之一。
¶ 譯註：柯比意（1887-1965），瑞士、法國建築師，有「功能主義之父」的稱呼。

但事情還有後續。在一九六三年，波娃寫道：

> 作家的公眾面向僅是其生命的單一面向而已。我想，所有與我的文學生涯相關的事物也僅是我私生活的其中一個面向。而這正是為什麼我會為了自己也為著讀者而試圖去釐清，從私領域的角度看來，公眾人物的身分究竟有何意義。[58]

波娃批判沙特的哲學，也批判他的愛情——不過，兩人初識不久後沙特很快便成為波娃「在思想上無人可及的摯友」，此後不曾改變。波娃的思想深深地挑戰著她那個時代的人，她則因此遭到噤聲、嘲弄及蔑視。她選擇了一種能自由思考與書寫的人生，因她重視自身的思想，也確信其產出必定極為豐碩。「我的人生中意義最為深邃的部分就是我的思想」，十九歲的波娃在日記中如此寫著。[59]五十九年後，七十八歲的波娃在歷經一切之後仍是這麼想的：「我的思想對我來說是最重要的事物。」[60]

「有些故事必須代代傳述」，吳爾芙曾如此寫道。[61]不過，關於波娃的許多故事都隱而未現，故難以傳述。波娃在她的日記及情書裡所訴說的故事——她對哲學之熱愛以及她以前所未有的方式與人相愛的故事——深深改變了許多在她之後來到世間之生命的樣貌。

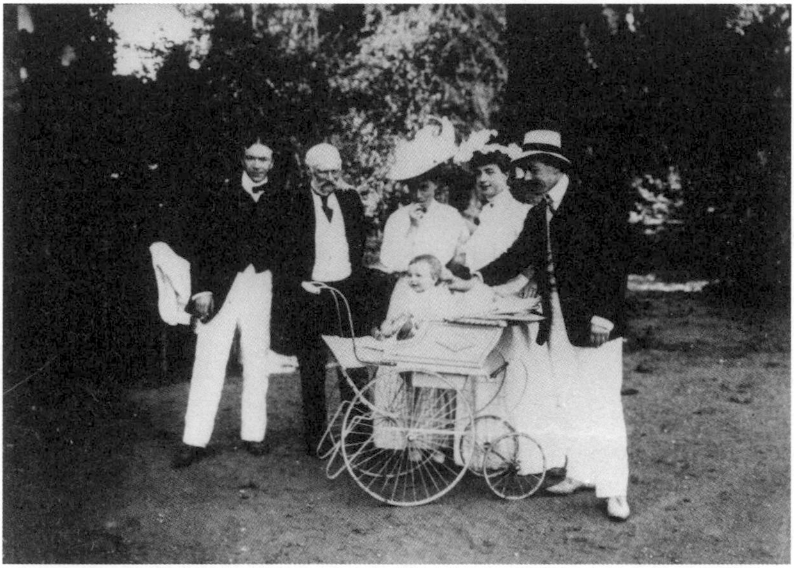

一九〇八年夏天在梅西尼亞克（Meyrignac），父方家族的親戚圍繞在西蒙·德·波娃身邊。由左至右為喬治、厄尼斯（西蒙的祖父）、芳絲瓦、瑪格麗（西蒙的伯母）及她的丈夫加斯頓（喬治的哥哥）。

一　女孩成長史

一九〇八年一月九日的清晨四點三十分，在巴黎第六區，西蒙・露西・厄爾奈斯汀・瑪莉・波特朗・德・波娃（Simone Lucie Ernestine Marie Bertrand de Beauvoir）誕生在這個深受禮教束縛的壓抑世間。[1]她所吸進的第一口氣是由俯瞰哈斯拜耶大道（Boulevard Raspail）的二樓窗口吹進來的。四歲的西蒙・德・波娃在與母親一同拜訪親友時，已能很熟練地從她的絨布小包裡取出印有精緻壓痕的名片了。[2]波娃幾乎是終其一生都以這個時髦的街區為家，不過在她出生時，波娃家的經濟狀況便已漸走下坡。

波特朗・德・波娃家族（The Bertrand de Beauvoir）是來自勃艮第的上層資產階級，他們的祖先在一七八六年時獲頒貴族頭銜，但在革命後的一七九〇年隨即命喪斷頭台。此事發生在波娃出生的一個世紀前，但替波娃寫傳記的作者們仍因為對於波娃家族的社會地位看法不同而分為兩派：迪德莉・貝爾認為波娃家族的系譜意義重大，但西蒙的妹妹艾蓮娜則覺得此事沒那麼重要。在那位貴族祖先被處決之後，波娃家族並沒有太把他們的貴族頭銜當一回事。[3]

他們確實在利穆贊（Limousin）擁有地產與一座城堡，可是西蒙的父親喬治．德．波娃（Georges de Beauvoir）並非長子，沒有繼承權。喬治天資聰穎而迷人，志趣卻與父母的願望相左——他想當演員。喬治的父親鼓勵他從事較為高尚的事業，而他最終也決定當個得體的好青年：他念了法律，在巴黎知名律師的事務所工作。喬治沒什麼野心；他的父親和哥哥都不需要工作餬口。喬治的母親曾試圖灌輸他事業的重要性，但成效不彰。不過喬治想結婚，所以後來他辭去了律師助理的職位，自己成立法律事務所，希望替自己帶來更多機會。

經過父親介紹，適合的候選人出現了：芳絲瓦．布哈瑟（Françoise Brasseur），這位年輕女子的家族來自北方，備有大筆嫁妝。雖然布哈瑟家族沒有貴族姓氏——波娃家族姓氏中的「德」（de）即表示其為貴族姓氏——他們卻比波特朗．德．波娃家族富裕得多。女方的父親古斯塔夫．布哈瑟在凡爾登是事業有成的銀行家。芳絲瓦是他的第一個孩子，卻也是最不被疼愛的——她的出生使他得子的願望落空。她在修道院受教育，父母對她不甚關心，直到他們的財務出現問題，他們才想起芳絲瓦早到了適婚年齡。而這不會是布哈瑟家族第一次對於生下女兒表達失望之情——芳絲瓦承受了父母的失望，自己成為母親後也面對著同樣的失望；父母的冷漠使她心碎，影響她長達一生。[4]

一九〇五年，雙方家人在諾曼第烏爾加特（Houlgate）的度假勝地——一個對兩邊而言皆無地緣關係的地點——首次見面。芳絲瓦對於此次會面不甚熱心，但她被繁瑣的事前安排攪得十分緊張。根據習俗，她的追求者首次看見她身影的場景得經過精心設計。在旅館裡，修道院的同學簇擁著她，這個場合得以突顯出她的美麗動人與社交修養。在她主導聚會談話及招呼眾人用茶之際，追求者能默默衡量這位未來伴侶的資質。這次會面的幾個星期後，喬治就求婚了。這是樁按傳統安排的婚事，但當這對新人在一九〇六年十二月二十六日結婚時，他們確實愛著對方。[5]

在西蒙的記憶中，她父母早年的婚姻生活無論在生理或心理上都是濃情蜜意。[6]在第一個結婚紀念日的不久後，西蒙出生了。雖然婚姻幸福美滿，西蒙二十一歲的母親與三十一歲的父親仍在磨合兩人的生活與各自的期待。他們家的地址——蒙帕納斯大道（Boulevard du Montparnasse）一〇三號*——反映了喬治的社會地位，不過屋裡的裝潢卻顯得簡樸。喬治

* 譯註：該地為巴黎左岸的精華地區，附近有巴黎第二大學、盧森堡公園等，也曾是許多藝文人士與知識分子等菁英活動的區域。

想要重現其父親宅邸的盛大輝煌，但芳絲瓦是年輕的鄉下女孩，新的環境和社交圈讓她感到暈頭轉向。

雖然兩人之間的差異不小，這個小家庭在接下來的數個月裡仍幸福而和諧地運轉著（也許是因為兩人間的差異當時尚未浮上檯面）。女傭露依絲（Louise）負責為西蒙洗澡並餵她吃飯，也負責煮飯及其他家事。喬治每天早上前往上訴法院上班，晚上常帶著芳絲瓦最喜歡的花回家。在露依絲哄寶寶上床睡覺之前，他們倆會陪寶寶玩耍，在那之後就以朗讀與針線活度過晚間時光。喬治覺得他的責任是提供太太與其階級相配的文化內容，而芳絲瓦覺得她的責任是確保她的學習不會踰越其生理性別所應習得的程度。

一九〇九年，也就是喬治和芳絲瓦結婚兩年半後，芳絲瓦的父親古斯塔夫·布哈瑟因破產而逃離凡爾登，芳絲瓦也仍然沒有拿到她的嫁妝。古斯塔夫·布哈瑟的銀行於該年七月被下令清算，所有東西都遭到拍賣，包括布哈瑟家族的私人財產。讓這樁聲譽掃地的慘事更加丟臉的是，古斯塔夫還得坐牢。他在被關了十三個月之後出庭受審，又被判了十五個月的刑期。不過，他先前累積的影響力多少發揮了作用，他提前被釋放了。於是，古斯塔夫與太太及小女兒搬到巴黎，住得離芳絲瓦近些，希望從頭來過。

這系列事件代表著芳絲瓦不會收到她的嫁妝了，但小家庭一開始仍十分和睦而懷抱希望。他們很幸福，家中經濟也尚稱寬裕安全：喬治的收入不錯，他繼承的遺產（雖然不多）也以他們認為明智的方式進行投資。喬治對芳絲瓦十分溫柔留心，而芳絲瓦變成了一位笑容可掬、生氣蓬勃的少婦。[7]

一九一〇年六月九日，他們的二女兒來到世間。這個孩子的名字是亨麗葉・艾蓮娜・瑪莉（Henriette-Hélène Marie），大家都叫她艾蓮娜，而家人則叫她「娃娃」（Poupette，意即洋娃娃）。雖然妹妹只小她兩歲半，但西蒙可是把艾蓮娜當成需要她專門指導的小小學生——她從小就已有點老師的樣子。父母期待添個男丁，而西蒙發現家裡對艾蓮娜的出生感到失望，她在回憶錄中（以她典型的輕描淡寫）寫著：「人們對襁褓中的她表達遺憾之情，這件事也許不是完全沒有特殊意義。」[8]我們在艾蓮娜的回憶錄裡也能讀到，在她出生的喜訊發布之後，她的祖父母寫了一封賀函恭喜喬治與芳絲瓦生下男嬰。後來，他們被告知新生兒其實是個女嬰，但他們不想浪費新的信紙，於是只在原本的信後加註：「我知道上帝賜給你們的是一個小女孩。」[9]

波娃說，童年的她擁有「無可動搖的安全感」，這份安全感只有在她意識到自己終將「遭受童年時光判處流放」時才被打破。她喜歡在戶外探索自然、在草地上盡情奔跑、觀察花葉、果莢與蜘蛛網。每年夏天，他們都會到鄉間度假兩個月：一個月在喬治的姊姊艾蓮娜的家，那是一座名為格里勒（La Grillère）的十九世紀塔樓式城堡，另一個月則在喬治父親的莊園，位於梅西尼亞克（Meyrignac）。梅西尼亞克莊園是一座超過兩百公頃的巨大莊園，波娃在此得以時時刻刻沉迷於自然的美景中。她對於大自然的驚嘆之情成為其人生中不變的特色，她此後總是認為鄉間與孤獨、自由、至高的幸福有所關聯。[10]不過，莊園固然雄偉，來自巴黎的訪客卻會很驚訝地發現這裡既沒有電也沒有自來水。[11]

相較之下，波娃家在巴黎的公寓便顯得華麗閃耀，而且整間紅通通的——紅色的厚絨座椅、紅色的文藝復興時期風格餐廳、紅絨窗簾與紅絲窗簾。客廳的牆上掛了鏡子，反映著水晶吊燈的明亮光芒，還有銀製的餐刀架可以放餐刀。在市區的家裡，穿著薄紗或絲絨長裙的芳絲瓦向女兒道了晚安，回頭便為客人演奏起平台鋼琴來。在這裡，人們難以擁有孤獨，也不容易親近大自然，因此西蒙只能將就於她口中的公共遊憩區：盧森堡公園。[12]

西蒙是個早熟的小讀者，而她的父母極其細心地培養她的胃口。她父親為她編選了一本詩集，並教她如何「富有表情」地朗讀；而她母親則是為她找來了一家又一家的書籍訂閱服務及圖書館。[13]西蒙出生的那一年，正是法國公立學校終於開始讓女學生參加高中會考（baccalauréat）——亦即大學入學考試——的一年。不過，波娃家的女孩子是不會去唸公立學校的。在一九一三年十二月，波娃五歲半時，家裡決定要讓波娃讀私立的天主教學校：艾德琳之願學園（Adeline Désir Institute），她後來暱稱其為欲望之路學園（Le Cours Désir）。波娃記得，她在得知能去上學後雀躍不已；可是對她這樣出身的女孩子來說，上學讀書其實並不是件光彩的事——那些有辦法的人會聘請駐府的私人家教。她一個禮拜只上兩天課（星期三和星期六），剩下的日子裡，母親會在家盯著她的功課進度，而父親也很關心她的進步狀況與優良事蹟。[14]

在波娃的上學日，艾蓮娜都很想她。她倆一直十分親近，部分是由於她們之間深厚的感情，部分則是由於家裡不允許她們與未經母親審核的對象來往——她們的母親認為兩人的同儕大多不怎麼令人滿意。喬治與芳絲瓦溺愛長女，卻不把艾蓮娜看作是獨立的個體。艾蓮娜知道父母親因西蒙而深感驕傲：西蒙成為班上第一名時，母親大大誇讚了她。但當艾蓮娜成為班上第一名，芳絲瓦認為她是因為有著姊姊的幫助才能輕易得到好成績。艾蓮娜表示：「身為次女，我不是個太受歡迎的孩子。西蒙本來可以選擇跟父母站在一起打擊我，但她並沒有這樣做，她選擇褒揚我。這就是為什麼我跟她會如此親近。她總是那麼好，在父母面前維護我。」[15] 波娃家裡沒有什麼玩具，但這對小姊妹喜歡一起玩想像遊戲、彼此分享祕密。[16]

七歲時，西蒙第一次領受個人聖餐禮。此後，這成為她每週遵守的儀式——一週三次，

芳絲瓦與女兒，艾蓮娜（左）與西蒙（右）。

不是與母親一起，就是在學校的小教堂裡。同年，她寫下《不幸的瑪格麗》（*Les Malheurs de Marguerite*）。這是她存留下來的創作中最早的一篇，篇幅長一百頁，手寫在外祖父送她的平裝小筆記本裡。[17]

在八歲之前，西蒙都覺得在其他小孩裡只有一個人值得她尊敬：她的遠房表哥賈克（Jacques）。賈克只比她大六個月，但受的是優良的正規教育：他的自信令西蒙感到驚嘆。一天，他為她製作了彩繪玻璃窗片，上頭寫著她的名字。他們決定「在上帝面前締結婚約」，而西蒙稱賈克為她的「未婚夫」。[18]後來艾蓮娜寫道，若非當時她們一個玩伴都沒有，西蒙也不會這麼看重這個孩子氣的婚約——至少有整整十年，西蒙都覺得自己真的會跟他結婚。

四年級上學期的第一天（當時波娃九歲），她遇見了一個來自她的親戚圈之外而十分值得尊敬的人，這個人的生命與離世將會對她造成深遠影響。伊莉莎白・拉匡（Elisabeth Lacoin）——亦即波娃口中的莎莎（Zaza）[19]——也就讀於艾德琳之願，她是一名聰穎而活潑的學生。兩人在學校認識之後，她們之間發展出一種友好的競爭關係。莎莎為西蒙帶來人生中嶄新的美好體驗：友情。艾蓮娜讓西蒙理解到「我們」一詞的意義，而莎莎則令她理解到想念一個人是什麼滋味。

艾蓮娜說莎莎敏感而神經質——「像一匹光潔優雅、隨時可能跳躍脫韁的賽馬」[20]——至於西蒙，她認為莎莎簡直不可思議。她彈得一手好琴、文筆也很優美、舉止十分秀氣卻無損她那份男孩般的膽大敢為；而且，她不只喜愛拉辛（人人都該喜愛拉辛），更有膽討厭高乃依（人可不該討厭高乃依）。*莎莎是叛逆份子，在鋼琴演奏會上對媽媽吐舌頭。而且，她如此盡情展現「個人風格」，她母親竟仍以微笑關愛來回應她。

就這樣，波娃在發現友誼甜美的同時也嚐到了苦澀的餘味：人與人之間的相互比較。後來，她瞭解到將兩人的人生或兩人的母親放在一起比較，並不算是公平的較量。「我由內在感覺到自己，卻是從外在看見她。」[21]十八歲時的波娃已寫下她「觀察到一種常見的二元相對：由內部看到的自我面向，與由外部看到的自我面向」[22]，而這樣的區分方式在她未來的著作中會占有重要分量。

日後，波娃理解到莎莎的母親拉匡太太——正如波娃的父母鼓勵她與莎莎結交那天所說的——來自於良好的天主教家庭。她締結了良好的天主教婚姻，並且生下九個孩子、成為了天主教式的賢妻良母。同時，她也十分富有，社會地位夠安全，足以讓她容忍莎莎的叛逆，因為她承擔得起嘲笑傳統所需付出的代價。而對波娃太太來說則並非如此。

如果童年能以誡命來概括，西蒙．德．波娃所得到的兩條頭號誡命便是「汝不可表現出不合宜之舉止」與「汝不可閱讀不適合的書籍」。芳絲瓦．波娃在「鄉下的規矩與修道院的道德觀中長大」[23]，受的是極其嚴格的教養。她無比堅定地信仰上帝，同時熱切維護禮教規範：她「作夢也沒想過要對那些毫無道理但經過傳統認證的事情提出抗議」。[24]如果這意味著一個人可以在家中接待在「罪中」與女性同居的男性友人，卻無法接待與他同居的該位女性，那我們就這樣做吧。用波娃的話來說，「芳絲瓦經常搞不清楚性與罪之間的區別」——她誤把慾望本身當作罪孽。既然社會傳統容許男人行為不檢，那她也允許，不過女人可就得首當其衝地面對她的不滿。她對「身體」相關的問題極為反感，也從來不曾與女兒討論過這些事——波娃是從她的堂姐瑪德蓮（Madeleine）那裡，才得知了人體會在青春期經歷奇妙的變化。

瑪德蓮的年紀比西蒙大，也比她還要瞭解人的身體與其「不合宜」的用處。在鄉間的某個夏日裡，她告訴西蒙和艾蓮娜她們的身體很快便會經歷轉變：到時候會出現一些血，還會用到止血帶。她也對幾個神祕難解的字眼提供了解釋，如「愛人」、「情婦」，而讓她們更

---

* 譯註：拉辛（Jean Racine，1639-1699）、高乃依（Pierre Corneille，1606-1684），與莫里哀（Molière，1622-1673）三人並稱法國古典戲劇三傑，活躍於十七世紀。

好奇的是嬰兒如何來到世間。回到巴黎的母親身邊，因著新習得的知識而變得大膽的艾蓮娜問母親嬰兒是從哪裡出來的。芳絲瓦回答說，嬰兒是從肛門出來的，那並不會痛。在此事上與其他幾個例子中，芳絲瓦以令人驚駭的方式讓女兒誤解了身體的可能性：成長中的波娃學到她的身體是「粗俗而令人不快的」。[25]

不過，芳絲瓦倒是沒有忽略心智教育——她甚至為了幫助孩子的課業而去學了英文與拉丁文。喬治與芳絲瓦兩人都極為重視教育——知書達禮的女孩才稱得上淑女——但若談到宗教，兩人的意見就有所出入了。波娃的母親是虔誠的天主教徒，父親卻是徹頭徹尾的無神論者。如此極端的對立在波娃身上留下了深遠的影響。波娃的父親給她看很多書，都是精心挑選的重要文學作品。她的母親給她看的則是宗教經典，並以她本人的人生示範何謂天主教式的犧牲奉獻。芳絲瓦到女兒的課堂上陪讀（波娃的學校在學生滿十歲前允許家長隨班陪讀），也固定帶他們到田野聖母院（Notre-Dame-des-Champ）或聖敘爾比斯教堂（Saint Sulpice）參加彌撒。等到波娃十五、六歲時，我們會看見「教育」與「天主信仰」兩者都使波娃與父母之間的關係變得緊張。日後，她形容她的童年是一段懸宕在懷疑與信仰之間的時光，並表示這樣的不平衡使她的人生彷若「一場永無止境的爭論」——波娃認為，這是使她成為知識分子的主要原因。[26]

一戰於一九一四年八月宣布開戰，喬治與芳絲瓦害怕敵軍占領，因此暫時遷至格里勒居住，直到他們確定巴黎已經安全了為止。西蒙仍記得當年為了戰爭所製作的編織品及罐裝食品——「那是我人生中唯一一次帶著愉悅去做這些女孩子的事。」[27]前一年，喬治才因為心臟虛弱而從軍隊中除役。即便如此，他仍被徵召為現役軍人，在十月時就已站上前線。幾個星期後，他因心臟病發而被再次從現役名單中除役，並送至軍醫院療養。他於一九一五年初離開醫院前往巴黎，並繼續在軍政部服役。巴黎陷入通膨之苦，他的收入不值一毛，而他投資項目的獲利正急速縮減。可是，他花錢的方式並沒有做出相應的調整。

正是在這幾年裡，西蒙揮別美好的孩提時代，進入了尷尬的青春期。艾蓮娜健康而如同洋娃娃般的外表，讓她的小名「娃娃」顯得適如其分，而波娃吃得很少、帶著病容，並且被診斷出脊椎側彎。母親嚴格的道德教條、家中日漸吃緊的經濟狀況、巴黎在燈火管制期間的規範，這些都讓日益具有強迫傾向的波娃開始以新的方式博取父母認同。

她正在長成一名乖巧盡職的女兒——但她的世界開始搖搖欲墜。

二　乖巧的女兒

孩提時代的西蒙對於她的家庭有種極為強烈的歸屬感。[1]但十一歲之後，家裡對她的期待開始令她困惑；她震驚地發現她想成為的樣子並不是她的家人所希望的。他們把她養成一個早慧的孩子，教導她閱讀與發問；那麼，為何現在卻又要她停止思考、停止閱讀、停止質疑？她開始感到悲慘而不快樂，一部分是因為她的問題無法得到解答，另一部分則是因為她看到所愛的人身上出現了令人沮喪的轉變。小女孩波娃曾認為她的爸爸是世間罕有之人。[2]他的風趣、他的才華、他閱讀之廣泛、他博引詩文的能力、他對辯論的熱愛，都遠遠超出她所認識的任何人。他喜愛演戲，也愛成為派對上的靈魂人物，但這個家庭所遭逢的不幸最終令他連開朗的個性都失去了。這位意氣風發的時髦男子失去身分地位，就此變得消沉。

一戰過後，喬治·德·波娃已岌岌可危的財務又受到打擊，他的投資（革命前的俄國股票）現在已是一文不值。突然間，整個家庭必須倚靠他工作的收入維生。西蒙曾在無意間聽見父母為錢爭論不休：芳絲瓦不明白喬治為何不回去重操律師舊業，而喬治則報復式地提醒她如果當年有收到她的嫁妝，現在也不會變成這樣。兩人對彼此的感情如今摻了口角與怨恨。一天晚上，西蒙跟著露依絲回到家時發現母親的嘴唇有一邊腫了起來。[3]事情的真相是，喬治沒有足夠的資金回去當律師——他無法負擔辦公室租金、裝潢、或其他開業所需要的東西，更別提這段等待事業開始獲利的期間該如何養家。他才四十歲就已經歷過兩次心臟病發，他沒有足夠健康的身體，也沒有方法與決心去做芳絲瓦想要他做的事。

幸好，曾經臉上無光的古斯塔夫·布哈瑟（芳絲瓦的父親）每次都能盼得時來運轉，而且他向女婿伸出了援手。在戰爭的最後兩年，他成了一家製鞋廠的負責人，搶到軍方的軍鞋及軍靴訂單，這為他的事業帶來了可觀利潤。他邀請喬治來當工廠的共同負責人。[4]這不太是波特朗·德·波娃家的人會從事的職業，但喬治沒有別的選擇，只能接受。他把這份工作當成榮譽職，上班並不規律，只有在非出現不可的時候才會出現。戰後，軍靴的需求逐漸萎縮，工廠的前景變得黯淡。此時，有另一位親戚拉了喬治一把，提供他報紙廣告業務員的工作。但喬治既不是天生的業務員，也不是可靠的員工，自然很快就丟了這份工作。

自此開始，喬治換過一份又一份工作，他的生活習慣讓他喪失了許多機會。雖然家中狀況吃緊，喬治依然每天十點起床，十一點到股市交易所露個面，吃午餐，進辦公室待一下，整個下午打橋牌，接著到咖啡館喝一杯，然後回家吃晚餐。[5]艾蓮娜說，西蒙談論父親的方式向來過於寬容。就艾蓮娜看來，「波娃家族的每個男人都很懶惰且不愛工作；堅強的都是女人，她們包辦了所有的事，並拯救了男人的面子」。[6]不過，有鑒於接下來這些年裡發生的事，波娃在描述其父時所展現的寬容似乎不太可能是源自內心深處的情感。也許，她是出於某種家族忠誠而下筆將父親刻畫成了較為好看的樣子。另一個更具說服力的可能性則是，波娃在一九五〇年代中期開始撰寫自傳時就已經知道，如果她將自己描繪成一個對她的父親毫無同情並有所怨懟的女人，許多不友善的讀者會利用她的怨懟來進行訴諸性別的攻擊，駁斥與她這個人有關的一切事物。

一戰結束後的頭一年，蒙帕納斯大道的生活與先前沒有太多不同。不過，到了一九一九年的夏天，波娃家已無法再僅靠著節儉勉強度日了。他們搬到了雷恩街（Rue de Rennes）七十一號五樓的公寓——這間房子陰暗骯髒，沒有電梯、自來水、廁所或中央暖氣。[7]在主臥房與客廳之外，她們的父親得以擁有一間書房，但西蒙就沒有稱得上是屬於自己的空間了。姊妹倆得共用一間房間，房間小到她們兩人的床舖之間一次只容得下一人站立。露依絲一開始還在——這棟建築的六樓有可供住客使用的傭人房。不過，露依絲隨後就結婚並搬至女士街（Rue Madame）了，只剩芳絲瓦獨自照料這間破舊的公寓。[8]一開始，她將事情歸咎於要找到好幫手實在困難，但實情是他們已付不出這份薪水。

此事清楚顯示出波娃家跌得有多慘：布爾喬亞與中產階級的差別之一就是前者永遠會有至少一個同住的傭人，而後者沒有。一直以來，芳絲瓦都算是有點脾氣，不過在雷恩街，她的怒氣開始時常失控。同時，她又試圖把這樣有辱尊嚴的處境當成是培養美德的機會。她開始忽略及蔑視自己的身體，女孩們也穿上了破舊骯髒的衣服——這在她們母親的心中不是什麼羞恥之事，她已開始以不同的量尺衡量人生。他們家可能沒有錢，但他們有文化及虔誠的信仰——這些東西更有價值。

身為女人，波娃以其獨特的個人風格令世人難忘。身為小說家與回憶錄作家，波娃在其著作中亦記載了許多美麗的織品——女性時裝的各式布料、墨西哥毛毯的鮮豔花色。不過，西蒙與艾蓮娜回憶中的童年，大部分時間都籠罩在「缺乏優雅美感」的陰影之中——西蒙後來將他們的狀況稱為「半貧窮狀態」。[9]在艾德琳之願，也有其他女孩出於「家境拮据」的高尚理由而穿著簡樸的服裝——畢竟，淑女的穿著可不能有賣弄風情之嫌。不過，同學們發現「西蒙．德．波娃的穿著甚至比那還糟」。[10]

即便波娃在成年之後擺脫了童年的匱乏，這段歲月仍在她身上留下了節約的習慣。在學校裡，她的筆記本總是被螞蟻般的小字填得滿滿的，連她的老師都抱怨連連。她的節儉不止於金錢及物質，更延伸至她自身：「我後來一直覺得人要徹底充分利用每件東西，也要充分利用自己。」[11]她用功讀書，同時學習該如何當個天主教式的乖女孩；她的努力獲得了豐碩成果，就連校長也因她「充滿光輝的美麗靈魂」而大力稱讚她的母親。[12]她參加了一個叫做「愛之天使」（Angels of the Passion）的兒童天主教徒團體。波娃是這樣說的：「我進行了相當明確的形變，成為了一個乖巧的小女孩。我打從一開始就塑造了一個我希望向世間展示的人格，這帶給我無數的讚美與極大的滿足，以至於我最後也認同了我所創造的人格：它成了我唯一的現實。」[13]不過，她也惹惱了許多同學——她是個小萬事通，而且高尚虔誠的程度略高於所有人。

隨著波娃的年紀邁向二字頭，她與宗教之間的關係將會逐漸變得矛盾難解。不過在少女時代，是宗教信仰啟發她去探問女孩在社會中的角色為何。她在《一個乖女孩的回憶錄》（*Memoirs of a Dutiful Daughter*）中寫道，在上帝的眼中，她的靈魂與男孩的靈魂同樣珍貴；既然如此，她何必羨慕男生？[14]在一九六五年的一次訪談中，波娃也重申，她所受的嚴格宗教教育「對她的幫助相當大，因為那讓她將自己視為『一個靈魂』」。她認為，衡量眾人的標準應是相同的：「就靈魂的層面而言，如果我生為男人，上帝依然愛我不變。男性聖徒與女性聖徒亦無分別，這是個全然無性別的領域。」波娃說，在讀到平等主義之前，她在宗教中已發現「一種道德上、靈魂上的平等」，而這深深影響了她的人生信念。[15]不過她也意識到，在教條所提倡的平等與實際現況的不平等之間，並不一致。她記得她爸爸曾驕傲地說：「西蒙有男人的頭腦，她以男人的方式思考，她簡直**就是**個男人。」但她抗議地說：「可是每個人都以對待女孩子的方式對我。」[16]

當她漸漸長大，波娃發現父親對她的教育與她的外表都變得更加注意。[17]波娃在回憶錄中寫著，她開始思考自己在人生中應該長成什麼樣子的人物，並以露意莎・梅・奧爾柯特（Louisa May Alcott）寫的《小婦人》中的喬（Jo）作為靈感來源。即便當時只有十一歲，波娃便已對喬十分著迷。[18]在眾姊妹中，喬不是品德最高潔或外貌最美麗的，但她對於學習與寫作的熱情在女孩波娃的腦海中如同燈塔般放射出奪目的光。可是，喬治對此的意見則有所不同。波娃覺得，只要父親能認同她，她就對自己有把握；但隨著歲月過去，父親的接連稱讚卻逐漸被失望的神色所取代。他欣賞的女性得兼具優雅及美貌，而她的妹妹在這兩項特質上的表現高於波娃，所以艾蓮娜贏得了肯定與喜愛，就像《小婦人》裡的艾美一樣。

於是西蒙像喬那樣讓自己沉浸於閱讀之中：她讀宗教書籍——《師主篇》（*The Imitation of Christ*），這是本關於苦修與神祕神學的手冊——以及經過父母核可的歷史及文學書籍，有的是法文書，有的則是英文書。她極喜愛英國文學，從小就讀《愛麗絲夢遊仙境》與《彼得潘》，這樣的英文閱讀訓練也讓她日後得以讀勃朗特姊妹（The Brontës）與吳爾芙的原文著作。[19] 隨著時間過去，父母的禁令與堂姐瑪德蓮的暗示讓她意識到她可以從書本裡學到父母不願教她的事。瑪德蓮的父母允許瑪德蓮看任何想看的書——她錯過了什麼？[20] 獨自在家時，她會搜查書櫃，閱讀父親老舊的布爾熱（Bourget）*、阿爾封斯．都德（Alphonse Daudet）†、馬塞爾．普列沃斯（Marcel Prévost）‡、莫泊桑（Maupassant）§及龔固爾兄弟（The Goncourts）¶：這些書替她補充了性知識。[21]

小說也令波娃看見自己的世界裡，還有許多懸而未解的問題。喬不想做家事，因為那讓她無法去做她喜歡的事情：所以，為什麼這麼多女人得做家事，男人卻很少做家事？傳統規矩告訴她，她的未來是步入婚姻；但喬拒絕了這個她不想要的未來；她也能這麼做嗎？[22]

---

* 譯註：保羅．布爾熱（1852-1935），法國小說家、評論家。

† 譯註：阿爾封斯．都德（1840-1897），法國寫實派小說家。

‡ 譯註：馬塞爾．普列沃斯（1862-1941），法國小說家、劇作家。

§ 譯註：莫泊桑（1850-1893），法國小說家，有「世界短篇小說之王」的美譽。

¶ 譯註：龔固爾兄弟，即兄愛德蒙．德．龔固爾（Edmond de Goncourt，1822-1896）與弟朱爾．德．龔固爾（Jules de Goncourt，1830-1870）。

波娃在十一、二歲時讀了喬治・艾略特（George Eliot）*的《河畔磨坊》（*The Mill on the Floss*），這本書所提出的問題在她日後的人生及哲學中將會反覆出現。艾略特筆下的角色瑪姬（Maggie Tulliver）痛恨在縫縫補補的機械式勞務上浪費時間，她得一次又一次地重覆縫上相同的縫線。波娃思考著，如果這樣繁重乏味的家務也成為她的責任，她是否有可能同時遵循自身的心願與他人的期待？如果「愛情」意味著女人犧牲得多而男人犧牲得少，這樣的愛值得追求嗎？在一九二六年的學生日記裡，波娃持續思索著有多少的自我該保留給自己，又有多少該奉獻出去。[23]瑪姬愛上了不值得她愛的史蒂芬，但波娃不瞭解她受史蒂芬吸引的原因：「我所能想像得到唯一的一種戀愛關係是充滿友愛的；就我看來，讓男孩與女孩得以建立永恆連結的事是交流彼此所讀的書，並一起討論。」[24]

書本提供給波娃的不只是教育，更是一處避難所，讓她得以遠離那些在書頁之外得要面對的情感匱乏與物質匱乏。書本繪出了一條反叛的路徑，叛離旁人替她畫好的人生藍圖——雖然，此路還不能夠通往那個女人得以自主做出決定，或無愧地給予與接受身體之愛的地方。年輕的波娃雖從書中角色的智性生活獲得鼓舞，卻對他們的肉體生活感到不安。以她自己的話來形容，她當年有點故作忸怩。她知道她父母間的關係曾熱烈而充滿慾望，也為她母親後來所承受的不公待遇而感到難過——她父親在三十五歲時將她母親拋開，開始在婚外尋歡作樂。[25]不過當時年紀還小的波娃只覺得性令人反感：「就我看來，愛情與身體絲毫無關。」[26]

在搬到雷恩街的頭五年，波娃經歷了青春期的混亂；她與父母間的關係日漸緊張，更目睹了兩個生命的消亡。她親愛的露依絲在結婚後生下了一個男嬰，但他患上支氣管性肺炎而病逝了。這個死訊來得突然，波娃首次碰上死亡，她被嚇著了。露依絲與她的丈夫及孩子住在六樓閣樓，她在出事後去探望他們——這不僅是她首次目睹死亡，也是她首次踏足六樓。六樓的走廊上有好幾扇門，每扇門後面都是一間小房間，住著一整個家庭。[27]不久後，雷恩街門房的兒子也生病了。他得了肺結核與腦膜炎，病了好一陣子才在痛苦中離世。每個進出公寓的人在樓梯口都得經過這個生病的孩子，波娃與家人也天天看著他的病情惡化。她擔心，如果死亡連小孩子也不放過，那麼她或艾蓮娜或許會是下一個。

波娃日後會在小說中寫下與她的人生相仿的情節，這也常使得她的傳記中事實與虛構間的界線變得模糊。她在一九四六年的小說《他人的血》中寫下了這些關於夭折死亡的兒時回憶。小說主角是一名叫尚・布洛瑪（Jean Blomart）的男人，他在聽到「露依絲的寶寶死了」之後發現了「原惡」（Original evil）的存在：

---

* 譯註：喬治・艾略特（1819-1880），本名瑪麗・安妮・艾凡斯（Mary Anne Evan）。英國女性小說家。

我再次看見蜿蜒的樓梯，石砌牆面的走道兩側是一道道相仿的門。母親告訴我，每道門後都是一間房間，每間都住著一整個家庭。我們走進去。露依絲張開雙臂擁抱我，她的臉頰鬆軟而濡濕。母親在她身旁的床邊坐下，開始低聲跟她說話。搖籃裡有個臉色死白、雙眼闔上的嬰兒。我看著紅色磁磚、看著光裸的牆、看著瓦斯爐，我開始哭。我在哭，母親在講話，而嬰兒仍是死的。[28]

如果他知道露依絲正在哭泣，又怎麼可能笑得出來？布洛瑪在數頁之後這麼問。終其一生，人類對於他人苦難的毫不關心常令波娃感到極為震驚。

不過在家裡，她卻希望自己的母親對女兒**少點**關心。姊妹倆都以痛苦來形容自己的青春期，說她們與母親的關係在這個階段格外緊張。從十二、三歲開始，西蒙就發現母親帶著敵意，有時「令人無法忍受」；而艾蓮娜形容她對母職的概念「完全是暴君式的」，[29]她感覺母親想要藉由女兒而活，也希望女兒為她而活——而她們不情願遵從這樣的願望。[30]

她們的不情願並不難理解：她們的母親盡職扮演著妻子的角色，而父親的行為卻變得更加令人反感。下午的橋牌已經演變成晚餐後的橋牌，他花在喝酒逸樂上的時間與金錢愈來愈多，而芳絲瓦卻必須撙節度日、辛苦持家。白天，西蒙與艾蓮娜默默看著母親設法照顧她們、供應她們所需，也看著父親在母親向他討家用花費時大發雷霆。晚上，她們會聽見父親晚歸，聽見他們吵架、談到妓院、情婦、賭博。

在《一場極為安詳的死亡》（*A Very Easy Death*）中，波娃敘述了她母親對事態如何耐心盡失——到最後，波娃太太會開始數落並激怒丈夫、打他耳光、在私底下與公眾場合都吵得不可開交。日後，波娃思考著當時的母親是如何在相互矛盾的想望之間掙扎度日：

> 沒有人能不帶著怨恨而說出「我正在自我犧牲」這句話。媽媽的矛盾之一是她全然相信自我奉獻之高貴，但同時她所擁有的品味、願望與厭惡之情又太過強大，以致於她無法不去怨恨那些與之相悖的事物。她持續不斷地對於她加諸於自己身上的限制與匱乏進行反叛。[31]

為他人犧牲奉獻或是為自己而活——如何解決這個兩相矛盾的想望成為了波娃的學生日記、存在主義倫理學與女性主義論述中的核心議題。波娃太太是一名虔誠的天主教婦女，以聖徒與殉道者的故事作為精神食糧來養育女兒；這些故事提供了西蒙一系列的人生典範，而故事中的關鍵元素總是自我犧牲。在許多故事裡，自我犧牲最終導致了書中人物的成聖——

自我的卑微是通往神聖的道路。西蒙開始視孤獨為最大的喜悅；她希望能掌管「她自己的人生，孤獨地」。[32]宗教性的自我克制與母親的失去威信，這兩個主題都會在她往後的著作中一再重現。雖然她說《第二性》不具自傳性質，但書中確實有個段落討論到，在目睹母親做出不值得的自我犧牲之後，女兒所進行的反叛是格外激烈的：她們看到「在現實中，這個無人感激的角色絲毫沒有變得神聖。她成了遭人鄙視的受害者，成了人所厭惡的潑婦〔……〕她的女兒**不**願像她一樣」。[33]

家中的狀況帶來愈來愈多的壓力，但學校生活仍帶來穩定感，以及一份可與孤獨之喜悅相比的友誼。與莎莎的友誼讓西蒙感到開心而具有自信：她們兩個人具競爭心、相當用功讀書，老師與同學都叫她們「分不開的二人組」。她們的父親來自同一個社會階級，而拉匡太太奇蹟似地贏得了波娃太太的喜愛，所以她允許波娃姊妹到拉匡家拜訪。拉匡家對於波娃家困窘的經濟並不知情，而波娃家也不知道拉匡家寬鬆的家庭規矩（他們允許孩子在室內跑跳，甚至推倒傢俱）。[34]艾蓮娜一開始有點覺得自己在西蒙心中的地位被莎莎取代了，不過除此之外，所有人都對這段合宜的友誼感到滿意。

兩個女孩都熱衷思考，所以西蒙得以跟莎莎討論她感興趣的事，還有擺在心裡的問題。西蒙在學科成績上經常得到第一名，但莎莎在體育與音樂上略勝一籌。她們一起逐漸成長為青少女，莎莎變得愈來愈漂亮優雅，而西蒙的臉上出現斑點、體態也有些彆扭。這件事在西蒙十七歲左右會出現改變，但在當時，她帶著自覺地發現她朋友的生活中有許多身體上、經濟上與家庭裡的美好事物明顯不存在於她自己的生活中。

她們與彼此分享的事物極多——但西蒙對於親密友誼的渴望並未得到充分回應，部分源自於莎莎想要的是如同她與她母親之間那樣的關係，那是一種西蒙並不想要或是不能要的關係。莎莎的人生很完整，有八個兄弟姊妹與事業有成的父親，但她只有在單獨得到母親關注時才會感到自己很特別。西蒙相信莎莎是拉厓太太唯一的知心密友——在某個少見的親密時刻，莎莎跟西蒙說她媽媽曾告訴過她新婚那晚的「恐怖經歷」。拉厓太太告訴女兒她對性感到作嘔，而她的九個孩子都是在毫無熱情的情況下受孕的。[35]拉厓太太只受過基本教育，雖然莎莎得到好成績是件很不錯的事，但更重要的是她在家裡要把份內的事做好，因為這能讓她準備好進入嫁為人婦的生活。拉厓太太期待莎莎的婚姻會是家中最成功的。

西蒙對於莎莎家內部的運作方式總是十分困惑，但她在某年夏天拜訪拉厓位於朗德（Landes）*的別墅時可真是大吃了一驚。她到達時，莎莎坐在沙發上，腿上有條深深的傷

* 譯註：法國西南方，濱大西洋的省份。

口。一等到她倆有機會獨處時，莎莎便承認傷口是她自己弄的——她用斧頭砍傷了自己的腿。為什麼？波娃問。因為莎莎想要擺脫他人在她身體健康時對她的期待：社交拜訪、花園聚會、照顧弟妹。日後，波娃會將這次的事件寫進《第二性》，雖然她並未指名道姓地提及莎莎。[36]

隨著西蒙跟艾蓮娜慢慢長大，她們之間共享的那份孤單逐漸轉變為共同的怨恨。這對姊妹也開始有所叛逆——以一種較為溫和的方式。父母不在家時，她們會偷溜出門到圓亭咖啡館（La Rotonde）喝濃縮咖啡加牛奶——她們在自家公寓的陽台花上長長的時間觀察這個咖啡館的時髦客人，並相當著迷。[37]

父母在家時，有件事逐漸清楚了起來。她們的父親把女兒需要取得正式學歷這件事視為他個人的失敗：如果她們有嫁妝，她們就能追求一樁好親事而非一份工作。一戰後，這樣的情形相當普遍：法國許多布爾喬亞家庭給女兒的嫁妝都因通膨而化為烏有，讀書是確保她們有飯可吃的必要途徑。不過，像波娃家這樣上層資產階級的人們仍對於女兒必須受高等教育一事感到有失身分。他們認為，接受職業訓練是種失敗的象徵。

早些年時，西蒙的父親之所以對她的早慧感到欣慰，是因為他期待她能在他童年裡那個華麗的社交圈裡閃閃發光：女人若要在上層社交圈子裡獲得成功，就必須擁有美貌（這是當然），也得要有學識——有學識才能談吐不凡。他喜歡聰明與才智，但他不喜歡知識分子與女權。他逐漸體認到現實——西蒙不像堂姐尚娜（Jeanne）能繼承家族產業，成為城堡的女主人——她什麼都無法繼承。他習慣對女兒們說，她們永遠無法結婚，並以充滿怨恨的語氣宣布她們得一輩子工作養活自己。[38]

所以西蒙面對的是一個令人困惑的矛盾期待：一個女人要成功，就得有所成就並且知書達禮，但成就又不能太好、書也不能讀太高。而她母親的願望則帶來另一個左右兩難的問題。家裡不再有人幫傭，因此芳絲瓦希望女兒能幫忙；可是西蒙若想有所成就就必須用功念書，所以她拒絕花時間學習那些她並沒有興趣的女性家政技藝。而芳絲瓦在自身處境中感受到的憤怒與矛盾，就經常發洩在西蒙身上。

西蒙承受著他人的期待，沉重而來自四面八方——這份期待經常帶著壓迫，有時密不透風，但有時也會透進一絲新鮮空氣。在兒時曾與西蒙訂下婚約的賈克·夏平涅勒（Jacques Champigneulle）依舊很喜歡波娃姊妹，在她們自己的父親不再把她們視為值得交談的對象之後仍持續找她們談話。賈克的父親在蒙帕納斯大道上有間花窗玻璃製造工廠，他經常來波娃家拜訪。喬治會聽他說話，待他如同成人，而芳絲瓦喜愛他的彬彬有禮。

喬治不再覺得西蒙的想法有趣或好玩（只覺得西蒙提醒著他自己的失敗）之後，賈克讓西蒙有了新的對話對象。一開始，西蒙對於眾人待在客廳的方式感到困惑：賈克跟喬治談論著有趣的事，而女孩們就像《河畔磨坊》裡的瑪姬一樣，安靜地坐在一旁縫紉或畫素描。起初，賈克總是對喬治說的話表示贊同，但他逐漸不再拘泥而變得大膽直言，對姨丈的保守思想提出挑戰。所以，喬治決定不再讓這類談話占用到他的夜間橋牌時光——他把賈克交給女兒應付。他有意的怠慢卻讓孩子們高興不已：現在他們能更自由地討論彼此的想法、交換書來看了。與賈克交談讓西蒙明白她的身體不是她唯一具有吸引力的地方，她的思想也可能具有吸引力——事實上，這個男人**正是**受到她的思想所吸引。

不過，賈克的關心忽冷忽熱：有時他固定來訪，有時他毫無解釋就消失很長一段時間。雖然西蒙之後輕描淡寫地帶過這段關係，在《一個乖女孩的回憶錄》中說她視他為「兄長一般的存在」[39]，但她有很長的一段時間確實夢想著與他共度未來——即使是在她認識沙特後，賈克仍是她心中（以不同方式）喜愛著的三位男性之一。[40]

儘管西蒙對於賈克的情感持續了多年，但它一開始其實有可能是為了回應一個莎莎人生中的相似事件而出現的。當時，莎莎的母親已開始替女兒介紹一個又一個的對象。這件事讓莎莎相當反感，她認為，把結婚當成「權宜之計」的做法與賣淫並無不同。她被教導要尊重自己的身體，而在她看來，把身體交給一個自己不愛的人算不上是尊重——無論是出於什麼經濟或家庭的原因。可是，拉匡家的女孩子只有兩條路可以選：婚姻或是修道院。[41]而莎莎逐漸對於兩者都感到畏懼。

不過，她家已經為五個女兒準備好每人二十五萬法郎的嫁妝，並開始有條有理地尋找合適的對象。波娃家的狀況則無法這麼做，所以波娃日後認為，她與賈克的關係就是她處理此事的方法——為了能跟上莎莎，她編造出對於賈克的愛。但當時在她身邊的人（以及她自己在一九二〇年代後半的日記）都能證實她對他的感情之深。她們也對賈克待她的方式表示憤慨：艾蓮娜覺得賈克只是在調情，配不上她姊姊。

這些浪漫而混亂的戀愛事件都發生在法國大規模教育改革的期間，許多對於西蒙的未來影響重大的決定也在此時發生。西蒙從艾德琳之願畢業是一九二四年的事；十年之前，曾有位女子中學的老師表示讀書和工作都逐漸成為女性生命中的必然：

> 現在多數的女孩子〔……〕都打算繼續讀書，為職業生活做準備〔……〕自然地，幾乎所有女孩也都期待著婚姻之愛與成為人母。不過，她們也知道在這個極為不公而由拜金文化所主宰的社會裡，並不是每個女孩子都能成為母親——這原該是每個女人的必經之路〔……〕她們明白受教育能為她們帶來職業上的機會，這讓她們在必要時能養活自己而不需

仰賴男人的幫助。[42]

對波娃來說，透過結婚找個男人仰賴，倒不如仰賴自己比較實際——她知道自己的能力有多可靠，而男人的「幫助」卻非如此（她父親就是個活生生的例子）。她認真唸書，很快便拿到各式文憑。在一九二四年七月十六日，她通過了第一次高中會考，以優異成績拿到證書（這張畢業所需的證書直到最近才改為在男女平等的條件下頒發給女學生）。她去領取證書的時候，有個考官尖酸刻薄地問她：「妳這次又要來領多少張證書了？」[43]

艾德琳之願雖在許多方面都很保守，卻是鼓勵女學生參加第一次與第二次高中會考的先驅學校之一。在第一次會考之後，像西蒙這樣優秀的學生會被鼓勵留下來再讀一年，通過哲學、文學、科學等科目，這樣她們以後就能在中學教書。這樣的安排嘗試將腳踏實地也視為一種美德——雖然比起結婚而言，教書是個地位較低的選擇，但選擇此路的女孩得以繼續留在她們出生的布爾喬亞圈子裡。

第二次會考比第一次嚴苛多了。她們的校長最近才將哲學一科加入學校課程，因為這在各中學是熱門科目，而她想提高學校的入學率。負責教哲學課的是一位神父，西蒙很愛這個科目，但她發現這門課的上課方式相當糟糕，老師上課時就只是朗讀哲學文本或讓學生聽寫文本。她在《一個乖女孩的回憶錄》中抱怨過，課堂的所有內容都以「聖托瑪斯阿奎那*所教導的真理」作結。[44]即便如此，西蒙仍深深愛上哲學，渴望能讀更多。現在她初次窺見了哲學的面貌，其他她所擅長的科目都顯得「黯然失色」。[45]

西蒙通過了第二次會考，但這次沒有拿到優異成績。為了慶祝，喬治帶她去戲院看戲。他對她的興趣稍微恢復了一些，這或許是因為她的膚況變好了，身材也開始變得苗條（喬治過分強調這些事的重要性），又或許是因為關於她未來人生的實際問題開始變得無可避免。[46]他不贊同她讀哲學，認為哲學都在「胡說八道」。芳絲瓦則因其他的理由而反對：她不希望女兒成為道德敗壞或失去信仰的人。

不過西蒙已經下定決心了。她得知一間位於色佛爾（Sèvres）†的菁英學校，專門培育女性成為公立初中與高中的老師。而芳絲瓦連聽都不想聽，有傳言說這所學校辦學嚴格、道德鬆懈而且毫無信仰。西蒙的父母已經付了好幾年的私立學校學費，他們不希望西蒙成為公

* 譯註：聖托瑪斯阿奎那（St. Thomas Aquinas，約1225-1274），歐洲中世紀經院派哲學家、神學家，有「神學界之王」、「全能博士」等美稱。其神學成為天主教長期以來研究哲學的重要根據。

† 譯註：色佛爾是法國法蘭西島大區上塞納省的一個市鎮，以瓷器產品聞名。國際度量衡局亦位於該地，一戰後、協約國於一九二〇年與鄂圖曼帝國的《色佛爾條約》亦在此地簽訂。

立教職體系的一員，浪費他們的投資。最糟的是，色佛爾的學生必須住校，意即母親無法就近監管女兒。

喬治不認為哲學本身具有任何價值，但他同意這也許能為法律界的職涯發展打下良好基礎；在戰後，法律圈開始讓少數女性進入業界。如果西蒙能成為公家機關的法務員，她就能享有終身俸。西蒙不是會在倉促中做出決定的人，所以她在答覆父親之前先把《拿破崙法典》讀了一遍，而她的答案很清楚：她不要進法律界工作。母親則建議她接受圖書館員的訓練，她給出了同樣堅定的答案：不要。

她下定決心讀哲學，而她的父母則下定決心不讓她讀，所以西蒙以沉默作為抗議。每當他們試著討論她的未來，她都沉默不語。隨著時間過去，丟人現眼的機率愈來愈大，氣氛也愈來愈凝重。她的父母最後讓步了，但相互咆哮的場面是免不了的。

有天，西蒙在雜誌上看見了她想要的未來。雜誌裡有篇文章介紹了張妲（Léontine Zanta），法國第一位拿到國家博士（docteur d'etat）的女性。文章所附的照片裡，張妲以沉思的姿態坐在書桌前，文裡提到她與收養的侄子同住。她既是知識分子，也能自在擁抱波娃所謂的「女性情感」——波娃夢想著有天也會有這樣一篇文章介紹著她自己。[47]

但如果西蒙・德・波娃再早幾年出生，也許根本將不會有任何人寫文章介紹她。若她早五年出生，她根本無法參加國考。她知道，她所選擇的這條路上並不常見到女性旅人——當時僅有六位女性曾通過哲學教師資格國考。這是競爭激烈的國家考試，而波娃希望成為通過考試的女性先驅之一。[48]

波娃寫於此時期的文字並沒有太多存留下來。不過她有一篇寫於一九二四年末的論文，分析了科學哲學的經典文本，克洛德．貝爾納（Claude Bernard）的《實驗醫學概論》（*Introduction to the Study of Experimental Medicine*）。十六歲的波娃在文中說，這篇「有趣的論文」當中「最有趣的地方」是貝爾納很重視哲學的懷疑精神。貝爾納寫到，「實驗的最高原則就是懷疑精神，這份哲學式的懷疑讓思考得以保持自由與主動。」他認為某些類型的懷疑主義是空洞無益的，但也有一種具生命力的懷疑，承認人類心智有所限制：「我們的心智是如此有限，我們無法得知事物之始末；但我們能領悟始末之間的片段，也就是貼身環繞著我們的這一切。」[49]

波娃在學校使用的哲學課本——查爾斯．拉爾（Charles Lahr）神父所寫的《哲學指南》（*Manuel de Philosophie*）也探討了懷疑精神。不過，這本書對過多的懷疑提出警告，因為懷疑有可能腐蝕宗教信仰，甚至全面消滅信仰。波娃在還是學生的時候，就已經開始抗拒以某種將思考禁錮於系統中而剝奪其自由的方式來做哲學。[50] 波娃在早年就已對於探討自由的哲學深感興趣——若想理解波娃後來的人生抉擇，以及理解她的哲學與她的人生是如何遭到誤解，此事可說是相當重要。一九二〇年代，她也讀了艾弗烈．傅耶（Alfred Fouillée），這位十九世紀的法國哲學家與同為法國人的著名學者盧梭（Jean-Jacques Rousseau）在自由一題上意見相左。傅耶認為：「人並非生而自由，而是成為自由的人。」[51]他說自由是「概念之力」（Idée-force）——也就是說自由是一個有力量形塑個人發展的概念。傅耶對於「人的行為究竟是自由的或是命中註定」這個古老的問題很感興趣——我們是在創造自身的命運，抑或迎向注定的結局？有些人認為，人注定會依循某些特定方式而行動，但傅耶反對這樣的說法，他認為人對於自由本身的欲望使我們得以自由。

有些人擔心欲望與情感會減損自由，但傅耶說，對自由的欲望與人類其餘的欲望**不同**，因為對自由的欲望會反抗其他欲望的影響力。一個渴求自由的人追求的並不是「善」，甚至也不是「好」的選擇，而是「我個人」獨有的選擇。[52]

波娃希望她的未來是**她的**選擇；她想過自由的人生，她想念哲學。當她母親將西蒙所選的科目告訴艾德琳之願的老師，修女們則告訴她只要在索邦（Sorbonne）*讀一年書便足以毀掉波娃小姐的信仰與品格，令這位母親的焦慮一發不可收拾。[53]所以，家裡做出的妥協是：她可以先念文學。

在一九二五年時，波娃所選的領域中最優秀的一條路並不讓她通行：訓練出巴黎哲學圈頂尖菁英的巴黎高等師範學院（École Normale Supérieure）不收女學生。她得先在索邦拿到學士學位（licence），再拿到教學文憑，最後通過教師資格國考。一九二五年，她開始在天主教大學（Institut Catholique）修數學課，也在聖瑪莉學院（Institut Sainte-Marie）修文學課。這兩所學校幫助天主教家庭的學生準備索邦的考試，同時也企圖保護學生遠離索邦的俗世文化之危害。

波娃太太不知道自己挑的學校對於她女兒來說有多棒。她因著聖瑪莉學院的天主教聲譽而選擇該校，但西蒙在這裡成為了瑪德蓮・丹尼露（Madeleine Daniélou）的學生——丹尼露是法國擁有最多學位的女性。她相信教育是通往自由的關鍵；她的丈夫查爾斯・丹尼露（Charles Daniélou）是一名國會議員，也與她擁有相同的看法。如今女兒已長大了、喬治又常不在家，芳絲瓦有更多自由時間，於是她花時間閱讀與學習，並跟著西蒙的課程自修。芳絲瓦很聰明，她讀得越多，就越喜歡丹尼露老師的課程內容。

母親的關注讓西蒙苦樂參半，她知道媽媽希望與她做朋友、與她建立一種她與自己的母

* 譯註：即巴黎索邦大學。

親不曾有過的親近關係。不過她不是透過邀請，而是使用蠻力來達到這個目標，引發的則是女兒的怨忿與退縮。艾蓮娜說，即使西蒙已經十八歲了，芳絲瓦仍會把她所有的信拆開來讀，然後把那些她認為不合宜的信丟掉。[54]西蒙已經寫得很小的字又變得更迷你了，像是希望她在筆記本寫下的內容能夠逃過她母親刺探的目光。

這樣的生活令姊妹倆感到窒息，也因為如此，她們在賈克重返雷恩街的那天格外訝異，因為她們沒想到波娃太太竟也有鬆手的時候。賈克已將近一年沒有登門拜訪，但他最近新買了一輛跑車，想炫耀一下。他是需要觀眾的人，而西蒙熱切地聽著他評論那些她還沒讀過的作家、分享著蒙帕納斯區藝文人士的八卦。艾蓮娜很快就意識到，賈克不是來找她的，也從姊姊臉頰上的紅暈看出她與賈克互有好感。賈克說要載西蒙出去兜風，而母親竟然同意了，艾蓮娜感到很震驚。艾蓮娜痛恨被丟下，但她留在家時目睹了兩人出門後母親的「欣喜若狂」。芳絲瓦希望不管他們家有沒有嫁妝，賈克都能跟西蒙結婚。

無論從哪個角度看來，接下來展開的都是一段追求與交往的關係——西蒙・德・波娃人生中唯一一段傳統的交往關係。她跟賈克開車逛巴黎，在布洛涅森林裡散步，讀禁書、逛畫廊、聽音樂。然後，芳絲瓦突然間不再讓兩人單獨出遊。她希望分離能讓賈克更鍾情於波娃，但她同時也開始起疑，因為西蒙開始探索夜店與咖啡廳，而且她的衣服聞起來有煙味及酒味。

那年，西蒙以優良成績通過考試，她的哲學老師鼓勵她繼續在聖瑪莉學院就讀，同時盡量到索邦多旁聽幾門課程。她通過考試並取得三張高等教育的證書——數學、法國文學與拉丁文。若要正確地理解這項成就，一般來說必須拿到四張證書才能取得一個學士學位，而一般的學生平均要花一年才能考取一張證書。

與此同時，賈克沒通過法律考試，所以必須重讀一年。他很懶散，開始喝很多酒。不過西蒙忽略了這些性格上的缺陷，她不想承認他只是跟她玩玩。他們的關係不是肢體關係，他們從未接吻過。他不常出現，就算出現了也有些冷淡，但波娃把這份冷淡歸咎於她自身的缺點。在波娃成為成熟的女人之後，很難想像她如何能不帶著失望之情來閱讀此時期的日記（她在寫《一個乖女孩的回憶錄》及哲學著作時都大量引用這些日記）。賈克確實曾模糊地提起婚姻，說一些像是「我可能很快就得結婚」之類的話，不過他一直沒有正式求婚。後來，波娃曾思索為何她當時這麼想要這段感情開花結果，她想到自己大概是有實際層面的理由：如果結了婚，她也許就終於能得到家人的愛與尊重。

波娃的內心舉棋不定，她在日記裡比較著她想像中的賈克．夏平涅勒夫人的生活，與她稱之為自由人生的生活。一九二六年的夏天，她在鄉間與親戚共度夏日，但那幾個月她過得並不快樂。九月回巴黎之後，她想見賈克，但芳絲瓦不准。

那年夏天，十八歲的波娃第一次動筆寫小說，篇名為〈艾莉安〉（Eliane），但她只寫了九頁。[55]她開始愛上哲學，不過她並不想建造出宏偉的哲學系統，而是想要寫出「關於內在生命的小說」[56]——她想讓讀者看見她筆下角色的豐富世界裡有何**內在風景**。這個計畫是受到了柏格森（Henri Bergson）的啟發而誕生的。柏格森在《時間與自由意志》（*Time and Free Will*）中盛讚某位「大膽的小說家」，並描述文學如何能「掀開我們精心編織的自我之俗套」（波娃也在日記中引用此話）。波娃在讀柏格森時經歷了一種「智識上的狂喜」，因為在他的哲學裡，她不只看見「邏輯之建構」，也看見了「觸手可及的現實」。[57]

波娃在日記裡寫著她想要「思考生命」，並將她的問題轉化為故事。接下來的兩年裡，她寫了幾篇短篇故事，持續磨練功力。她致力於入微的描寫方式，這也相應於她身為哲學家對現象學的興趣。現象學——以第一人稱觀點研究意識結構的哲學——影響了她的女性主義研究方法，而她也重塑了現象學以符合女性主義的目標。不過，一九二七年時她想寫的是「探討生命的作品」，「並非小說而是哲學，以故事的形式鬆散串起每篇文章。」[58]

在《鼎盛人生》（一九六〇）中，波娃說她不是哲學家，沙特才是。[59]不過她的日記記載著，在一九二六年的夏天她經歷了令她震驚的事件，使她感到羞愧並在哲學上有所深思，而她當時思考的內容會成為她日後成熟作品中的主題。要到三年後，她才會認識沙特，但同樣的主題在多年後也會成為沙特著作中的要角。

波娃在與伯母前往露德（Lourdes）*朝聖的時候遇到許多深受病痛折磨而前來尋求醫治的病患。她受到極大的心理衝擊，在這些久病之人面前不禁「憎厭起一切智識與情感上的優雅光潔」，覺得自己的傷心事與這些人的所遭逢的肉身苦難根本無法相比。當下，她感到十分羞愧，認為自己得過上徹底自我奉獻的人生——甚至得「棄絕自我」——才是唯一合宜之舉。[60]

但經過思考之後，她的結論是她錯了。她在日記中敦促自己不要因為活著而感到羞恥：她獲得了生命，她的責任是盡可能在人生中好好地活。事實上，全然的自我奉獻會變成「道德自殺」。不過這樣做比較簡單；相對的，決定該奉獻多少、該保留多少，則比較難。她說這需要一種「均衡」（Equilibrium）——在這樣的均衡之中，人得以奉獻自己，卻又「不需為了服務他人而消滅自身的意識」。[61]她希望能在人生中奉獻自我，卻不必喪失自我。

---

* 譯註：露德為法國西南部城市，是聖女伯爾納德．蘇比魯（Bernadette Soubirous）的故鄉。據說聖母瑪利亞曾向她顯現，要她在附近的岩洞建一所教堂。此地亦因「聖母顯現」而成為重要的朝聖地。

六天後，她的日記又提及此事，她思忖著兩種截然不同的選項：自我奉獻與自我中心。有鑒於波娃的童年經驗，人們在此很容易會聯想到性別的問題或父母的榜樣。她的日記裡沒有提到母親卑微的自我奉獻與父親毫無悔意的我行我素，但根據她在日後作品中所提到的父母樣貌，童年的家庭生活肯定在她心中留下了深深的不公平之感。在日記裡，波娃寫著她希望能為他人奉獻，因為她「對於活著的生命心有所鍾」。她也希望自己的想法能與情感一致，所以她自問：是否有道德準則能建立在對他人的情感上？她決定，無論其他人的答案如何，她的答案都會是肯定的。[62]

確實，我極為個人主義，但這與奉獻、與對他人無私的愛無法相容嗎？我認為自己似乎有一部分生來就是要給予他人的，也有一部分生來就是要留存著加以耕耘，而後者在自身具正當性的同時也確保他人具有價值。[63]

十八歲的她對於在真空狀態中討論哲學有所不滿，她已開始思考「理性上知道」與「在現實中感受到」兩者間的差距。[64]文學能夠跨越兩者間的鴻溝，她想：「小說家使我高興，因為他重新發現了生命。哲學家令我欣喜則是因為他重新發現了小說家引介生命的能力。」[65]波娃也想要成為引介生命的人，特別渴望展示人類可由「內在」與「外在」觀之的「二元面向」；這兩個面向都極為靠近內心，但也都與世界中的他人相關。九月時，她嘗試寫了另一篇小說，這次完成了六十八頁的手稿，篇名為《存在未遂》（*Tentative d'existence*）。[66]

一九二六年的秋天，波娃持續與她心中對賈克的感情搏鬥。這時候，她仍真心相信他們有可能擁有「平等互饋的愛」。以她本人的話來說，她想要的是「一份能陪伴我一生的愛，而非消耗我一生的愛」。她認為愛「不該讓其餘事物消失不見，而是應該替事物染上微妙不同的新色彩」。[67]

她很快就會改變主意，但在當時，她覺得自己有天也許會結婚，也覺得在對的情況下婚姻可能會是件「絕佳且美好的事」。不過，母親令她感到惱火。芳絲瓦認為與賈克一事的進展不夠快，並為了事情的「確定結局」——也就是求婚——而操煩不已。[68]芳絲瓦私自策畫著，她打發西蒙去辦瑣事以便她在路上能巧遇賈克。她以為這會讓西蒙開心，殊不知只令她尷尬至極。十一月時，她在日記裡寫著：「我自己所選擇的多麼少，人生逕自加諸於我的多麼多。終究我是不得不接受人生，**我**自己的人生。」[69]

在母親督促她按照傳統規則走的同時，波娃在日記裡寫著，人可以接受任何的人生處境，但必須懷著珍視之心，一個人的處境才可能**具有價值**。她在她父母的關係中沒看見任何愛、生命力與幸福之情——這件事雖然令人心痛，但卻也再清楚不過了。她不願毫不加思索地做出合於禮教的事、讀著合於禮教的書，就這樣過一輩子。一九二六年時，她已有結論：她只會尊敬「會思考自己該如何活著的，而非那些只有思考的人或單單活著的人」。70

根據迪德莉・貝爾所述，一九二七年初，芳絲瓦決定要讓西蒙拍肖像照來慶祝她的生日。這是常見的慶生方式，但西蒙知道媽媽另有所圖——她的目標是賈克。芳絲瓦讓她女兒擺出的不是傳統生日照的姿勢，而是慣例上公佈訂婚喜訊時會擺出的拍照姿勢，而且在她原該戴著婚戒的手裡放了一束花。賈克彬彬有禮地收下了這張照片，但也就這樣而已。芳絲瓦氣到冒煙。

我們不知道西蒙對這件事有何感想，這可能是因為她沒有提筆記下此事，也可能是因為此事並不曾發生。西爾維・勒・龐・德・波娃*否認有這張照片，而波娃的日記對這件事隻字未提，她的日記從一九二六年十二月初到一九二七年四月近乎一片空白。不過根據貝爾所言，故事還有後續。一九二七年春天，艾蓮娜也從艾德琳之願畢業了。姊妹倆在西蒙的注意力被賈克吸引的這段時間變得有些隔閡，但在此時，面對著暴躁易怒的母親，她們又重新團結了起來。芳絲瓦對於賈克的焦慮令人無法忍受，但所有的牌都在他手中，她既挫折又毫無辦法。

她混亂的情緒不是轉化為對女兒的冷嘲熱諷，就是以有失尊嚴的方式爆發開來。有天晚上，芳絲瓦在夏平涅勒家吃了一頓晚飯，飯局上無人求婚，令她深感挫折。回到家後，她花上數小時來回踱步，然後大喊她決不讓女兒如此丟臉，就出門去了。喬治在家，但沒有起床；艾蓮娜起床套上衣服，沿著蒙帕納斯大道試圖追上母親，但芳絲瓦已站在夏平涅勒家門口，開始大吼大叫。西蒙被聲音吵醒，連忙衝下樓去，她們安靜地護送仍在尖聲大喊的母親回到家裡。[71] 由二十一世紀的角度看來，這個事件——如果真有此事——讓人對芳絲瓦・波娃的精神狀況有些疑慮。往後，波娃的故事裡常出現感到受困的女性角色，有些甚至瀕臨瘋狂。[72]

我們從兩姊妹的回憶錄裡得知，一九二六到二七年間她們逐漸可以在沒有男伴或長輩陪同的情況下外出探索：西蒙會去聖日內維耶圖書館（Bibliothèque Sainte-Geneviève）的女士專區閱讀盧克萊修（Lucretius）†、尤維納利斯（Juvenal）‡、狄德羅（Diderot）§，也開始

---

* 譯註：西蒙・德・波娃的養女。〈前言〉及後文都會提及。

† 譯註：盧克萊修（99BC-55BC），亦有譯作陸克瑞提烏斯，羅馬共和國末期的詩人和哲學家，以哲理長詩《物性論》（De Rerum Natura；或譯《論萬物的本質》）著稱於世。

‡ 譯註：尤維納利斯，公元1世紀至2世紀的古羅馬詩人。

§ 譯註：德尼・狄德羅（1713-1784），法國啟蒙思想家、哲學家、文學家、美學家和翻譯家，百科全書派的代表。

在社會小組（Equipes Sociales）教書，那是一位年輕的哲學教授為幫助巴黎東北區的勞動階級而創立的公益團體。[73]她母親贊同這樣的慈善行為，因此西蒙設法讓母親以為她有許多個晚上都得去教書，但實際上她得去的日子並沒有那麼多——如此一來，她便能逃出家門。有些晚上她會逛逛巴黎，有些晚上她去看艾蓮娜畫畫：艾蓮娜的世界已變得廣闊而精彩。波娃在社會小組和艾蓮娜的繪畫課上遇見了談論著夢想與各種想法的男女、充滿自信的裸體模特兒，還有模特兒面前手足無措的學員。她們姊妹倆從來不曾接觸這麼多形形色色的人。

賈克不只帶領波娃認識紀德（Gide）*與普魯斯特（Proust）†，也讓她認識了雞尾酒；現在，她是酒吧的常客了。西蒙跟艾蓮娜仍會造訪圓亭咖啡館，有時她們也會翹畫畫課與社會小組的課，一起到酒吧或咖啡廳消磨夜間時光。西蒙接了聖瑪莉學院的助教工作，現在手邊有點小錢了。錢並不多，但足夠讓她在買完書及應付生活花費之後仍有少少的餘款。

儘管家裡的事令人心煩、夜生活又多采多姿，西蒙的成績依舊名列前茅。一九二七年三月，她通過哲學史的考試並拿到了證書。四月，她寫著自己在這一年裡獲得了「重要的哲學養成」，能用以鍛鍊「自己過度銳利批判的心智（唉！）以及對嚴謹與邏輯的渴求」。[74]不過，是什麼讓她寫下這個「唉」字呢？擁有追求嚴謹與邏輯的銳利心智有何不妥？她會如此感嘆，是否因為這樣的心智（正如我們在下一章中會看到的）終將對上帝極為反感？或是因為這樣的心智有違女性氣質？將會令她難以快樂？

在六月，她以僅次於西蒙．韋伊（Simone Weil）的第二名成績通過「哲學概論」的考試，取得證書。韋伊日後會成為著名的思想家，其政治理念與自我犧牲激勵了她身邊包括卡繆（Albert Camus）與巴塔耶（Georges Bataille）在內的許多人（但在哲學上，波娃認為韋伊並未充分質疑她的老師阿蘭（Alain）[‡]便全盤接受了他的結論）。而這次考試中名列第三的學生日後也會成為法國頂尖的哲學家——他就是梅洛龐蒂（Maurice Merleau-Ponty）。除了哲學概論之外，波娃還通過了希臘文考試：在短短兩年內，她已拿到了一個半的學士學位。

在《一個乖女孩的回憶錄》中，波娃提到讀書與好成績帶給她的不僅是他人的敬重，還有深深孤獨與失去方向之感。「我〔……〕脫離了我原先所屬的階級：我將去向何方？」[75]我們能在她的日記裡看見這份孤獨，一九二七年五月，她寫著：「我在思想上非常孤單，在人生開展的時刻極其迷惘〔……〕我感到自己具有價值，我有想說的話、想做的事。」對

---

* 譯註：安德烈．紀德（1869-1951），法國作家。曾獲諾貝爾文學獎。
† 譯註：馬塞爾．普魯斯特（1871-1922），法國作家，最主要的作品為《追憶似水年華》。
‡ 譯註：阿蘭（1868-1951），即埃米爾－奧古斯特．沙爾捷（Émile-Auguste Chartier），法國哲學家，有「現代蘇格拉底」之稱。

於她在知識上的熱情與在哲學上的認真，賈克僅以淡淡一笑來打發她。憶及此事，她堅決地寫著（並在頁緣畫線強調）：「我只有一**個**人生，還有許多要說的話，他無法把**我的**人生偷走。」[76]

那天，她又開始思索自由。她寫：「人唯有透過自由的抉擇與事態的交互影響才能發現真實的自我。」她身邊的人談論「選擇」的方式好像這是件一旦做了就能一了百了的事（例如選擇結婚），但她從來不覺得決定是一件**那樣**的事，她認為每個選擇都在「持續成形中；每當我意識到某個選擇，都是一次重複的追認。」於是她做出結論：婚姻「在本質上是不道德的」——今天的自己怎能為明天的自己做決定呢？

她仍然可以想像自己過著深愛賈克的人生，但她跟另一位男性——夏爾勒・巴比耶（Charles Barbier）談過話，他懷抱著智識上的興趣與她談論哲學與文學，而非以微笑打發她。這次談話令她明白她的未來有許多不同的可能性——她用法文的「可能性」（Possibles）來稱呼之——她必須一點一點地「消滅所有可能性，直至剩下唯一的一個」，如此一來，她在人生的最後一天裡擁有的便是單一現實，這將是她擁有的「一個人生」。不過問題是，這會是什麼樣的人生？[77]

這類的例子顯示波娃在年輕時便已擁有強烈的使命感，並且十分看重自己的聲音。在

《一個乖女孩的回憶錄》中，她甚至援引希伯來先知——上帝的使者——的話語來描述自身使命。某個聖經故事記載著，上帝需要一位使者，祂問以色列人：「我可以差遣誰呢？」先知以賽亞說：「我在這裡，請差遣我。」波娃在回憶錄裡說，她內在也有個聲音不斷低聲說：「我在這裡。」[78]無論有沒有上帝，她都知道自己想說的事情是重要的。當時的她也開始明白有些人會試圖說服她事情並非如此——無論是以當面質疑或是淡淡輕視的方式。

西蒙的決心堅定，但她並未對自我懷疑與他人的期待免疫。她的父母開始痛斥她讀的書，場面火爆；而她開始感到他們沒有接納她——「完全沒有」。[79]她與父親之間的爭執愈來愈頻繁，他說要把她送走，說她「沒心沒肝」，說她「只有頭腦沒有感情」。[80]

在她提到自己對知識之熱情，而賈克以微笑打發她的前一週，波娃跟父親對於什麼是愛起了場爭執。他說愛是「對他人的服侍、愛慕與感激」。當時，她在讀兩位如今已被遺忘的哲學家——阿蘭與儒勒．拉紐（Jules Lagneau）。她宣布，自己已在拉紐的哲學中找到「自己該如何生活」。有這麼多人不曾明白何為真愛，她想，真愛「必須是平等互饋的關係」。[81]七月時，波娃再次下定決心，要清楚闡明她的哲學理念。她想深入研讀有興趣的主題，特別是「愛情」（日記中，她在愛情一詞上加了引號）[82]，還有「自我及他者的對立」。[83]即使當時年紀仍輕，愛情對波娃來說都已經不只是關乎浪漫，而是關乎道德。

在日記裡她告誡自己：「別做『波娃小姐』，做我自己。別把外界加諸於我之上的事物當成目標，別服膺於社會框架。對我來說可以的就都沒問題，就是這樣。」[84]

她也與莎莎討論到愛——她們都喜愛哲學，對於未來的憂慮也使兩人變得比之前更加親近。她們在學校的哲學課上討論到愛的本質，結果這場討論延續了整個禮拜，兩人連逛美術館及打網球時都持續討論此事。[85]芳絲瓦仍然贊同她們繼續往來，但拉匡太太開始擔心莎莎對於讀書的興趣有點過高，也擔心西蒙在此事上是不良影響。莎莎想去索邦唸書，而非領取她二十五萬法郎的嫁妝——她的父母完全無法理解此事。

慢慢地，西蒙開始交到一些令她的世界變得遼闊而柔軟的朋友。二十歲時，她到莎莎家在朗德的鄉間別墅作客，認識了他們的家庭教師——日後將成為她摯友之一的史黛法（Stépha Awdykovicz）。在波娃眼中，這位波蘭裔的烏克蘭移民極為大膽且具異國風情：她很富裕、受過良好教育，卻因為對巴黎布爾喬亞的生活感到好奇而選擇當家教。她對於自己的性慾毫不畏懼，並坦率地與波娃談論此事。回到巴黎後，兩人幾乎天天見面。史黛法就住在附近，在外交部從事翻譯；她的薪水優渥，也樂意花在朋友身上。她嘲笑波娃的拘謹正經，令她有所改變。她同時挑戰著波娃的保守，又對波娃的天真報以姊姊式的擔憂。

艾蓮娜把繪畫課的同學的吉哈汀・帕多（Geraldine Pardo）介紹給西蒙，她們都叫她吉吉（Gégé）。吉吉是勞工階級的女孩，她熱愛她的工作，決定無論結不結婚都要繼續工作。西蒙深受吉吉的熱情與口才所吸引，她令波娃更為清楚地看見社會階級並不必然決定人的舉止。

不過，史黛法確實有理由對她的天真感到擔憂。西蒙開始放縱自己「冒險」——都是些她認為無傷大雅、但實際上可能帶來嚴重後果的小玩笑。一開始史黛法也參與其中，但這些小玩笑由接受陌生男性請的飲料發展至更冒險的舉動：光顧亂七八糟的三流酒吧、開車出門再回公寓，但完全不打算把醉醺醺的酒友要求的東西帶回來給他們。雖然西蒙總能設法脫身，但史黛法很氣西蒙讓自己陷於這樣的處境，也無法瞭解她既然給人一種「她即將與賈克訂婚」的印象，為何卻又做出這種事。

十八歲的西蒙在哲學思考上相當聰慧成熟，但她的行為則有些魯莽危險，有時又顯得古板迂腐。有次她去史黛法家，很震驚地發現她的未婚夫費南多・傑拉西（Fernando Gerassi）在她房裡，房門關著——難道史黛法不擔心她的名聲嗎？費南多後來畫了史黛法的裸體畫，波娃大感震驚並且拒看這張畫。她還跟史黛法和吉吉說，她們沒接受過上等教養，她們的觀點和舉止則是此事的不幸後果——這讓她們覺得她相當自以為是、故作拘謹。[86] 這一個西蒙・德・波娃很輕易地就能引起大眾的反感：她若看到自己往後會在小說中寫下的情節——

還有自己的人生——恐怕會嚇得花容失色。

在日記中，西蒙繼續思索在自我與他者間尋求「均衡」的問題。她開始將自身的存有分為兩部分：「給他人的」（For others）與「給自己的」（For myself）。[87]最重要的是，這個概念出現的時間早於沙特在《存在與虛無》（一九四三）中所提出著名的「對己存有」（Being for itself）與「對他存有」（Being for others）。許多人誤以為他們在波娃的小說與《第二性》中讀到的是沙特的理論，但其實，波娃早在沙特之前便已獨立發展出這樣的觀點。[88]

一九二七至二八學年，波娃打算再考三張證書，這樣她就能取得古典文學與哲學的雙學位。她並不總是享受這樣嚴格的自我要求，有時她會抱怨自己大半時間不是在家就是在圖書館，感覺有點像滾輪上的老鼠一樣。一九二八年三月，她拿到哲學學位所需的最後兩證書——倫理學與心理學，但她覺得語文學（古典文學缺的最後一張證書）太枯燥無聊了，不值得堅持下去。她決定不要拿古典文學學位。她的父親表示反對——如果她不打算依循傳統在婚姻上取得成功，那她非傳統的人生最好是愈成功愈好。但她並未退讓，她放棄了古典文學。

她的聰明才智無庸置疑，也開始吸引旁人注意。梅洛龐蒂想見見這位哲學概論考贏他的布爾喬亞年輕女子。當然，有兩位女性在哲學概論的考試中都贏過他，不過西蒙・韋伊是猶太人，無法與他建立天主教徒知識分子之間所共享的那種友誼——至少他是這樣認為的。[89]

不過，波娃並沒有成為「天主教式的傳統女性」，而韋伊反而會以其熾烈的信仰為世人所記得。至於波娃，後代記得的會是她堅定的無神論者姿態。

三　愛神或愛人？

在十九歲生日前夕寫下的日記裡，波娃思索著她生命中某一席令人黯然的空缺。小時候，她相信上帝掌管她的世界。回頭看來，祂掌管的方式也許疑點重重，但無論如何，現在就剩她自己面對著眼前各種問題了。如果沒有人呼召她追尋她的天職，那麼，她是否仍能擁有天職？如果上帝不存在，還有什麼能賦予人類（或任何事物）價值？「或許我是有價值的，」她說；她又說：「價值必須存在。」[1]而探尋這類問題的，不只她一個。進入二十一世紀，尼采著名的「上帝已死」宣言仍留有餘音，巴黎哲學圈的菁英則持續辯論著宗教信仰及宗教經驗是否有益。[2]

上帝的消失和親密摯友莎莎陷入戀情及病逝，這兩件事發生在波娃生命中同一個時期，兩者的消逝都將在她的思想上留下深遠的印記。此後的三十年裡，波娃大部分時間都感覺她擁有的自由是以莎莎的性命作為代價換來的。

一九二八年，波娃已經發現巴黎生活有許多另類的風貌：波希米亞主義與反叛文化、超現實主義、電影、俄國芭蕾。[3]這年，她進入索邦唸書，身旁是一群極其優異的同儕。兩個西蒙（波娃和韋伊）並沒有成為朋友——雖然現在看來，兩人似乎是錯失良機。當時，波娃對頗有名氣的韋伊很感興趣，但不是因為她聰明出眾，而是因為她極其關懷他人苦難。波娃聽說，韋伊在得知中國爆發大饑荒後悲傷落淚，她訝異韋伊的心是如此寬廣，竟能為了遠在世界另一端的人感到哀傷。她想見見韋伊。不過，兩人的會面在她們談到「革命」或「追尋存在的意義」何者更為重要時，氣氛便急轉直下了（韋伊說是革命，波娃說是追尋存在的意義）。「妳很顯然從沒餓過肚子。」韋伊說完，便結束了這次談話。在波娃眼中，韋伊細細打量了她，判定她是「高高在上的小布爾喬亞」。[4]當時，波娃確實被惹惱了——韋伊並不瞭解她的背景，對她做出錯誤的臆測——但多年後她也開始理解，為何年輕時的自己會招來這樣的評價。

至於梅洛龐蒂，他後來成了波娃口中暱稱的龐蒂（Ponti）。梅洛龐蒂唸巴黎高等師範學院，與波娃背景相似，也正面臨信仰上的問題。在哲學概論檢定考放榜之後，他主動找上波娃。兩人就這樣成了摯友——起初是真誠的談心，後來是閱讀彼此寫的東西。梅洛龐蒂相當喜歡波娃，介紹她與他的朋友莫里斯・岡迪拉克（Maurice de Gandillac）認識，岡迪拉克覺得她聰穎而迷人，並對她的信仰狀況特別感興趣。而波娃也相當喜歡梅洛龐蒂，介紹他給莎莎認識。很快地，這四人就開始在每週日上午一起打網球了。梅洛龐蒂是莎莎所認識的第一個知識分子。在認識他不久後，莎莎便開始期待一件不太可能的事情能夠成真：那就是她能善盡自己結婚嫁人的家庭責任，卻又不必犧牲愛情或智性生活。

一開始，西蒙也對於能跟梅洛龐蒂談話感到相當興奮。兩人確實有許多相似之處：他同樣在信仰虔誠的家庭中長大，也（至少已慢慢開始）視自己為低調的無信仰者。在巴黎高師，梅洛龐蒂屬於被戲稱為「聖人威利」（The Holy Willies）的那群學生之一——他們因為對信仰的虔誠及對神職人員的尊敬而得名。波娃在學校裡女性朋友並不多，後來她也承認自己當年常因信仰、社會背景（或兩者皆是）的緣故而略過那些在才智上吸引她的女性。[5]她反而與「聖人威利」們走得很近，尚・米克爾（Jean Miquel）便是其中之一——他跟波娃一樣，都在知名學者尚・巴魯濟（Jean Baruzi）的指導下寫論文。

在回憶錄中，波娃寫著她「去聽巴魯濟講課，他有一篇關於聖十字若望的論文評價很高」。[6]不過，波娃其實不只是去聽他的課而已，她還在他的指導下寫了一篇自己的論文。在日記裡，她說他很喜歡巴魯濟，因為巴魯濟以嚴肅的態度看待她，也會對她作出批評。[7]但奇怪的是，她在回憶錄中對於她所寫的論文內容並未多提，只說這篇文章處理了「性格」

（Personality）[8]的問題並得到巴魯濟的「大力稱讚」；他說此文「有機會發展成為一篇重要作品」。[9]日記內容則顯示，這篇論文探討了愛情及倫理等問題。[10]兩種說法之間的出入令人不禁再度想問：為什麼她的故事總是缺乏一致性？波娃這篇論文並未留存至今日，因此我們無法從論文中取得答案。[11]不過，根據當時日記中所記下的相關思緒，她在此文中對於愛情的討論可能後來發展成了她在四〇年代發表的倫理學論述；那時，大家都以為她的概念出自沙特。波娃是否擔心影響沙特的聲望，所以在讀者面前藏起她早期的作品呢？或是因為，她不覺得五〇年代的讀者會相信——更別提認同——一個在哲學上有能力影響尚－保羅．沙特的女性角色？

二〇年代裡，波娃並沒有遇見幾個跟她在知識上擁有相同熱誠的女性。她發現自己交流想法的對象逐漸變成男性友人；她享受男性帶來的談話與友誼。在《一個乖女孩的回憶錄》中她寫到，女人以挑戰的姿態面對男人這件事總令她沮喪：「男性從一開始就是我的戰友而非敵人。我不僅沒對他們感到羨慕，還感到自己的地位是種特殊待遇，因其確實並不尋常。」[12]回頭看來，她也發現自己是被當作樣板女性了，但要再過好幾年，她才會開始把這種裝裝樣子的平等視為問題。在學生年代，波娃與男性同儕之間的關係之所以能如此友善輕鬆，是因為法國的教育體系並未對男女一視同仁，所以他們沒有把她當成對手。西蒙與其他女學生是以超額的方式錄取，在職場上也不會與男性競爭（一般來說，女老師會去女子中學教書。法國的公立學校也有女校，但大眾普遍認為女校不應由男教師來任教）。

迪德莉・貝爾說，波娃在知道梅洛龐蒂不是無神論者之後，就有點失去了談話的興致。[13]梅洛龐蒂認為，真理只能在他們從小浸淫其中的宗教裡尋得，此事令波娃失望。相較於她在回憶錄中的直率敢言，她的日記對於她失去信仰的歷程再次給出了一個不盡相同且遠不那麼淡漠的故事。在回憶錄中，波娃說她對於上帝之事有所頓悟後，她旋即與信仰「劃清界線」。[14]她跟讀者說，她的「懷疑之心自此未曾動搖過」。[15]波娃以令人想起聖奧古斯丁（Saint Augustine）或帕斯卡（Blaise Pascal）的語言，描述她突然驚覺萬物陷入寂靜之中，而上帝已然遠去。那是她第一次理解到「獨自一人」一詞的「驚人重量」。[16]

不過，她日記所記載的故事則沒那麼突然，也沒那麼乾脆。至少在一九二八年，二十歲的她已「重新受到天主信仰所吸引」。[17]波娃後來將自己早年的信仰斥為天真兒童為了迎合父母而創造出來的產物，但她進入大學時，發現自己身邊有一群懷抱著信仰的知識分子，他們的信仰與懷疑之心共存，也樂於提出質疑。當時的波娃是個正準備嶄露頭角的哲學家，她在接觸到新的論證時並未堅持己見，也沒有為了保持一致而拒絕受其影響——反之，她衡量著新論證是否有其優點。

在閱讀波娃的日記之前，讓我們先追溯此事在回憶錄中的軌跡。在一九五八年出版的回憶錄中，波娃說童年的她發展出一套對上帝的熱烈信仰——就算是虔誠的母親也逼迫不來的那種信仰。她一週做三次彌撒，定期參與為期數天的靈修會。她會冥想，並在筆記本中記下她的思緒與「虔誠決心」。她說她「渴望更親近上帝，但〔……〕不知道該怎麼做。」[18] 她的結論是，世上最美好的人生就是終生默想上帝的人生，於是她下定決心成為一位加爾默羅修女（Carmelite nun）。

波娃的熱情最終將會轉向政治，但年輕時的她曾感到社會問題距離十分遙遠——這有一部分是因為她對於周遭的世界感到無能為力。因此，她轉而關注她有能力掌控的世界：她的內在世界。她曾聽說，天主信仰除了充滿各式道德責任之外，還提供了一條親近天主的神祕路徑——她在書裡讀到，聖徒一生迫切尋求上帝，終能以奇妙的方式得到上帝的同在，經歷喜樂與平安。於是她替自己「發明了屈辱的苦修儀式」：以浮石刮擦肌膚直至流血，或以項鍊的鏈條鞭打自己。基督教的歷史中厭惡肉身（Odium corporis）的傳統由來已久，而世間許多宗教也以肉體苦行作為尋求神祕經驗的途徑。不過，這樣的努力並沒有帶來她所追求的天啟。

在《一個乖女孩的回憶錄》中，波娃說她想出家當修女的願望不過是個「方便的託辭」，但她當年並不是這麼想的。那些在鄉間度過的童年夏日裡，西蒙會早早起床，目的是為了看大自然甦醒，欣賞「大地的美麗與上帝之榮光」。她在回憶錄中好幾次提到上帝的同在與自然界之美兩者的關聯。回到巴黎後，她則寫著：「人們及他們腦袋裡那些浮誇的念頭將上帝從我眼前隱藏起來。」[19]

她開始對從未現身的上帝感到困擾，認為上帝「似乎與汲汲營營的人類世界無關」。她的母親跟老師都認為教宗是由聖靈所揀選的，而她的父母也都同意教宗不該干涉世間俗務。所以，當教宗良十三世（Pope Leo XIII）開始在教宗通諭中談論「社會問題」的時候，她母親認為這是背叛聖職，而她父親認為這是背叛國家。於是波娃必須「設法嚥下這個自相矛盾的說法：此人受上帝揀選成為祂在世間之代表，但他無須干預世間的事」。[20]

她也遇上了以可鄙的方式對待他人（包括她自己）的所謂「教徒」。在學校時，她發現聽她告解的神父似乎背叛了她的信任。十六歲時，她到聖敘爾比斯教堂附近的宗教書店，請店員幫她找一篇文章。那名店員朝店內後方走去，並示意她跟上。她走到他的身邊，他給她看的卻不是她在找的那篇文章，而是他勃起的陰莖。她設法脫身了，但揮之不去的是「怪事會毫無預警地發生在自己身上的感覺」。[21]

艾蓮娜也說，童年時的她們背負著名為上帝的沉重負擔，而且這份重擔並不是平均地分攤在每個人身上。[22]無論是在巴黎或在利穆贊，家族裡的男人都不做彌撒。於是艾蓮娜對此作出評論：「男人——較為優越的種族——得以豁免於上帝的重量。」[23]不難理解為何波娃會反對她童年中的那個天主信仰：其價值被用來替極巨大的雙重標準背書——丈夫放蕩揮霍，卻仍期待妻子高尚廉潔，而自我犧牲的信念則將女人所受的苦難給神聖化。

在《一個乖女孩的回憶錄》中，波娃將不信上帝的父親與信仰虔誠的母親作為她內在兩個極端的代表：她父親代表智性的層面，母親則代表信仰的層面，而「這兩個極其異質的經驗領域」沒有任何共通點，於是她開始認為人類事務——「文化、政治、商業、禮節、習俗——都跟宗教毫無關係，所以我將上帝與生活、世界分開，而這樣的態度對於我未來的發展有深刻的影響。」[24]

面對著哲學的問題與宗教之虛偽，波娃最後得出了結論：「對我來說，想像一個沒有造物主的世界，比想像一個背負著世間所有矛盾的造物主來得簡單。」[25]在她第一次決定放棄上帝後，她私下跟莎莎說她想當作家，但莎莎竟然說，像她母親一樣生下九個孩子也跟寫作一樣好。波娃看不出這兩種存在的方式有任何一點相同之處。「生孩子，孩子再生下孩子，這不過是**永無止盡地**重複著這個古老的循環。」[26]

波娃的「人生」與「作品」經常如此：她的人生提供問題，而她的作品尋找解答。她在《第二性》與其他幾本書中都會回頭探討信仰問題。不過在大學的這段期間裡，她之所以會在信仰上面臨掙扎，除了學術思考上的原因，也因為她失去了生命中最重要的人之一。這令她不得不直接面對死亡及世間的毫無公理。

她在一九二六至二七年間的日記裡寫著，雖然理智上有所疑慮，但她仍想要相信上帝。她想相信「使她的生命具有正當性」的東西，某種絕對確定的東西；而這份對於意義——甚至是對於救贖——的渴求也一再出現在她的人生裡。一九二七年五月，她寫著：「我想相信上帝」[27]；七月時她又寫到自己「除了上帝之外，什麼都不想相信」。不過「為何是天主教的上帝？」——她在此題上找不到令人滿意的哲學答案。[28]她幾次跟梅洛龐蒂談論信仰，但認為他對天主信仰與人類理性都太有信心。同年七月十九日，她在日記中寫著：「龐蒂以對理性的信仰支撐他的哲學，我則以理性之無力來支撐我的哲學。誰能證明笛卡兒比康德強？我仍抱持著我在索邦寫的論文裡面的看法——繼續運用理性能力，最終你將得到殘餘之物與非理性之物。」

從波娃的日記裡可以愈來愈明顯地看出，她對於某種特定的哲學感到格格不入，因其要求人們「以無情的方式推理」。她說，像她這樣的「年輕女子」「不僅需要在理性邏輯上求得答案，也需要平撫自身沉重的心——而我想要以這樣的方式繼續當女人：思考上偏男性化，而感受則偏女性化」。[29]她繼續尋找她能同意並追隨的哲學觀，並對儒勒・拉紐產生興趣；拉紐的哲學不只探討理性，也探討自由與欲望。[30]她同意拉紐所說的，她心中有種強烈的衝動想要相信上帝存在：「上帝啊，我的上帝！這個我們想要去愛並甘願獻上一切的對象，是否確實並不存在？我一無所知且無比厭倦，極其疲憊。如果祂在，為何要讓尋找祂的路途如此艱難？」[31]

波娃的內心感到一股沉重的空洞，她在日記中寫著：「**那個會讓一切圓滿的對象並不存在**。」[32]如果這句話出現在日記裡稍早的頁面，就很顯然是指那位她曾全心敬愛的上帝。不過這頁日記後來在頁緣處出現新的標註：波娃日後以墨水為這句話劃上底線，並在頁緣處寫著：「沙特——1929」。她心中曾留給上帝的位置，如今是否為某個人類所占據？沙特在一九八〇年過世後，波娃將他寫給她的信集結成冊，並將其命名為《人生見證》（*Witness to My Life*）。在法文中的**見證**（Temoin）一字長久以來都被法國基督徒拿來指稱上帝洞察一切的目光。

在波娃逐漸成為無神論者的同時，她的個人生活中發生了一些重大事件。同時，她也持續探索著哲學世界。她私下認為，莎莎和梅洛龐蒂的信仰有很多令她欣賞之處。史黛法與吉吉在身體經驗上無畏而大膽，這令她反感；而莎莎與梅洛龐蒂間的純潔愛情則令她心中的少女感到雀躍開心。[33]她很希望婚姻對莎莎來說可以不用像是賣淫，也不會成為她思想上的墳墓。事態原本相當明亮而滿懷希望，卻在一瞬間戛然而止。拉匡太太決定不讓莎莎回去索邦讀二年級，因為她的大女兒已經出嫁，現在輪到莎莎了。莎莎得留在朗德的別墅裡做準備，以便在合適的對象面前亮相。那一年，拉匡家沒有像往年一樣邀請西蒙到家裡待上幾週，而只有邀請她在七月時來作客幾天而已。梅洛龐蒂的家族來自波爾多，所以他跟西蒙決定，在她前往莎莎家作客的途中，兩人可以順路先在波爾多碰面。莫里亞克（François Mauriac）——他倆最喜歡的作家之一——是波爾多人，他們可以來趟文學朝聖之旅，也讓西蒙能趁機帶給莎莎心上人的最新消息。

西蒙抵達拉匡家位於朗德的別墅時，發現好友正因為內心的分裂而陷入痛苦掙扎之中。莎莎很確定她愛梅洛龐蒂，但她同時也想要順從母親的心意——她母親已認定他倆並不適合，但沒透露任何原因。無人能明白為什麼莎莎母親的態度會出現一百八十度的轉變——梅洛龐蒂來自教養良好的天主教家庭，她對他也從不曾出言批評。不過，每當莎莎在談話中提到他，她母親就會轉移話題。一開始，波娃對拉匡太太的行為感到大惑不解，不過困惑逐漸轉變成焦慮與憤怒。她到底為什麼要反對？難道她不明白她女兒的自由與夢想有多重要嗎？

前一年，波娃的生活十分緊湊，但情緒是高昂的。今年，她感覺自己以同樣快的速度向下消沉。如同以往，她試著應付一切：寫作、大量閱讀。八月，她在日誌中記下自己的日程表：

9:00—11:00　寫信與日誌

11:00—1:00　哲學（在日誌中，她以括弧加上了「冥想」兩字）

3:00—5:00　哲學、閱讀

5:00—8:00　寫作

這年夏天，她給自己訂的目標是閱讀司湯達（Stendhal）*、柏拉圖，還有一些探討宗教與神祕主義的近現代作家：阿米埃爾（Henri Frederic Amiel）、德拉克洛瓦（Henri Delacroix）、巴魯濟。[34]日記裡記錄著她的讀書心得及與他人通信後的感想，也以長長的篇幅寫下她心中是如何愛著賈克，如何對於他的心意感到迷惑難解。

九月，西蒙回頭讀了自己的日記，覺得一九二七年是在「探索的欲望以及愛情（人世唯一美好之物、也是使我深感人世虛無之物）所帶來的心灰意冷之間擺盪」的一年。[35]同一個月裡，她為自己擬定了新進度。當時，她正在寫指導老師巴魯濟指定的兩份作業以及她自己的一本小說，而她想在一月前完成小說的第一部分，所以她必須遵守的日程表如下：

8:00　起床
9:00—　中午在房裡寫作
2:00—6:00　認真讀書
6:00—8:00　與人談話、畫畫、閱讀（不包括我無權享受的悠閒散步時間）
9:00—11:00　準備小組的課
11:00—　夜間日誌

她讀高祿德（Paul Claudel）[†]、莫里亞克等人的小說，也讀神祕主義、哲學家及小說

* 譯註：司湯達（1783-1842），本名馬利-亨利．貝爾（Marie-Henri Beyle），法國作家，著有《紅與黑》、《帕爾馬修道院》等。
† 譯註：高祿德（1868-1955），另一漢名為高樂待。法國詩人、劇作家、散文家，亦是外交官，其一八九五至一九〇九年曾在中國擔任領事。

家的生平傳記。[36]她寫下小說草稿，內容是一位女性開始覺醒而理解到她能「自由地選擇自我」的故事。[37]她的筆記很零碎，探討的是「我們是誰」以及「我們所做的事」之間的關聯（哲學家也許會稱之為存有及行動之間的關係）。

波娃在十九歲時就已開始嘗試探討會在四〇年代時以「存在主義」（也就是沙特的哲學）之稱聞名於世的哲學概念。「**行為**是對於自我的肯定」，她寫著。若真是如此，她想問的是：「這個『自我』在行為出現之前**是否不存在**？又或我們只是無法確定它的存在？」哲學家布隆德（Maurice Blondel）在近代曾寫過一本關於「行動」的書，討論人的生命是否具有意義，以及人是否有其命運等大哉問。他說：「人的實質是行為；人就是自己所塑造的樣子。」[38]而波娃的小說草稿對於布隆德及尼采似都有所回應。她想知道，是人的行動使我們更瞭解自我（而我們的自我從一開始就存在），或者是行動本身創造了我們的自我？布隆德說是後者：我們就是自己所塑造的樣子。不過，尼采的命令則是叫人們成為自己。但我們要怎麼在不知道自己是誰的情況下成為自己？波娃的筆記中寫滿問句：「成為自己？你認識自己嗎？你看見自己了嗎？」[39]

波娃現在得嚴密管控自己的時間。沒在工作的時候，她就開始擔心她太「放縱自己」沉浸於「友誼的美好之中」。[40]即便如此，當莎莎在十一月回到巴黎，並告訴波娃家裡要把她送去柏林時，波娃還是大受打擊。表面上，這是為了讓莎莎繼續練習她已說得很好的德文；實際上，這是為了要讓她忘記梅洛龐蒂。莎莎的父母反對這段戀情，這讓波娃非常難過——他們到底有什麼理由反對？她與梅洛龐蒂談過，卻只令她困惑更深。梅洛龐蒂透露得很少，只說自己會禱告信靠上帝，並相信上帝的慈愛與公正。他的信仰告白讓波娃怨氣橫生，他怎能僅因著在來世可能獲得公道就感到滿意了？無論上帝是否公正，在她的世界裡，拉匡太太並不公正。

莎莎在一九二九年冬天回到巴黎。她的氣色很好，對於梅洛龐蒂的愛只有更加堅定。她母親對於莎莎與西蒙的會面諸般阻撓，但她很難阻止女兒去國家圖書館看書。在圖書館裡，莎莎和西蒙得到了小小的空間與時間，可以偷偷一起喝杯咖啡、談論生活。

一九二九年一月，波娃開始在強森薩伊中學（Lycée Janson de Sailly）教書；她是首位在法國的男子中學教哲學的女老師。同校同事有梅洛龐蒂，還有另一位即將在二十世紀法國文化圈聲名大噪的人物：提出結構人類學的李維史陀（Claude Lévi-Strauss）。這間中學充滿著波娃曾十分嫉妒的那種男孩——他們視教育為理所當然之事。至於波娃，她並未將自己成為法國知識菁英的監護者一事視作理所當然。她感到自己「正走在通往最終解放的道路上」，她說，她覺得「現在世上沒有什麼是她無法得到的了」。她拒絕繼續修讀古典文學是對的：

莎莎與西蒙，一九二八年九月。

她已開始在巴黎哲學界重要人物，布蘭希維克（Léon Brunschvicg）的指導下，撰寫一篇關於萊布尼茲（Gottfried Leibniz）*哲學的論文。

一九二九年的春夏，波娃度過了一段豐富多采的日子，但莎莎則活在悲慘之中。七月，莎莎一如往常地在他們家的夏季別墅渡過夏天，但在離開前，她私下跟波娃說，梅洛龐蒂已經與她祕密訂下婚約——他會入伍服役，而他們會等一年或兩年後再跟雙方父母談。波娃感到相當驚訝。「為什麼要等？」她以令莎莎詫異的坦白直問——他們之間的愛情是如此清楚明白。

莎莎從朗德寄來的信變得隱晦難懂。她說，她母親告訴她某件她無法解釋的事。下一封信則透露得更多：「孩子是否可能繼承父母的罪？他們有罪嗎？他們能得到赦免嗎？他們身旁的人是否也會因此受苦？」[41] 接下來的信件顯示，莎莎對於梅洛龐蒂捎來的消息感到失望，雖然他們已有約定，他的態度卻變得愈來愈疏遠、信也愈來愈少。她想念西蒙，說她受很多苦，但她試著賦予苦難意義，將自己的苦與基督受的苦相比。[42]

* 譯註：萊布尼茲（1646-1716），德意志哲學家、數學家，歷史上少見的通才，被譽為十七世紀的亞里斯多德。

這樣的情況維持了一陣子，西蒙變得很擔心，她催促莎莎與梅洛龐蒂公開宣布他們的計畫——也許拉匡太太是因為他們兩人未正式公開而有所疑慮。但他們雙方都表示反對；莎莎在信裡寫著：「他有不這麼做的理由，這些理由對他和對我而言都是合理的。」[43]西蒙可沒那麼容易滿意，於是她寫信給梅洛龐蒂，心想若他知道他所謂的「理由」帶給莎莎多大的痛苦，他不可能仍如此行事。但他回信給她，解釋著他姊姊剛訂婚了，他的哥哥又即將出國，而他母親無法承受一次失去她所有的孩子。

莎莎消瘦了，拉匡家又要再把她送去柏林。起初，莎莎對於梅洛龐蒂為了母親而犧牲自己一事，似乎無可奈何地接受了。但不久之後，拉匡太太把西蒙找去——莎莎病了，病得很重。病得神智不清的莎莎跑去找梅洛龐蒂的媽媽，問她是不是恨自己、問她為什麼反對他們的婚姻。梅洛龐蒂太太設法讓她保持冷靜，直到兒子抵達。梅洛龐蒂叫了一輛計程車，莎莎滾燙的手心與前額令他非常擔憂。在計程車上，她斥責他為何從不曾吻她，並要求他作出補償。梅洛龐蒂順從了她的要求。

拉匡太太叫了醫生，並與梅洛龐蒂長談。之後，她的態度便緩和下來，不再反對他們的婚事——她不能再當那個讓女兒不快樂的原因了。梅洛龐蒂太太也已同意，婚事都會安排好。不過，莎莎發燒發到四十度——她在診所待了四天，高燒不退。

下一次西蒙見到莎莎的時候，莎莎已冰冰冷冷，手中緊握著十字架，躺在棺木裡。莎莎於一九二九年十一月二十五日逝世。要等到將近三十年後，波娃才會得知這個事件的全貌。她陷入絕望哀慟中，腦袋一片混亂。她對自己與莎莎的談話以及與梅洛龐蒂之間的信件往來感到厭惡而憤怒——他們兩人都為自己所受的苦賦予「精神上的意義」，試圖提升自身的美德，而非譴責真正的元兇：「禮教傳統」的殘忍與不公。他們沒有錯，錯的是這個世界——但上帝只有袖手旁觀。

四　傳奇前的愛情

莎莎對婚姻的希望被喚起又落空的那段時間裡，西蒙的心中也有另一種希望正要萌芽。梅洛龐蒂及岡迪拉克的友誼讓她明白自己值得這兩個高師人（Normaliens）——就讀於巴黎高師的頂尖菁英知識分子——的關注，這給了她不少自信。一九二九年夏天，波娃主動去認識了另一個相當吸引她的高師人——此人對她的吸引力可不僅限於心靈層面。

這故事與那個傳奇的愛情故事也許有些出入，因為這位高師人不是沙特。關於她與沙特的戀情是如何開始的，波娃於一九二九年日記裡所記載的故事與她在世時告訴大眾的故事，兩者有些不同。只要我們接受這兩個前提：並非所有女人都想找個丈夫廝守終身，以及，並非所有具原創性的概念都來自男人；那麼，我們就會發現波娃跟沙特的故事看起來變得不太一樣，因為沙特並未在初見之時就占據波娃心中最重要的位置。

一九二九年春天，波娃與荷內・馬厄（René Maheu）走得很近。在回憶錄中，她為他取的化名是賀保（Herbaud），在日記中，她則親暱地以馬厄的綽號「駱馬」（Lama）來稱呼他。在學校，馬厄與兩位同學組成了一個三人的小團體——該團體的另外兩位成員是未來的小說家保羅・尼贊（Paul Nizan）及未來的哲學家尚－保羅・沙特。在回憶錄裡，波娃提到她打進了許多高師人的小圈子裡，唯獨馬厄的小團體沒讓她加入。波娃第一次注意到馬厄，是他於一九二九年，在布蘭希維克的專題討論會上發言。當時馬厄已經結婚了，但她喜歡他的臉、他的眼睛、他的頭髮、他的聲音——其實，她喜歡他的一切。有天在國家圖書館裡，她決定在午餐時過去跟他說話。不久後，馬厄就開始寫詩及作畫送她了。

馬厄也為波娃取了此後會跟著她一輩子的綽號——海狸（Castor）。有天，他在她的作業本上用大寫字母寫下：「波娃＝海狸」。他解釋道，海狸喜歡「有朋友陪伴，而且天生熱愛建構各種東西」，跟她一樣。[1]

在波娃的回憶錄中，馬厄這個朋友對波娃的影響似乎就跟史黛法差不多。一九二九年時，她在日記裡寫道：「我厭倦當聖人了，我很高興馬厄視我為血肉之軀——之前只有史黛法會這樣對我。」[2]波娃說，馬厄是個「真正的男人」，有張「極為性感的」臉，他為她「開啟了一條〔她〕渴望探索卻從未找到勇氣踏上的路」。我們無從得知兩人是否曾經交往，或者若曾交往，又是在何時——波娃在書寫他倆之間的關係時十分謹慎。但可以確定的是，在她遇見沙特時，她感情世界的重心是放在馬厄身上的。她想起兩人相處的時光時，形容那是「完美的快樂與極度的愉悅」，而她在其中認識到「身為女人的甜美」。[3]

許多作者都說馬厄是波娃的第一個戀人。[4]但這句話確切的意思有些模糊，因此很難衡量其真實性。當貝爾問起此事時，波娃極力否認了，聲稱自己跟艾蓮娜和吉吉私下雖有過幾趟探險之旅，但在沙特之前，她從未與任何男人接吻過。[5]不過，貝爾在寫作時還沒有辦法取得我們如今有的信件及日記。

雖然波娃與沙特曾見過彼此——在演講廳、研討會、盧森堡公園裡——但他們的正式會面還要醞釀好一陣子才會發生。馬厄占有慾很強：他想把波娃保留給他自己，刻意不把她介紹給花心出了名的沙特認識。不過，沙特從這年春天開始就一直想認識波娃，且根本不掩飾自己的興趣：他聽說她的論文寫的是萊布尼茲，就畫了一張畫送她。畫中有個男人被美人魚圍繞著，畫作標題則是〈萊布尼茲與單子共浴〉（萊布尼茲將宇宙基本元素稱為單子〔Monad〕，至於美人魚則是沙特自己的藝術創意）。[6]

從教師資格國考筆試的三週前開始，波娃跟馬厄天天見面。一九二九年六月十七日的筆試是場長達七小時的艱困戰役，必須當場寫出一篇論文，題目是西蒙本就深感興趣的「自由與偶然」。十八日還有第二場四小時的筆試，題目是「演繹法的直覺與理性」。十九日，最後一場四小時的筆試，考的則是「康德與斯多噶學派之道德觀」。[7]

在考完所有筆試後，馬厄跟妻子要離開巴黎十天。他對波娃說，他回來的時候會繼續跟尼贊及沙特一起讀書，他們都希望她能加入這個菁英小團體——而且，沙特想約她出去。馬厄向波娃傳達了沙特的邀約之意，但他請她不要赴沙特的約。波娃喜歡他說這句話時的眼神，但她不喜歡沙特的外表。[8]所以，他們決定讓艾蓮娜代替她赴約，她會在沙特指定的時間地點與他碰面，跟他說一個無傷大雅的謊言——西蒙突然有事，去了鄉下。

當時，西蒙開始再度感到人生是快樂的：這些日子以來，她的朋友愈來愈多，但最重要的是她有馬厄、梅洛龐蒂和莎莎（當時距離她過世還有五個月）能分享生活。而且，她的朋友們也都期待她能長成她自己所希望的模樣，她很高興能在朋友的陪伴中「創造」自己（就算她真的可能會像莎莎開玩笑說的那樣，「成為悖德的女人」）。[9]艾蓮娜跟沙特出去的那天晚上，波娃心情亢奮，在日記裡說她感到「異常確定，這份我在自身內在所感覺到的豐富寶藏必會留下屬於它的痕跡，我說的話將被聆聽，我的生命將會成為他人汲飲的泉源——這是種對於天職的確定感。」[10]波娃也將這段話收錄進回憶錄裡，但在日記中她補充道，她不再認為天職會為她帶來痛苦——如同基督的苦難之路（Via delarosa）。她有一種感覺，她被交付的是某種罕見之物，某件她無法只保留給自己的東西。

艾蓮娜回家之後跟姊姊說，她沒赴約是對的。沙特帶她去看電影，人也很和善，但他完全不是她先前以為的聊天高手。「馬厄說過關於沙特的話全都不是真的。」[11]

沙特雖沒有成功吸引到波娃注意，但他可不是輕言放棄之人。馬厄盛讚波娃的聰明才智，這令沙特很感興趣。不過，有件事不需要仰賴傳聞也看得出來——波娃很有魅力。馬厄在一九七三年時曾寫道：「多麼美麗的心靈！她全然無偽、勇於反叛、如此真實（……）具有獨樹一格的魅力，別具風格、自成一派，她確實是獨一無二的女子。」亨莉葉・尼贊（Henriette Nizan，保羅・尼贊的遺孀）說，她記憶裡的波娃是個「眼睛很美」的年輕女子，長得非常漂亮；聲音有些沙啞，但卻使她更具吸引力。她是個「對於自己的美毫無自覺的女人」。[12]

至於沙特，他在高師學生中可說是惡名昭彰，以他在哲學上的高強本領及肆無忌憚的惡作劇而聞名。他全裸演出學校的諷刺劇，並曾經從大學教室裡一邊往外丟水球一邊大喊著：「查拉圖斯特拉如是尿啦！」他（自己聲稱）在去年的考試中惡作劇過了頭：他原本預計自己會考全國第一，但因為他只顧著寫下自己的哲學理念、沒照著題目寫，所以才沒考好。

西蒙遣艾蓮娜替她赴約時，沙特就已有點起疑了。當她走上前來介紹自己的時候，他問：「你怎麼知道我是沙特？」艾蓮娜的回答洩漏了實情，她說：「因為……你有戴眼鏡。」沙特則指出另一名也戴著眼鏡的男人。要推測出她從她姊姊那裡聽來但略而不提的形容詞並不困難：很矮，而且很醜。[13]沙特只有一百五十五公分，他對自己的尊容也心知肚明：這也是他之所以如此享受與女性調情的原因之一——即便外表的魅力乏善可陳，言語的魅力總不令人失望。

波娃對馬厄邀請她加入讀書會感到高興，因為這讓她跟她的駱馬能有更多相處時間，也因為這顯然代表著敬重之意。沙特是個自大狂——他受的是巴黎所能提供最頂尖的菁英教育；他將其他未受相同教育的學生視為不值一提的次等人。在某段一九七四年的訪問中，波娃質問他怎可如此傲慢，並提醒在學生時期的他與尼贊、馬厄「有著鄙視全世界，尤其看不起索邦學生的名聲」。而他的回答是：「那是因為，索邦的學生代表了一群不太稱得上是人類的物種。」[14]

受到邀請的波娃感到榮幸，不過也有些畏怯。對於這個小團體所散發出的輕蔑之情，索邦學生亦是懷恨在心，他們說這幾個人冷酷而無情——而沙特是他們之中名聲最糟的一個。[15]

六月底了，沙特還沒有正式認識這個他下定決心要認識的女孩子。但他倆傳奇的初次見面終於在一九二九年七月八日成真了，波娃現身在讀書會上——「有點畏懼」。沙特有禮貌地招呼她，而她那一整天都忙著對萊布尼茲的形上學論文作出評論。[16]這可能不太像是個有望成功的愛情故事之開端——從波娃的角度看來，它確實也不是。不過，事情在接下來的幾個禮拜裡出現了變化。

三人的讀書會成了固定的四人小組。接下來的兩週裡，四人天天碰面。但是從波娃第一次參加讀書會那天的日記裡，我們能明顯看出她的心思放在誰身上——她的筆下描述了馬厄是如何只穿著襯衫而未著外衣，他是如何以慵懶的姿態半坐半倚在床上。她還寫著，在結伴走回家的路上，要一直等到沙特離開之後，這段路途才會開始變得「美好誘人」。待她回家翻開日記的時候，她已不記得兩人究竟聊了什麼，只一股腦在日記裡寫滿了對「她的駱馬」的讚美。[17]

第二天，他們還是在讀萊布尼茲，而沙特送了波娃禮物——一張日本畫；波娃在日記裡說這張畫「恐怖至極」。第三天，他們又讀了更多萊布尼茲，且沙特又送了禮物：這次是瓷器，波娃覺得這禮物「很荒謬」。[18]

到了週四，沙特思考的方式開始令她印象深刻。眾人已讀完萊布尼茲，開始讀盧梭，而沙特接手擔任讀書小組的組長。波娃開始以一種新的方式看待沙特，覺得他是個「對所有人都慷慨的人。他真的非常慷慨，花了相當多的時間詳細說明困難的哲學論點，只為幫助別人理解而不求回報〔……〕索邦學生眼裡的他跟實際的他根本是不同的人。」[19]

不過隔天，波娃就跟馬厄一起偷溜出去，「在瓦諾路上的小旅館開了一間房間」。她的回憶錄說，「名義上，這是為了要幫他一起翻譯亞里斯多德」。[20]當晚的日記裡，她記下了這間房間的樣子，記下夏日的炎熱是如何恰好地透進房間，令人感到「自己以怡人的方式被保護著」。她記下了兩人間的「款款柔情」是如何以一種她會「永遠、永遠記得」的方式改變了他們的友誼。[21]馬厄說他擔心自己可能無法通過筆試。不管他們還做了什麼別的，日記的內容都清楚顯示了，他們花在功課上的時間並不多。

接下來的幾天，波娃在日記裡依然頻繁地提到「我的駱馬」，也提到他告訴她的許多事情，包括沙特對她十分著迷。[22]七月十五日，駱馬開玩笑地悄聲跟西蒙說他要吻她，而她在日記裡坦承自己對他的慾望使她十分困擾。隔天，他們對彼此說出「我愛你」——*je vous aime*。[23]

七月十七日，筆試的成績於索邦大學公布了。只要通過教師資格國考，他們在法國教育體系中就獲得了終生保障的教師職位，而錄取名額則受限於當前國內的教師缺額。波娃走進去的時候沙特正好走出來，他告訴她，有二十六個人進入複試，獲得口試資格，尼贊、他自己跟她都在其中。馬厄沒進複試。

那天晚上，馬厄動身離開巴黎，而沙特在當晚就逮住機會展開行動。我們不清楚沙特當時對於馬厄及波娃的關係到底知道多少，但事態的變化顯然對他相當有利。首先，馬厄不用再準備資格考的口試了，所以四人的讀書會又會再度變成三人小組。在學識上，沙特已給波娃留下了好印象，他能以此為基礎繼續推進。另外，現在他已知道，他所聽說過的事蹟並非旁人誇飾，或因心儀於她而有所過譽——波娃確實才華橫溢。

在回憶錄中，波娃提到沙特跟她說：「從現在開始，你歸我照顧。」[24]但她沒在日記裡提到這件事，倒是寫著沙特「把我任意形塑成他想要的樣子」，不過她「喜歡他專制的方式、喜歡他把我當成自己人，以粗魯的方式縱容我」。[25]沙特公然嘲弄了那些說「波娃談論哲學的樣子很不討喜」的男孩子，這令波娃感到開心[26]——他專程來找她就只為了告訴她這件事，這也讓她很開心。他們繼續一起唸書，而人們開始注意到此事。

馬厄離開後，波娃和沙特每天早上在盧森堡公園或當地的咖啡廳碰面，就此開啟了這段將會持續五十一年的對話。海狸的出現讓沙特的一些朋友感到自己的位置被取代了。雷蒙・阿隆（Raymond Aron）*就寫道：「我跟沙特的關係在他認識波娃的那天就變了。曾經有段

* 譯註：雷蒙・阿隆（1905-1983），法國社會學家、哲學家、政治學家，以批判沙特、波娃的思想而聞名，著有《知識分子的鴉片》（*L'Opium des intellectuels*）。

時間，他很享受把我當成測試他想法的回音板。但後來他們認識了彼此，結果就是他對於跟我談話這件事不再感興趣了。」[27]莎莎也注意到這件事。她不喜歡那個「學識淵博但很嚇人的沙特」，不過她也承認，波娃早在認識沙特之前就已對她的人生道路做出了抉擇。莎莎說：「沙特的影響可能讓事情的進展變快了些，不過他並未改變波娃前進的方向。」[28]

認識沙特的九天後，波娃在日記中比較著這兩位男性吸引她注意的方式。她說駱馬只要輕輕撫摸女孩子的脖子，就能令對方無法自拔；而沙特的方式則是讓她看見他的心。[29]七月二十二日，波娃描述沙特對她的影響「極其巨大」。認識他的第十三天，她在日記裡說他「理解我、看穿我並擁有我」，以至她對他有一種「智性上的需要」，需要他在身邊。[30]兩人發現彼此在心態與志向上都「極其相似」：除了對於哲學的愛，他們也都熱愛文學，並夢想成為作家。與彼此交談時，他們得以流暢地帶過哲學觀點與文學作品的內容，無須花力氣定義某個概念或解釋故事情節。兩人都從小就渴望能成為作家，如今也都面對著畢業後不確定未來的人生——未來的生活有可能會令他們的作家夢幻滅，或以現實將其淹沒。

當然，就許多重要的層面而言，他們倆的夢想建築在不同的現實中。沙特能說出許多已經實現作家夢的男性——萬神殿（Panthéon）裡的紀念碑頌揚著這個國家的偉大作家，尊崇他們留下的文學及哲學遺產。至於波娃，她說不出幾個受人愛戴的女性文學作家，被視為哲學家的女性則更為稀少。她的前輩們經常得為了拒絕傳統價值而付出高昂的代價，經常得犧牲個人的幸福以換取自由。不過，波娃想要的更多：為什麼自由必須以愛情作為代價？為什麼愛情必須以自由作為代價？

他倆的讀書會逐漸變成河畔的書報攤之旅，然後是戲院、雞尾酒與爵士樂。他唱〈老人河〉（Old Man River）給她聽，跟她談論他的夢想，並問她有關她的事。波娃後來說，他嘗試用她的角度來理解她——「透過我自己的價值觀與看法」。他鼓勵她「試著將自身最好的部分保存下來，我對於個人自由的深愛、我對於生命的熱情、我的好奇心、我想成為作家的決心」。儘管如此，當她在七月二十七日再度見到「她的駱馬」時，一切就又都變了。她問自己，為什麼當沙特與馬厄在同一個房間裡的時候，前者對她就不再重要了？她的答案是，馬厄以更為熱烈的方式吸引著她。[31] 不過，二十八日她讀了沙特的小說——《亞美尼亞人》（*Er L'Armenien*）的草稿；二十九日，她與沙特共度了一整天。《亞美尼亞人》裡，主角與克羅諾斯、阿波羅和密涅瓦（及其他人）談論著時間、藝術、哲學及愛情等主題。[32] 她在日記中提到沙特時也開始使用同樣親暱的綽號；在此之前，親暱綽號是馬厄的專屬特權。波娃睡得很差，陷入困境。[33]

威廉・詹姆士（William James）有篇名為〈是什麼令生命意義非凡？〉（What Makes a

Life Significant?）的論文。他在文中問道，是什麼讓男孩眼中的女孩如此迷人而完美，儼然是奇妙美好的受造之物，但旁人眼中的女孩卻平淡無奇，使人心如止水？誰把女孩看得更清楚——是雙眼受到迷惑的男孩，或是對於女孩的魔力無動於衷的眾人？詹姆士說，當然是看見真相的男孩了，他「努力使自己與對方的內在生命合而為一」。如果沒人願意真實看見我們、認真看待我們，我們現在會淪落何方？「如果沒人願意以我們真正的樣子來認識我們的話」？

波娃擁有如同文中男孩的目光，但令人困擾的是她看見了馬厄的完美及沙特的魅力（老實說，也還看得到賈克的許多優點）。她該怎麼做？

我們不確定波娃是顧慮自己的名聲或是讀者的接受度，但她在回憶錄中極其輕描淡寫地帶過了當時這個兩難的處境。那時畢竟仍是五〇年代後半，人們真的能接受這個同時愛著男孩賈克，又愛著男孩沙特和男孩馬厄的女孩嗎？在《鼎盛人生》簡化版的故事中，波娃遇見沙特後，故事關注的焦點便不再是波娃了。在日記裡，她說跟沙特、馬厄與尼贊在一起令她終於能夠做自己；在回憶錄中，她則描述與沙特共度的時光是她人生中第一次覺得「自己在才智上被比下去」。[34]這種不如人的感覺在那場著名的對話後變得更為強烈——在盧森堡公園的梅迪奇噴泉旁，波娃向沙特透露她正在建構自己的道德理論。沙特駁倒了她的論點，最後她宣告落敗。日後，她對於此事感到有些失望，不過仍帶著謙虛檢視過往。她寫道：「我的求知慾大於我的驕傲；比起炫耀，我更寧願有所學習。」[35]

雖然波娃寧願學習也不願盲目自傲的這一點值得稱道，但她在此事上的「謙虛」令過去數十年間的女性主義者困惑不已。在人生中的許多時刻裡，波娃都選擇將沙特放在「哲學家」的位置上，即使她不但在那場資格考口試中獲得了第二名，而且二十一歲的她還是有史以來通過考試的學生中最年輕的一個。當年，三位口試官思忖著，其中一位認為波娃是「真正的哲學家」，而其他兩位起初也偏向波娃。不過討論到最後，他們決定把第一名給沙特，因為他是菁英名校巴黎高師的學生。（至於他在去年曾參加同樣的考試但沒考上的這件事是否有被納入考量，我們並不清楚。[36]）

波娃的回憶錄顯示，「迫使」她以「更謙遜的方式」看待自己的人不只沙特。她其餘的高師人朋友——尼贊、阿隆、波利澤（Politzer）——都多了好幾年可以準備考試，而他們也擁有更為優良的教育條件作為基礎。培育這些人成為哲學家的環境與她的環境極為不同；當時只有男生能成為高師人，只有男生才能擁有最頂尖的老師、才能與一群確信自己出類拔萃的同儕相互辯論，並從中獲得自信。

波娃的日記多少也印證了這件事。資格考結束後不久，她跟沙特和阿隆出去喝酒，花了兩個小時討論善與惡。她回到家，覺得自己徹底被擊敗。真的很有趣！她寫著——但除了有趣，那也出乎她意料之外：「我不再確定我的想法是什麼了。」跟她被「囚禁於其中的狹小園地」比起來，他們的智性生活是何等寬闊豐富。她嫉妒他們的心態如此成熟，他們的思考如此強而有力——她向自己保證，她也會到達同樣的高度。[37]

雖然波娃被拒於最頂級的哲學教育殿堂之外，在同儕的心中，她仍是個嘗試**活出**哲學的傑出哲學家。岡迪拉克對她的描述是：「縝密、要求極高、精確而在技術上十分嚴謹〔……〕每個人都同意，她的確**就是**哲學本身。」[38]因此，她拒絕接受哲學家的頭銜並把自己放在次要的位置，此事確實令人困惑。「為什麼，」托莉·莫伊問道：「她一抓住機會就要昭告世界自己的才智不如沙特？」[39]

托莉·莫伊的結論是，波娃因著沙特的魅力而寧願犧牲自己的成就。[40]而波娃在回憶錄裡的敘事表面上看來似乎也是如此：在公眾領域中，她把哲學留給了「偉人」沙特。不過，我們在她的日記裡看到，當年波娃通過國考時身邊也有另一位深深吸引著她的人——沒通過考試的荷內·馬厄，但波娃並沒有因為受馬厄吸引而做出任何犧牲。所以，為何對象換成當時仍默默無名的沙特後，事情就不同了？此外我們也會慢慢看到，波娃並沒有一**抓住機會**就宣告自己的才智低人一等。事實上，她公開宣揚自己的原創性，也勇於為其辯護。她之所以將自己放在低人一等的位置上，是否有可能是因為她顧慮到某類型的讀者？——那些對自我仍有懷疑的讀者、不確定自己是否該聽從那些阻止她嘗試新事物的聲音的讀者？對這樣的讀者而言，波娃實在是相當大膽，敢公開評論沙特年輕時的論文寫得「相當笨拙」——畢竟，沙特可是天才。[41]

不過，一九二九年的沙特還不是那個偉大的「尚—保羅．沙特」，他才剛要滿二十五歲（比波娃大三歲），有雙倍的時間可以準備考試，而且他去年已經考過一次了。波娃的回憶錄並沒有對她自己的特殊成就多加著墨，這反映的可能是她的不安全感、她的謙虛、又或者是她在政治上的智慧。對身處巴黎文化圈的波娃而言，此舉可能是對於巴黎高師這個權威體制的讓步。如果她把自己描述為低沙特一等的存在，人們的注意力便不會放在他們兩人的相對能力上，而是看見他們在自信心與文化資本方面的差距。沙特在成為高師人之前讀的是亨利四世中學，然後是路易大帝高中——沒有履歷能比這張更漂亮了。沙特不必列舉他曾得到的學位，因為就像托莉．莫伊說的：「眾人推崇的天才無需用這類瑣事來證明自己。」[42]

不過，天才如果是女兒身，就得時時留意避免鋒芒外露。一九二九年時，法國的教育體制可是相當小心翼翼地處理女性在教師資格國考中考贏男性的這類敏感事件。考試結果是公開的資訊，就像體育賽事的排名一樣會公開宣布，得分最高的考生在第一排，以此類推。所以，雖然男學生未來的職涯不會受到威脅，但他們得忍受在重要的正式場合中被女性比下去的尷尬場面——至少某些人覺得這很尷尬。（為了避免考生受辱，法國教育部在一八九一年時曾將考生的名單按性別分開排名；但他們在一九二四年認為此事應改進，所以又重啟了綜合排名制度。）

若要理解波娃當年的處境，有件值得一提的事情。當沙特的父親在二十多年前過世時，他的母親很快就動身離開巴黎，因為她擔心沙特會被帶離她身邊。身為一位女性，她對於親生孩子的合法權利竟小於她已逝丈夫的家人。在波娃的學生時代，法國的女性尚未取得投票資格，也不能自行開立個人銀行帳戶。西蒙參加教師資格國考的那年，女學生占了全國大學生的百分之二十四——比起上個世代已大有增長（一八九〇年時，全國只有兩百八十八名女大生，占了大學生總人數的百分之一點七）。不過，如果女性沒有權利投票，也沒有權利開戶或把自己的孩子留在身邊，那她們又有什麼權利在考試中名列第一？

不久以前，波娃還仍獨自一人在聖日內維耶圖書館的女士專區中研讀哲學；她的日記中寫著，她想**過哲學的生活**——思考自己該如何活著，而非只有思考或單單活著——並寫下她內在所湧現的豐饒感受。日後，她會讀到愛默生（Ralph Waldo Emerson）——那是一段對波娃心愛的奧爾科特（Louisa May Alcott）的單戀——但在讀到他之前，波娃就已經分享了他的結論，即：「我們生命中的首要需求，是一個能讓我們發揮自我潛能的人。」[43]

一九二九年七月二十二日時，波娃已明白跟沙特在一起會迫使她成為「真正的人物」。他可能會表現得很惱人，她有點害怕。不過無論如何，她在那天的日記中寫道：「我會以全然的信賴把自己交在這個男人的手中。」[44]

後來，就連她自己也會開始懷疑當年的她是否太過妄自菲薄。

五　女武神與浪子

波娃在一九二九年八月抵達梅西尼亞克莊園，覺得自己需要對目前的情勢做個全面盤點。梅西尼亞克是唯一一個她擁有自己房間的地方，所以她利用這段擁有隱私的日子進行了她所謂的評估計畫。她相信沙特，也相信她心中對他日漸增長的溫柔感情並不代表自己不再忠於駱馬或賈克。[1]馬厄不在巴黎的那幾個禮拜，波娃跟沙特在心靈與身體上都變得更加親近：他們還沒發生關係，但根據波娃日後對貝爾所說的，他們倆在沙特的大學城宿舍房間裡，「除了真正的性之外，什麼都做了」。[2]

那週，波娃開始進行評估，她將回憶與感受分類列出。她身而為人的感受每日都有不同變化：「懷疑、沮喪、興奮」。[3]她並沒有因著這些變化而責備自己，反將其視為值得的反思。她「**需要**」沙特，也「**愛著**」馬厄。以她自己的話來說：她因著沙特所帶來的事物而愛他；至於馬厄，她愛著的就是他這個人。[4]在此時，沙特還沒有成為她生命中的必然之人。

科雷茲省（Corrèze）的天氣極好，而波娃的爺爺於不久前剛去世，這使得波娃家族感情變得更加緊密——這是第一個爺爺不在的夏天。梅洛龐蒂的天主教好友岡迪拉克前來拜訪，並提議波娃姊妹也該來他家作客——他家只要坐一個小時的火車便可到達——但芳絲瓦不准她們去。岡迪拉克是個可敬的教徒，而芳絲瓦也挺喜歡他的，但此事仍是不合宜。那如果來趟蒂勒（Tulle）一日遊呢？岡迪拉克問。比起他家，蒂勒近了一倍。姊妹倆的母親同意了，但有個令人尷尬的條件——她得一起去，以盡監護之責。[5]

八月九日，西蒙跟岡迪拉克一起去了於澤爾克（Uzerche）*，但腦子裡想的都是沙特。隔天，他們在韋澤爾河（Vézère）的岸邊漫步時，她想起的是駱馬。[6]芳絲瓦隨侍在側的目光無法看透她腦中的思緒，西蒙也隨即發現還有其他逃過母親監視的方法。八月十九日，波娃家族離開梅西尼亞克，到達喬治的姊姊位於格里勒的宅邸。第二天早上吃早餐的時候，堂姐瑪德蓮一陣匆忙地跑進廚房告訴西蒙，有個男人在附近的田野裡等她。

那人是沙特。

她就知道他會來——心中對於沙特到來的預感使她激動而欣喜。[7]但在這個時間點，向來記載著波娃私密心情的日記卻不再更新了。直到沙特離開後，她才又重新開始寫日記，並重述著他們由「思考與愛撫」所構成的「完美日子」。[8]合理的推測是，她發現如果可以把握時間與沙特相處，又何必將本來就十分有限的寶貴時間浪費在寫日記上呢。

沙特來訪的第一天，她提議一起散步，但沙特婉拒了，說他「對葉綠素過敏」。於是，他們便在草地上坐下來聊天。這兩人想對彼此說的話，就算用盡世上所有的時間仍是說不完的。沙特住在聖日耳曼雷貝勒的圓球旅館（Hôtel de la Boule）。西蒙每天早上都興高采烈地醒來，跑過草地，想著今天要跟沙特說些什麼。他們躺在草地上時，她把她的父母、艾蓮娜、莎莎、學校與賈克的事都告訴他。聽完賈克的事，沙特說他認為婚姻是個陷阱，儘管他知道像她這樣出身的女人很難避免此事。他欽佩她如「女武神瓦爾基麗般的意志」（Valkyrie spiri），並說她若失去這份意志，他會感到悲傷。

在炎熱乾枯的八月田野中，兩人開始規畫另一種未來：一起旅行、一起冒險、一起努力工作、寫出著名的作品、過著激情而自由的人生。他說，他願意給她很多，但他無法把自己整個給她——他需要自由。他曾有過一段婚約，但如今婚姻、孩子與財產都令他感到畏懼。他說這些話的時候，她對於這個「纖細敏感的沙特」感到有些訝異。沙特的人生目標是實現他的命運——成為偉大的作家。正是在這趟旅程中，他向她滔滔不絕的展開遊說，說明他是

＊ 譯註：科雷茲省的一個市鎮。

如何需要保有自由空間，以迎向自己將成為大人物的命運。他就像「浪子」克里斯帝，必須毫無羈絆地四處流浪，為他的偉大作品蒐集素材。這個提議有著典型的沙特風格，由複雜老練的文學暗喻及哲學語言所構成——他搖身一變而成的這個「浪子」克里斯帝出自愛爾蘭劇作家辛約翰（J. M. Synge）的劇本《西部痞子英雄》（*The Playboy of the Western World*）。

人們經常引用波娃回憶錄中對於這場對話的描述，宣稱沙特已事先設定好這段關係的樣貌，使得波娃必須承受他的不忠。不過，波娃的日記顯示了，她心裡鍾愛的對象不只一個，每個都各有令她傾心的原因。那年八月在梅西尼亞克，沙特把自己的筆記本跟波娃分享，也分享了他對於人類想像力及心理學的想法，還有他的偶然性（Contingency）理論。她讀的許多東西他也讀過，延伸至過往歲月的共同興趣使兩人有源源不絕的話題。除了準備資格考時讀的哲學，他們也都熱愛文學，這讓他們得以用一種異常深刻的方式共享彼此的世界。他的想法對她來說十分有趣、激勵人心——甚至充滿希望——她開始意識到自己愈來愈受他那顆「認真而美好的頭腦」所深深吸引。[9]

西蒙曾告訴父母，她跟沙特正在合作研究馬克思主義，對其進行批判，希望他們對於共產主義的厭惡會壓過他們對於傳統禮教的顧慮。這計畫行得通嗎？只奏效了幾天。沙特抵達後的第四天，他們正坐在草地上時，喬治和芳絲瓦向兩人走來。攤開四肢散漫坐著的兩位哲學家連忙跳起身來，而西蒙的父親顯得相當尷尬。他對沙特說：人們開始議論紛紛了，可以請他離開這個地區嗎？西蒙相當憤慨，質問父親為何用這種語氣跟她朋友說話？她的母親則開始高聲訓斥她。沙特向他們保證他很快便會離開，只是手邊的哲學研究得先完成。無論波娃的父母是否相信此話，他們都轉身回家了，沙特則於數天後的九月一日離開該地。

沙特離去後，波娃在日記裡寫著，「除了沙特想要給予的那些片刻之外，她並不要求從他那邊得到什麼」。她開始想像，自己心中對於獨立的期待與對於愛的盼望將會有和平共存的一天，這樣的想像令她既快樂而興奮。她在日記中寫著：「瓦爾基麗藏在這個稚嫩小女孩的內心深處，喚起一波又一波喜悅之巨浪，而她知道自己極其強大，像她一樣強大。」[10]

沙特離開後，波娃很高興她能夠「獨自一人，身為自由、堅強而獨特的自己」。孤獨給了她空間，思考不確定之事。她的心很確定，她愛沙特、她愛駱馬、她也可以愛賈克——「各自以不同的方式」。不過，她不確定這些愛情該如何在她心中共存。[11]

所以，在沙特離去後的九月二日至四日，女武神瓦爾基麗繼續她的人生盤點計畫。她很快樂，沉浸在她所渴望的人生終於拉開序幕的感覺與可能性之中。沙特是波娃感到快樂的原因之一，但他並不如一般輿論所說的那樣，是令波娃感到快樂的**唯**一原因。沙特的角色仍是「我在思想上無人可及的摯友——存在我身心之中，並高於一切之上（因在我身心之中仍可以有許多其他人）」。[12]

波娃最終下定決心：「我會用愛著唯一戀人的方式愛著他們每個人。他們每個人給我什麼，我都會要；而我也會給予每個人我所能給的全部。誰能怪我？」有時候，她會不太確定自己對沙特的感情確切為何，只覺得應該還稱不上愛情。[13]

在訂下那個著名的約定前，波娃就已經決定她要用自己的方式愛著許多位她所心儀的男性。早在一九二六年時，她就在日記中寫著，她不覺得她有權送給心上人「一張他喜愛的照片代替我自己，也不覺得有權做出不忠於自己之舉」：我們只應該「給別人我們能夠給的」。[14]

兩天後，駱馬來找波娃，他們待在同一間旅館裡，訂了兩間分開的房間，但她愉快地享受著與他共度的兩個上午。她溫柔回憶起他的藍色睡衣，還有他說「早安海狸」時的聲音。[15]波娃日記裡對於馬厄的描述經常充滿了身體上的吸引力，他的身體、他的臉、他的聲音、他的姿態、他的穿著及其合適好看的程度，都引人注意。不過，她開始覺得馬厄的魅力跟沙特比起來是「不完全的」。她對他在道德上的評價並不高，而他在智識上也無法令她滿意。[16]

所以馬厄是波娃的初戀情人嗎？日記裡並沒有答案。我們已知迪德莉・貝爾訪問波娃的時候，波娃否認曾跟馬厄曾發生關係。可是，沙特跟馬厄都不是這麼說的——沙特向史黛法的兒子約翰・傑拉西（John Gerassi）承認：「馬厄愛上了她〔……〕她也愛著馬厄，其實他是她的第一個愛人。」[17]有些人因此認定兩人「翻譯亞里斯多德」那天的始末並不真是波娃所交代的那樣。在《鼎盛人生》中，波娃寫說她「欣然而縱情地」交出了初夜，但她並沒有寫明是與誰共度。[18]不過，日記裡有個段落可能可以支持波娃對於此事的說法，她寫著：「我和這個性感的男人〔馬厄〕間沒有任何肢體關係的干擾，這是多麼美好的事。而在我與沙特，這個沒有性魅力的男人之間，身體上的交融是有意義的，那使我們的愛情變得更美。」[19]

這段關係為我們留下了一個奇怪的謎：波娃說她沒跟馬厄上床，但沙特與馬厄都說有。我曾詢問波娃的養女與摯友，西爾維・勒・龐（Sylvie le Bon），而勒・龐證實了波娃確實深受馬厄吸引並跟他有親密行為，但他倆在波娃認識沙特之前的這段時間還沒有發生關係。那個時期的波娃仍是位端莊的女天主教徒——有許多事是端莊的女天主教徒不會做的。波娃於晚年受訪時曾被問到，有沒有什麼是她事後曾希望自己有寫進回憶錄裡的？她的回答是：「對於自身情慾坦白而不偏不倚的陳述，真誠無偽、且從女性主義的角度出發。」[20]即便在自己的日記中，她都沒有全然坦白地陳述自己的經驗。她是否害怕她的母親會看她的日記？

日後，她將會看見自己的私生活是如何在成名後遭到曲解，如何被拿來轉移焦點，使人忽視她的哲學與政治理念。

六　自己的房間

一九二九年九月，波娃回到巴黎。二十一歲的她搬出了父母的公寓，在她外祖母位於丹費爾羅什洛街（Rue Denfert-Rochereau）九十一號的房子租了間位於五樓的房間。她祖母有好幾個房客，波娃與其他人一樣享有相同的獨立空間，也付相同的租金。她為房間貼上橘色壁紙，艾蓮娜也幫她找來幾件二手傢俱布置一番。她搬出去的時候，母親的眼裡噙著淚水——波娃很感激她沒有把場面弄得太尷尬。[1]除了在梅西尼亞克度過的短暫夏日時光外，她一直都是跟艾蓮娜共用同一個房間，她很高興她終於擁有自己的房間了——這可是生平第一次。

她還沒找到自己的工作，但已跟沙特討論過未來，他們的未來。他去當兵的時候，他們會盡可能找機會見面。波娃還不會應徵全職教師的工作，而是會留在巴黎，這讓她有時間開始寫小說。她接家教，一週也有幾個小時在維克多杜惠高中（Lycée Victor-Duruy）教拉丁文和希臘文，收入足以維生。[2]

經歷過考前那段嚴苛的日子之後，波娃發現進入職場後的生活並不如她父母曾暗示的那樣吃力辛苦——不用再時時擔心會出現阻礙或失敗，她感覺自己在度長假。她現在可以任意做自己想做的事，穿自己想穿的衣服。母親給她穿的向來是黯淡乏味且耐磨損的棉質衣服或毛衣；現在，她會買絲綢、縐紗、天鵝絨的衣服。三〇年代時，波娃曾在小說中創造出一個名為香黛兒（Chantal）的角色，她是位穿著入時、喜愛打扮的哲學老師。香黛兒描述：「台下學生用驚奇的眼神盯著，他們也許不太確定我是不是真人呢！」[3]

波娃在《鼎盛人生》中說，她與沙特於十月再次碰面，當時她已經把其他關係「處理」掉了，並全心投入與沙特的這段感情中。[4]不過，她的日記再次說了個不一樣的故事：從九月到十一月，賈克跟駱馬都仍在她的考量之中，她也表現出對他們兩位的溫柔愛慕之心。波娃互相矛盾的說詞再度令人想問：為什麼？為什麼她要在回憶錄中避談人生中的其他男性，並把沙特的地位描述得比實際上還重要？

一九二九年時，波娃仍在衡量沙特的優缺點。九月二十日時她寫著，沙特並不瞭解愛情。他雖是富有經驗的情場玩家，但他並沒有經歷過真實的愛情。[5]她的疑慮持續存在，十月八日她寫著她「必須學著不後悔，至少不要多於我在他身邊時所感到的後悔」。[6]九月回到巴黎後，波娃再次見到賈克。她心中對他的情感重新燃起，並暫時淡忘了駱馬。她覺得未來的她必須在「有賈克在身旁的幸福」與「有沙特伸出援手的不幸福」中兩者擇一。[7]「同時深愛著兩個男人一點也不好玩」，她這樣寫著。[8]

波娃的回憶錄提到，沙特在二九年的秋天告訴她，她有雙重人格。考慮到她紛亂不一的說詞，與她顯然在不同的人生可能性當中感到掙扎的心情，我們並不難想像沙特為何會有這種感覺。（她甚至為不同的人生可能性創造出一個詞——她稱其為「Mes possibles」，我的可能性。）沙特說，她平常是海狸，但有時候海狸會消失，取而代之的是（在他看來）比較不討喜的波娃小姐。波娃小姐很悲傷並充滿後悔，但海狸不會。[9]許多人可能會把此事當作證據，指出沙特試圖操縱波娃的心理，使她轉而懷疑自己，以免她質疑他的可疑行徑。不過，第一個區分出兩個不同波娃的人並不是沙特。我們早在波娃一九二七年的日記裡就看過類似的說法，她當時囑咐自己：「別做『波娃小姐』，做我自己。別把外界加諸於我之上的事物當成目標，別服膺於社會框架。對我來說可以的就都沒問題，就是這樣。」[10]

十月十四日星期天，沙特跟波娃在盧森堡公園碰面，在花園裡一起散步。那天下午的對話會令世間許許多多的情侶起而效法他們。在這場討論中，兩人畫出這段開放式關係之面貌，訂下了那個約定。他們以兩年為期立約，期間不離不棄，並將一切的事坦誠以告。為了將他與波娃的關係及他與其他次要戀人的關係區分開來，沙特向波娃說：「**我們**之間所擁有的是**必然**的愛情（Essential love），但對我們而言，去經歷其他**偶然**的戀情（Contingent love affairs）也很不錯。」[11]兩人將他們之間的關係稱為「跨階級婚約」（Morganatic marriage）——亦即貴族與平民間的婚約，就像路易十四與曼特儂夫人那樣。（他們並沒有為後世留下解釋，說明哪個人是貴族，哪個人又是平民。）

波娃在第二冊回憶錄中說，一開始，坦誠說出一切的約定讓她感到有點尷尬。不過她後來逐漸在其中感到自由：她覺得她找到了沙特這個旁觀者，他比她自己公正得多，他會成為她生命的見證人。他們就像對彼此敞開書頁的書本，心知自己的讀者沒有任何惡意而感到安心。[12]

她是如此全心信任沙特，以至於在他身上感到一種「絕不落空的安全感」，就如同父母或上帝曾給過她的那種安全感。[13]然而若考量到她早年在日記中曾極為重視的「內在面向」以及後來發生的事，我們很難理解她為何對於沙特看到的「外在面向」抱持著信心。她的信任是否值得？這份信任是否真是互相的？

在《鼎盛人生》中，沙特與波娃在跟對方說實話時都相當謹慎，因為實話可能成為尖銳的武器。在其後的人生裡，波娃也從不曾宣稱自己掌握了什麼永恆有效的溝通術——她覺得自己沒辦法給任何建議，來幫助戀人們完全理解對方。人們經常問她，他們是如何成功經營這段感情的，她的回答是兩人必須共同努力，決定關係運作的規則。年輕的時候，她曾誤以為一件事只要對她來說可行，在其他人身上也都適用。但到了一九六〇年，她已很厭倦人們因著兩人對於這段關係的作法而稱讚她或批評她了。[14]（原因則不難想見，考量到人們知道的實情何其少。）

一九二九年的故事持續向前推進，波娃對沙特的愛到達令人暈眩的高度。不過，她在七月的會面後還是有些猶豫不決。兩人訂下約定後的那個禮拜裡，她也一直懷抱疑慮。十月十五日，他們再度見面，而「波娃小姐」逼近現身邊緣——她感到失望並後悔自己的選擇。不過，她設法在沙特面前藏起自己的悲傷，直到他離開後才落下淚來。[15]一九二九年十月二十一日，她下定決心，並在日記裡劃了底線：「今年，我不能沒有沙特。」[16]

也幸好如此，因為兩天後賈克很尷尬地告知她，他跟別人訂婚了。[17]隔天，駱馬和史黛法都前來安慰波娃。駱馬告訴她，賈克這樣的男性在十八歲時很迷人，但很快就會失去魅力，因為他們倚賴財富而活，而非創造自己的財富——賈克繼承了他父親的事業，接受了自己在安排好的事物中有個安排好的位置，這是西蒙決不會做的事。史黛法也帶波娃去雙叟咖啡館（Les Deux Magots）喝熱可可，她很感激他們兩人的安慰。波娃對沙特與馬厄的感情日漸增長，但她仍為了賈克悲傷落淚——無論她是為他而哭，或為了那個想像中她能符合家人期待的未來而哭，又或兩者皆是。[18]

波娃在《鼎盛人生》中提到，她與沙特在戀情初期時曾落入「精神上的自傲」當中：他們以為自己擁有了「基進的自由」，但其實身陷某些錯覺之中。他們未能承認自己對其他人也有情感上的義務。兩人將自身視為純粹的理性與意志，卻沒意識到他們的世界有賴於其他人才得以繼續運轉，也沒意識到他們一直活在溫室中，不曾面對世間的逆境。他們沒什麼錢，但他們對奢華的生活不屑一顧——追求那些遙不可及的東西有什麼意義呢？[19]他們細心預備的是兩人共享的想像力盛宴，將故事、想法、意象積存下來。不談文學的時候就談尼采、馬克思、佛洛伊德或笛卡兒，點綴其間的則是逛畫廊或看電影的固定行程。

十一月時，沙特進入聖西爾（Saint-Cyr）的氣象單位受訓服役。在兩年之約結束後，沙特計畫與波娃分開一段時間：他已應徵了位於日本京都的工作，如果有被錄取的話，他會在一九三一年十月上任。但他也告訴波娃，他們會在世界上遙遠的角落（也許是伊斯坦堡？）見面，然後再分別獨自出發，迎向下一段冒險。

波娃對於一個人的冒險之旅並不真的懷有同樣的興趣，但她不覺得自己能夠坦誠告知沙特她想要什麼。

不過，沙特只是她人生的一部分。在十一月三日這天的日記裡，她寫了她渴望沙特的「嘴唇與她的嘴唇相貼」，接下來的段落則是關於賈克寫來的信，關於見到史黛法的欣喜，還有她想要駱馬的手穿過她的頭髮、身體貼著她的身體。[20]我們無法得知這個時期的波娃為什麼不讓沙特接觸到自己的想法。但很顯然，她認為同時愛著幾個不同的人並不矛盾，無論他們各自有何缺點。

服役中的沙特一開始在聖西爾受訓，那裡離巴黎很近，因此波娃每週有三至四天會去找沙特吃晚飯——他們的共同朋友皮耶．古易爾（Pierre Guille）和雷蒙．阿隆有時也會加入。星期日，沙特會來巴黎找她。受訓結束後，沙特轉至位於圖爾（Tours）附近的聖桑福里安氣象站（Saint-Symphorien meteorological station）服役。兩人幾乎天天通信，沙特除了週日外，每月另有一週的假期。就這樣，沙特常回巴黎而波娃每週去圖爾找他，兩人常常見面（雖然還是沒有波娃希望的那麼頻繁）。他稱她為「我親愛的小妻子」，她則叫他「我的小丈夫」。不過，那年夏天無比幸福的心情即將迅速地消散。

時間往前推進一個月，在一九二九年的十一月二十五日，莎莎死了。這天，波娃只在她的日記裡寫下日期，一滴眼淚暈開墨水。

莎莎死後，波娃的日記沉默下來。一直要到下個月裡沙特惹得她不愉快時，她才會重新翻開這本日記。考試前，她在國家圖書館加入他們三人的讀書會，以為自己遇見了一群以她的原樣接受她的人——她是一個渴望尋找真理並按真理而活的哲學家。如今，沙特似乎卻對她有著令人不快的期待。難道連他也要來告訴她，她該成為什麼樣的人嗎？他連她懂什麼、不懂什麼都要出言指點嗎？她在日記寫了許多事，並寫下：「對於保有偶然性的人生，我所理解的比他想講的還要多。」[21]

他們的爭執在莎莎葬禮的前一天爆發，原因是沙特跟他說她太「封閉」於自己的幸福中了。她再次掉下眼淚：「不是怨恨的淚水，淚水中有力量誕生，在當中我感到瓦爾基麗將要起身，由長長的幸福之眠中轉醒。」[22]他們關係裡的某種模式在這個時期開始成形：此後的歲月中，每當波娃需要情感支持的時候，她經常必須去找沙特以外的人。莎莎死後，她轉向艾蓮娜尋求情感支持，但即便如此，十二月十三日的葬禮當天，她還是被面前悲傷的景象給徹底擊潰——這是她曾想像過莎莎會在此舉行婚禮的地方，而這些人原本都是會在莎莎婚禮上出現的人們啊。[23]

沙特明顯認為波娃有能力寫出偉大的作品，但同樣明顯的是，沙特對波娃的痛苦毫無同情。在兩人訂下協議的第一年裡，波娃有許多疑慮——關於沙特，關於她自己，也關於這個協議對旁人造成的影響。一九一九年十二月裡，馬厄（**她的**駱馬）造訪巴黎，在她桌上發現一封沙特寫的信。她並沒有對馬厄坦承她與沙特的關係已不同以往，而如今駱馬說他沒辦法再相信她了，他寫了封信給她，堅持要她趁他在巴黎的時候與他會面。波娃在自己寫給沙特的信中抄下了馬厄的話：「如今這個美妙至極的事態我已充分體驗到了，這是去年九月的妳所造成的後果，再加上其後整整兩個月的謊言。你倆如此高尚得體地留了一些碎屑給我〔……〕我值得比碎屑更好的待遇。」[24]

所以馬厄不想要「碎屑」——但他期待什麼？他已經結婚了。如果他自己也不忠，那他期待她只忠於一人就是雙重標準。在沙特面前，她對馬厄沒有表現出太多同情，只指責他的嫉妒心「令人不快」。不過，她開始明白「保有偶然性的人生」對她和對沙特而言是不同的兩件事。她不想傷害她愛的人，她想要跟他們**在一起**，而且她現在其實也「沒有全心投入哪段感情之中」——賈克結婚了、馬厄人在遠方、沙特也即將離開。[25]我們此時還無法得知，她的疑慮是否是針對「保有偶然性的人生」，或是只針對這次的事情。

波娃離家生活的第一年裡，她仍固定與父母見面吃午餐，但不太提自己的生活。她會想念不在身邊的沙特，但她也很享受出於好奇而去嘗試那些以前不被允許的活動：她「幾乎跟所有人都約會」，還造訪了妓院。她父親不懂為何她還不找一份全職教師的工作，且語帶輕蔑地跟朋友說，他女兒正在「巴黎度蜜月」。但波娃很清楚，她找到的第一份工作大概會在鄉下，而她不想離開才正要開始向她展露風貌的巴黎。她曾短暫地想過要當記者，這份工作能讓她留在首都。不過，她最後還是覺得自己比較想要教哲學。[26]

一九三〇年六月，波娃在日記裡提到她總是渴望成為堅強的人，能夠工作、創作出自己的作品。她也十分同意沙特所說的，自己應把這些事排在人生的首位。不過，她已開始懼怕「兩年之約」的終點，在日記裡將其比喻為即將來臨的死期。她很確定自己想寫作，但她對於自己實現作家夢的能力有所懷疑，她想著：「我沒有才華，我做不到！」一方面，她斥責自己懶惰且缺乏意志力；另一方面，她又不太確定沙特的「幫助」是否如她期待中的那麼大。「他像是對待小女孩那樣對我講話，他只想要我開心，但我對自己感到滿意的時候他並不開心〔……〕每次感到悲傷的時候，我都對他說謊。」[27]起初，她感到沙特的友誼無人可比——兩人在談論哲學時，沙特似乎同樣熱衷於她所熱衷的：探尋真相。那為什麼一旦談到她的感覺，他就停止去看真相了？為什麼她拒絕了父母的乖女兒這個角色，卻要接受另一個在別人把她當小女孩時假裝快樂的角色？

她不再快樂、失去寫作動力，甚至在他說「我愛你」時失去了相信的能力。[28]沒有任何歷史資料能告訴我們，沙特到底對於波娃說了什麼，令她如此心灰意冷。不過我們知道，波娃的父親與波娃身旁的文化都不斷告訴她，女人沒有才華——人類歷史早已證明了女人缺乏創造力。艾蓮娜提過，雖然她和西蒙在童年時極為熱愛文學及藝術，但她們卻從沒有經歷過那種心中吶喊著「我找到了」（Eureka）而立志成為畫家或作家的時刻。艾蓮娜開始畫畫的時候，她花了好幾年的時間才將那些負面的聲音驅逐出腦海之外。同樣地，西蒙事後也曾回憶起她的年輕歲月，當時雖然她懷抱著強烈的志業之心，卻對於自己缺乏原創性一事感到無比絕望。要讓她的想像力發聲、創造出她自己的東西，似乎是不可能的事。[29]

喬治・德・波娃對於女人能力的看法理應遭到譴責，但西蒙讀過的哲學家卻也或多或少抱持著相同的觀點：在她學生時期的日記中，她曾引用過一些叔本華（Arthur Schopenhauer）的話。叔本華在〈論女人〉（On Women）一文中寫到女人是「第二性別，在每方面都不如第一性別」，她們的存在只是為了人類種族的延續。他認為女人可能擁有才能（talent），但絕不可能擁有天賦（genius）。[30]

西蒙還在考慮進新聞界發展的時候，某位富有的表親（曾幫助過她父親的那位）安排她與《新歐洲》（*L'Europe nouvelle*）的主編之一波西耶夫人（Madame Poirier）見面。她告訴波娃，若想在新聞界成功闖出名堂，她得提出自己的想法才行。她問波娃：妳有什麼想法嗎？「『沒有，』我說，『我沒有。』」[31]而這位主編的丈夫波西耶先生則提出了另一種職涯發展的建議。他以令人反感的方式試著挑逗波娃，並說如果她願意朝那個方向發展的話，他會把她介紹給重要人士。波娃拒絕了他的暗示及他的提議，不過，當這對夫婦邀請她參加某個雞尾酒會時，她覺得去看看也值得。抵達會場的時候，波娃感到自己格格不入，她的毛裙子在整室的綢緞中顯得簡陋無比。

一九三〇年秋天，西蒙開始覺得她對沙特的愛占去了太多的自我，她變得透過他而活，「忽略了自己的人生」。「我不再自豪」，她寫道，「而這會使我失去一切」。[32]回頭審視去年十月時令她暈眩的幸福約會，她強烈感覺到沙特對她的愛少於她對沙特的愛。現在看來，她似乎不過是他浪子歷險記的其中一章，她在某個充滿敬畏的時刻將自己的靈魂給了他，在尚未發覺之前便已失去自我。[33]她仍愛著他，但她說她的愛是「習慣性的、更為薄弱，不再如此純粹溫柔」。他已失去了完美的光輝：現在她看得見他的討好、他的自負、他大聲說話時脹紅的臉，還有他是多麼容易受人左右。[34]

她的愛減少了，但還有一個生理上的問題：她身體裡「暴君似的慾望」已被喚醒，並渴求獲得滿足。更糟的是沙特沒有這個問題——他喜歡調情勝於性愛。波娃同意訂下愛情約定的時候，她仍將馬厄與賈克視為現下與未來的一部分，她的身心可以在其中得到愛情——這也許解釋了她為何樂意接受這個協議。如今，馬厄與賈克都不在了，她被迫承認自身慾求之強烈。雖然兩人已約定好一切坦誠，但波娃起初沒有對沙特提起此事。[35]她所受的教養並不鼓勵她表達自身的慾望，或重視自己的感覺。不過，她人生此時期裡對於自身感受的挑剔態度，也有可能是受到沙特行為——以及行為背後的哲學——的影響而變得更加嚴重。

沙特在一九四三年的哲學著作《存在與虛無》中說性慾是個「麻煩」，因其遮蔽並限縮了自由。對於情感，他同樣並不寬容。他認為一個自由的人有能力選擇不去感受情感，因此也**應當**選擇不去感受。沙特二十一歲那年，他當時的女友西蒙・裘莉薇（Simone Jollivet）跟他說她很傷心。沙特回信時，對於自己的厭惡是毫不掩飾：

> 妳期待我因著妳採取了這個引人入勝的姿態而感到心軟嗎？為了妳，然後也為了我自己？曾有段時間我會去演這齣戲（……）現在，我厭惡且鄙視那些像妳一樣自溺於短暫悲傷之中的人（……）悲傷跟懶惰總是同時出現（……）妳是如此陶醉於其中，陶醉到要寫信給遠在五百公里以外而且心情很可能跟妳並不一樣的我，跟我說：「我很傷心。」我看妳不妨也去跟國際聯盟（League of Nations）講吧。[36]

波娃有一次曾在電影院裡見過沙特眼泛淚光，但電影是藝術，而人生裡沒有哭泣的空間。所以，波娃紛亂的心情與不受歡迎的性慾只能留給日記。至少，日記不會訓斥她。

日後，波娃說自己有時會對沙特的疏離感到欽佩——他聲稱偉大的作家必須培養冷淡的能力，因為他們必須刻畫情緒，而非成為情緒的畫布。不過，波娃有時也認為文字在「掌握真實之前，必須先謀殺真實」，而她不想要令真實消亡。她想要享受真實、想要自己品嚐那豐盛的滋味，而非將其製成防腐標本以供後世觀看。[37]雖然波娃和沙特都認為文學很重要，但兩人對於文學之本質及目的的看法則有所不同。沙特明白文字的力量，但他覺得所有的文學都由欺騙與偽裝所構成。波娃則認為文學的力量更大，她在閱讀吳爾芙時懷抱著敬畏——這個女人想要弭平文學與人生之間的鴻溝。波娃渴望瞭解這個世界，並揭露這個世界的真實面貌。[38]

波娃在第二本回憶錄裡說，在哲學上，她發現沙特經常十分粗心而不夠精確，但她認為他的愚勇令他的思考成果豐碩，猶勝她自己精確嚴謹的思考。[39]在此例與其他許多例子中，波娃所描繪出的自己都對沙特尊敬有加，她並未指出沙特擁有的那些她所沒有、且令他培養出自信的優勢。在《一個乖女孩的回憶錄》中，波娃將沙特描述為完美的伴侶，那個她從十五歲就夢想遇見的男人：「我希望丈夫與妻子在每件事上都有共通點，能扮演對方精確的觀察者——我原認為這是上帝的角色。所以，我不可能愛上與我**不同**的人。在遇見某個比我更有才能、能與我相配、且與我極為相像的人之前，我不會結婚。」[40]

可是，沙特這個觀察者對她的觀察並不真的符合她日後所理解的自己。他拒絕承認她的感受具有意義，並對她的性慾不予理會。[41]二十年後，波娃在《第二性》裡提到了「戀愛中的女人」——這樣的女人將戀人放在她生命舞台的正中央，以致於她再也看不見自己。

戀愛中的女人連自己的判斷力都拋棄了，試圖以戀人的眼睛去看每件事，追隨他在閱讀、藝術、音樂上的喜好。若沒有他陪在身邊一起看世界，她便對世界失去興趣；只有戀人的想法、朋友、意見能讓她感到有趣。她認為自己的價值是有條件的——她有價值是因為有個男人愛她。波娃寫道，當他說「我們」的時候，就是她感到無上喜悅的時候，因為她被戀人「認可為他自己的一部分。當他說『我們』的時候，她與他連結、受他認同，共享他所擁有的名望，並與其一同主宰整個世界。」[42]

包括哈澤爾．羅莉在內的一些作家都認為，波娃寫下的這些段落描述的是年輕時的自己。在回憶錄中，波娃曾說過年輕的自己是「配角般的存在」與「智識的寄生蟲」。[43]根據她的日記內容，有些人可能會認為波娃並沒有問過自己想要什麼，也沒有告訴沙特她想要什麼，而是試圖讓自己成為他所期待的那個人。不過，雖然波娃在回憶錄中對沙特的缺點略而不提，她在日記裡卻持續記錄著他的缺點。在她認識沙特之前，波娃已經跟他讀一樣的書了：紀德、高祿德、貝璣（Péguy）*、阿蘭、帕斯卡、萊布尼茲、拉紐、尼采，另外她也讀了一些沙特沒有能力閱讀的英文書籍。她使用「我們」一詞，但對方不一定是沙特。而且，波娃雖在回憶錄中將自己描繪為沙特身旁「戀愛中的女人」，但我們並不清楚這個角色是否等同真實人生中的她。也許，她之所以將自己描寫為配角並不是出於寫實或敘事上的必要，而是出於女性主義的考量——因為她覺得以某種特定的方式講述故事可以賦予故事更大的力量。

儘管十八歲的波娃充滿自信地認為自己有話要說、自己的心智銳利而洞察真實，但年輕的她似乎沒有察覺到自己的智慧，也是足以吸引寄生者的。在回憶錄裡，波娃與沙特在圖爾與巴黎的火車月台上繼續交談、交換想法：沙特會興高采烈地向她打招呼，向她闡述自己最新的理論，然後波娃會指出他論證中的缺陷。她幫助他淬煉出那些他日後藉此成名的論點，他則反過來告訴她，她沒有原創性：「當妳用**問題**的角度來想事情的時候，妳就是根本沒在思考。」[44]

這個批評可解讀為沙特對她的輕視，或是某種粗暴但有所幫助的鼓勵。在《鼎盛人生》中，波娃說沙特開始感到她的依賴十分擾人，但不是因為她變得依賴，而是因為他覺得她不再像他們初識時那麼有想法、因為她有可能會放棄獨立性，變成甘願成為賢內助的那種女人。當沙特這麼告訴她的時候，她對自己很憤怒。但她說對自己憤怒的理由，是因為她讓他失望了。[45]

今日的讀者可以由幾個不同的觀點來檢視波娃心這份中依賴與獨立並存，而難以調和的心情。有時候，她不太確定沙特是否是她的最佳選擇，也不確定他能使她成為最好的自己。但很明顯的是，雖然波娃從小立志寫作，她卻缺乏自信。數十年，她不斷抗拒他人的讚美、輕描淡寫地帶過自身作品所得到的正面評論，並專注於負面評論。他們兩人的關係在後世心中留下的形象某種程度上反映了沙特的自信與波娃的自我懷疑——但這只是其所反映的一部分。

一九三〇年十月，波娃對沙特的疑慮大到她想像著結束這段關係——有時候，她真的想離開沙特。她極其想念莎莎與過去的自己，雖然她現在得到了她以為自己想要的，她仍感到失落：「撫摸、工作、歡愉——這就是全部了嗎？」[46]在她寫下的最後一篇日記裡，我們看見波娃悼念失落的未來，與她所失去的那個在其他朋友陪伴下本來能夠成為的自己。

* 譯註：貝璣（1873-1914），法國詩人、劇作家、思想家。

我犯了罪，我犯了罪，我犯了罪！我不希望我的人生變成這個樣子！噢，我的夢想不是這樣的。明天我會跟小子〔沙特〕見面，然後一切就都會結束了。但今天，我不知道這份悔恨之情從何而來。賈克，我純粹的愛，我夢裡的人！但當然，這些都不是真正的你。

莎莎，我無法忍受妳已死去〔……〕沒有妳，我全然孤獨，根本不知道自己想要什麼。我想走了。我想離開沙特，跟妳一起散個長長的步，就我們兩個，講講話，心中懷抱著對妳的深愛，走得遠遠的、遠遠的。47

自此開始，我們必須仰賴波娃的回憶錄及信件來得知她生活的細節，也因此暫時無法得見她的內在面向。雖然波娃懷著疑慮、心情起伏，她仍選擇繼續跟沙特在一起。不過，她並沒有將自己囚禁在他的撫摸、他的歡愉與他的工作中。許多作家與評論家都認為，波娃當時如果跟沙特結婚，她會比較快樂。可是這個推論忽略了兩件事：第一，她早在認識沙特前就已做出結論，認定婚姻是不道德的。第二，她從一開始就清楚定義了沙特在她生命中的主要角色：他是「她在思想上無人可及的摯友」，她是在這個層面上需要他，至於生理層面及感情層面，他遠遠無法令她滿意。

資格考過後那年，波娃留在巴黎。她跟許多朋友失去聯絡：莎莎死了，賈克結婚了，其他人搬走了。她沒有再與梅洛龐蒂或「聖人威利」們碰面。她介紹給沙特認識的人只有艾蓮娜、吉吉、史黛法跟費南多，不過史黛法與費南多夫婦倆也很快就離開了巴黎，搬到馬德里。

即便如此，沙特的朋友們仍為波娃的生活帶來了豐富的娛樂消遣。波娃描述那段歲月像是由許多人與事「所燉成的一鍋佳餚——美味可口但一團混亂」。[48]波娃說，自己起初有點懶，還在慢慢從去年繁重的考試中回復過來。但後來她的學者性格還是現身了，她再度開始閱讀與寫作，並成了英美圖書館（Anglo-American library）的會員。回憶錄裡提到：「除了和沙特一起讀的那些書之外」，波娃還讀了惠特曼（Whitman）、布雷克（Blake）、葉慈（Yeats）、辛約翰、尚恩・歐凱西（Sean O'Casey）、「吳爾芙的所有著作」、亨利・詹姆士（Henry James）、喬治・摩爾（George Moore）、史雲朋（Swinburne）、法蘭克・斯溫納頓（Frank Swinnerton）、麗貝卡・韋斯特（Rebecca West）、辛克萊・劉易士（Sinclair Lewis）、西奧多・德萊塞（Theodore Dreiser）、薛伍德・安德生（Sherwood Anderson）。她說沙特「對神祕主義中的心理學有興趣」（根據她在二〇年代的日記，這其實是她的興趣），所以兩人除了馬克思與恩格斯之外還一起讀了凱薩琳・艾曼麗（Catherine Emmerich）及聖真福安琪（Saint Angela of Foligno）。[49]人生中大多數事情上，波娃都「喜歡把事情做過頭」。[50]就算去度假，她通常也只是旅行到其他地方繼續手邊的工作。[51]

早期的日子裡，他們的協議遭到家人反對。沙特的繼父約瑟夫・曼西（Joseph Mancy）斷然拒絕見波娃，因為他們既沒結婚也沒訂婚。[52]不過，沙特沒有對家人提出抗議，他照常每週自己一個人回父母家拜訪。沙特的母親曾獨自偷溜出來與兩人見面——但次數很少且十分短暫。

更多的問題逐漸浮現。沙特向來忠於自己所言，而此時他毫不掩飾自己對於西蒙・裘莉薇——他第一個認真交往的「偶然」戀人——的愛慕。事實上，沙特想利用裘莉薇「刺激波娃，令她不再死氣沉沉」。[53]波娃感到沮喪而嫉妒，但她也覺得裘莉薇是個騙子。她是一位高級妓女，會朗誦尼采給被她「擺平」的律師與書記官聽。波娃從不曾與自己不愛的男人上床，她無法理解為什麼裘莉薇能夠如此隨意地使用她的身體。[54]至於沙特，他則對波娃的感受輕蔑以對。他認為她應該要控制自己的情感，因為讓情感主宰自己就是限縮了自己的自由。在他看來，情感是蹩腳的藉口，她需要做的只不過是運用她的自由，然後選擇別這麼做。

波娃試著清除內心的嫉妒，但在他們共同生活的日子裡，此事有時確實令她感到困難。除了必須面對自己的嫉妒之外，她也敏感地察覺到其他人心中因她而起的嫉妒，並為此感到痛苦。波娃在開始跟沙特交往的時候，心中還有其他幾位男性，而她也持續在別的男人身上看見值得欣賞之處。不過，這些男性並不總是喜歡她的注意力分散在不同人身上：有一次，她跟皮耶．古易爾（她和沙特的一位共同朋友）正要踏上一段為期十日的公路之旅，但是馬厄在此時來到巴黎。他要在這裡待上兩週，而他的太太並沒有陪他來，他預計有點時間可以跟西蒙相處。去年十二月他發現沙特的信，但後來兩人合好了。如今，她卻又說她要跟別人一起離開巴黎十天。馬厄跟波娃說，如果她去了，他以後就不會再見她。她抗議道，讓古易爾失望並不公平：她覺得除非事情無可避免，不然從「共同的計畫中」退出對兩人間的友情是種冒犯。兩人至此陷入了僵局——馬厄未能被說服，也沒有收回他的最後通牒。他們在仍處於爭執的情況下進了戲院看電影。整場電影，波娃都淚流不止。[55]

不過，波娃很享受跟古易爾的二月之旅。坐轎車對她來說是件新鮮的事——她曾搭過尼贊家的車在巴黎市區兜風。不過，這趟公路之旅可是長達數天的旅程，會帶她去一些先前只在書上讀過的地方。他們去了阿瓦隆（Avallon）、里昂（Lyon）、於澤爾克、波琉（Beaulieu）、羅卡馬杜爾（Rocamadour），還有她最喜歡的普羅旺斯（Provence）。兩人沉浸在普羅旺斯的暖陽之中，度過了悠閒的幾天。她很高興能看看卡馬格（Camargue）、艾格莫爾特（Aigues-Mortes）、萊博（Les Baux）還有亞維儂（Avignon）等地。

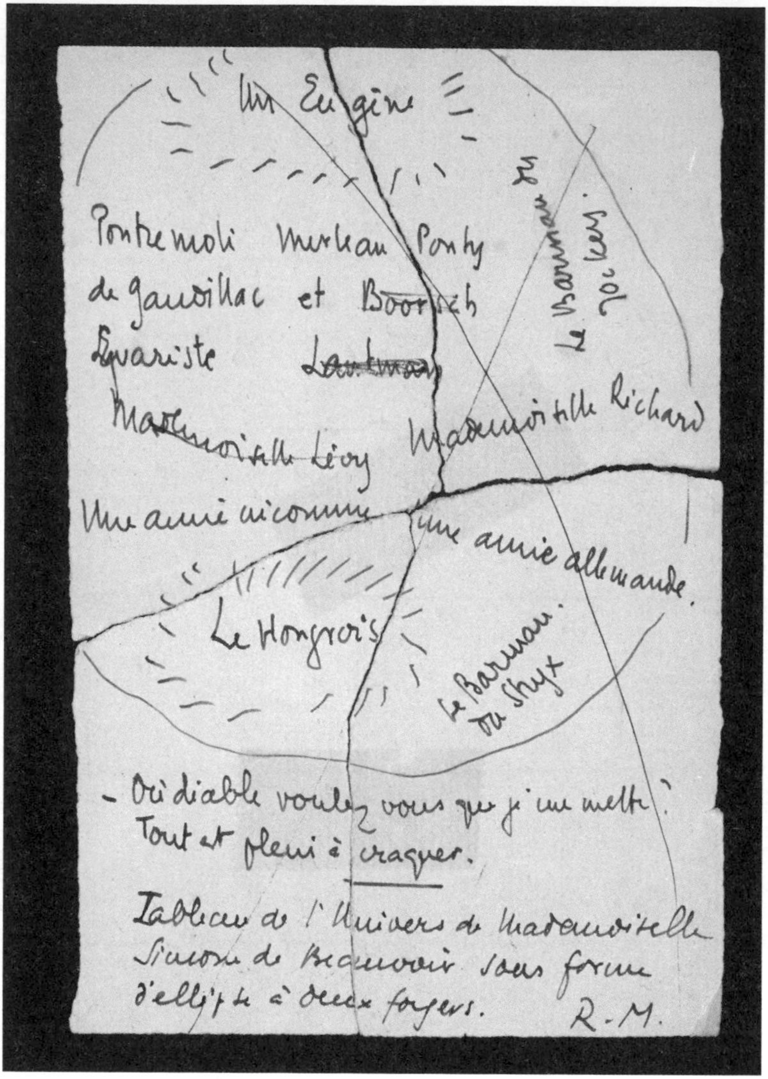

荷內・馬厄的畫，〈波娃小姐的宇宙〉，一九二九年五、六月。在橢圓形下方，馬厄寫著：「妳到底想把我擺在哪？這裡到處都擁擠不堪。」

除了新的美景，這趟旅程也讓波娃看見她先前不曾看見的社會問題。西蒙・韋伊帶刺的嘲諷並非事實，波娃當年其實時常挨餓。但即便如此，波娃確實未意識到自己享有多少的特權。在南下的路上，她順路拜訪了一位表親，他帶她參觀工廠。廠房裡很黑，滿是鐵屑。她去年讀了馬克思，開始看見勞動與價值之間的重要關聯——但在巴黎的書本裡所讀到的跟在工廠裡所感受到的，實在太不同了。她問工人的工時有多長？在聽到答案時紅了眼框——那是整整八小時才能換班的沉悶酷熱。[56]

回到巴黎後，沙特收到一封通知，裡頭說他沒有錄取京都那份工作。而波娃也收到一封馬厄的信，說他們之間結束了。於是，沙特等待著法國教育部決定他的未來。那年春天，他被分發到離巴黎不遠的利哈佛（Le Havre），他接受了這份工作。[57]波娃也被分發到另一間學校——在八百公里以外的馬賽（Marseille）。

這段赫然出現在波娃面前的長長距離讓她開始恐慌起來，她意識到自己雖然有時渴望孤獨，但其實也害怕孤獨。去年的生活教了她一些關於她自己的事，這些事使她對離開巴黎充滿恐懼。沙特見她一片混亂，提議兩人乾脆結婚——國家規定必須將夫妻兩人分發到鄰近處。他說，為了堅持原則而吃苦沒什麼意義，他們反對婚姻，但為了反對而受苦受難又有什麼好處呢？

儘管他堅稱婚姻只是種法律上的手段，波娃仍對他的提議感到驚訝。她從兩個人各自的角度都找到反對的理由。婚姻「會使一個人的家庭責任」與「社交瑣事增加一倍」，她並不想承擔這些事。而且，她也不想變得充滿怨懟，她很擔心成為沙特的妻子恰好就會讓人變成那樣。至於沙特，他在期待落空之後已經歷了個人危機。他曾夢想遠赴日本工作，這個大膽之舉將成為浪子的光榮戰績，但現在的他只能準備去鄉下教書。加入已婚男子的行列，對沙特並沒有幫助。回憶錄裡首先提出的是波娃角度的反對理由（不過她並未詳述哲學上的原因）。但她的理由經常遭到忽視，以至於人們總認為她是為了沙特才接受這樣的安排。

在回憶錄裡，波娃說孩子曾是唯一一個可能改變她的心意、使她考慮加入婚姻這個布爾喬亞體制的原因。少女的她曾期待生兒育女，不過如今她不再視其為未來的一種可能——她開始把生育看作「毫無意義、毫無正當理由地增加世界人口」。[58] 無論是一種修辭或真正的理由，波娃以志業作為她決定不生孩子的原因：「承擔起為世間全體人類祈禱之重任」的加爾默羅修女「也斷然放棄孕育人類個體」。她知道她需要時間與自由來從事寫作，所以她這麼看：「沒有子女的狀態使我得以善盡自身的天職。」

所以，波娃與沙特並沒有結婚，而是改寫了愛情約定中的條件：他們的關係已比當初訂下協議時更加親近，也需要兩人付出更多。於是他們決定，短暫的分離可以接受，但漫長的獨自遠行則不行。新的約定並非終生之約，兩人決定在三十歲之後重新考慮是否分開。所以，雖然馬賽使他們分隔兩地，波娃離開巴黎時與沙特之間變得更堅定，未來也變得更清晰。

一九三一年的夏天是波娃人生中第一次離開法國。她二十三歲了，一直都想去旅行。以前，從義大利回來的莎莎會滔滔不絕地向她描述各種令人著迷的人物與不同的地方。波娃跟沙特才在計畫著夏天要去布列塔尼（Brittany）玩，結果史黛法的先生費南多·傑拉西就邀請他們去馬德里玩了。沙特從祖母那裡繼承來的遺產還剩下一點，所以他替兩人出了旅費，並把最後一點法郎換成西班牙幣。第一天晚上，兩人去了費格拉斯（Figueres），並忍不住一直說：「我們在西班牙！」他們由此地前往巴賽隆納，然後是馬德里、塞哥維亞（Segovia）、阿維拉（Ávila）、托雷多（Toledo）以及潘普洛納（Pamplona）。九月底，兩人分道揚鑣，各自前往利哈佛與馬賽。

波娃日後回憶起抵達馬賽的那天，覺得那是她教師生涯中「嶄新的轉折」。[59]她孤身抵達該地，行李少到她能全部背在背上。在這裡，她誰也不認識。去年的生活令她覺得她並不那麼瞭解自己，而馬賽的生活則提供了時間與空間，讓她的自我當中萎縮的部分可以再度舒展生長。她覺得當地的人守舊而無趣，但她一向喜歡戶外，沙特則不喜歡。所以，在休假的日子裡，她會在清晨出門散步。起初一天走五、六個鐘頭，然後慢慢增加。她會穿著舊洋裝和平底布鞋，走上長長的距離。她搭陌生人的便車，這令她的朋友及同事很擔心——一個女孩子獨自走在路上很危險，而她確實也曾經歷過一些千鈞一髮的場面。不過，她享受步行的孤獨，覺得此項娛樂拯救她免於陷入無聊、憂鬱及後悔中。她開始極度堅持一定要走完規畫好的路線——有時甚至到了危險的程度。

新工作改善了她與家人之間的關係：芳絲瓦甚至成功說服喬治到馬賽度假一週。芳絲瓦開始對西蒙刮目相看，她現在視她為一位收入很不錯的職業女性。令她失望的是，沙特在波娃的生命中仍占有一席之地——這位令人無法理解的男性恐怕比較適合獨身生活。父母返回巴黎時，波娃鬆了一口氣：她想回去好好散步。[60]艾蓮娜也來找過她兩次，這對姊妹之前從來不曾分開這麼久，她們很想念對方。西蒙會帶艾蓮娜一起去散步，但有一次艾蓮娜發燒了，而西蒙堅決不讓原訂計畫被打亂，所以她讓發抖的妹妹待在一間旅舍裡等公車，自己則繼續上路。這不會是波娃人生中唯一一次讓堅持計畫的決心壓過她的同情心。

上課的時候，她毫不避諱傳授自己的思想，她對勞動、資本與正義的講課內容令班上學生及家長憤慨不已。[61]她的思想在許多方面都已變得自由開放，但對於性還是十分保守——她在另一位老師試圖跟她更進一步的時候感到驚訝而不悅，因為向她求愛的是一位杜梅朗**太**

太（Madame Tourmelin）。[62]

比起巴黎，馬賽令人分心的有趣人物比較少，所以西蒙在這段日子裡又開始寫作了。她沒有發表任何此時期的作品，但她寫下的每段情節都圍繞著同樣的主題：「他者的幻影」，還有誠實、自由與愛之間的關係。她不希望故事中「這份古怪的癡迷被混淆為常見的愛情故事」，所以她將兩位主角都設定為女性，以避免她們之間的關係可能出現性的意味。[63]

她一有機會就回巴黎：如果待的時間不長，她就只與沙特和妹妹見面。但如果時間長些，她會開心地與其他朋友相約碰面。[64]與沙特分隔兩地時，兩人會互相通信；在一起的時候，她會讀沙特正在寫的東西，沙特也會讀她的。當時，沙特在寫一篇與偶然性有關的論文。

一九三二年六月，西蒙得知明年她會被轉調到盧昂（Rouen）任教，離利哈佛只要一小時車程，到巴黎也只要一個半小時。在《鼎盛人生》裡，波娃說她帶著勝利之情走出了那年的生活——她住在離至親好友如此遙遠的地方，感覺十分孤單，但她也明白了她有自己可以倚靠。八〇年代，她告訴貝爾在馬賽的那一年是她「人生中最不快樂的一年」：她愛沙特，想待在他身邊。她分不清心中的沮喪是因思念他而起，或是因後悔而起。[65]

那年夏天，有更多的旅程等著波娃——西班牙南部，巴利阿里群島（the Balearics），西屬摩洛哥。波娃在學年一開始搬到盧昂，在火車站旁的拉侯什傅科旅館（Hôtel La Rochefoucauld）租了一間房間。火車的汽笛聲讓她感到安心：她可以輕易地逃離此地。她在盧昂交了一個新朋友：柯列特・歐翠（Colette Audry）。尼贊在共產黨員的圈子裡認識了歐翠，而歐翠是西蒙在學校裡的同事。西蒙向她自我介紹，而她起初覺得波娃是個態度唐突的布爾喬亞。[66]歐翠是個堅定的托洛茨基主義者（Trotskyite），波娃有點怕她——她穿著體面、充滿自信、總是在談論政治。不過很快地，她們就開始固定在保羅酒吧（Brasserie Paul）共進午餐了。

歐翠欣賞波娃的毅力，也喜歡她的笑聲。在她眼裡，波娃的情感力道生猛；如果她想要，她會以直截了當的態度批判他人。波娃是出了名的無法容忍愚蠢的事物，而且一生如此。沙特造訪盧昂時，他們三人會一起出遊。波娃解釋她與沙特的關係給歐翠聽，說明這段感情是奠基於真實而非激情之上。歐翠說，他們之間熱切而充滿生命力的對話建構出一種全新的感情樣貌，她未曾見過類似的事：「我無法描述與他們兩人共處一室的經驗，他們是如此的認真熱切，有時會讓旁觀者因為自己未曾與誰擁有那樣的關係而感到難過。」[67]

盧昂使得他們的兩年之約更容易維繫。兩人在盧昂、利哈佛與巴黎之間度過這段日子。在巴黎時，他們開始常去劇院看戲。西蒙・裘莉薇的情人是劇場導演查爾斯・杜蘭（Charles

Dullin），沙特與波娃興致濃厚地研究他的創作。無論身在哪個城市，他們的話題裡總少不了身旁的人們。三〇年代，他們發展出壞信念（Bad faith，Mauvaise foi）這個概念——兩人覺得這個關於自欺的概念比佛洛伊德的無意識（Unconscious）更能充分說明人類經驗。[68]

在《鼎盛人生》中，波娃將這個概念的誕生歸功於她自己**與**沙特。波娃一開始寫道，沙特「想到了這個自欺（壞信念）的概念」；但她接下來說**我們**。「我們」著手揪出壞信念。波娃有位同事，這位老師的行為使波娃突然得到了清晰的理解——「我懂了，」波娃跟沙特說：

「珍奈特・盧米耶（Ginette Lumière）不是真的，她是一個**幻象**。」自此開始，我們用這個詞來描述那些偽裝出他們實際上並不真的擁有的信念或感受的人——我們發現了「角色扮演」這個概念的另一個名字。[69]

壞信念會成為二十世紀的哲學中最著名的觀念之一。沙特所著《存在與虛無》中的「服務生」即是「角色扮演」概念的著名例子。所以為何波娃會說，**我們**發現了壞信念？人們很難確定三〇年代時的波娃跟沙特受惠於對方的程度到底有多大。據艾蓮娜的丈夫李歐納・汝列（Lionel Roulet）描述，兩人的關係是一段「總是在談話」的關係：「不斷地說話是他們跟對方分享一切的方式，他們透過這個方式如此親密地映照出對方，使旁人無法將他們分開。」[70]

此段時期裡，波娃跟沙特開始愈來愈有政治意識——雖然日後的波娃認為此時的自己與沙特「在精神上自傲」且「在政治上無知」。[71] 透過歐翠與其他人，他們認識了其他托洛茨基份子和共產黨人，但兩人對無產階級的鬥爭並未感同身受。[72] 他們的鬥爭是在哲學上的。他們討論著如何理解理性層面與身體層面的自我：他們想理解自由，而沙特認為身體——其慾望與慣性——對於自由是種威脅。雖然在一九二九年，波娃並未當面質疑沙特對激情與情感毫不容忍的態度，但到了三〇年代初，她開始反對他的立場。他仍認為身體不過是肌肉群，與情感無關，而暈船嘔吐、或向眼淚屈服，都代表著軟弱。不過波娃並不認同，她認為眼睛和胃都按它們自身的法則運作。[73]

他們寫作、從事研究、大量閱讀。一九三二年底的某天晚上，沙特、波娃跟雷蒙·阿隆在蒙帕納斯大道上的煤氣燈酒吧（Bec de Gaz）小聚。阿隆那時已在柏林的法國學院（The French Institute）待了一年，他正在讀胡塞爾（Edmund Husserl）。當時，胡塞爾的著作與令其成名的哲學方法——現象學——在法國還沒有如此出名。波娃在《鼎盛人生》中說了一個故事：阿隆指著他的雞尾酒，告訴沙特他們可以從這杯酒談出許多哲學來。沙特聽了十分興奮，臉色卻變得有些蒼白。這恰好就是他一直想做的事：讓哲學回歸到日常中，扎根於日常經驗之描述。

日後，沙特與波娃都會採用現象學方法，只是兩人各有千秋。在創始者胡塞爾的筆下，現象學藉由消除干擾、習慣、生活中的預設與先入為主的想法，來對於「事物本身」——亦即現象——做出描述。現象學認為，事物在我們眼中的樣貌與事物本身（或是我們認為它應是之物）有所差距。其實，現象學方法對波娃來說並非新鮮事。她在索邦唸書的時候，曾拜師巴魯濟，而他對現象學並不陌生，也對基督教神祕學中的實際經歷（Lived experience）有所研究。柏格森「具體而有形的形上學」也採取了類似的觀點。[74]我們知道，在認識沙特前，波娃就已讀過柏格森是如何誇讚能夠揭開精心編織的自我之俗套的小說家，當時她想要寫出「觸手可及的現實」。[75]可是，在三〇年代的巴黎，胡塞爾可比柏格森或巴魯濟時髦多了。在柏格森的全盛時期，他講課的教室連門口與窗邊都擠滿了人，每個都伸長脖子想聽他講話。不過這群聽眾大多是女性，所以有些男性開始懷疑柏格森的專長其實並不是哲學。一九一四年有篇報導寫著：「來聽講座的眾女子身上的香水味差點把柏格森嗆暈，但如果柏格森是真正的哲學家，女人就不會想聽他講話了。」[76]

一九三三年四月，波娃跟沙特到倫敦過復活節：眼前所見的英式風俗使他們大感有趣——圓頂硬禮帽、雨傘、海德公園的演講者、計程車、茶館與特殊的時尚風格。旅行的時候，兩人之間的差異以更為堅定的姿態浮出表面——可能是因為在外面不像在家裡一樣，擁有各自的空間與分開的生活——而這份差異在倫敦時尤其明顯。波娃很熟悉英國文學與文化，她想循著莎士比亞與狄更斯的腳步，參觀邱園（Kew Gardens）與漢普頓宮（Hampton Court）。而沙特想留在中下階層的街區逛逛，揣測當地居民的心思。

寫信給波娃時，沙特偶爾會親暱地說他們是「一體的」。但在倫敦，兩人的差異顯然相當分明：在牛津的時候，沙特很喜歡該處的街道與公園，但他不喜歡「英國大學生的自以為是」而拒絕踏進校園。波娃指責他沒有風度，然後就自己去逛校園了。在倫敦，他們想去的地方也不一樣——他怎麼可能會不想去大英博物館？[77]

波娃對沙特的思想仍舊十分欣賞，但她並不是全盤接受地喜歡。坐在尤斯頓車站裡的時候，沙特向她解釋他如何將倫敦納入自己對世界的整體理解之中。波娃被他概括一切的習慣給惹惱了，並認為他的假設似是而非。這不是第一次了，他們之前也曾為此爭論過，但波娃這次再度堅持語言無法充分囊括現實，而人們也應該要面對現實，如實而毫不掩飾的現實——包括其模糊與不確定之處。

沙特回答，觀察與回應世界是不夠的：他們應該要試著以語言明確定義之。波娃覺得這根本是胡扯：一趟十二天的旅行是無法理解倫敦的。他想寫下經歷，卻不想活在經歷之中，而這與她的最高原則相互扞格：「忠於生命，忠於此時此刻的真實。」[78]

一九三三年一月，希特勒成了總理。五月二日，德國在巴黎的大使館升起萬字旗。在此時此刻的現實裡，波娃（及沙特）看著猶太裔學者自願流亡海外，看著柏林城裡焚燒書籍。在回憶錄中，波娃聲稱她跟沙特當時尚未覺醒而投身政治，兩人在此時期唯一關心的是他們自己、他們的關係、他們的生活，以及他們在寫的書。他倆對於公眾事件或政治事件都不甚關心，寧願縮回自己的腦海裡（「跟世界保持距離」，她說）。[79]波娃在《鼎盛人生》中寫著：「我們在所有層面上都未能面對現實的重量、沉溺在我們所謂『基進的自由』中而自鳴得意。」[80]

不過，她其實並非完全不問世事：那年八月，波娃極為關注一則巴黎城內家喻戶曉的新聞：一名勞工階級的年輕女子維奧麗．諾齊埃爾（Violette Nozière）的殺人案。諾齊埃爾在遭到父親性侵之後將父親殺害——雖然媒體報導切入的角度大多不是這樣。當時許多女性都心想：為什麼媒體要將此事稱為「亂倫」？此案引起相當熱烈的討論，甚至被拿來與屈里弗斯事件（Dreyfus affair）*相提並論。[81]

住在盧昂的波娃繼續埋首於哲學與文學寫作之中。她在一九三三年開始寫一本新的小說，一週還上兩到三次德文課，老師是歐翠介紹的一位德國難民。[82]波娃的小說以司湯達作為典範，她希望這個故事能呼應她自己的故事，訴說布爾喬亞社會的遲滯不前，以及個體反叛之必要。主角不是她自己，但她將莎莎寫進故事裡：小說中的安（Anne）是虔敬與忠誠的化身。這不會是波娃最後一次改寫莎莎的人生，她已慢慢發現寫作在情感宣洩及釐清思緒上的效果。不過，她認為這本小說中的角色缺乏深度，不夠忠於真實的人生，不久便放棄這個作品。但在往後的作品中，她會再度回到相同的主題——還有相同的角色。

這時的波娃和沙特沒有什麼錢，但兩人還是一有機會就去旅行。一九三四年裡，他們去了德國、奧地利、捷克斯洛伐克、阿爾薩斯（Alsace）、科西嘉（Corsica）。他們造訪了萊布尼茲位於漢諾威（Hannover）的住家。[83]那一年，波娃沒有嘗試寫作，她刻意決定要專注於讀書與研究。她研究了法國大革命，讀了胡塞爾的德文著作。[84]沙特則是努力在寫一篇關於胡塞爾的論文——《自我的超越》（*The Transcendance of the Ego*），還有繼續修改那篇有關偶然性的草稿，但成效不彰。

沙特待在柏林的那年，波娃請了兩個星期的假去找他。沙特當時有一位「偶然」的戀人瑪莉・吉哈德（Marie Girard），他相當享受她的陪伴。[85]而波娃在與她認識之後也喜歡上她。她在回憶錄中說，這是沙特第一次對別的女人這麼有興趣，但無論在原則上或實際上，她對於他們的安排都感到相當自在（雖然她有能力感到嫉妒，且並未低估其威力）。[86]沙特將她放在第一位的尊重使她感到安全。兩人共同發現了福克納（Faulkner）與卡夫卡（Kafka），並一起探討如何能將人生寫得更好。此時期的他們都認為藝術是通往救贖的途徑。[87]不過，沙特的傳記作家卻說這是他們關係中的「首次危機」。[88]

對波娃個人而言，她眼前最重大的問題仍然是她曾在學生日記中寫下的那個問題：她該保留多少的自己，又該給出多少的自己？她仍然不知道該如何調和她「對獨立的渴望」與「將她猛烈推向另一個人」的那些感覺。[89]她在課堂上的言論引發爭議——例如「女人存在的目的不只是把孩子帶來世間」[90]；而她借給學生的書也令家長相當不快。有些家長提出申訴，指控她毀壞家庭的神聖性。幸好，學校督學決定站在她這邊。

---

* 譯註：屈里弗斯事件，或稱屈里弗斯醜聞、屈里弗斯冤案，是十九世紀末發生在法國的一起政治事件，起因於一名猶太裔法國軍官阿弗列・屈里弗斯（Alfred Dreyfus）被誤判為叛國，法國社會因此爆發嚴重的衝突和爭議。此後經過重審以及政治環境的變化，屈里弗斯終於一九〇六年七月十二日獲得平反，重新成為國家英雄。

這段期間，波娃和沙特都還是默默無名的中學老師，而沙特陷入了一段憂鬱低潮期。他既失望又無聊，日後他稱這段日子為「黑暗時期」。[91]他感覺自己很失敗，沒有料到自己最後會變成鄉下中學的老師，日子一成不變、才華無人看見。跟別人比較也幫不了他。保羅．尼贊已經出了兩本書：一九三一年的《亞丁阿拉伯》（*Aden, Arabie*）與一九三三年的《安托萬．布洛耶》（*Antoine Bloyé*）。第一本評價不錯，第二本評價更高。就連沒考過教師資格國考的馬厄在職場上都有很好的發展（馬厄後來會成為聯合國教科文組織的總幹事）。而沙特仍是無名之輩，沒發表過任何作品。他開始擔心「若在二十八歲前沒成名，就永遠無法功成名就」。[92]這種想法很荒謬，他知道，但他仍對毫無成就的自己感到十分痛苦。

十一月裡的某一天，他們坐在利哈佛海邊的一間咖啡廳，兩人都無精打采，擔憂人生會就此成為日復一日的單調折磨，再也沒有新的展望。波娃沮喪到在當晚大哭一場，她心中對於絕對確定之物——亦即上帝——的舊日渴望又再度浮現。[93]懷抱著這樣的心情，她感到人的努力都是徒勞，並責怪沙特使「生命」成為可崇拜的偶像。到隔天，她都還因著前一晚的想法而感到沮喪。她跟沙特吵了一架：沙特認為酒與眼淚無法帶來真相，並認為是酒精造成她的憂鬱，而不是哲學思考。她則認為，酒精掀開了一片面紗，揭穿了真相的醜陋面孔。

他們對成年生活的期待與現實生活之間有著令人失望的落差，這是兩人都必須面對的。

沙特的頭髮開始變得稀疏，而且他不知道該拿那份關於偶然性的手稿如何是好——它還不夠豐富有趣。波娃有個主意：為什麼不把它寫成小說呢？這篇文章需要故事的深度與懸疑感。沙特喜歡偵探故事，能不能以小說的形式來探索他的哲學問題？在他第三版的草稿中，沙特會把故事場景設定在利哈佛，而故事主角安東・羅岡丹（Antoine Roquentin）則是他的化身。她的批判縝密而不留情，但這也是他之所以接受她建議的原因——他向來如此。[94]

同時，沙特也暫緩手邊的工作以便專注在《想像》（*Imagination*）這篇哲學論文上。這篇論文是受到德拉克洛瓦委託，寫給學術出版社阿爾康（Alcan）的。研究這個主題時，沙特開始想要更瞭解夢與幻覺。來自高師的舊日朋友丹尼爾・拉加什（Daniel Lagache）是精神醫學專家，他說如果沙特想體驗幻覺的話，能為他安排注射仙人掌毒鹼（Mescaline）。

所以，一九三五年的二月，沙特去了一趟巴黎的聖安妮醫院，在專人監督下注射了仙人掌毒鹼。他被留置觀察數小時，但沒有體驗到他所期待的迷幻之旅——沒有出現幸福幻覺，反而是房裡的物品開始變得畸形，並且追著他跑。他還看到了螃蟹和其他的甲殼類動物，讓他在接下來的幾週內仍心有餘悸。當晚跟波娃見面的時候，沙特彷彿變了個人。[95]

最後，沙特承認自己非常憂鬱，他擔心自己身上即將發作某種導致幻覺的慢性精神病——他有點小題大作的傾向。波娃則以乾乾的語氣提醒他，根據他的哲學觀，心智能控制身體，所以他唯一的瘋癲之處就是相信自己瘋了。[96]

一九三五年的三月，希特勒制定徵兵法、恢復徵兵制，德國兵力由十萬人增至五十五萬五千人。法國內部無論左右翼都開始緊張了。他們與蘇聯簽訂協議，史達林在協議中同意了法國的國防政策。現在東邊有俄羅斯、西邊有法國，和平看似無可動搖——毫無贏面的德國肯定不至於笨到發動戰爭。回憶起此時，波娃說她「仍以相當無用而不認真的態度在看報紙」。此時期的她選擇以逃避來回應希特勒所造成的那些動盪。[97] 波娃在一九三五年所寫的信只有一封被收錄在給沙特的信件集裡，是七月二十八日的信。信中她隻字未提政治，反正她在阿德榭（Ardèche）區拿得到的報紙也只有《小馬賽人報》（*Le Petit Marseillais*）而已。[98]

兩人在義大利湖畔度過那年的復活節，沙特看起來心情還不錯。可是他們回國之後，他再也找不到力氣假裝一切都很正常。他倦怠而低落——低落到醫生建議他避免一個人獨處。所以，波娃一有空就盡量陪他，並且安排朋友在她沒空時陪著沙特。

一九六〇年時，波娃寫說她並不真的理解沙特的困境。她開始意識到，兩人處境雖十分相似，但他們兩個並沒有表面看來那麼相像：

> 沙特視通過國考、擁有一份事業為理所當然之事。但當我站在馬賽那段階梯的頂端時

〔一九三一年，她剛開始教書的時候〕，心中全然的歡喜令我感到頭暈目眩：我覺得，我完全不是默默地承受命運，而是有意為之而做出了選擇。這份使沙特感到失去自由的工作對我來說仍是一種解放。[99]

閱讀哲學繼續為波娃帶來深深的滿足感，她說哲學對她來說是「活生生的現實」。她也持續創作，寫了一系列短篇故事：《至高無上的精神》（*When Things of the Spirit Come First*）。其中一篇故事是關於莎莎如何「被她周圍清教徒式的道德準則逼瘋而亡」。[100]還有另一篇故事，被認為啟發沙特寫下他的短篇作品《一位領袖的童年》（*The Childhood of a Leader*）。[101]在一九二六至一九三四年間，波娃七次動筆寫小說。[102]不過她得等上超過四十年才能看到其中一些作品出版上市。在這段歲月裡，沙特將會獲得哲學與文學上的成功，而他們的兩人旅程也會變成三人行（至少，**表面上**看來如此）。

七　四個人的三人行

一九三四年，波娃認識了一位學生——奧爾嘉．柯薩切維契（Olga Kosakiewicz），她在波娃及沙特人生中所扮演的角色，將會受到大眾諸多的揣測與譴責。《鼎盛人生》記錄了奧爾嘉在他倆故事中的角色，而波娃作品《女賓》（*She Came to Stay*）中的澤薇兒（Xavière）與沙特《自由之路》（*The Roads to Freedom*）中的艾維琪（Ivitch）都是她的化身。艾蓮娜說，奧爾嘉恨透了這兩本小說裡描繪的自己，不過她跟海狸仍保持友好關係，直至晚年。[1]

三〇年代中期到四〇年代早期，波娃與三位先前教過的學生發展出親密關係，三個都是年輕女孩。而沙特對她們所有人展開追求（有時甚至是在波娃仍與對方十分親密時就展開追求），也成功與其中幾位交往。波娃與沙特對待這些偶然戀人的方式，讓法國的女性主義學者茱莉亞．克莉絲蒂娃（Julia Kristeva）說他們是「自由主義恐怖份子」。人生中的這段歲月使波娃獲得了浪蕩敗德的名聲，也成了許多訴諸性別的評論家在批評其作品時最愛的話題。[2]想及她日後將寫出的哲學著作，還有這些情史對她個人生活與公眾名聲的永久影響，讓人很難不問：她到底在想什麼？

第一個向波娃提起奧爾嘉的是歐翠，在她們任教的中學裡，大家都知道「小俄羅斯人」—奧爾嘉。奧爾嘉的父親是俄國貴族，母親則是法國人。她一頭金髮、膚白似雪，但她寫的文章則沒有那麼動人心弦：那些文章短到波娃不知道該如何下筆批改。所以當她繳回期末考的分數的時候，波娃很驚訝：她的分數是最高的。

不久後有另一場考試，高中會考的模擬考。考試的時候奧爾嘉一個字都沒寫，並在結束時哭了起來。西蒙問她，要不要找時間聊聊是什麼事令她如此心煩？於是某個星期天時，她們一起沿著河岸散步，討論上帝與波特萊爾（Charles Baudelaire）*。她們都覺得對方很有趣：西蒙認為十九歲的奧爾嘉極為聰穎，她想幫助她更有自信；而奧爾嘉覺得二十七歲的西蒙很有魅力——波娃小姐不像其他老師，她很優雅、見多識廣，不按牌理出牌。

奧爾嘉的父母是在俄國認識的。她的母親旅居俄國，在基輔的一戶貴族家中當家庭教師，最後嫁給了這戶人家的工程師兒子；他後來當上了沙皇官員。一九一五年十一月六日，奧爾嘉在基輔出生；[3]一九一七年，她的妹妹汪妲（Wanda）也在同個城市裡出生。革命爆發之後，柯薩切維契家如同其他貴族一般開始逃亡。他們四處流浪，曾到過希臘及其他地方，最後定居法國。而奧爾嘉姊妹倆就這樣，在父母的貴族優越感與流亡的思鄉之情中長大。

奧爾嘉的高中會考考得很好，哲學更得了高分。回家過暑假的時候，她跟波娃短暫地通了信，然後父母便送她回盧昂學醫。她不想當醫生，也很厭惡許多同學所信奉的右派國家主義；至於共產主義，她同樣沒有好感。一九三四至三五年的秋冬，政治情勢開始有所改變——景氣愈來愈糟，大型企業如薩爾牟遜（Salmson）†等開始裁員，雪鐵龍（Citroën）‡更是宣告破產。失業率不斷攀升，仇外的情緒也隨之上漲。

所以，奧爾嘉跟其他移民成了朋友，其中有許多是猶太人。她跟西蒙也保持著朋友關係，兩人會討論日常生活，還有奧爾嘉在新朋友間遇到的問題。有天她問西蒙，身為猶太人代表著什麼呢？西蒙回答：「沒什麼，根本沒有所謂的『猶太人』；我們都是人類，如此而已。」波娃後來意識到，她對這類問題給出的空泛回答有多糟糕。她說自己知道社會類別

* 譯註：波特萊爾（1821-1867），法國詩人，象徵派詩歌之先驅，現代派之奠基者。有詩集《惡之華》及散文詩集《巴黎的憂鬱》。

† 譯註：薩爾牟遜，法國製造公司，生產蒸氣動力壓縮機、幫浦、飛機引擎、汽車引擎等。

‡ 譯註：雪鐵龍，法國汽車品牌。

（Social category）力量強大且真實存在，但她只想徹底拒絕她父親的階級意識形態——他認為法國人和猶太人、男人和女人的階級都是固定不變的。[4]

一九三四年秋天，奧爾嘉和波娃開始花愈來愈多的時間和彼此相處。能在這段友誼中暫時逃離盧昂的封閉與守舊，兩人都鬆了一口氣。她們每週一次共進午餐，有時候也一起看歌劇或參加夜間政治集會。在西蒙眼裡，奧爾嘉「仍是個孩子」，但她很喜歡奧爾嘉看世界的方式。[5]她在寫給沙特的信中說，那是「一個深具原創性的小小心靈，以全然出乎意料之外的方式對世界做出反思。」[6]

奧爾嘉還沒認識沙特前就已聽說過他的事蹟，那使他染上一層怪異的魅力——他在使用仙人掌毒鹼後揮之不去的龍蝦幻覺為他帶來某種悲劇氣氛。「沙特有種中世紀騎士的感覺，」奧爾嘉說，「他是個很浪漫的人。」[7]這段期間，沙特跟波娃通常在利哈佛碰面——他們沒那麼喜歡盧昂——但到了一九三五年初，沙特已開始造訪盧昂，與奧爾嘉碰面的次數也愈來愈多。一開始，這段友誼中的所有人似乎都獲益良多——奧爾嘉享受她所獲得的關注，沙特心情愉快且很喜歡奧爾嘉，而波娃則感到如釋重負，因為沙特總算從無法感到快樂的狀態中回復過來了。但隨後——從一九三五年的春天到一九三七年的春天——沙特低迷的情緒被另一種偏執的心情給取代：他迷上了奧爾嘉。

對波娃來說，接下來的日子變得非常難熬——她很喜歡奧爾嘉，且希望她能看見並發揮自身潛力。不過，她沒料想到她倆之間的關係會因為一系列的事件而變得十分複雜。波娃搬進了一間奧爾嘉推薦的旅館：小羊旅館（Le Petit Mouton）。她試著鼓勵奧爾嘉認真讀書，奧爾嘉也真的認真讀了書——認真了一學期。後來，奧爾嘉認為她還是喜歡自由，於是她日夜跳舞、喝酒、閱讀、聊天，但不再認真讀書。她在一九三五年的七月和十月考了兩次醫學考，都沒考過。

隨著她跟奧爾嘉之間的狀況愈來愈複雜，西蒙在一九三五年的夏天又重拾長途步行的習慣。依然只穿著一雙平底帆布鞋的她，這次打算用走的橫越法國。她獨自步行的時候，沙特與他的父母正在挪威的郵輪上。他在聖塞西爾當多爾格（Sainte-Cécile-d'Andorge）與她會合，加入步行的行列。沙特在想要的時候也可以走上很長的路，不過他擔心波娃的自我要求已到了不太健康的程度。[8] 一九二九年時，他曾跟她說他對葉綠素過敏，這講得可能有點太誇張了，不過，他確實喜愛古老石牆勝過繁茂綠葉，所以波娃安排的旅行路線經過了小鎮村莊、修道院與城堡。自從那趟迷幻之旅後，甲殼類動物的討厭幻象就不時地會來打擾沙特。有天，他們坐在巴士上時，沙特宣布他真的受夠那些龍蝦了——牠們從旅程開頭就一路跟著他，他得用意志力讓牠們永遠消失在他生命中。散步一直都是波娃祛除心中惡魔的方式，現在，沙特也希望自己能趕走腦袋裡那些揮之不去的東西。[9]

在沙特設法趕走螃蟹與龍蝦的時候，波娃正思考著她最近在寫作上沒什麼進展的原因。她決定繼續努力，唯一的問題是，該寫什麼？她注意到，沙特目前的小說創作沒有他寫的哲學文章那麼傑出，所以也許她該往這個方向試試。沙特告訴過她，她在哲學上的理解比他迅速精確，她則認為，沙特在讀他人作品的時候經常以自己的假設來做出詮釋。[10]一九四六年時她說，沙特在創造力上不願仰賴任何人，「沒有任何來自外在的想法能靠近他」（但顯然波娃的想法除外）：「他很少閱讀，但如果碰巧想要閱讀的時候，任何書都能讓他開心——他只想拿印著字的書頁來支撐他的想像力與想法，有點像是算命的人以咖啡渣來幫助自己預言未來。」[11]

就她看來，沙特無法跳出自己的視角，或根本認為沒必要這樣做。而對波娃來說，事情剛好相反：她發現自己在試圖理解別人的思考方式時，並沒有遇上什麼困難。她能在不同的論點中看見弱點，同時也看見其繼續發展的潛力。不過，當她碰上深具說服力的理論時，她會受其影響——那會「改變〔她與〕世界之間的關係，也為〔她的〕經驗鍍上色彩。」[12]

儘管沒花太多時間寫作，但波娃可也沒閒著。她努力練習德文，也繼續熱心地讀哲學（沙特雖在柏林待了一年，德文仍乏善可陳）。不過，她還沒想要寫哲學文章。日後回想起來，波娃不記得自己曾因為尚未發表任何作品而感到特別焦慮。司湯達——那位她在寫《至高無上的精神》時仿效的法國小說家——在四十歲之前甚至尚未開始嘗試寫作。[13]

回到盧昂，奧爾嘉顯然無法在醫學領域裡取得成功了。他父母想把她送到康城（Caen）的寄宿學校，但三人組中的所有人都不想要此事發生。問題來了：有什麼事是奧爾嘉能做得好的？她在哲學上表現得很不錯，所以沙特對波娃提出了一個她覺得很棒的建議。他們有兩份薪水，錢還夠替奧爾嘉租間房間；而且，沙特正在教一門教師資格考的高等課程。波娃寫信給奧爾嘉的父母，安排雙方見面，而他們同意了波娃的提議——奧爾嘉會在她的輔導下繼續念書。於是沙特和波娃安排了課程表，為她訂定一份書籍及論文的閱讀進度，然後替她在小羊旅館租了一間房間，就在波娃隔壁。

三人也安排了彼此見面的時程表——他們都想要一些各自單獨相處的時間，但也想要他們稱之為「集體聚會」——也就是三個人都在——的時間。事後回憶起來，波娃說她在有奧爾嘉的三人小組中從未感到自在過，常覺得自己身處於一段根基極不穩固的關係中。他們的教學課程效果不彰——奧爾嘉自己想看書時，確實會拿起書來讀，但她不想的時候就絕不會認真用功，而她很少想要用功。起初，沙特和波娃以為他們的考量和決定都是為了奧爾嘉好，可是波娃後來承認，這段關係並未建立在互相平等的基礎上，他們兩人是將奧爾嘉「據為己有了」。[14]他們都開始感到自己衰老而乏味——奧爾嘉的年輕率性令他們可以藉由她再活一次。

不過，波娃確實很在乎奧爾嘉，她在寫給她的信裡說：「我生命中的此刻，全世界只有兩個人對我有意義，而妳是其中一個。」[15]很快地，奧爾嘉對於波娃的感情變得「熾烈洶湧」。[16]奧爾嘉與波娃的肉體關係為沙特帶來許多挫折感——他為奧爾嘉著迷已有兩年了，但奧爾嘉始終不願意與他發生關係。

奧爾嘉是波娃與沙特「共享」的第一個「偶然」戀人，但兩人並非在性關係上共享她。儘管如此，沙特仍深陷於嫉妒之中，即便他鄙視情感本身，也擁有克服情感之自由[17]，但他的舉止仍變得古怪而費解。更令波娃感到不安的是，沙特對於奧爾嘉的感覺是他對她不曾有過的，此事難以否認。在沙特迷戀奧爾嘉這兩年的後期，她陷入了「比嫉妒還深」的痛苦之中。據她所說，這樣的痛苦讓她開始懷疑她的幸福是不是建築在某個「巨大的謊言」之上。[18]

不過，奧爾嘉只是這個故事的其中一角。在利哈佛，有個很受沙特喜愛的學生叫做賈克羅衡・博斯特（Jacques-Laurent Bost），他是很迷人的男孩，在十個兄弟姊妹中排行最小，年紀比奧爾嘉小了正好半年。他來自新教徒家庭，有個哥哥在巴黎知名的出版社伽利瑪

（Gallimard）擔任審稿人。博斯特身材高大、嘴唇豐厚、烏黑的頭髮落在綠色眼眸正前方。波娃在回憶錄中確實說她「受他吸引」，但她對於他倆之間的關係提得不多。[19]事實上，博斯特的事是波娃最重大的遺漏之一——她在世時，沒人知道他倆的事。直到波娃與博斯特往來的法文信件在二〇〇四年出版（這些信至今未有英文譯本問世），兩人之間長達十年的熱烈戀情才曝光。後來，奧爾嘉背叛沙特與博斯特上床（至少沙特視此為背叛）。沙特為了挽回受傷的尊嚴，決定對奧爾嘉的妹妹汪妲出手。最後，奧爾嘉決定結束這段三人戀情，波娃認為這很明智，但沙特大受打擊。雪上加霜的是，伽利瑪出版社拒絕出版他的小說。

這段三人戀情把波娃的生活弄得一團糟，但也體現出她自二〇年代後半就開始思索的一個問題。十九歲的西蒙曾在日記裡寫下，她想要清楚寫下她對於「自我與他者的對立」的哲學思考。而十年後，她、奧爾嘉與沙特的關係使她以全新的角度來面對這個她生命中的課題。雖然奧爾嘉十分享受沙特及波娃對她的關注，也跟兩人保持友好關係直到七〇年代，但奧爾嘉知道，自己扮演的角色相當危險。在那段歲月裡，她表現得陰晴不定、沉默寡言，令波娃不禁想著：「她站在那裡，以陌生的眼神注視我，而我成了**客體**——可能是偶像，可能是敵人。」[20]

波娃對這段三人戀情的感受也是起伏不定。在回憶錄中，波娃說這段戀情令她再次瞭解到，兩個人之間的和諧關係需要持續不斷的努力，不應該視之為理所當然。[21]早在一九二七年時她就認為，愛情不是得到後就一了百了，而是必須「在不斷更新的青春中持續創造」。[22]不過，雖然她修正了自己對於自由、行為與愛的看法，她並未充分理解到她與沙特這對「必然的」戀人對於身旁「偶然的」戀人所造成的傷害。

奧爾嘉很少接受訪問，不過她在回想起年輕歲月時，將自己——還有博斯特與汪妲——比喻為被催眠的蛇：「他們想要什麼我們都照辦，因為無論如何，能得到他倆的關注，我們簡直欣喜若狂，我們實在太榮幸了。」[23]即便在名氣帶來魔力之前，波娃和沙特就已經是極富魅力而別具風格的二人組了。可是並沒有任何證據顯示波娃曾對於這樣不平等的權力關係有所顧慮。無論年幼或年長、富有或貧窮，他們偶然遇見的戀人們都能自由行動、為自己做出選擇——不是嗎？

那年夏天，沙特和波娃去了義大利和希臘旅行；兩人終於能夠獨處，波娃對此感到鬆了一口氣。同時，他們也有好消息要慶祝：假期結束後，波娃終於能搬回巴黎了！她得到了莫里哀中學（Lycée Molière）的教職。但假期結束後的九月裡，政治現況變得愈來愈難以忽略——西班牙內戰令他們寢食難安。因著好友費南多．傑拉西的緣故，他們對西班牙向來很有好感；在那趟西班牙之旅後，他們更是全心愛上這個國家。出身人民陣線的法國總理萊昂・布魯姆（Léon Blum）決定不干預此場戰爭，此事令波娃極為反感——希特勒和墨索里尼都在兵援叛軍、提供物資，但法國卻違反協議，拒絕供應軍火給西班牙第二共和。[24]最後，費南多沒辦法再待在巴黎袖手旁觀，決定返回西班牙參戰。沙特、波娃和其他朋友到車站為他送行。

重返巴黎後，波娃在蓋特街（Rue de la Gaité）的皇家布列塔尼旅館（Royal Bretagne）租下一間房間。沙特要到明年才會回巴黎任教；不過博斯特正在索邦讀書、準備考教師執照，而艾蓮娜也還待在首都，波娃很高興能有他們在身旁。奧爾嘉也搬來巴黎了，她希望借助沙特及波娃的人脈一圓自己的演員夢。

三〇年代後半，沙特開始對一位又一位的女性展開追求，此事也使兩人的愛情約定更添神話色彩。故事是這樣的，波娃當時正在幫忙校訂沙特的小說《憂鬱》（*Melancholia*；此書於一九三八年出版時更名為《嘔吐》）。她會在圓亭咖啡館坐上好幾個小時，為沙特的小說手稿加上註解。當波娃努力讓這本小說變得完美時，沙特正努力讓自己的**性生活**變得完美。沙特對所有人說，如果沒有波娃日以繼夜的努力，《嘔吐》絕無可能出版。可是，那些寫有她註解的手稿卻不見了。沙特向來喜歡將不同版本的手稿影印保存，以便留至後世，但波娃說她把留有自己註解的那份手稿丟了。[25]

一九三七年春，波娃努力工作，很少休息。她把自己榨乾了，沒有機會停下來好好休息充電。某天晚上，她在蒙帕納斯大道上的菁英咖啡館（Le Sélect）裡跟博斯特聊天，身體卻突然開始發抖。[26]當身體出現狀況的時候，波娃向來的做法是不予理會，但這次實在太不舒服了，令人難以忽略，於是她回家休息了。她整晚在睡夢中發著燒，隔天也一整天都沒有下床。不過當天傍晚，她開始覺得整天待在床上未免太過懶惰。當時沙特剛由拉昂（Laon）回到巴黎，而他倆認為她的狀況還好，應該可以出門走走。波娃抬頭挺胸地著裝完畢、出門上路，但一抵達派對現場就感到自己得立刻找個地方躺下。朋友們挺擔心的——她是不是病得很嚴重呢？她叫他們不要擔心，但沙特最後還是帶她回家，並且找了醫生來。不久後，波娃就因嚴重的肺水腫而住院了。她不敢相信這事竟發生在**她身上**；她意識到自己也有可能被化約成幾個數字，因而感到很不舒服。她躺在床上，聽著醫生像是討論一件無生命的物品那樣討論著她的身體。在理解到他們是在討論**她**的時候，一陣疏離及不安的感覺包圍了波娃。

康復之後，波娃心中感激的事可不是只有身體恢復健康——沙特要搬回巴黎了，他們終於又能住在同個地方了！而且，他已為他倆在米斯特拉爾飯店（Hôtel Mistral）租下兩間房間。她的房間在他的正下方，所以他們可以享受「共同生活的所有好處，卻不用忍受其所帶來的任何不便」。[27]這間新的飯店位於蒙帕納斯大道上，鄰近所有他們最喜歡的咖啡館——

圓亭、圓頂（Le Dôme）、穹頂（Le Coupole）、菁英。一九三七年五月，沙特的文學之路開始時來運轉——終於有出版社接受他那份關於偶然性的小說稿了。

那年夏天，波娃、沙特和博斯特去希臘旅行。他們睡在屋頂上、走長長的路，因著低估了熾烈豔陽的威力而吃足苦頭。有時，博斯特和波娃會獨自出發去游泳，沙特則留在咖啡廳裡工作或寫信給汪妲。

新學年開始了，波娃仍想繼續寫作，卻不知道接下來該寫什麼好。沙特鼓勵她把**自己**寫進書裡；他也是在把主角寫成自己之後，《嘔吐》才被出版社所接受。他說《至高無上的精神》很好，但波娃本人比她筆下的芮妮和莉莎都有趣得多——她為什麼不把自己的人生寫進書裡呢？

她的第一反應是，書寫個人經歷會讓她變得脆弱。雖然她固定會在給沙特及其他人的信中寫下自己的生活，但寫在出版品中供所有人閱讀則是另一回事。不過，她確實反覆回頭思索著一個自少女時期便令她困惑的哲學問題——他人凝視的目光。她在報紙上讀到一則故事，有個男人因著付不出計程車錢而感到羞愧，便動手殺了計程車司機。她想：為什麼羞恥能以如此巨大的力量驅動人類的行為呢？為什麼人們有時寧為了別人而活、努力以某種特定姿態出現在他人眼中，而非為了自己而活？

她想要寫一個類似西蒙・韋伊那樣的角色——一個反波娃（Anti-Beauvoirian）式的主角，但沙特說，奧爾嘉是更好的選擇。[28]他無需費力說服她，奧爾嘉確實再適合不過了。一九三七年九月，波娃跟奧爾嘉去阿爾薩斯度假，並寫信給沙特。這封信裡的文字若抽離了上下文，很可能招致誤解：「K.很迷人，十足悠閒地跟我待在一起，對什麼都興致盎然。最棒的是體力比想像中還要好，簡直快把我給榨乾了，像個十足的法國人。」可是這番話其實與性無關——因為波娃在信裡緊接著描述了奧爾嘉不畏風雨，一天要走上五六個小時，甚至是七個小時。[29]

一九三八年，沙特的《嘔吐》終於出版了，書的扉頁題著「獻給海狸」。不久，讚賞之情如雨般落在沙特身上，眾人視他為明日之星。《新文學》（*Les nouvelles littéraires*）雜誌稱此書為當代最獨特的作品之一。他的短篇故事集《牆》（*The Wall*）也在不久後問世，安德烈・紀德寫道：「這個新冒出來的沙特是誰？就我看來，他還有很多可期待之處。」[30]但是波娃的《至高無上的精神》則被退稿了兩次——一次是伽利瑪，另一次是格拉塞（Grasset）出版社。[31]亨利・穆勒（Henry Müller）*在退稿說明中作出評論；他說，書中這些受困窒息的布爾喬亞女性寫得很好，但也有其他人寫過相同的問題了，而她並沒有為這些問題提供解方：「你滿足於描繪這個崩解中的世界，卻將讀者留在新秩序的大門口；你並未精準指出新秩序可能的好處為何。」[32]

波娃並沒有放棄。十年後，她會為這個「新秩序」寫下宣言——《第二性》。但當沙特正享受巴黎文學圈的盛讚時，波娃得到的是來自她父親的惡意。喬治・波娃嘲笑她無人願意出版的作品，並說她永遠都只是個「人渣身邊的婊子」。[33]

在工作上，波娃得到的評價則大不相同。莫里哀中學是座位於十六區的女子學校，在畢業生中，那些曾被波娃教過的女孩都對她印象深刻。她打扮入時、穿著絲襯衫、妝容精緻。而且她對於自己教授的科目極其熟稔，教課時從來不需要看筆記。[34]她教學生笛卡兒、胡塞爾、柏格森的理論，也講了佛洛伊德，但只為了反駁他的論點——她比較認同伊比鳩魯派、斯多噶派，還有康德。[35]

一九三七至三八年的畢業生之中，有位名叫碧昂卡・畢南菲（Bianca Bienenfeld）的學生對波娃極為仰慕——她寫信給波娃說自己很喜歡她的哲學課，上大學後想繼續讀哲學。不知道她願不願意跟她見個面聊聊呢？

日期和時間都訂好了，她們約在蒙帕納斯區。碧昂卡那年十七歲，她的父母是猶太人，

* 譯註：亨利・穆勒（1902-1980），法國作家、記者、出版商，於格拉塞出版社工作。

為了逃離瀰漫波蘭的反猶情緒而舉家從波蘭搬到巴黎，但巴黎的氣氛使他們的希望破滅。碧昂卡的父親是醫生，她的家庭則重視文化。波娃很欣賞碧昂卡的聰慧與魅力，也很看重她。她對博斯特說，有時候她會忘記自己談話的對象是位年輕女孩。[36]

很快地，她們開始共度週日時光，碧昂卡會一路跑到帕西（Passy）地鐵站，等不及要見波娃。波娃將自己與沙特的關係解釋給她聽——他們彼此相愛但希望保有自由空間，所以他們沒有結婚，同時各自有其他的戀人。奧爾嘉姊妹的事讓碧昂卡聽得入迷，但她也對於波娃如此寵著她們感到有點生氣——就她看來，她們又懶又任性，根本不值得波娃幫助，也不值得波娃浪費那些原本可以與她共度的時間。[37]碧昂卡後來在回憶錄裡寫道，那年的六月底，她開始感到自己想**變成**波娃。[38]

學期結束後，她們不再是師生關係。兩人背起背包到莫爾旺（Morvan）去旅行，在這片崎嶇的山地走上長長的路。晚上，她們睡在旅社裡的同一個房間、同一張床上。碧昂卡說，正是在這趟旅程中，她們兩情相悅地發生了關係。[39]日後，波娃會否認她曾與女性有性關係[40]；但波娃所寫的許多信件裡都明確提到她與女性擁有親密關係。例如，她在七月二十二日寫給沙特的一封信中就提到，她收到碧昂卡的情書，「內容熱情如火」。

碧昂卡．畢南菲於一九二一年四月生於波蘭，也就是說，那年夏天她才十七歲。[41]以今日的標準看來，此事相當令人震驚；但在當時，十七歲已超過最低合法性行為年齡。沒有證據顯示，一九三八年的波娃對於兩人間的年齡差距有所顧慮。她曾是碧昂卡的老師，此事涉及信任與權力關係，兩人若發生性關係可能會造成有害的後果，但波娃似乎也不曾擔心此事。波娃死後，碧昂卡將波娃描寫成掠奪者——她在學生中「挑選成熟的青春肉體」，且「自己嚐過之後再丟給」沙特。[42] 碧昂卡說，這個「模式」解釋了發生在她與奧爾嘉身上的事情——不過她似乎不知道奧爾嘉拒絕跟沙特更進一步。

我們不可能將事情的全貌拼湊完整，因為戰時紛亂、且有些信件與日記篇章早已亡佚，也因為碧昂卡是在事發五十多年之後，因著自己的真名被公諸於世而感到一股「憤怒釋放而出」，才決定公開發言。波娃終其一生都謹守著對碧昂卡的誓言，未曾將她的身分公諸於世。可是，迪德莉・貝爾在一九九〇年時出版了波娃的英文傳記，她在書中辜負了波娃的信任，寫出了碧昂卡娘家與夫家的姓氏。法國有「隱私法」，任何人都不能發表可能損及他人名譽的個人資訊，但美國並沒有這樣的法律。因此，碧昂卡的名字違背其意願地在美國流傳開來，最後傳到了身在大西洋彼岸的她耳裡，促使她在一九九三年出了一本自己的回憶錄。[43] 碧昂卡對於自身提筆寫作的多重動機十分坦白，也坦然地說是在沙特進到故事裡之後，事情才開始「變得誇張」。[44]

碧昂卡還說，波娃是她「一輩子都愛著的女人」，並明確表示她所受到的傷害不完全是由波娃的行為而造成的，而是因為（我們之後將會看到的）一連串背叛事件。碧昂卡寫道：「在我認識沙特之前，西蒙・德・波娃跟我分享的是一段熱烈的友誼。但當他進入我們的感情世界之後，一切都開始變得十分困難而複雜。」[45] 無論碧昂卡等了這麼多年才公開發言的原因是什麼，她跟波娃之間的關係顯然一言難盡，並在她心中留下了強烈而五味雜陳的感受。

那年，在和碧昂卡發生關係後的七月裡，波娃還去了另一趟徒步旅行。這次是和博斯特去上薩瓦（Haute-Savoie）的山區。沙特到車站送她——他要待在巴黎寫短篇小說，並跟汪妲見面。此時，沙特追求汪妲已超過一年，但汪妲還是對他興趣缺缺。汪妲認為沙特在生理上令人反感，還建議他改善飲食生活。沙特習慣了被拒絕，並將她的厭惡視為有待克服的挑戰。他覺得汪妲不太聰明，將她的頭腦比喻為蜻蜓，但即便如此，他仍決定非成功追到她不可。

波娃離開的那天，沙特寫著他不喜歡跟她說再見。他能想像她站在灰濛濛的山頂上——「若非妳對跋山涉水有著怪異的狂熱，現在妳仍會在我身旁，臉上帶著妳的小小微笑。」[46]（字面上看來，沙特的語氣可能有些居高臨下，但其實波娃也喜歡用「小」字來形容沙特。）波娃到達安錫（Annecy）時，博斯特在車站等她；「他曬得很黑、穿著黃色套頭毛衣，樣子非常好看」。[47] 博斯特也熱愛健行，但即便是他也對於波娃預計徒步走完的距離感到有些吃不消。他們整個白天都在走路，入夜後則停下來享用豐盛的晚餐與當地的紅酒。他們根據天氣決定要睡帳棚或是睡旅社。旅程的第五天晚上，天空開始下起雨來，於是他們睡在蒂涅（Tignes）當地的一間穀倉裡。幾天後波娃寫信給沙特，詳述了那晚的事：

當然是我主動的〔……〕我們雙方都想要〔……〕最終我看著他，傻氣地笑了。他說：「你在笑什麼？」我說：「我在想如果我建議你跟我上床，你會有什麼表情。」他說：「我以為你在想，我一定想吻你但又不敢。」之後我們又不知所措了十五分鐘，他才下定決心吻我。我告訴他我一向對他懷抱著溫柔的感情時，他大吃了一驚。昨晚他告訴我，他愛上我已有好長一段時間。[48]

那個週末，波娃跟沙特在馬賽會合，前往丹吉爾（Tangier）。沙特問她是否想過這段戀情如果繼續下去，會讓她的生活變得多複雜？他倆都心知肚明奧爾嘉會反對她跟博斯特上床。波娃跟奧爾嘉是親密好友——她不覺得自己這樣「很卑鄙」嗎？

波娃不這麼覺得，奧爾嘉自己也不是什麼守身如玉的人。博斯特想要她，她也想要博斯特——目前來說，她試著不讓自己感到後悔。她在一九三八年七月離開去找沙特後，博斯特繼續在阿爾卑斯山區旅行。但沒有波娃在身邊，風景變得索然無味。他寫著，自己一天有三次會強烈地想要見她，而他的頭腦裡不間斷地播放著他們共度的最後五天。[49]他給她的信也滿懷著溫柔期盼[50]：「我是如此強烈地（formidablement）愛著妳，希望妳知道並深深體會到，希望這能令妳快樂。我好喜歡寫信給妳，在寫信時能想像妳的臉，也想像得到自己在寫信的此刻肯定笑得跟白痴一樣。」[51]

博斯特的文筆不若沙特或艾格林*，但波娃給他的回信揭露了她熱情洋溢的一面，這個面向的波娃從未在沙特處得到回應。波娃覺得不用隱藏自己想要與博斯特有肢體接觸的渴望，她在信裡說她想親吻他的臉頰、他的

賈克羅衡·博斯特的畫，畫中的西蒙·德·波娃正領著他走上絕路，一九三八年。

睫毛、他乾裂的雙唇。[52]她跟沙特在摩洛哥遊遍了丹吉爾、卡薩布蘭加（Casablanca）、馬拉喀什（Marrakech）、菲斯（Fez）、埃拉契迪亞（Ksar es Souk）、梅克內斯（Meknès），但她在收音機傳出情歌時卻只能強忍住因博斯特而起的淚水。八月二十二日睡前，她從埃拉契迪亞寫信給博斯特：「我亟需要見你，吾愛、吾愛，多希望有你在我身邊。」[53]

博斯特在進入這段關係的時候，對於事態很清楚：他仍在追求奧爾嘉（後來他倆會結婚）；除了沙特之外（他很喜歡沙特，偶爾會在寫給波娃的信後加上幾句對沙特說的玩笑話），他也知道波娃與碧昂卡的戀情。有時波娃出門旅遊，必須靠信件與沙特聯絡；這時她會請博斯特寫信給沙特，安排沙特與她的下次會面。[54]

波娃在回憶錄中刻意改寫博斯特的事，藏起自己對他的愛，並輕描淡寫地帶過自己對於博斯特的感激與敬重。西爾維．勒．龐．波娃說，消失的博斯特是波娃隱而未提的事情中最重大的一件（雖然，後來還會出現其他事件角逐此寶座）。從一九三六年到一九八六年波娃逝世為止，博斯特都是波娃忠實而親近的朋友，也有好長一段歲月，他對她的意義遠不止如此。[55]但是，兩人決定不讓奧爾嘉知道此事，所以一直保密到奧爾嘉於一九八三年過世的那

---

* 譯註：波娃的美國戀人，詳見後文。

天。

波娃一九三九年的日記便已顯示她的良心對此事有些不安，而她在日記中所記下的心情也相當沉重，不像她在寫信給沙特時表現得那樣輕鬆。有一次，她跟奧爾嘉說完話（那時她與博斯特私下來往已有一年），隨後寫信給沙特說：「針對奧爾嘉，我並未感到任何後悔之意，但我確實有種虛偽欺詐之感。」[56]一九三八年八月底，她跟博斯特安排著下次見面的地點——她想與他一起度過完整的一天一夜。但他們該在利哈佛碰面嗎？他的家人都住在此地。或許盧昂會比較適合？波娃說巴黎很好，但她很怕他們碰上奧爾嘉。

在一九三八年時，此事已令波娃感到十分焦慮。九月裡，她決定與奧爾嘉一起出遊十天，但從奧爾嘉的視角看到的博斯特令她極度不安；她想像著他們在一起的樣子，更是心煩意亂。

我知道你不會忘記我，但我覺得自己與你遠遠分離，我的愛人。有些時候我沒能調適得那麼好〔……〕快寫信給我，要快，寫長長的信告訴我，我們能再次獨處，共度漫漫長日，像在安錫時那樣快樂。告訴我，你對我的愛堅強無比，吾愛——因為我深愛著你。[57]

博斯特的信以清楚的語言使她心安。他在想到奧爾嘉時也會感到消沉，但他告訴波娃，這樣的消沉沒有持續太久，因為「我實在太愛妳了」。他們在成為戀人之前就已是朋友，而他認為兩人的愛情建構在這份堅實的基礎上，因此不致輕易分離。[58] 博斯特的愛很美好，可是波娃感到待在奧爾嘉身旁的時刻很難捱——奧爾嘉每天都寫信給博斯特，也常提到他。波娃一開始忍著不寫信，但後來無法抗拒寫字的衝動，遂在奧爾嘉不在的安靜時刻提起筆來。她因想到博斯特而失眠，她想像著下次重逢的時刻，眼中滿盈淚水。[59]

兩人在一九三八年九月二十六日見了面，當前的情勢使他們只得留在巴黎。二十八號時，戰爭看來無可避免；但三十號簽訂的慕尼黑協定似乎暫時保住了現有的和平。整整一個月，波娃與博斯特在巴黎享受著正常人的生活，天天和對方見面。但是十一月三日，博斯特就必須收假歸隊，回到他位於亞眠（Amiens）的基地。兵役為期兩年，不過博斯特會在十個月後受到徵召而踏上戰場。

波娃隱瞞了自己與博斯特、奧爾嘉與碧昂卡的戀情，這些事不只揭露了她在沙特身上無法獲得性的滿足，也透露了一件令人不安的事——她樂意欺騙別人，尤其是女人。她跟博斯特的事顯示，她曾與人合謀欺瞞她稱之為朋友的一位女性，時間竟長達一生之久。在一九四八年的一封信中，波娃試圖合理化自己的行為，說奧爾嘉是「那種對每個人都要得太多的女孩。她對所有人都說謊，所以大家也只得騙著她」。[60]

無論奧爾嘉為人如何，波娃的行為無疑都是欺騙。在許多層面上、對許多讀者而言，這樣的行為都非常有問題。波娃愛上博斯特並瞞著奧爾嘉的同時，她也還在跟碧昂卡上床。一九三八年夏天，當波娃人在摩洛哥而博斯特在法國時，她寫信跟他說，碧昂卡的母親讀了她寄給碧昂卡的一封情話纏綿的信，引發了軒然大波。她還不確定事態會如何發展。[61]碧昂卡的母親指控她是個「道德觀念有問題的老小姐」。[62]可是這並沒有使她倆的戀情告終——那年十一月，碧昂卡告訴西蒙，她再也不會像愛她那樣愛上任何人了。[63]碧昂卡十八歲了，開始在索邦讀哲學，她們兩人一週見上好幾次面。不過，波娃對於自己的事說得很少，對博斯特的事更是隻字未提。[64]

那年聖誕，波娃介紹碧昂卡與沙特認識。兩人到梅傑夫（Mégève）滑雪，而碧昂卡剛好也待在阿爾布瓦山區（Mont d'Arbois），所以他們三個結伴滑雪，一邊滑下雪坡、一邊談論哲學。一九三九年一月回到巴黎後，沙特就把注意力轉向碧昂卡。碧昂卡感到受寵若驚——她在索邦有許多好朋友曾是沙特的學生，他們都很尊敬沙特，連西蒙都很尊敬他。而且，最近出版的《牆》極受好評，評論都說沙特既聰明又具獨創性——碧昂卡感到一股崇拜之情淹沒了自己。

碧昂卡在自己的回憶錄中提到：「就像服務生扮演著服務生的角色，沙特也扮演著戀愛中的男人的角色，演技無懈可擊。」[65]他的相貌醜陋，但他的言辭極其華美，令她對自己的厭惡視而不見。他問她是否有可能愛他？碧昂卡說是有可能的——但波娃怎麼辦？她非常在乎她，不願意傷害她。沙特說，海狸不會介意的。沙特跟碧昂卡討論，要讓他倆的關係變得真正親密圓滿，並且選好了日子。這是碧昂卡第一次跟男人發生關係，她很期待。可是在他們兩人走向米斯特拉爾飯店的路上，她的內心暗自感到顫慄——沙特跟她說，房務人員可是會大吃一驚的，因為他前一晚才跟另一個處女上床。

沙特的言行同樣令人極為不安——而且並不止於碧昂卡的事。他開始發展自己的三角戀，同時追求汪妲並與碧昂卡上床；而他、碧昂卡與波娃之間的關係開始令波娃感到困擾。波娃在寫給博斯特的信中說，他們三人在咖啡館的對話變得相當尷尬，不同的情人都在場時，碧昂卡會變得不知所措。「她沒意識到戀人間柔情流瀉的時刻僅限於兩人之間，三人時則行不通；她會牽起並捏捏我們兩人的手，放下後又再牽起，試著公平地把自己分給我們兩個。」[66]最後，碧昂卡告訴波娃，她覺得自己愛沙特，但沒有任何激情的感覺。不知道波娃是否願意向沙特解釋這件事呢？

另一方面，博斯特得巧妙地將自己平均分配給奧爾嘉與波娃。波娃的信裡寫滿了不耐煩；她想見他，想再次擁他入懷——他放假時她不能到車站接他、不能與他共享初抵巴黎的那些時刻，這實在太痛苦了。也正是因為這樣，博斯特並不總是把自己的計畫全盤告訴波娃。

波娃仍然喜歡與奧爾嘉相處，但她對於這對姊妹在她與沙特的人生中所扮演的角色感到愈來愈不自在。許多人將她的不自在解釋為嫉妒或怨恨奧爾嘉姊妹在沙特生命中的地位——她確實相當維護沙特與自己相處的時間，可是她也很氣沙特把事情變得這麼複雜。那時，沙特已開始資助汪妲，讓她搬來巴黎、上繪畫課，並共用艾蓮娜的工作室。汪妲對波娃起了疑心，她直接質問沙特他們之間是什麼關係？沙特說，波娃和他只是朋友。

一九三九年五月，波娃感到整件事變得「很骯髒」。她欺騙奧爾嘉，而汪妲痛恨她；她寫信給博斯特說，這些事令她憤怒到發抖——她不認為這是誰的錯，但如果沙特沒有對汪妲說謊，事情會變得容易點。而且，她並不享受被奧爾嘉姊妹凝視的目光刺穿的感覺。但即便如此，她仍表示此事指出了一個有趣的哲學問題——他人的經驗是否跟自己的經驗一樣真實？[67]她跟博斯特說，這個問題她已思考了一陣子，因為這是她的小說的主題。每次聽奧爾嘉提起博斯特，波娃都會想到博斯特在奧爾嘉的腦海中與她毫無關聯，此事令她感到困擾。

博斯特在回信中指責她——他無法接受波娃「竟然會抗議別人有可能評斷或談論妳與沙

特、還有談論妳與我、汪妲和〔奧爾嘉〕。我認為，妳在評論者的眼中必定相當可疑而極不老實，而妳的確也是如此；在所有意義上，人們確實都被欺騙了。」他不想再在信中討論這件事，但他警告她，就算她開始刻薄待人——她確實有些刻薄，而她平時也常這樣，次數頻繁到以此聞名——他也不會對她讓步。他直截了當地說，當他們立場一致的時候，她向來是很可愛的；但這次他對她難以苟同。[68]

波娃不想吵架。她回信說，她認為他的評斷公正無誤，而且也對她很誠實。不過一個星期後，博斯特又因著她對待別人的方式而譴責了她，這次的對象是碧昂卡。沙特對於碧昂卡的慾望高漲，這使得波娃對她的慾望日漸消退；不過，她還是繼續與碧昂卡上床。她們兩人共度了一個下午，在穹頂配著香檳共進午餐，接著到花神喝咖啡，最後回到西蒙的旅館房間裡。她寫著：「我想，到頭來我仍舊不是同性戀，因為在情慾上我幾乎毫無感覺，不過此事仍然愉快，而且我很喜歡在晴朗的午後待在床上。」[69]

讀到這句話，博斯特整個人跳了起來，他覺得「愉快」二字「相當下流」。他說，這讓他覺得很怪，不只因為波娃在提到碧昂卡時並不把她當一回事，也不只因為她將她當作物品看待——雖然這兩件事他都有注意到——而是**愉快**這個詞，那令他感到難堪。[70] 博斯特對奧爾嘉滿懷歉疚，而波娃在那封提及「愉快」的信中也承認她有些自責——但並沒有後悔。博斯特說，奧爾嘉真誠待他，他卻沒有以相同的真誠對待奧爾嘉。

波娃讀及此處，只感到一陣長長的麻木。她勉強打起精神，因為她跟奧爾嘉約好晚上一起出門。但回到家後，波娃就無法抑制地哭了起來。回信給博斯特的時候她說，他的信引發了一種「病態的」焦慮，早晨她睜開眼睛，迎接她的是病懨懨的絕望感。她跟她的母親共進午餐的時候，必須強壓下不斷湧起的淚水。

所以，她決定把她這邊的情形向博斯特說明清楚：「我只擁有過一**種**情慾，就是與你在一起時感受到的那種。」她不希望他只是她生命中的一段插曲，她希望他能參與她人生中的每個時刻。碧昂卡對她沒有這樣的意義，而在情慾上，沙特對她也沒有這樣的意義。她解釋道：「我跟沙特也有親密關係，但——我不知該如何解釋，不過我沒有那麼投入，因為他自己也沒有非常投入。」[71]此時的波娃已數次向沙特解釋過此事，現在她也向博斯特說明，因為她希望他知道自己對這段戀情有多認真——他**是**她此生的摯愛。

博斯特的回信已亡佚於時光之中，但他與波娃的戀情在此之後並未中斷。

那年夏天，波娃前往汝拉（Jura）健行、造訪了日內瓦，也徒步走遍了普羅旺斯的廣闊大地。七月，法國政府通過了鼓勵生育的家庭法（Code de la famille），希望全職母親能多生孩子，並禁止商店販售避孕藥。根據一八〇四年設立的拿破崙法典，男性（此指丈夫與父親）有監管女性的權力。這部民法直到一九六〇年代仍具效力，屆時，波娃將會成為促使此法走入歷史的女性之一。

八月裡，博斯特有段長假，因此他、波娃與沙特在馬賽碰面，待在一位朋友位於朱安雷賓（Juan-les-Pins）的別墅裡，就在昂蒂布（Antibes）附近。博斯特認為戰爭勢在必行，但沙特屬於最後一批堅持不會開打的人。

博斯特跟奧爾嘉之間的發展很不錯。奧爾嘉在波娃的建議之下參加了查爾斯·杜蘭的演員工作坊，變得更有自信了；同時，她對博斯特的感情也變得更加堅定。博斯特寫道，事情現在變得有點認真，如果她發現他們的事就不妙了——波娃能不能把他寫給她的信燒掉呢？他自己也考慮這麼做（後來，他們誰也沒燒對方的信）。博斯特離開朱安雷賓後，波娃又掉了眼淚——戰爭就在眼前，她可能會失去博斯特與沙特。不過無論是否開戰，她跟碧昂卡及奧爾嘉姊妹之間反正已經沒有什麼和平可言了。三〇年代末是波娃一生中最消沉的時刻之一——戰事即將爆發，而她深陷於自己與沙特、奧爾嘉、碧昂卡與博斯特間的關係之中。[72]

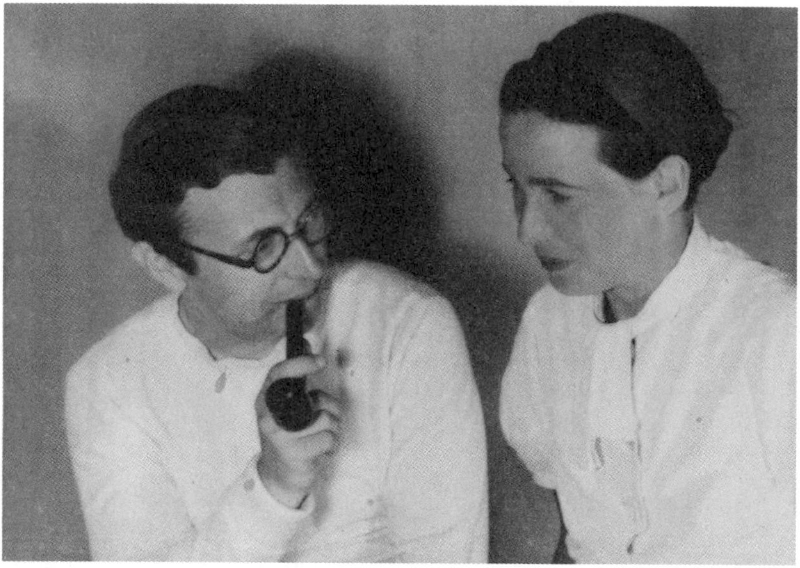

一九三九年八月，波娃與沙特在朱安雷賓。

八　裡外皆戰場

一九三九年八月三十一日，博斯特被徵召了。九月一日，德軍入侵波蘭。動員的文宣鋪滿巴黎街頭，對象是十八到四十歲之間的健康男性，所以沙特回到飯店打包行李。他寫下給碧昂卡與汪妲的訣別信，但與波娃共度他的最後一晚——他們吃了晚餐，並在鬧鐘於凌晨三點響起前想辦法睡一下。她陪他走到圓頂喝咖啡，然後前往巴黎東站。沙特告訴波娃，他在南錫（Nancy）不會有危險。他服役的單位是氣象站，所以他們可以通信，就像是他在外地的那些日子一樣——可以麻煩她寄幾本書給他嗎？他們互相擁抱然後分別，沙特離去的背影在波娃婆娑的淚眼中糊成一片。

九月二日，波娃感到自己幾近「崩潰」——原因之一是她無法停止擔心博斯特會死掉。賈克羅衡．博斯特入伍時帶著戰間期典型的左派思維：深深影響著他這代年輕人的思想家都是曾見識過一戰的人物，他們全都無條件推崇反戰主義——阿蘭、紀沃諾（Giono）[*]、羅曼・羅蘭（Romain Rolland）[†]、紀德。在軍中，博斯特本有機會快速晉升為領導階層，但他對於此類自以為是、自我表彰的行為不甚熱衷。博斯特認為，若不加入前線炮灰的行列，就是有違自己的信念。波娃又重拾寫日記的習慣，一部分是為了記錄現實、一部分則是為了逃避現實——「人在提筆寫字時，不會陷入沉思。」[1]

一九三九年九月三日，英法對德宣戰。一九三六年時，波娃的妹妹艾蓮娜認識了李歐納・汝列，他是沙特在利哈佛的學生。李歐納曾聽說過那位「聰明得嚇人的女哲學家」[2]，但令他傾心的人是艾蓮娜——一九三八年時，兩人已愛上對方，成為「小家族」（沙特和波娃已開始以此稱呼他們的小團體）裡最穩定的一對戀人。宣布開戰的那天，西蒙表示願意資助艾蓮娜前往葡萄牙與李歐納相聚；她感激地接受了，隨後便動身前往葡萄牙。

戰爭拉開序幕與親友離開身邊徹底打亂了西蒙內心的平靜。在戰前，她已十分混亂憂鬱，現在更是深陷黑暗泥沼之中。九月四日，她發現日子有新的規律：白天還過得去，但一入夜她就開始變得神經衰弱。五日，她已經歷了數次「嚴重的恐慌發作」。她的睡眠被空襲警報切割得支離破碎。有次，她在爆炸與警報聲中驚醒，在黑暗中掙扎著穿上衣服、跑出屋外。等到再度回到床上後，她決定還是穿著衣服睡覺比較輕鬆。[3]

接下來這段日子裡，巴黎成了一個截然不同的城市——男人入伍、平民逃離，她的學生則帶了防毒面具到學校。開戰後的頭八個月是假戰（Phony War）期間，那稱不上是戰爭，但也絕非和平。每一天，波娃的日記都透露著她對於博斯特或沙特可能戰死的絕望心慌。隨著時間過去，她心中懷抱的希望彷彿逐漸流失乾涸；而她手邊的書也幫不上什麼忙。她想瞭解戰時的日子，因此讀了阿蘭與紀德。但在讀紀德一九一四年的日誌時，她不得不跳過許多頁——閱讀他在壕溝裡的見聞是「不必要的折磨」。[4]

不過，信件開始陸續抵達，波娃的內心也逐漸恢復希望——在得到博斯特或沙特的消息的那些日子裡，她感到開心、甚至是快樂，但隨之而來的則是罪惡感。（畢竟紀德曾說：「如果你自己和你的家人都很安全，那麼要笑是很容易的，且幾乎是有點失禮了。」[5]）回憶起這段日子，沙特和波娃都聲稱是二戰令他們意識到歷史的力量；兩人說，歷經戰事之後，他們便無法繼續維持先前的政治冷感與旁觀者心態了。不過，個人生活的重大改革也並未在一夕之間發生。九月十四日，奧爾嘉告訴波娃，如果博斯特死了，那會是件悲慘的事沒錯，但在「內心深處」她並不會受到影響。波娃說，「這件事讓我更加下定決心，絕不因著

---

* 譯註：尚・紀沃諾（1895-1970），法國作家，著有《種樹的男人》、《屋頂上的騎兵》等。

† 譯註：羅曼・羅蘭（1866-1944），法國作家、音樂評論家。曾獲諾貝爾文學獎。

奧爾嘉的緣故而放棄博斯特。」在搬家的時候，奧爾嘉甚至並不交待把信件轉寄至新地址，這代表她會有好幾個禮拜收不到博斯特的消息——波娃無法理解她的冷漠。[6]

另一方面，波娃倒是希望碧昂卡能對自己冷漠一點。畢南菲一家已逃離巴黎，波娃在九月十六日收到碧昂卡的信，責怪波娃為何沒去探望她。兩人的關係開始變得有些緊張——沙特從軍去了，於是碧昂卡希望能占據波娃生活中更為核心的位置，但波娃覺得碧昂卡愈來愈自以為是、充滿控制欲。身在巴黎的她才剛要重新找回孤身一人所帶來的快樂，但碧昂卡不尊重她的自由空間，這令她很不高興。[7]

但即便如此，在九月二十日時她仍到坎佩爾（Quimper）去探望碧昂卡了。她抵達的時候，碧昂卡在月台上等她，她的雙眼噙滿淚水。她們一起去喝咖啡，碧昂卡告訴波娃，她的母親對於她來坎佩爾找她感到很生氣——母親偷了一封她的信，威脅要寄去教育部。（「我一個字都不相信，也沒費心為此事可能的後果做出準備」，波娃在日記裡這麼說。[8]）那兩天，她們一起散了長長的步。之後，她們互相「擁抱」；但那對波娃而言不是種享受，她有種「阻塞窒礙」之感。[9]

除了開始理解自身是歷史的一部分之外，孤身在外的沙特也開始理解波娃對他有多重要。他在信中告訴波娃，有一件事無論如何是不會變的：「無論我將成為什麼樣的人，我都是在你的陪伴中成為自己。」他感謝戰爭令他看見他們兩人是一體的。

吾愛，妳不只是「我生命中遇見的人」——甚至也不只是我生命中最重要的人——因為我的生命不再屬於我、因為我心中甚至沒有遺憾，因為，妳一直都是我自己。妳對我的意義更為重大，是妳讓我得以看見未來，並實現人生的可能性。我們從未像此刻一樣，如此合而為一。[10]

我們如今已經知道，沙特可以同時對著數名女性大讚她們的獨特與無可取代，因此我們很難把他信裡的深情誓言當真。不過，連在他的日記裡，波娃也具有特殊地位。十月十四日是他們兩人訂下跨階級婚約的十週年紀念日，這令沙特開始思索他究竟虧欠波娃多少——沒有波娃，他的人生就像是荒蕪沙漠。他已三天沒有收到她的來信，這令他理解到他面對自身處境的勇氣是「來自於確定海狸會瞭解、支持、認可」。他說，若非有她，「一切都會分崩離析」。[11]

他們不知道何時才能再見到彼此，他甚至不被允許告知她自己身在何處。服役時，他仍領有中學教師的薪水，所以才有辦法讓奧爾嘉和汪妲留在巴黎，也不必去找工作。男人們不在巴黎，波娃跟「柯家姊妹」（沙特如此稱呼她們）相處的時間也變長了——她們一起搬到一間新的飯店，瓦萬街（Rue Vavin）上的丹麥飯店（Hotel du Danemark）。但波娃壓抑著內心的忿恨——她一路辛苦工作，才得以養活自己；而她與沙特供養著的這對姊妹（汪妲和艾蓮娜共用的畫室是波娃付的租金）在她們所謂追求夢想的路上卻沒什麼進展可言。

奧爾嘉與汪妲公開地寫信給博斯特與沙特，視兩人為她們的男人；而波娃也在暗中寫信給博斯特與沙特，把兩人當作是她自己的。有次她跟奧爾嘉在一起時，看見博斯特新寄來的信好厚——那封信比寫給她的還要厚，裡面寫著的話語是否也更溫柔？嫉妒與罪惡感來襲的次數愈來愈頻繁了。有天晚上，波娃夢見奧爾嘉要求看她正寫給博斯特的一封信，她滿身冷汗地醒來。[12]兩週後，波娃才剛讀完博斯特寄來的信，奧爾嘉接著便走進房間。奧爾嘉不知道她在讀什麼，但波娃有種「很不愉快的感覺」——她試著「抵抗」這種感覺，但她心知博斯特愛著奧爾嘉，她不過是在給自己找藉口而已。「或許仍有這樣的可能，就是他愛著她，同時我也仍愛著他，但我是太憂鬱了，無法為此努力。」她極為不快樂，她希望沙特在她身邊，替她釐清事態。[13]幾週以來，她持續在低迷與混亂之中向下沉落：「戰亂再次在我裡面、我身邊蔓延開來，那是我不知該在何處卸下的痛苦重擔。」[14]

她試著以其他戀情轉移注意力，以逃避這股空虛之感，卻似乎只在空虛之中陷得更深。

另一位她曾教過的學生娜塔莉・索洛金（Nathalie Sorokine）也想跟她上床，但她不確定這是否是個好主意：「我不知道該怎麼做，此事令我焦慮不安。」[15]她與碧昂卡的事也變得很糟——碧昂卡開始寫信要波娃「叫其他人打包回家」，這樣的占有欲令波娃感到窒息，也覺得此言自視甚高、令人反感。[16]她與沙特、博斯特及奧爾嘉的戀情滿載著她過往數年的回憶，她並不打算就這樣轉身離開。唯一看似順利的事情是她的小說——她得用盡全力才能騰出寫作的時間，但她的故事確實開始有模有樣了。

十月底，沙特寫信給波娃，以密語將他的所在地告訴她。[17]為了見他，波娃可說是不顧一切；她裝病取得醫生證明，以便拿到旅遊許可證。十月三十日深夜，她抵達目的地。隔天早上，她現身在他吃早餐的小酒館裡，讓他知道她來了。他穿著軍服，不能被人看見與她走在一起，所以波娃帶他回她的旅館房間。她的旅遊許可證效力只有二十四小時——不知道有沒有可能延長效期？

結果她一直待到了十一月五日。他們談論哲學，聊了兩人一團混亂的感情生活，還有他們的小說。她讀了沙特正在寫的《理性時代》（*The Age of Reason*），沙特則讀了她在寫的《女賓》。波娃說，他書裡的女主角瑪賽兒（Marcelle）需要重寫。她幾乎要忘了「跟人談話、重新找回智性生活」的感覺有多好。[18]當然，她仍然繼續教課與閱讀，但即便讀的是胡塞爾、海德格、紀德、賽珍珠（Pearl S. Buck）*、莎士比亞、果戈里、毛姆、傑克・倫敦（Jack London）†、笛福（Defoe）‡、阿嘉莎・克莉絲蒂、柯南道爾或杜斯妥也夫斯基——都無法與人與人之間的深刻對話相提並論。

波娃得與旁人共享沙特與博斯特自軍中休假的時光，此事令她很不開心——她不想要撿奧爾嘉姊妹剩下的碎屑，而且現在連碧昂卡也想來分享她與沙特共度的時間。沙特安慰著她——確實，他對汪妲滿懷柔情，但二十二歲的汪妲既幼稚又浮躁；他真的不認為他們的戀情能夠維持到戰爭結束。也確實，他還在寫信給碧昂卡——內容常一字不差地抄自他寫給汪妲的信——但他對她漸漸沒興趣了。波娃在沙特駐紮的地方待了四天，沙特與她共度了其中兩個（異常激情的）夜晚。兩人之間的性生活在一九三九年分隔兩地後短暫地變得熱烈，但之後又整個冷淡下來。[19]

波娃告訴沙特，博斯特愛著奧爾嘉一事仍使她感到沮喪，尤其是在現在——她不想與奧爾嘉共享放假歸來的博斯特。沙特提醒她，是她自己選擇了一個愛著奧爾嘉的男人；而且如果沒有奧爾嘉，他倆的戀情不會穩定。若她期待博斯特只對她忠誠，自己卻無意保持專一，那會很不公平。

逐漸地，波娃開始意識到她並未成為自己期望成為的那個女人。她寫道：「過去，我試著相信我就是我想成為的那個人。」然而她說，那一年博斯特讓她理解到「是偶然性的存在，使生命得以擁有激情」。她在日記裡寫道，發現自己的這個面向是件有趣的事：「這是認識自我的一步，也開始令我感到有點興趣。我想，自我的明確輪廓正開始浮現〔……〕我感覺自己是個成熟的女性，而我很想知道這位成熟女性會展現何種風貌。」[20]她現在是個成功的老師了——那年十月，她得到了學校的表揚；許多學生都寫卡片給她，或是請她去咖啡廳喝咖啡以表謝意。[21]可是，這樣就夠了嗎？

幾天後，波娃由沙特的營地返家，而碧昂卡則來到巴黎找她。波娃不是太高興——碧昂卡最近的來信內容都「相當狂熱」，令她有些擔心，因為自己對她的感覺已冷淡下來。她忍受著沙特與碧昂卡的戀情中的「虛假成分」，並在想及自己與她之間的親密行為時「感到一陣畏縮」。不過，她還是跟碧昂卡上床了。之後，波娃在日記中寫著她在碧昂卡身上得到的肉體歡愉是「墮落的」——她知道自己「利用」了碧昂卡的身體，而她自己得到的感官享受

＊ 譯註：賽珍珠（1892-1973），美國旅華作家，曾獲得諾貝爾文學獎，也是第一位獲得普立茲獎和諾貝爾獎的女作家。
† 譯註：傑克．倫敦（1876-1916），美國著名現實主義作家。
‡ 譯註：丹尼爾．笛福（1660-1731），英國小說家、新聞記者、政治間諜。著作有《魯賓遜漂流記》等。

則「毫無柔情可言」。整件事很「粗魯」，而她未曾有過這種感覺。她寫道：「整件事令人作嘔，像是品質不佳的**鵝肝醬**。」[22]

波娃過世後，她的信件及《戰時日記》於法國出版，裡頭像這樣的段落使得巴黎的媒體說她大男人主義且心胸狹窄（machiste et mesquine）。[23]這也不是第一次有人指控西蒙・德・波娃思考方式「像個男人」了；但法國媒體看見波娃以如此沙文而冷酷的語氣說話，確實大吃一驚。更令人不安的是，在她感受到整件事有多「粗魯」及「令人作嘔」之後，她竟然沒對整件事喊停。

隔天，碧昂卡指責了波娃寄錢給妹妹艾蓮娜一事——她的理由是，如果波娃沒有這樣做，就能出錢讓她更常過來巴黎。而且，如果波娃停止教書，她就有更多時間跟她見面了。這已經遠不只是惱人而已；波娃跟碧昂卡說，她覺得自己快窒息了。碧昂卡則告訴她，她最近在想，要主動獻身給一些即將入伍的朋友，這樣他們就不會在踏上戰場時仍是處男之身。[24]

到了第三天，碧昂卡的來訪已成為沉重的負擔——波娃逐漸理解到碧昂卡與她幻想的剛好相反，她對愛情的理解與她大不相同。碧昂卡視愛情為「共生關係」，她沒有理解到人有可能自獨處或工作中獲得真實的快樂。在某一個時間點，碧昂卡崩潰並痛哭了起來，她因著波娃愛沙特多過愛她而沮喪不已。而波娃大驚失色：「我從不曾告訴她自己愛她勝過愛沙特，我很不喜歡她如此輕易就為自己創造出這些幻象。」[25]

她試著鼓勵碧昂卡以「自己為生命的中心去想像人生」，而不是把波娃或沙特放在中心。「她必須成為一個與她的自我有所聯繫的人」，波娃在日記裡這麼寫著，但她也清楚看見此事對於碧昂卡來說很困難。碧昂卡離開後，波娃立刻因著自己心中的「後悔與情感」而感到「坐立難安」。她批評自己的行為「十分可恥」。[26]

進入十一月，她與奧爾嘉之間的虛假謊言仍深深困擾著波娃。但奧爾嘉旋即告訴波娃，她已不再寫信給博斯特，而且她覺得自己有可能不會再提筆寫信給他。「我並沒有整天都想著博斯特」，奧爾嘉說。此外，如果你每幾個月才能見到對方幾天，那這段關係又能多有意義呢？戰爭開打才幾個月而已，奧爾嘉就已經在說，事情還是一拍兩散的好。波娃試著幫博斯特說話——他不想跟奧爾嘉分手的，他會想要奧爾嘉寫信給他。

波娃完全無法理解奧爾嘉。如果她愛博斯特，為什麼不跟他分享自己的生活呢？博斯特人在戰場上，幾句溫暖的話語就能帶給他極大的快樂；為何奧爾嘉竟視寫信為一種付出而非一項福利呢？對波娃來說，寫信和收信就像是救生索。她想分享博斯特的生活，還有沙特的生活——後者讓她意識到，「智性生活對我們兩人來說都是不可或缺的，其存在讓所有事情都變得容易許多。」[27]

一九三九年的最後幾個月裡，波娃發現即使沙特不在巴黎，她仍能擁有智性生活。她的朋友柯列特・歐翠邀她與哲學家尚・瓦爾（Jean Wahl）共進晚餐，一開始她不確定是否該赴約——每次只要她更動當週固定行程，奧爾嘉及其他人都會生氣不已。不過她還是決定去了，她需要見見人們、與人真正地交談。要赴晚餐之約那天她有種預感，她的小說《女賓》一定會出版——「我有種會被人們認真看待的感覺」。晚餐時，她對自己流利的談話能力感到訝異。她在日記中寫道，這感覺就像是十二年前在索邦讀書時那樣。那為什麼她總是覺得其他人都比她值得被「認真」看待呢？她思索著。[28]

她愈來愈覺得需要好好研究自己。她的一位朋友瑪莉・韋勒（Marie Ville）告訴她，她受到了沙特的壓迫。（「不好笑，」波娃說。）不過，她確實開始在沙特的哲學中看見她不同意的地方——她同意他對於意志的理念，「但我不知道他要怎麼為道德觀的部分填上內容。」[29]

史黛法也問了波娃一些試探性的問題。碧昂卡於十一月造訪巴黎後，她問波娃：妳是女同志嗎？波娃對於自身的異性戀認同從未表示懷疑，但她時常吸引到女性，特別是她學校裡的年輕女孩。她在寫給沙特的信中也說，事實是她自己「對於這種類型的關係具有某種胃口」。[30]她享受女性之間的性愛，但她似乎也暗示了，這樣的性愛對她來說不是第一選擇。她在一九三九年聖誕時仍與碧昂卡在一起——她在十二月中搬回巴黎了；不過，還有另一位年輕女子希望獲得她的關注——娜塔莉．索洛金是波娃畢業班上的學生，她對波娃著迷不已。

娜塔莉的父母原是俄國人，他們在革命的動亂期間逃離本國，現在沒有任何國籍身分。這名女孩身材高眺、性格剛烈、十分聰明。會考時，她的哲學考得很好——波娃喜歡跟她談論康德與笛卡兒。娜塔莉想繼續攻讀哲學，但她的母親與父親離婚了，無法為她付索邦的學費。她母親要她去找份工作、別唸書了，但波娃提議幫她出學費，所以娜塔莉在一九三九年註冊入學。

娜塔莉生於一九二一年，與碧昂卡同年；從十月開始，她就不斷試圖與波娃在肢體關係上更進一步。她嫉妒著沙特、博斯特、奧爾嘉與碧昂卡，覺得自己是「第五順位」。她是個混亂迷惑的年輕女孩，會偷別人的腳踏車，也會從百貨公司偷整組的筆。她把這些筆拿到學校裡賣，以便籌錢買她需要的東西。她跟波娃說，她爸媽說她是「寄生蟲」，如果他們在她身上找到錢，會毫不猶豫地自己拿走。十二月，波娃跟娜塔莉說她們無法上床，那樣不行。但是在一九三九年十二月十四日，娜塔莉又試著隔著衣服撫摸波娃，而非好好研讀康德。那天晚上，波娃寫信給沙特說：「我毫無辦法，她就是想跟我上床。」[31]她在日記裡寫著她不想這麼做，「但那卻是她真正想要的——整個事態令人厭惡且毫無希望。」[32]

一週後，波娃在寫給沙特的信中說，娜塔莉對她說她愛她，而且試著親吻她，彷彿這是段正當的戀情。波娃寫著，「如果我是自由之身」，會毫不猶豫地投身於這段愛情故事中。但整件事讓她感到奇怪，她被兩位女性——碧昂卡與娜塔莉——以「如此女性化且非柏拉圖式的方式」熱烈地愛著。[33]在此，我們並不清楚為何波娃突然認為自己「並非自由之身」：與男性交往時，她很顯然並非一夫一妻制的信徒，為什麼與女性交往時，她的標準卻不同了？她也不太可能是在法律上感到自己「不自由」：一九四二年時，同性之間的最低合法性行為年齡會被提高至二十一歲（而異性間的最低合法性行為年齡仍維持在十三歲），不過在一九三九年時，波娃所有的戀情都是雙方合意的，也都並未違反法律。

她之所以感到不自在，是不是因為那個月沙特曾寫信告訴她，他打算與碧昂卡分手？波娃不認為與她分手會像沙特想像中的那麼容易，她再也無法逃避正視碧昂卡「被利用得有多徹底」（這是波娃的原話）。[34]

那年，波娃獨自到梅傑夫過聖誕，她認真寫作並且對成果滿意不已。她充滿靈感、十分專注，同時也開始感到這本小說就要進入尾聲了，可以接著思考往後想寫的東西。她想寫出

「有關一段完整人生的小說」。[35] 她仔細閱讀自己的和沙特的手稿，並作出評論。沙特正在書寫自由的概念，並把一些未完成的段落寄給了波娃。她回信稱讚他，將他的思想比擬為柏格森與康德。但她也告訴他，如果沒有看到完整的論證，她無法作出批評。她說，如果要她現在提出質疑，她會問的是：人在認識到自身的自由後，又該做些什麼？[36]

自少女時期讀了柏格森、傅耶、拉紐及其他哲學家開始，波娃就對於探討自由的哲學很有興趣。自由是她那屆國考的重要主題之一，她和沙特也因此花了許多時間討論這個問題。把自由視為抽象概念很好，而沙特聲稱所有的自由都是平等的，這也沒問題。不過，波娃想找到一種可以**在生活中**實踐的哲學。她看到了人們各自的人生，她認為各人所擁有的自由並不是平等的，因為「處境不同，自由也有所不同」（正如她後來所說的那樣）。[37]

一九四〇年一月十二日，波娃寫信給沙特說，《女賓》一書她已寫了一百六十頁，很期待他來訪時能拿給他讀。她也告訴沙特，她跟碧昂卡又互相「擁抱」了：「如果要一五一十地跟你交代細節，除了原本的濃棕色肌膚所帶有的體味之外，她身上還有一股排泄物的臭味，使得整件事變得很不舒服。我們兩個要做朋友是沒有問題，但床上的她實在令我倒盡胃口。」[38]

波娃顯然有能力從其他同性戀情中獲得享受；況且，她與碧昂卡終生保持著朋友關係

（兩人都如此宣稱），所以她此番言論中流露出的強烈厭惡令人不禁訝異又不安。女人的身體真的讓波娃這麼反感嗎？這是否是她厭惡自身行為所產生的心理投射？波娃後來終於跟碧昂卡分手的時候，她說她比較喜歡跟男人做愛。[39]不過，雖然她感到如此厭惡，也對兩人的戀情愈來愈不自在——她甚至在一月與她見面時感覺自己整個人「降到冰點」——但她還是同意每週撥出兩晚來見她。[40]

另一方面，沙特寫信給波娃說，除了她以外，他的存在「對這世間的任何人都沒有意義（我母親例外）」。他說這場戰爭結束後，「會讓陳舊的過往自然脫落」，因為「這幾位小姐沒有一位有辦法得到我的忠誠」。[41]不過，波娃這方面才在前兩天的信裡詳述了她跟娜塔莉．索洛金上床的事。她描述她們那時全身赤裸，正想著要一起讀一些自由意志的哲學：「然後我們又開始擁抱，這次是充滿回饋的。那並不像是跟Kos之間那樣，但我仍十分享受她的身體。」[42]

沙特在一月十六日的回信中說：「我已幾乎忘了有人在我身旁的感覺，更別說是妳，一個能夠瞭解我的想法與感覺、並對其具有興趣的人。」[43]隔天他又抗議道：「這是怎麼回事呢？小東西，妳的感情生活這麼豐富！」[44]

沙特那時正持續創作的哲學篇章，後來成了《存在與虛無》一書。他跟波娃提起書中理論時，波娃說：「聽起來很誘人，這個關於虛無的理論能解決所有問題！」[45]一個月後，沙特語帶興奮地寫信給波娃，因為他覺得他終於在智識之海中找到了屬於自己的領域。「我開始看見一個有關時間的理論正閃閃發光，今晚我已開始動筆了。這都要感謝妳，妳知道嗎？要謝謝芳絲瓦的偏執——在澤薇兒的房裡的皮耶是獨自活著的，並沒有任何其他心智意識到他的存在。」[46]（按：芳絲瓦、皮耶和澤薇兒都是《女賓》裡的角色。）

隔天，他沒收到回信，所以他又寫了一封信給她。他仍在努力思考那個有關時間的理論，但他感覺空蕩蕩的……她怎麼不回信給他呢？「我希望妳在這裡；如果妳在，一切就都沒事了。」[47]

沙特寫信感謝波娃啟發他想出時間理論的那天，波娃在學校裡收到一張意料之外的紙條。博斯特回來了——她已有六個月沒見到他。她顫抖著一路跑去找他，那一整天，他們狂熱地談了許多話。他們倆有三天三夜的時間，然後他就會去找奧爾嘉。去年她曾告訴博斯特，她「以整個靈魂」深愛著他。[48]而今年，她寫信跟沙特說，她與博斯特之間「永遠不會無話可說」，而且她期待著「博斯特以一種絕對明確——甚至是必然——的方式成為我未來人生的一部分。」[49]

可能正是因著這封信的緣故，也可能是因為汪妲剛發現沙特去年拋棄了某位情人，又或是因為沙特已經好幾天沒有收到波娃的信了——無論如何，沙特開始感到有些害怕：

> 我處在一種很奇怪的狀態之中，自從我發瘋那次之後，我就不曾感到如此心神不寧〔……〕親愛的，我需要妳〔……〕我愛妳。我想，這些令我深陷其中的這些謊言一定讓妳眼中的我顯得有些卑劣〔……〕我擔心妳會突然問自己：他會不會也在騙我？也許他也沒有對我完全坦誠吧？我親愛的小海狸，我發誓，我確實以全然的純真待妳。[50]

隔天他又寫了一封信，宣布他不再想繼續玩勾引女性的遊戲了。他想簡化事態，因此寫了封分手信給碧昂卡。波娃隨後與碧昂卡見了面，她既受傷又憤怒，並且起了疑心。沙特的態度可說是起了一百八十度的轉變——幾週前他還在信裡描述了他們三個人在戰爭結束之後所擁有的未來。碧昂卡確實有權感到憤怒，波娃跟沙特說，他們兩人對待他人的方式「令人無法容忍」。[51]

終於，波娃承認自己做錯了，也開始質問沙特的做法；但他們已無法抹除曾做過的錯事。一九四〇年，碧昂卡．畢南菲會經歷一場精神上的崩潰，她說自己「被遺棄與心碎之感給擊垮了」。[52]

我們所知的是，沙特在一九四〇年二月以一封信跟碧昂卡提了分手。[53]他也寫信告訴波娃，碧昂卡在他提出分手之後是如何尖銳地指責他。二月二十七日，波娃簡單表達了對他的同情之意，隨後也加入了指責沙特的行列：你對她「真的做得太過分了」——「說真的，我不知道你在想什麼。」碧昂卡去找波娃，給她看了沙特的信。但那封信如今已亡佚，所以我們無法確定波娃的反應（與其自身的行為對照）是否是種虛偽。不過，波娃確實在信中提到，此事帶給了碧昂卡深深的厭惡與受辱之感：「我認為她那晚的態度令人尊敬，她的反應極為嚴厲但是正當的〔……〕你的信站不住腳。」[54]

沙特的回信則頗有歉意，他也同意那封信「糟糕透頂」，而「寄出那封信」則是他「這輩子做過最爛的事」。[55]接下來這幾週的信件往來中，波娃與沙特常討論到碧昂卡。波娃覺得，跟沙特分手當下，碧昂卡受到很大打擊，但她慢慢回復過來了。波娃繼續跟她一起吃飯、討論哲學，她也給予波娃的小說許多意見。她說《女賓》中的「內心思考太多了」，並提出美國文學（例如海明威）作為比較，她說像那樣完全不寫內心思考的小說讀起來很愉快。[56]在波娃的偶然戀人中，碧昂卡不是唯一一個曾說她的小說「包含了太多哲學思考」的人。說到思考，波娃與碧昂卡的這段戀情是格外欠缺思慮，波娃在面對其他戀人時其實很少這樣。一九四〇年初，波娃承認他們兩人必須為碧昂卡所受的苦負起責任——她真的受太多苦了。三月三日她寫信給沙特說：「我確實責怪過去與未來的我們——事實上，我怪自己與怪你一樣多——你我不該如此待人。我無法接受我倆竟使她如此受苦。」[57]

三月二十三日至七月十一日之間，波娃沒有留下任何信件紀錄。[58]一九四〇年五月七日，伽利瑪決定出版她的小說。[59]三天後的五月十日，德軍入侵荷蘭、比利時與盧森堡，而博斯特被調派至比利時邊界。五月十二日，德軍逼近馬奇諾防線，包圍法軍，並展開了陸空兩路的攻擊。五月二十一日，博斯特被砲彈碎片擊中腹部。他大量出血，躺在擔架上被送到紅十字醫療站，然後轉送到軍醫院動手術。博斯特幸運生還了，但更幸運的是被送離前線。沙特寫信安慰波娃說，博斯特離開前線是她「所能收到最好的消息」。[60]博斯特的部隊人數漸減；五月二十三日，保羅．尼贊死於敵軍的槍口下。

一九四〇年六月九日晚上，波娃收到碧昂卡捎來的便條。上面說，她已找她找了一整天；無論多晚，請立刻來花神找她。波娃抵達咖啡館時，看見的是一張張寫滿憂懼的臉龐。碧昂卡的父親認識一些人，也有情報管道——德軍快要攻進巴黎了，她明天就會與父親一道離開。她知道波娃不是猶太人，所以事態對她來說沒那麼緊急，但她仍想知道，她願不願意與他們一起走？

波娃掉下淚來，苦澀的現實令她心碎——法國已潰不成軍、她的戀人中彈受傷、另一位戀人眼看將要被關進戰俘營。隔天，波娃加入了畢南菲家與其他近三百萬人的行列，動身離開巴黎。六月十四日，花都巴黎淪陷了，許多地區隨後跟著投降。六月二十二日，貝當元帥（Marshal Pétain）與納粹簽下停戰協議；德軍占領了法國北部（包括巴黎），而貝當則坐鎮維琪法國的南部首都，保有「自由區」的控制權。*

西蒙在一個朋友位於拉普埃茲（La Pouèze）的鄉間小屋待了一個月，就在拉瓦勒（Laval）附近。但她迫不及待想回巴黎，想得到沙特和博斯特的消息。就她所知，他們甚至有可能身在巴黎。所以她搭上德軍卡車的便車，啟程回到巴黎。她到達時，盧森堡公園裡的參議院上方飄揚著納粹的旗幟。她與父母還有娜塔莉見了面，並搬進她祖母的公寓。[61]丹麥飯店裡只有一封信等著她，那是沙特的信，寫於她動身離開巴黎的前一天。

她打給人在塔韋尼（Taverny）的博斯特雙親，詢問他的消息；他已被轉到亞維儂附近的一間軍醫院。[62]她又打給正與家人待在萊格爾（L'Aigle）的奧爾嘉，她一切平安。艾蓮娜跟李歐納還在葡萄牙，她也都平安，只是人在遠方。

* 譯註：貝當與納粹簽訂停戰協議後更與納粹合作，貝當政府遷到了南部小城維琪（Vichy），此後貝當領導下的法國一般稱為「維琪法國」。戰後貝當因與納粹合作而被判死刑，經特赦改為終身監禁。

回到巴黎後，波娃簽下非猶切結書，這是一份聲明自己並非猶太裔的文件。[63]後來，她對於曾簽下此切結書一事感到尷尬而狼狽，但她當時沒有別的選擇：

我簽了，因為我不得不簽。我唯一的收入來源是那份教職；我的物資配給卡、身分證明文件——我的一切——都得靠它；當時的我實在沒有其他選擇。我恨透了這件事，但我的行為純粹出於實際考量。當時的我算哪位？誰都不是，無名小卒。某個無名氏高中老師拒絕簽署一份毫無意義、毫無價值、也對任何事都沒有實際影響的文件，這哪能算是什麼貢獻？拒簽這份切結書會產生的影響只有一個，就是我會失業、失去收入來源。在戰爭時期、在這樣的狀況之下，有誰會蠢到冒這種險？[64]

貝當元帥說，戰間期的這些年裡，法國在道德上十分墮落，現在正是重建秩序的時刻。法國人民必須找回失落已久的價值觀——維琪法國的口號是「工作、家庭、父祖之國」。[65]波娃說，在占領期間的巴黎「就連呼吸都是種妥協」。[66]時鐘全是德國時間，宵禁時她由陽台看出去，整個世界亮得詭異。[67]

娜塔莉．索洛金仍待在巴黎，而奧爾嘉在七月中時也回來了。終於見面時，波娃跟奧爾嘉有太多話得說，兩人連講了好幾個鐘頭。首先，奧爾嘉懷孕了，孩子不是博斯特的（他當時人在前線）。先不管生父是誰，反正她不想要孩子——她要墮胎。在占領期間，要接受墮胎手術已很難，要找到安全的管道更是難度加倍，但波娃替她找到了一個地方。手術後，傷口併發感染。有整整兩星期，波娃都在床榻邊照料著奧爾嘉。

八月，沙特被轉送到一處名為「許特拉克７D」（Stalag XII D）的戰俘營，位於特里爾（Trier）。那邊狀況不錯，他一週可以寄兩張明信片。他正在讀海德格的《存有與時間》（*Being and Time*）、寫他的第一齣劇本，也繼續寫《存在與虛無》。在巴黎，波娃無論是去圓頂寫小說或是去國家圖書館讀黑格爾與尚・瓦爾，路上都會經過飛揚的納粹萬字旗。[68] 七月時，她在黑格爾的《精神現象學》（*The Phenomenology of Spirit*）中為她的小說《女賓》找到了一段引言。

波娃第一次讀到黑格爾是在二〇年代中期的哲學課本裡，黑格爾是那種她日後會與之劃清界線的哲學家——他將歷史視為具有規律發展的系統，認為邏輯可以解釋所有歷史事件，且並不認為個人經驗具有價值。齊克果（Kierkegaard）* 與馬克思對黑格爾做出了著名的批

* 譯註：索倫・奧貝・齊克果（1813-1855），丹麥神學家、哲學家及作家，一般被視為存在主義之創立者。

評；齊克果說黑格爾留給人們的不過是一座邏輯的宮殿，而馬克思說他是那種滿足於詮釋世界而非改變世界的哲學家。不過，在二戰期間，波娃發現讀黑格爾的著作是最令人放鬆的活動之一。閱讀黑格爾令她想起準備資格考的那一年：「我身處書本與其理論的現實之中。在人類歷史裡，現下不過是短暫的片刻——身在世界裡的我已很久沒有這種確定之感。」[69]

工作以外的時間，她遵循著精心安排過的時間表：每週與奧爾嘉共度兩個夜晚，也與娜塔莉共度兩個夜晚。娜塔莉嫉妒心很強，她痛恨波娃毫無彈性的行程表，罵她是「冰箱上的鐘」，因為波娃對於必須空出時間工作一事毫不妥協。有時候，娜塔莉會在早上波娃出門時到旅館門口等她，或在下午下課時到學校門口找她。她們兩人有時會一起去看戲或看歌劇——戰時的門票很便宜。

九月，博斯特回到巴黎，並接下一份教職。這代表著波娃在週間多數的日子裡都能跟他共進午餐。禮拜四，她會與父母一起吃午餐。至於夜間時光，博斯特的週六夜晚屬於她。她繼續寫作，而街上逐漸出現許多標示，寫著猶太人禁止進入，還有恕不雇用猶太人。博斯特想當記者，她陪著他練習寫文章。那年冬天，她細細讀了齊克果與康德。現在博斯特回巴黎了，她真希望沙特也能回來。

博斯特回來之後，波娃向碧昂卡坦承了她跟博斯特間的關係，也說了她覺得她們兩人可能不要那麼常見面比較好。得知波娃對她說謊，碧昂卡大受打擊，她覺得自己在「窒息之中向下墜落」。沙特在二月時突如其來的冷漠已夠糟了；這次，她更是「絕望得難以言喻」，因為她對波娃的感情深刻得多。[70]波娃還是沒有完全意識到他兩人傷她有多深；她寫信給沙特說，她跟碧昂卡「多少算是分了」，但碧昂卡也同時在跟伯納・朗布蘭（Bernard Lamblin）交往，所以她覺得應該沒事（朗布蘭是碧昂卡的同學、沙特以前的學生）。

不過，碧昂卡的父親希望她嫁給美國人，美國人能帶她離開法國；她父親的名字是大衛・畢南菲（David Bienenfeld），他知道這個名字遲早會為他的家人帶來危險。碧昂卡不願嫁給陌生人，但他父親十分堅持，並在蒙帕納斯區找到一個願意幫忙的美國人、付了他一筆費用；碧昂卡讓步了。但約定好辦婚禮的那天，美國人沒有出現。所以，雖然猶太人與非猶太人通婚在當時很危險，碧昂卡跟伯納還是在一九四一年二月十二日結婚了。現在她總算有了一個比較像法國人的姓氏，她的父母才放下心來。[71]

一九四〇年十一月裡，波娃「有段日子陷入黑暗憂鬱之中」。她想著，如果再也見不到沙特的話，她一定會自殺。[72]日子進入一月，無論是閱讀哲學或與歷史保持距離都不再管用了。在日記裡，波娃意識到自己原來一直都是唯我論者——她認為自己的意識、自由，還有「內在性的面向」都是真實的，卻將身旁的他人視為逕自忙碌的螞蟻。（三〇年代的沙特寫過一篇叫做〈情慾層〉〔Erostratus〕的短篇故事，書中主角相當自負，他從七樓的陽台向下望，將底下的所有人都視為「螻蟻」。）波娃在她的《戰時日記》中說，她跟沙特曾經很「反人類」（Antihuman），但如今的她認為這樣是錯的。[73]

後來，波娃在重讀《女賓》時，會覺得那是過去歲月的產物，而感到有些疏離。此書直到一九四三年才出版；但在一九四一年一月時，她就認為「這本小說所抱持的哲學態度已經不再是我的了」。[74]她成了一個不同的女人。她讀海德格、齊克果、卡夫卡、雅斯培（Karl Jaspers）*，並思考著陳年的老問題——她對於救贖的渴望。她的下一本書想寫的是她所謂的個人處境（Individual situation），還有作為個人與作為社會的一分子這兩個身分間所產生的張力。一九四一年中她已開始動筆，這本作品就是《他人的血》。

此時，日記再次與回憶錄出現分歧，回憶錄中所述的波娃與日記中相當不同。在日記中，她描述了沙特如何以她的想法與行動作為代價，來進行他自己的政治轉向。她寫著，那時她已十一個月沒有見到沙特，然後在一九四一年三月底她收到了一張紙條——沙特在巴黎。他騙戰俘營的人說他是平民，並利用他幾乎失明的右眼作為證據，最後逃了出來。終於要見到沙特了，波娃雀躍不已；但她幾天後就開始納悶：這跟戰前的沙特是同一個人嗎？他開始說教、態度不耐，並且對於她簽下非猶太人切結書一事大為震驚。恢復自由之身很好，他說，但現在他們必須開始**行動**。他提到反抗，提到將德國人逐出法國。波娃說，當時的她仍覺得他們只是兩個人，他們無能為力。

一九四一年七月八日，波娃的父親過世了，什麼都沒留下。他給她的最後遺言是：「西蒙，妳從很年輕就開始賺錢養活自己。妳妹妹花了我好大一筆錢。」[75]她沒為父親掉眼淚。[76]不過，她倒是對母親後來在展開新的生活時表現出的勇氣印象深刻——對芳絲瓦．波娃而言，喪夫像是獲得解脫。芳絲瓦到最後已十分憎恨那間雷恩街的公寓，該處充滿了「喬治的易怒與噪音」。[77]所以，她在一九四二年時搬到布洛梅街（Rue Blomet）的一間套房。芳絲瓦認真讀書、通過考試，得到了於紅十字會擔任助理圖書館員的正式資格。她去當志工、學語言、聽講座、交新朋友、到處旅行。不過，她沒有放棄波娃所謂的「保守態度」——她仍覺得自己的女兒活在罪惡之中。[78]

不到六個月後，芳絲瓦的母親也過世了。[79]在她母親布拉瑟太太的葬禮上，芳絲瓦整個人崩潰了——她躺在床上，而西蒙整夜陪在她五十五歲的母親身旁，看著她入睡。喬治的過

＊ 譯註：卡爾．雅斯培（1883-1969），德國哲學家和精神病學家，存在哲學（Existenzphilosophie；有別於沙特的存在主義哲學）的代表人物。

世導致芳絲瓦如今在經濟上必須完全仰賴波娃。而波娃某種程度上已在金援艾蓮娜，替她付畫室租金；同時，她也在幫忙「小家族」裡的其他人。所以，她決定開始省錢——大家以後不能那麼常吃餐廳了。

反抗團體「社會主義與自由人民」（Socialism and Liberty）的第一次集會地點是在波娃位於米斯特拉爾飯店的房裡，她與沙特已搬回這間飯店，如同往常住在分開的房間。他們製作傳單、與巴黎其他的反抗勢力會面，並偷溜過邊境到維琪法國境內，希望與反抗團體的其餘成員建立聯繫。可是，他們的活動並不算成功。共產團體的人數更多，手段看似也更有效，所以許多成員在一九四二年五月時轉投共產陣營，而這個團體隨後就解散了。

同時，沙特拒絕簽下切結書來聲明自己並非猶太人或共濟會成員。在這樣的情況下，他仍設法保住了自己在巴斯德中學（Lycée Pasteur）的工作——督學總長是反抗勢力的一員，他忽略了沙特的不服從行為，並在十月將沙特轉調至名聲更好的康多賽中學（Lycée Condorcet）。

於是，生活又回到兩人熟悉的樣貌：教書和寫作。占領期間的冬天極為寒冷，於是他們躲進聖日耳曼大道上的花神咖啡館。沙特仍繼續與汪妲約會，享受著她專橫獨占的愛。「小家族」的某些成員對於沙特回到巴黎一事並不怎麼開心——娜塔莉・索洛金就視他為爭奪西蒙注意力的對手。在認識沙特前，娜塔莉認為此人的「天才名聲不過是弄虛作假」；但兩人在一九四一年認識之後，她仍主動與他調情。娜塔莉像沙特一樣視勾引異性為一場遊戲；而且除了沙特之外，她也成功勾引了博斯特。

一九四一年十二月，娜塔莉·索洛金的母親向維琪政府的教育部提出申訴，指控波娃帶壞她的女兒——官方正式的罪名是「誘使未成年人道德墮落」。[80]當年，最低合法性行為年齡是十三歲，而這份申訴送出的時候，娜塔莉已二十歲了。索洛金太太檢附了一份冗長的報告，說明波娃小姐是如何引誘她女兒，又將她介紹給兩位也引誘了她的男人。索洛金太太指出波娃小姐的生活相當不規律，她單身且住在旅館、在咖啡廳工作、並對於她身為尚—保羅·沙特的情婦一事毫不隱瞞。另外，她也讓學生閱讀普魯斯特與紀德這兩名同性戀作家道德敗壞的作品。簡而言之，任何有愛國之心的人士都能瞭解，法國並不需要像她這樣的女性擔任中學教師。在貝當的領導下，法國正試圖以提倡傳統家庭價值來挽回國人低落的尊嚴，所以，他們絕不該把未來的國家棟梁交給像波娃小姐這樣的老師。

教育部傾向於同意索洛金太太，並開始審理此案，但審查結果要到一年半後才會出爐。

波娃告訴貝爾的故事則是，索洛金太太曾於三月時來找她，請她導正娜塔莉的生活。娜塔莉在跟一位名叫波拉（Bourla）的年輕男孩交往——他是個貧窮的猶太人——索洛金太太並不同意他們來往。波娃對她說，她會告訴娜塔莉說她們曾經會面談過，但她並不覺得自己擁有索洛金太太所期待的影響力。她以為此事至此落幕，但後來索洛金太太就提出申訴了。一九四一至四二學年，哲學家尚・瓦爾因為他的猶太裔身分而遭到索邦解雇。一九四二年，他進了德朗西（Drancy）集中營。六月，占領區的政府開始規定猶太人必須配戴大衛之星*。他們的自由受到更多限制——他們不再能夠擁有財產或開戶。當時若未持有通行證，跨過邊界進入自由法國是違法行為。但那年夏天，波娃、沙特和博斯特還是偷偷溜進自由區，去庇里牛斯山區騎腳踏車。

指控波娃「道德敗壞」的申訴並未通過。娜塔莉否認她跟波娃之間有性關係，另外兩名男性也否認跟娜塔莉之間有性關係；所以教育部沒找到能支持此番指控的證據。可是，確實有證據指出波娃小姐的生活型態相當可疑，她的課程大綱也的確包含了普魯斯特與紀德這兩位有些問題的作家。在一九四〇年七月十七日時，貝當政府曾頒佈一項法律，使政府能夠更為輕易地解雇那些對「國家更新」沒有貢獻的公務員，而教育部於一九四三年六月十七日宣判波娃一案時，正是引用了此法，裁定西蒙・德・波娃為不適任教師，並撤銷其教師資格。[81]反抗勢力中，有些人因著波娃被政府撤職一事而對她尊敬有加。一九四五年，波娃取回了她的教師資格，而戰時的學生也都記得波娃這個啟發人心的哲學家，她在法國大學裡還沒開始流行胡塞爾與海德格之前，便已將這兩個哲學家的學說介紹給學生了。[82]不過，波娃沒有回去教書——從此以後，她要全心寫作。

在回憶錄中，波娃簡略帶過了撤職事件，而此事看起來則像是索洛金太太因為波娃無法令娜塔莉離開波拉而展開的報復行動。不過在遭到解僱之後，波娃的未來便立即陷入了不確定之中。她知道自己想寫作——但她也需要錢生活。她每個月給芳絲瓦的孝親費，芳絲瓦大部分都存了起來，她想把這筆錢還給波娃；但波娃要她留著，以免將來有需要用錢的時候。

後來，波娃在那年夏天得到了第一份與寫作相關的工作，在當時被稱為「維琪電台」（Radio-Vichy）的國家廣播電台（Radiodiffusion Nationale）當專題製作人。[83]那時候有兩個國家電台——維琪電台和巴黎電台，後者在意識形態上與納粹沆瀣一氣。至於維琪電台，為這個電台工作不必然會被人們視為通敵，但要視工作內容而定。波娃參與製作的是一個關於中世紀音樂的節目，可說是相當中立的領域——雖然，有些人毫不意外地開始對她的節目提出質疑，說她就算不是通敵也可算是暗中共謀。

英格麗．加思特（Ingrid Galster）的研究顯示，波娃的節目並未包含任何與納粹政權合

* 譯註：大衛之星，或稱六芒星、六角星，為猶太教與猶太文化的標誌。以色列建國後也將之放在國旗上。

作共謀的內容。但是批評波娃的人還是指控她不關心政治，或是更糟——他們說波娃積極參與製作這個鼓勵聽眾逃避自身反抗納粹之道德責任的音樂節目。對此，波娃的支持者則指出，在她製作的那幾集節目中，反對的精神相當明顯——她挑選了法國文化中反抗身處時代之主流價值觀的藝術家與文本。在占領時期的巴黎，要明確分辨出一件事究竟是反抗行為或通敵行為並不容易。[84]

往後的日子裡，存在主義哲學家們會以「人就是其行動之總和」此句宣言聞名於世。雖然在不久後的將來，波娃的行動會為許多人帶來啟發，但她並未對自己一切的行為都感到驕傲。波娃在課堂上與在個人生活中顯然都對貝當政權持反對態度；不過，她並未遵循自己日後所宣揚的倫理學——此時期的她並沒有公平回饋女性戀人們對她的付出。在一九三九至一九四二年這段「黑暗時期」，她的個人生活數度下探道德低點，然後她決定必須好好思考自己想成為什麼樣的女人。這段期間，她寫了兩本帶來名氣並為她塑造了公眾形象的小說——《女賓》及《他人的血》——但後者要等到戰爭結束、審查標準放鬆之後，才會出版問世。[85]

九　失落的哲學

波娃被法國教育部撤職的那一年，她跟沙特都出書了，這兩本作品鞏固了他們兩人在法國知識圈的終生地位。波娃的《女賓》於八月出版，而沙特的《存在與虛無》——他將此書獻給海狸——在六月出版。同時，沙特也開始製作一些頗受好評的劇碼，以看似清白的古希臘戲劇之情節來傳遞自由與反抗的理念。

波娃的思想在四〇年代初期出現重大轉變。根據她的自白，在二戰之前，她是個唯我論者。但到了一九四一年，她便開始意識到自己已拋下《女賓》裡面的「哲學態度」而有所長進了。[1]波娃在一九四三至四六年間所寫的劇本及小說透露著道德與政治關懷，但許多人在《第二性》出版之前並不認為波娃擁有這方面的關懷。早在一九四三年時，波娃已開始問著：在社會上，誰是有用的人、誰是沒用的人？而握有決定權的人的又是誰？

一九四三年七月，波娃與沙特搬進塞納街六十號的路易斯安那飯店（L'hôtel La

Louisiane），並且一直在這裡住到一九四六年（兩人住在分開的房間裡）。他們離開蒙帕納斯區，搬到聖日耳曼德佩區（Saint-Germain-des-Prés）了。同月，波娃開始動筆寫一篇論文，討論沙特對自由的看法，並與她本人的理論做出對照——她將自己「曾在許多次談話中提出來反駁他的論點」寫成了文章。[2]自此開始，我們對於兩人哲學對談的整體風景有了更多線索，不再只有日記與信件中的「持續對話」。因為波娃的聲音如今進入了公眾領域，成了白紙黑字的印刷品。而且，這個聲音不只有推廣沙特的理念而已，也對其做出批判。

二戰開始的數年前，波娃跟沙特已討論過他們與奧爾嘉姊妹戀情中的倫理問題。對人說謊、使人得到虛假的快樂，這是否是不道德的？她應該為自己隱瞞奧爾嘉的事而感到懊悔嗎？她又是否該為奧爾嘉隱瞞博斯特的事感到自責？在《女賓》中，波娃探討了這個自二〇年代便在她腦中揮之不去的哲學問題——「自我與他者的對立」。表面上，這本書寫的是一段「三角戀情」。皮耶和芳絲瓦這對情侶邀請了一位「賓客」——澤薇兒——進入他們的關係中。澤薇兒令芳絲瓦感到非常嫉妒，她無法擺脫這份嫉妒，唯一能想出的解決辦法是殺了她的對手。這本書的扉頁題著「獻給奧爾嘉・柯薩切維契」，開場引言則出自黑格爾：「每個意識都渴求著他人之死。」

不過書中還有第四個角色——一名黑髮綠眼的高挑男子，他是澤薇兒的男朋友傑伯

（Gerbert）。澤薇兒對芳絲瓦說：「我總是對自己擁有的東西心有獨鍾；有某個人是完全屬於自己的，這令我感到安心。」[3]可是，在小說中，傑伯並非為澤薇兒所獨有，他跟芳絲瓦也有親密關係。讀者實在很難想像，奧爾嘉為何讀了此書卻沒有起疑。在《女賓》中，芳絲瓦和傑伯一起去爬山，在穀倉過夜時成為了彼此的戀人。這兩個角色回到巴黎後，傑伯告訴芳絲瓦他未曾像愛她一樣愛過任何女人。後來，澤薇兒遭到謀殺，並不是因為她介入皮耶與芳絲瓦之間，引起嫉妒與憤怒。芳絲瓦會殺澤薇兒，是因為澤薇兒發現了傑伯寫給芳絲瓦的信。就跟那個沒有錢付計程車費而殺了司機的人一樣*，芳絲瓦寧願了結澤薇兒的性命，也不願意面對澤薇兒控訴的目光。

博斯特和波娃堅稱這部分的情節純屬虛構——雖然書中其他部分生動地重現了沙特、波娃與奧爾嘉在現實世界中的言行。在《鼎盛人生》中，波娃坦白地說她在《女賓》裡寫下這樣的的結局是為了淨化自身（Catharsis）：她覺得讓奧爾嘉在書中死去可以滌淨她心中那些不受歡迎的情感、並使她與奧爾嘉的友情不再受困於陰暗混濁的回憶之中。[4]有很長的一段時間，這番說法使得讀者推測，波娃想驅除的黑暗情感是嫉妒。但她跟博斯特的信件在二

---

* 譯註：波娃曾在報紙上讀到這個故事。見第七章之前文。

〇〇四年被公諸於世後，出現了另一個可能性——她想擺脫的也許是罪惡感。終其一生，奧爾嘉對於波娃跟博斯特的戀情渾然未覺。

正如同波娃難以直視柯家姊妹眼裡所反映出她自身的模樣，書裡的芳絲瓦也面對了自我與他者的關係這個議題：

「要相信他人也具有意識、也像我們一樣能意識到自身內在的感覺，這件事情近乎不可能。」芳絲瓦說：「對我而言，理解到此事是十分可怕的。我們會有種自己什麼都不是、只是別人腦海中的想像之物的感覺。」[5]

這本小說得到了各種不同的評價——有人說此書不堪入目，有人則認為此書英勇地屏棄了維琪政府所提倡的「工作、家庭、國家」之信條。不過，就哲學上而言，波娃的小說提出了與他人建立關係的兩種模式：第一種模式承認他人如同自己一般，是具有意識、內在生活豐富的脆弱個體。另一種模式則拒絕看見此點，也拒絕接受互饋的可能性，而以理所當然的態度將他者**視為**可供我用之物抑或阻礙我路之物。

重要的是，波娃提出的第二種模式跟《存在與虛無》的部分內容極為相似。波娃人生接下來的這段日子，長久以來被認為是一段由戰後的名人光環、爵士樂與宴樂狂歡所組成的日子，而不是一段由於與沙特出現分歧而旺盛產出哲學論述的時期。為何世間對於波娃的誤會這麼深？為何有些人會稱她為「沙特的聖母」（Notre Dame de Sartre）而令她深感沮喪？又為何她在寫下女性主義著作時必須盡可能巧妙地下筆，以避免她的哲學慘遭訴諸性別的攻擊？要瞭解這些事背後的原因，我們就必須仔細檢視沙特的哲學裡，究竟是哪個部分她無法苟同。

英國作家安潔拉・卡特（Angela Carter）曾說過，「西方世界裡每個有思考能力的女性」一定都在某個時間點上曾經納悶過：「像西蒙這樣的好女孩到底為何要浪費人生討好沙特這種無聊的老頭？」卡特說，唯有愛情「能令人即便落敗也感到驕傲」。[6] 可是在一九四三年時，沙特不只是個無聊的老頭——他還是個極度悲觀的哲學家，對人性的期待極低（就算跟其他極度悲觀的哲學家相比，他的期待也算是夠低的了）。沙特認為，所有人類都想要支配他人，而所有關係都充滿衝突——這樣的衝突讓愛毫無立足之處（以他的原話來說，愛是「無法實現的理想」）。此外，波娃也並沒有「落敗」，她是一位與沙特看法相左的哲學家。身為一位女性，她的生活方式被人們拿來當作攻擊她的工具——不過，攻擊在當時尚未開始。

沙特在《存在與虛無》中寫道，在所有的人際關係中，永遠有一方扮演著支配者的角色，另一方則是被支配者。一方是「主體」，由自己的視角看世界；而另一方是「客體」，客體會將宰制者的視角給內化。沙特認為，人有時候喜歡宰制別人、有時候則喜歡被別人宰制，但永遠不會在平等的基準上建立關係。

沙特並非唯一一個有這種想法的西方哲學家。黑格爾寫過有名的「主奴辯證」，說法很類似。更久之前的聖奧古斯丁則認為所有人都有支配的慾望（Libido Dominandi）——這導致了諸多的人類苦難。由於波娃顯然在戰時讀了很多黑格爾（從孤獨與思考中尋求慰藉），而黑格爾哲學也在《女賓》中占有重要地位，因此有些當代學者甚至認為《存在與虛無》裡有許多核心概念可能是沙特從波娃那邊偷來的。也有學者認為，如果今天是兩位男性哲學家而非一男一女，受到學界認可的人可能會是波娃而非沙特。[7]因為，雖然《存在與虛無》的出版時間是六月，而《女賓》是八月，但沙特在軍中已經先讀過了《女賓》——他是在讀過波娃以小說形式所呈現的想法之後，才開始寫他自己的作品。《存在與虛無》中，沙特所做出的哲學貢獻之一是區分出「對己存有」（Being-for-itself）及「對他存有」（Being-for-others）。在褪去術語的外衣之後，其內容與波娃在一九二七年的學生日記中將自我分為「給他人的」（For others）與「給自己的」（For myself）——以及內在性面向與外在性面向——其實非常相像。

不過，沙特偷了波娃的概念這樣的說法，就歷史與哲學兩方面來說都有點問題。就歷史而言，史實是兩人總是在「持續對話」中，並且在思考上互相鼓勵啟發對方（也許雙方受惠的程度有多寡之別）。就哲學而言，兩人是如此充分沉浸在法國哲學思潮中，以致於沒人費心在引用時標明出處，更沒有說明哪部分的理論是**自己的**。此外還有一個困難點是，早期的波娃認為，在談到哲學理論時，重要的是其是否為真，至於原創者是誰則不重要。四〇年代的波娃認為「擁有」（Possession）的概念有諸多可批判之處。

不過，她也認為沙特有諸多可批判之處。往後的日子裡，她會意識到「擁有」在維持權力上十分重要，也會影響後世是否記得自己。《存在與虛無》中寫著一個沙特和波娃在整個三〇年代裡持續討論的概念。這個概念曾出現在《至高無上的精神》裡，也對波娃往後的著作具有重大影響，但以其聞名於世的人卻是沙特——這個概念就是「壞信念」。

在回憶錄裡，波娃描述了這個概念是如何在三〇年代時出現在他們的腦海中的；她說，「我們」討論到壞信念。據沙特在《存在與虛無》中所說，壞信念是一種對於自由的逃避，包括了對於「現實性」（Facticity）或「超越性」（Transcendence）產生過度的認同感。「現實性」指的是人生中所有無法自行選擇的偶然條件，例如誕生的時代與地點、膚色、性別、家庭、教育條件及人所得到的身體。而「超越性」指的則是人能自由超越這些條件而決定自己的**價值觀**，這牽涉到你**選擇如何理解**現實，還有如何以行為形塑自我。

對沙特來說，當人的現實性與超越性相互脫節，而讓他相信自己**必定是**某種樣子的時候，壞信念便誕生了。他舉了一個相當著名的服務生的例子：服務生如果認為他的現實性（也就是他身為服務生的事實）決定了他是誰，那麼他就落入了壞信念之中，因為他永遠都有選擇別條人生道路的自由，否定這份自由便是否定了自身的超越性。另一方面來說，如果服務生去應徵企業總裁的職缺，並認為他身為服務生一事根本無足輕重，那麼他就因為正好相反的原因而落入壞信念中——他沒能理解到自身現實性的限制。

這個討論聽起來不太重要，但如果把「服務生」一詞換成「猶太人」、「女人」或「黑人」呢？人類歷史充滿著這樣的例子——許多族群遭人貶低為一種扁平的存在，除了他們自身的現實性之外沒有其他可能。他們生而為人，但世界卻不認為他們具有完整的人性。在一九四三年的世界裡，這樣的事很顯然並不只存在於歷史教科書之中。可是，沙特在《存在與虛無》中並未進一步將此討論推及道德領域，也並沒有對「物化他人」這個道德問題提出令人滿意的答案。他只說，我們絕不能認為自身的現實性就決定了我們是誰——因為無論我們的存在境況為何，我們都能自由而充分地利用現實條件。

早在三〇年代，波娃便認為這個想法是錯的。沙特覺得人是自由的，因為無論處境如何，他們都能自由選擇回應自身處境的方式，從而「超越」現實性。而波娃提出質疑：「一個被關在深閨中裡的伊斯蘭小妾要用什麼方式超越現實？」[8]擁有自由（亦即理論上有能力做出選擇）是一回事，在必須做出選擇的現實情境中擁有選擇的**權力**，則是另一回事。到了四〇年代，她會在兩篇哲學論文《皮洛士與齊納斯》與《歧義的道德》中作出清楚的哲學批評。不過此時，她得應付的是《女賓》在她私生活中揚起的餘波。

在她的第一本小說問世之前，波娃的母親對女兒的生活所知甚少，少到足以令她認為女兒是個「好女孩」。在《女賓》出版後，「公開的傳言打破了這個幻象」，但波娃同時也成了知名作家。所以，芳絲瓦雖對女兒的作品感到驚嚇不已，其成功卻也令她與有榮焉。此外，西蒙仍是這個家的主要收入來源，因此她的成功對大家都有好處。[9]

自《女賓》出版以來，人們曾以三種不同的角度閱讀此書：一九四五年之前，沙特與波娃尚未成名時，此書被視為探討巴黎的波希米亞生活之書。後來，這本書成了他們那段「三人行」的紀實小說（roman à clef）。近幾年，女性主義者則認為此書描繪了暴虐的傳統世界裡的三個非傳統女性。讀者很輕易便能發現，書中的主角芳絲瓦在許多時候似乎在替波娃發聲——芳絲瓦不喜歡浪費「寶貴的工作時間」心煩於皮耶的其他女友。[10]她說自己是「感情專一的那型」[11]，對於「無法持續」的戀情沒興趣。[12]芳絲瓦「絕不讓自己成為」那種「習於索求的女性」；[13]她向傑伯調情時希望能獲得平等的回饋，這是因為「她對於自己的自由有著無比堅定的哲學堅持」。[14]但在皮耶的事情上，她也會自問是否落入了壞信念之中。小說中穿插著芳絲瓦對戀情之反思——這些段落也讓人們暗自揣測著，波娃對於沙特曾如此迷戀奧爾嘉一事究竟有何感想：

> 因著他所給予她的，她一直愛著他——愛得太久也太盲目了。但她曾承諾要以他為目的、毫無私心地愛他。即便他如今利用了這份自由來逃離她，她也不會在第一個難關出現時就敗下陣來。[15]

讀者不禁要想——這是波娃透過芳絲瓦在說話嗎？或這純粹是想像力建構出來的故事？小說裡的芳絲瓦對澤薇兒說：「妳認為妳是打從一開始就做好的現成產物，但我不這麼認為。我認為妳是妳的自由意志所形塑之物。」[16]波娃在小說中寫下與她的人生情節相似（至少相似到足以引發人們的好奇心）的故事——她把自己向讀者開放著，讀者因此得以形塑她的面貌。

波娃自己也助長了此書的某些段落具有自傳性質的這種看法。她告訴法蘭西斯與貢緹耶*，她跟博斯特（當然，她沒透露他的名字）相互調情的過程「就跟在《女賓》的一模一樣」。[17]波娃也在給沙特的信裡描述過她與博斯特的事，所以在這些信件出版後（當時沙特與奧爾嘉都已過世），我們便可以比較小說情節和信件中記載的細節。在寫給沙特的信裡，波娃漫不經意地提起這段意外的情事：「三天前，我跟小博斯特上床了。當然是我主動的〔……〕我們雙方都想要。」[18]但在小說裡，芳絲瓦說那是一種「模糊的渴求」，隨著時間累積而成為「令人窒息的慾望」；因為傑伯感覺「遙不可及」，所以她也一直並不主動。[19]

出版前，這本小說的原始標題是「自我防衛」（Légitime défense）。[20]過了一段時間再回頭看，波娃覺得三〇年代的她對於他人採取了一種頑固的盲目姿態；「在沙特目光的保護之下，她只想忘記其他同樣也凝視著她的雙眼」。當她不得不承認此事時，她感到十分不舒服——而她在《女賓》中「引爆」的正是這份極度不安之感。[21]她不再甘願活在盲目之中，她想要找到能在生活中實踐的哲學觀，但這條路是死路，她得另闢蹊徑。

---

* 譯註：這裡指克勞德・法蘭西斯（Claude Francis）和費爾南德・貢緹耶（Fernande Gontier），他們曾寫過波娃的傳記。

在一九四三年成名之後，波娃與沙特的社交圈急遽擴張。他們跟阿爾貝・卡繆（Albert Camus）交情不錯，也透過他認識了反抗團體中的其他作家，包括雷蒙・格諾（Raymond Queneau）與米歇爾・雷希斯（Michel Leiris）。雷希斯夫婦的公寓位於大奧古斯丁碼頭（Quai des Grands-Augustins），波娃在那裡認識了畢卡索。路易斯安那飯店比他們曾住過的所有地方都來得體面，所以波娃也開始邀請朋友回家作客。雷希斯、格諾、卡繆、娜塔莉與她的男友波拉都是她的座上賓，當然還有博斯特、奧爾嘉和汪妲。一九四四年春天，大家開始接連舉辦通宵宴會，他們稱這一系列的宴會為「慶典」（Fiestas）。喬治・巴塔耶在他家辦了第一場。他們各自存下物資配給券，所以有足夠的食物舉辦這些戰時的宴會。在這些宴會上，眾人唱歌跳舞、飲酒歡宴。博斯特在他母親位於塔韋尼的住處辦了一場，西蒙・裘莉薇與杜蘭也在他們巴黎的家裡辦了另一場。

波娃開始與四〇年代巴黎藝文界的出眾人才打成一片，但她同時也忍受著占領期間物資短缺的日常生活。取暖用的燃料與食物都變少了。在一九三八至四二年間，牛奶的消耗量減半了，而麵包的價格幾乎漲為兩倍。同盟軍持續攻擊交通要港、工廠與車站。

四月二十至二十一日，北巴黎遭到轟炸。那是大君主作戰（Operation Overlord）中極具爭議的一環，目標是癱瘓整個北巴黎的聯外鐵路網。四月二十一日，夏佩爾（La Chapelle）

的調車站遭受攻擊，造成六百四十一死、將近四百人受傷。沙特和波娃人在拉普埃茲，但博斯特寫信向他們描述了震耳欲聾的爆炸聲，當時他的腦中一片空白，只剩自己將葬身瓦礫中的念頭。上個月，娜塔莉的猶太戀人波拉與他父親都被抓了。眾人並不知情，但這兩人當時已被送進奧許維茲（Auschwitz）集中營。[22]不過，雖然納粹旗仍高掛在參議院上空，人們已開始討論解放的事。八月十九，空氣中飄散著解放的氣味。德軍已朝東撤退，而法國反抗軍在城裡到處張貼海報、招募民兵。沙特忙得分不開身，所以波娃以他的名字替他在《戰鬥報》（*Combat*）上發表了幾篇文章。[23]

一九四四年八月二十五日，波娃人在博斯特和奧爾嘉位於夏普蘭飯店（Hôtel Chaplain）的房間，汪妲和娜塔莉也在。他們煮了點馬鈴薯當晚餐，正用餐時卻聽見收音機廣播：戴高樂將軍抵達巴黎了。街上的人們開始歡呼吶喊，圓頂咖啡廳前人群不斷聚集，直擠到瓦萬街上。可是，坦克與納粹黨衛隊隨後而至，群眾在槍響中驚慌逃命。

隔天，法國國旗在艾菲爾鐵塔頂端升起。戴高樂沿著香榭麗舍大道行軍穿越巴黎，後面跟著法國與美國的士兵。在凱巡門旁，波娃和奧爾嘉也加入歡呼的行列。

戰爭尚未結束，但巴黎重獲自由了。

波娃的第二冊回憶錄《鼎盛人生》記載了一九三〇至四四年間的日子，而她所寫的作品要在這段歲月將近尾聲的時候才會開始出版。《鼎盛人生》飛快帶過了波娃此時期的哲學思考與成就，在許多人眼中，她一股腦地將這些成就歸功於沙特。不過，這本回憶錄並沒有遺漏提及她龐大的閱讀量，內容包含了哲學、心理學、宗教，以及女性性學（雖然此領域的資料沒有多少）。這些年裡她讀了阿德勒、阿蘭、一些美國文學、阿隆、柏格森、貝爾納諾斯（Georges Bernanos）[*]、杜斯妥也夫斯基、綴厄·拉·侯歇（Drieu La Rochelle）[†]、一些英國文學、一些她稱為「沒營養的娛樂的讀物」[24]、福克納、佛洛伊德、紀德、朱利安·格林（Julien Green）[‡]、黑格爾的《精神現象學》、海德格、海明威、賀德林（Holderlin）[§]、胡塞爾、雅斯培、喬伊斯、卡夫卡、齊克果、拉羅希福可（La Rochefoucauld）[¶]、萊布尼茲、米歇爾·雷希斯、列維納斯（Emmanuel Levinas）[**]、馬里旦（Jacques Maritain）[††]、莫里亞克、梅洛龐蒂、尼采、普魯斯特、雷蒙·格諾、聖修伯里、舍勒（Scheler）[‡‡]、史格克（Sketkel）的《女性性冷感》（*Frigidity in Women*）、司湯達、斯多噶、梵樂希（Valéry）[§§]、尚·瓦爾、王爾德，還有更多的吳爾芙。

所以，有什麼是她略過沒提的呢？波娃的哲學論文《皮洛士與齊納斯》寫於一九四三年，發表於解放後的一九四四年九月。但這篇論文直到二〇〇四年才有英譯本，因此法文世界以外的讀者沒能即時看見沙特與波娃間哲學對話的整體輪廓，也沒跟上波娃思考的獨立發展。《皮洛士與齊納斯》探問了重要的道德問題，並開啟了波娃的文學生涯中被她稱為「道德時期」的階段。無論是因為戰爭、因為她與博斯特的戀情、因為險些造成嚴重後果的娜塔莉事件、因為她理解到自己與沙特傷害碧昂卡有多深、或是因為她對於沙特的某些論點難以苟同——很可能是以上好幾個原因加總起來——當時的波娃想知道的是：人的行動和人與人之間的關係是否有可能合乎道德？又該如何合乎道德？但在回答這些道德問題之前，她必須回答一個更為基本的存在問題：人為什麼要做任何事情，而非什麼都不做？

---

* 譯註：喬治・貝爾納諾斯（1888-1948），法國作家。

† 譯註：皮耶・綴厄・拉・侯歇（1893-1945），法國作家。法國法西斯主義的支持者，並且是德國占領時期的著名通敵主義者。小說作品《鬼火》（*Le feu follet*）曾幾度被改編為電影（如《八月三十一日，我在奧斯陸》）。

‡ 譯註：朱利安・格林（1900-1998），美國作家，但主要以法文寫作。第一個被選入法蘭西學術院的非法國國民。

§ 譯註：腓特烈・賀德林（1770-1843），德國浪漫派詩人。

¶ 譯註：法蘭索瓦・德・拉羅希福可（1613-1680），法國箴言作家。

** 譯註：伊曼紐爾・列維納斯（1906-1995），猶太裔法國哲學家。

†† 譯註：雅克・馬里旦（1882-1973），法國天主教哲學家。

‡‡ 譯註：馬克斯・舍勒（1874-1928），德國哲學家、哲學人類學代表者，著作涉及諸多領域。

§§ 譯註：保羅・梵樂希（1871-1945），法國詩人、作家。法國象徵主義後期詩人的主要代表。

沙特的鉅作《存在與虛無》於一九四三年出版時，遭到許多當代人士的批評，因其對於人性的描繪極為陰鬱絕望。沙特花了數百頁緊湊而灰暗的篇幅描繪人類境況，卻只用了兩頁半討論倫理相關的內容。他說，壞信念會導致許多人做出虛無的結論——「孑然一身的醉鬼與權傾一時的君王，兩者間根本毫無差別。」[25] 但沙特並未解釋清楚為何兩者**應該要有差別**，也沒嘗試說明虛無主義錯在哪裡——例如，說明為何生命具有意義，或我們該怎麼做才能過著有道德的人生。反之，沙特留給了讀者更多沒有答案的問題：自由能夠作為一切價值的源頭、生命意義的來源嗎？是否正如許多信仰上帝的哲學家所說的那樣，我們在定義自由時只能將其與某種「超越的價值」（亦即上帝）擺在一起，討論兩者間的相對關係？[26]

跟波娃一樣，沙特也自學生時期起就對於自由的概念及人類對意義的渴望深感興趣。兩人都思考過，人類是否需要一個像上帝這種「超越的對象」來賦予人類自由、賦予生命意義？不過，沙特與波娃不同之處在於，他並未替這套以自由為題的哲學發展出倫理學，並且解決超越性的問題。至於波娃，她試著以不同的文學體裁（一篇論文、一本小說、一齣劇本）來闡述她的答案。可是，她的論文和劇本要等到二十一世紀才會被翻譯成英文，而那本小說則被視為是她將沙特的理論轉化為虛構情節而寫成的「存在主義」小說。所以，人們誤以為，替存在主義這個二十世紀裡廣為流行的哲學運動發展出倫理學的哲學家是沙特。但事實上，那個人其實是波娃。在一九四五年時，她自己也曾說過這是**她**（而非沙特）正在做的事。

《皮洛士與齊納斯》以皮洛士與齊納斯間的對話作為開場。皮洛士是公元前四世紀時希臘伊庇魯斯地區的國王，齊納斯則是他的謀臣。兩人討論著皮洛士征服世界的大計畫時，齊納斯問：在家休息和征服世界又有什麼分別呢？[27] 波娃同意沙特所說的，人類會做出自己的**計畫**（Projects）。我們設定目標、為自己劃下界線，但目標總是能被超越、界線總是能夠重畫，就算真的得到了所追求之物，我們也常會感到失望。有時候，達到目標只令我們理解到，自己追求的不過是那段追求的過程。有時候，一旦目標物到手了，我們立刻就不想要它了。所以，行動究竟有什麼意義？我們為何又該在乎自身行動是否合乎道德？《存在與虛無》的結尾其實相當接近齊納斯的意見——孑然一身的醉鬼與權傾一時的君王並沒有什麼分別。

可是，人怎能這樣想呢？波娃認為**兩者是有所分別的**：醉鬼與君王的處境不同、手中握有的形塑他人世界的力量也不同。波娃以自身經歷作為素材，寫成她的哲學論述：

我認識一個孩子，她因為公寓門房的兒子去世了而哭泣不止。她的父母一開始由著她哭，後來便惱火起來：「那個男孩畢竟不是你的弟弟。」於是，這孩子止住淚水。可是這樣的教育是危險的。如果為陌生的小男孩哭泣毫無用處，那好吧，但人又為何要為自己的弟弟而哭？[28]

無論波娃後來成為了什麼樣的人，她都並沒有忘記當她看到父母對門房兒子之死如此冷漠時，她心裡的那份無從理解之感。但她也知道還有一個問題：就算我們能睜開眼睛、看清世間所有錯處，苦難和不公義俯拾皆是，我們無法為所有這樣的事而哭——哭也哭不完。我們的能力有限，也不總是知道該在乎些什麼。如果我們產生共鳴的對象是相同性別、國籍或階級的所有人，或乾脆是人類整體，那麼我們關懷的範疇也只不過是在言語上擴大了而已。

真正的問題是：在這世間，我們應該關心與努力促成改善的領域究竟為何？我們自身的行動——這是波娃對於「**人為什麼要行動**」一題的答案——因為你的行動就是世間唯一為你獨有之物，人藉著自身的行動才成為了自己。無論如何，只有你能創造或維持你與他人之間的關係。[29]這些關係並非理所當然地存在——關係必須持續地被創造、日日更新。關係可能受到滋養而枝葉繁茂，也可能遭到忽視、濫用而永遠中斷。[30]

波娃與沙特持續討論著自由的概念超過十年的歲月，並試著在**生活中實踐**自己所信仰的哲學觀——就如同她曾為了她深愛的上帝而活那樣。可是有個問題，她這套哲學觀是無法實踐的。沙特在他的劇作《沒有出口》（*No Exit*）中說出「他人即地獄」而引起熱議的那年，波娃發表了一篇論文反駁他的觀點。我們在世上並非獨自活著，而波娃的看法與沙特不同——她認為獨自活著的人是悲慘的，因為人的計畫需要他人才得以完成。《皮洛士與齊納斯》回頭談了愛與**奉獻**的主題，根據波娃曾在學生日記中寫下的想法繼續向前推展。波娃寫著，每個人都希望在思考自己人生的意義時感到平靜與心安。但許多樂於付出的人（常是**女人**）說，自己所擁有的這份「心安」來自於為他人而活的人生。有些人聲稱自己在上帝那裡得到平靜，有些人則因著自己對他人的犧牲奉獻而感到安心。[31]

可是，以自我奉獻來證成存在意義會產生許多問題。首先，如果你的快樂完全仰賴你付出的對象接受這些她不曾要過的東西，那對方很可能會感到惱怒。若我們的付出違背了他人意願而限縮了他人之自由，那麼付出便成了暴虐之舉。所以波娃想知道的是，如果有這麼多人似乎都願意為他人付出，那麼人是否有可能自我奉獻卻不淪為暴君？[32]

至此，一切都很清楚了。她需要的是對於自由的另一種理解，有別於沙特所述的那種。沙特說自由沒有限制，而波娃並不同意——他人的選擇會限制我們的選擇，而我們也會對自身的選擇做出限制。所以，追求自由還不夠好——任何並非出於偽善，而是真心珍視自由的人，也都必須珍惜他人的自由，並在行動時以合乎道德的方式行使自己的自由。[33]

波娃希望讀者記住的是，我們的行動形塑了與我們相遇的他人的世界，並創造了他人行動時的處境。當然，她也拋棄了先前與政治保持距離的態度。但我們並不清楚這件事有多少能歸因於她的處境，也不知道對此事影響較深的究竟是具歷史性的二戰經歷或是她個人的私生活。即便她與沙特之間擁有「必然」的愛，這段關係仍為她帶來許多痛苦，而她也逐漸意識到他倆以有害的方式影響了那些「偶然」的戀人。此時距離波娃因著那封給碧昂卡的分手信而斥責沙特的那天，已過了好幾年了，碧昂卡也已與伯納·朗布蘭結婚。不過，碧昂卡在戰後再度來找波娃——她過得非常不快樂。一九四五年時，波娃又寫信告訴沙特，他倆對於碧昂卡的痛苦有責任。那天晚上，她跟碧昂卡聊到深夜，內心充滿了悔恨：「她得了一種劇烈而可怕的神經衰弱症，我想這是我們的錯。這是我們兩人與她之間的事情所產生後果，直接而深遠、餘波未了〔……〕我們傷害了她。」[34]（碧昂卡的精神分析師拉岡〔Jacques Lacan〕日後也對此說法表示同意。[35]）

《皮洛士與齊納斯》一文出版後獲得了極好的反應。波娃自己也在第三冊回憶錄《環境的力量》（*Force of Circumstance*）中提到，此篇論文的迴響「鼓舞我回到哲學領域」。[36]在這篇論文中，她以巧妙的方式駁斥了班傑明·康斯坦（Benjamin Constant）*、黑格爾、史賓諾沙、福婁拜、卡夫卡、康德與布朗肖（Maurice Blanchot）†的論證。不過，她卻將論文的成功歸因於法國大眾在占領期間對於哲學的巨大需求，而輕描淡寫地帶過了自己在存在主義發展史上的重要地位。

她難道沒察覺到自身的重要性嗎？幸好，有篇一九四五年的訪問存留至今，內容顯示她心裡是知道的。在這篇《法國文學報》（*Les lettres françaises*）的訪談中，波娃並未提到法國大眾在哲學上的匱乏，卻提到了沙特那套哲學系統的缺陷。她是這樣說的：「存在主義的背後並沒有任何有關倫理的內容。我自己從中提煉出了一套倫理學，並在《皮洛士與齊納斯》這篇論文中加以闡述。我也試著以一本小說與一齣劇本來呈現我所找到的解答，這兩種體裁較為具體而具有歧義性。」[37]既然如此，為什麼波娃在敘述自己的人生的時候，要略過自身重大的哲學貢獻？若要明白這個問題的答案，我們就必須深入瞭解，是什麼讓她在公眾場域中選擇成為這個如此不同的自己。

---

* 譯註：班傑明．康斯坦（1767-1830），瑞士洛桑出身的法國小說家、思想家、政治家。以心理主義小說聞名。

† 譯註：莫里斯．布朗肖（1907-2003），法國著名作家、思想家。

一九四四年，西蒙．德．波娃在雙叟咖啡館寫作。

十　存在主義之后

一九四五年一月，美國國務院邀請了八位法國反抗團體記者訪美，報導美國於戰時的貢獻，而卡繆邀請了沙特同行。對此，沙特感到喜出望外，他是看西部片、讀美國驚悚小說長大的，美國的一切都很吸引他。到達美國後，沙特發現有些地方十分符合他的期待，但也有些地方令人大失所望。該地的種族歧視與貧富差距之大都相當令他震驚；此外，令他驚嘆的還有一位他在紐約的廣播電台遇見的女記者：迪樂芮．凡內緹（Dolores Vanetti）。迪樂芮在戰間期曾是位女演員，就住在巴黎的蒙帕納斯區。她對於當年常在圓頂和穹頂聚會的文人們很有印象。她有著低沉的嗓音，而且她的母語是法語（這對沙特很重要）。[1]友善之情很快地就發展成了愛慕之情。

沙特不在的這段期間，波娃沒怎麼收到他的訊息。她讀了他為《戰鬥報》和《費加洛報》（*Le Figaro*）撰寫的報導，偶爾也從卡繆那裡得知他的消息——沙特有報導要發表時會透過電話與卡繆聯繫。但反正，她人也不在家，沒辦法收他的信。波娃在二月時前往葡萄牙拜訪艾蓮娜與李歐納，待了五個星期。她在里斯本的法國學院發表演說，也為《戰鬥報》寫了文章。此時距離波娃姊妹上次見面已過了近五年，艾蓮娜看到姊姊破舊的衣服與簡陋的鞋，不禁嚇了一跳。葡萄牙的生活水準比法國好多了，所以西蒙回法國的時候，行李箱裝著一整櫃的衣服，還有要給「小家族成員」的禮物。[2]

三月，沙特來信說他會在紐約多留一陣子，待到五月底。一九四五年四月二十九日，法國女性首次在選舉中擁有投票權。五月七日，德國在蘭斯（Reims）簽下投降協議。五月八日，在柏林的正式儀式中再次簽訂協議書。歐陸的戰爭終於結束了。

那年六月，沙特滿四十歲了，他對此感到相當不高興。他決定不再教書，全心投入寫作。不過，還有另一個原因使他心情低落——他跟迪樂芮．凡內緹之間的交往愈來愈認真了，但身為人妻的迪樂芮卻向沙特表示，只要有波娃就沒有她。她說，不用寫信給她，一切都結束了。到了七月，沙特再也受不了跟迪樂芮吵架不聯絡，於是寫了信給她。她的回應相當正面——也許他們還是可以找到方法繼續交往。八月六日及九日，美國分別在廣島與長崎投下原子彈，日本投降了。

戰後，沙特和波娃變得相當出名。[3] 一九四五年是波娃的公眾形象出現重大轉變的一年，原因是他倆的名聲愈來愈響亮，還有就是她身為知識分子的名聲已與沙特本人以及兩人如今（不得不）稱之為「存在主義」的理論緊緊相繫。那年夏秋之際，他倆加起來出版了十幾篇作品：小說、演講稿、劇作，還開始發行一本雜誌。十月份的某一週裡，沙特發表了一場著名的演說，講題是「存在主義是一種人文主義嗎？」（Existentialism: Is it a humanism?）；同一週裡，波娃的劇作《無用人口》（*Useless Mouths*）舉行首演，而波娃與沙特共同主辦的一本新的刊物也在該週發行了創刊號。現在，巴黎的書報攤都買得到這本沙特與波娃的心血結晶——每月出刊的《摩登時代》（*Les Temps Modernes*）。但在創刊號裡，雜誌總負責人的欄位後方只掛著沙特的名字。

《摩登時代》之名來自卓別林一九三六年的同名電影。這本雜誌直到二〇一九年都仍持續出刊*，其內容涵蓋了文學、哲學與政治，被譽為法國政治界兩種主流路線——馬克思主義與基督教傳統——之外社會亟需的「第三種聲音」。沙特和波娃想藉由這本雜誌來關心許多當前的迫切議題，做個入世的知識分子，而這樣的雜誌也正是法國民眾所需要的。

* 譯註：《摩登時代》隨著最後一任總編輯克勞德·朗茲曼於二〇一八年過世，雜誌也於隔年的二〇一九年正式宣布停刊，替這本發行了七十四年的雜誌畫下句點。

一九四四年，法國立法禁止曾在維琪政府占領期間出版過的報章雜誌繼續出版，上百份刊物都受到影響，只有反抗勢力刊物，例如《戰鬥報》、《解放報》（*Libération*），還有自由區域的媒體，例如右翼的《費加洛報》、社會主義的《人民報》（*Le Populaire*）與共產黨的《人道報》（*L'Humanité*）等未受波及。曾與納粹合作的作家寫手都在這波肅清活動中被從嚴法辦，有些作家稱這次行動是幫助法國「社會恢復健康」的「必要手術」。[4]波娃持續為《摩登時代》撰寫社論，也在雜誌創辦後的頭幾年內在上面發表了數篇重要的倫理、政治相關文章。

不過，跟沙特一起做這麼多事也帶來了一些負面影響。波娃一九四五年的小說《他人的血》所講述是兩個人的故事，但在企鵝（Penguin）所出版的作品封底上，卻只放上了其中一個人的故事：

> 生活優渥的布爾喬亞男子尚・布洛瑪在納粹占領期間成為了反抗領袖，他在漫漫長夜中守著愛人伊蓮娜，直至她嚥下最後一口氣。故事線交織著兩人的生命片段，而黎明時分，布洛瑪面臨了一個重大決定。

《他人的血》在占領期間寫成，於一九四五年出版。書中敘述了反抗勢力的艱困掙扎，還有一名充滿憤怒、又對家庭懷抱著罪咎感的男人內心的掙扎與覺醒。此書至今仍是西蒙·德·波娃筆下最扣人心弦的故事之一，訴說著這位存在主義哲學家如何試著在「對於他人的責任」與「自己的幸福」間找到雙贏的解答。[5]

根據封底描述，這是一位**男性**覺醒的故事，而伊蓮娜似乎只是被動地躺在臨終病榻上，為故事中英雄的每個抉擇與行動帶來悲劇感、加強戲劇性。但這本小說所講的其實不只是一個人的覺醒——伊蓮娜也發覺了她對於他人的責任，只是她在覺醒前所面對的阻礙與她的愛人所面對的阻礙有所不同。

美國學者維克多·布隆博（Victor Brombert）說，波娃在此書中以「虛構故事」「簡述了存在主義之信念」。不過，《他人的血》所闡述及運用的可不只是沙特的哲學，而是波娃自己的哲學。此書預示了幾個將會在《第二性》中出現的主題，特別是關於女性的行為表現，以及男性及女性如何在各自的處境中，以不同的方式實踐愛情。

故事剛開始不久便提到，伊蓮娜想要愛尚，因為她覺得尚能夠「證成」她的存在。不過隨著她的年歲漸長——「成為女人」——之後，她「不再滿足於持續付出愛情，卻無望得到回報」。[6]而尚也意識到伊蓮娜起初的愛有多脆弱。他不想成為她人生唯一的目的，因為他能給予她的「不過是一份日漸削弱的溫柔」。他意識到他的愛成了她的牢籠。[7]

無論是對尚或伊蓮娜而言，這樣的愛情都不夠好。對尚來說，在人生裡「愛情並不是全部」，伊蓮娜的索求成了壓迫。[8]而當伊蓮娜「覺醒」而開始看見她對別人的責任時，她對於愛情在生命中的角色也開始有了不同的看法。

波娃後來寫道，作家的使命是「以虛構故事的形式來描述個人與世界的關係——在這份關係中，人賭上了自由」。[9]然而世界為女性準備了另一套有別於男性的標準與限制。波娃則令這樣的差異鮮明地顯現出來——藉著將伊蓮娜與尚的覺醒歷程擺在一起對照，並描述女性是如何沒能得到（也沒有要求得到）男性所受的尊重。例如，尚的母親總是在「找藉口」、向他人道歉、並努力讓自己所占據的空間縮到最小。[10]而尚與她相反，他知道自己在這世間占有一席之地。[11]整本小說裡，無論是在實際空間或是在對話空間中，女性與其男性對照角色相較之下都較不受重視。伊蓮娜就留意到，尚會以一種「男人對男人」的方式跟他的朋友保羅說話，此時她在他們眼裡「只是一個任性膚淺的小女孩」。[12]她出言指責保羅的虛偽：「你常跟我說，你尊重他人的自由；但你擅自為我做出決定，待我如同物品。」[13]

小說也描述了兩種男人看待性的方式，一種物化了女性、另一種則沒有。就尚看來，在他懷抱中微笑的愛人是個完整的人，尚視肉體為自身意識具現化之物，並享受其與另一份意識的交融。而馬賽爾與尚相反，他「無法忍受碰觸另一具身體，除非全然將其視為物品」。[14]

在第二冊的回憶錄的結尾，波娃寫下她對於自身作品的心得。她對《女賓》感到不滿，因為「謀殺不是解決辦法」。在《他人的血》與《皮洛士與齊納斯》中，波娃「試著定義我們與他人之間的真正關係」：「無論我們喜不喜歡，我們確實都會對他人的命運造成影響。我們必須面對此事背後的責任。」[15]《他人的血》的開頭，有一段來自杜斯妥也夫斯基《卡拉馬助夫兄弟們》的引言：「我們每個人對於所有事、所有人都具有責任。」波娃把這本小說獻給娜塔莉・索洛金。

中年之後，波娃開始捍衛自己的原創性，並回頭談論《他人的血》所得到的評價。她在《環境的力量》中說，這本小說的主題是「我以個人自由所體驗到的自身存在，與對我為客體的他人所體驗到的自身存在二者間的矛盾」。她說，她的寫作意圖「對大眾來說並不明顯；這本書於是被貼上『反抗小說』與『存在主義』小說的標籤」。她的小說被讀者視為「理論小說」就已夠糟了，更糟的是，人們還以為小說中的理論來自沙特的哲學。

發明「存在主義」一詞的是天主教哲學家與劇作家加布里埃爾・馬塞爾（Gabriel Marcel），他以此詞來稱呼沙特的哲學。不過，波娃十分抗拒人們為她貼上這個標籤——她在寫《他人的血》的時候根本沒聽過這個詞，而且她說她的靈感「來自個人經歷，而非某個理論系統」。[16]《戰時日記》裡留下了波娃對於《女賓》的早期想法，裡面清楚記錄著她希望這本小說所講述的事情之一是一位女性如何落入「人能透過愛來使自身意識得到承認的幻覺之中」。[17]

十月二十九日，波娃人生中唯一一齣劇作《無用人口》在巴黎舉行首演，並在家樂福劇院（Théâtre des Carrefours）有場義演。這齣劇的時空背景設定在中世紀法蘭德斯（Flanders）地區一個虛構的城邦——伏艾爾（Vaucelles）。伏艾爾地區的人民發起革命，要推翻勃艮地大公。故事的第一幕裡，城裡人民因為長期的圍城戰而面臨饑荒；於是他們的領袖市政官決定，為了保住城池，他們必須驅逐「無用人口」——亦即女人、小孩與老人。他們的理由是，糧食已嚴重短缺，應該只分配給工人與士兵。伏艾爾在法文中的讀音則近似法文問句：她有價值嗎（vaut-elle）？

早在她寫出較具政治性的作品《第二性》（一九四九）與《論老年》（*Old Age*）（一九七〇）之前，波娃的劇作就寫出了某些群體只因他們身為小孩、女人、老人便被視為無用之人的現象。而這齣劇作和波娃其他的作品一樣，也探問著是否所有的愛與付出都會成為「牢籠」？劇中角色尚皮耶（Jean-Pierre）不想要「被賜予」一個妻子：「把她給我？你以為我會同意把她關起來、然後告訴她我就是她的全世界嗎？我可沒有一顆獄卒的心。」在戲中，尚皮耶與克萊西絲（Clarice）都察覺到另一種「愛」的可能。尚皮耶向克萊西絲表白時，她問他：

克萊西絲：那麼，在這世間，我們該如何去愛？

尚皮耶：我們一起在艱難中前行。[18]

波娃將這齣劇獻給她的母親[19]，也將首演當晚的收入全數捐給因父母被送進德國集中營而成為孤兒的孩子。[20]

後來，波娃表示《無用人口》得到了許多負評——「各大報有志一同地對我火力全開」。[21]這齣劇確實招來了一些批評，特別是針對製作方面的問題。也有一些人認為，故事的寓意太牽強了，「徒有中心思想卻失去戲劇原貌」。[22]不過，她得到的也不全是負評：「整個巴黎市內，怎麼沒有出現至少十個導演在搶這個劇本？如果世上還有公理、如果大眾還有辦法欣賞這齣劇的價值，那麼《無用人口》在夏佩爾大道（Boulevard de la Chapelle）將會大受歡迎。」[23]

一九四五年十月二十九日，《無用人口》首演的那個晚上，沙特人在巴黎的另一區舉辦了一場如今十分出名的講座：「存在主義是一種人文主義嗎？」那晚的場地在時代俱樂部（Club Maintenant），地方不大；即便如此，活動主辦人起初仍擔心場地會太過空曠而顯得尷尬。不過，當沙特抵達俱樂部時，人群聚在門口等著進場，讓沙特開始擔心自己也許根本擠不進去。當他終於設法抵達講台時，他告訴眾人，「存在主義」一詞流行得很，但沒人知道是什麼意思。基督徒認為這個思潮無神而不道德，共產黨員認為這是無政府主義。但沙特說，這兩個說法都是錯的。人們不接受他的論點，是因為他們寧願落入壞信念之中，也不願面對自由。「存在先於本質」，他說，你就是你所認為的自己，僅此而已。那天晚上的講座成了法國存在主義思潮中最具權威的**經典之言**（後來，這個講座的內容以〈存在主義是一種人文主義〉為題成文出版）。

沙特在時代俱樂部發表演說的不久後，還有另一場沒那麼多人記得的存在主義講座：尚．瓦爾對存在主義的歷史發表了短講，並有許多哲學家受邀與他對談。貝得耶夫（Nikolai Berdyev）*、古爾維奇（Georges Gurvitch）†與列維納斯討論了存在主義是如何受惠於齊克果、胡塞爾與海德格。[24]除此之外，在十二月十一日還有一場更少人記得的講座：西蒙．德．波娃所主講的「小說與形上學」。[25]

沙特的時代俱樂部演講成了戰後巴黎學界的標誌性事件，而波娃的講座則毫無這樣的重要性可言，她自己在回憶錄中僅以半句話帶過此事。波娃開始測試文學與哲學之間的界線，並在哲學上為自己的看法提出辯護。有些人注意到這件事，也有些人同意她的看法。一九四五年初，梅洛龐蒂就發表了一篇論文，說波娃的《女賓》代表著一種新的哲學研究方式。[26]

與此同時，雖然《他人的血》起初可說是廣受好評，但人們也逐漸開始批評它為了哲學而犧牲文學，就像《無用人口》一樣。布朗肖在媒體上對《女賓》多有稱讚，稱其具有豐富哲學涵養，且在道德上保持開放性，並未將結論強加於讀者身上。但就連他也批評《他人的血》是本理論小說，而這麼說的人並不只一個。所以，波娃在「文學與形上學」的講座中回應了這些批評。她從自身經歷及哲學論述出發，說明自己為何試圖要調和哲學與文學。「我十八歲的時候」，她說：

---

* 譯註：尼古拉．貝得耶夫（1874-1948），俄國宗教和政治哲學家。一九二二年被布爾什維克政府逐出俄羅斯，短暫停留德國，後移居巴黎。

† 譯註：喬治．古爾維奇（1894-1965），法國社會學家。

我讀了很多書，但當時我只能以十八歲孩子的讀書方法來讀書——天真而充滿熱情。打開一本小說就像進入一個真實的世界，一個具體的現實世界，裡面住著許多人、發生許多事件。而哲學著作則是帶領我離開地球表面，進入無垠時空的永恆平靜之中〔……〕所以在哪裡能找到世間真相？在世界上或是在永恆中？我感到自己分裂成兩半。

波娃選擇寫小說，因為文學有能力帶給我們「與實際經歷一樣完整而令人不安的虛構經歷」。[27] 哲學作品常以抽象語言寫成，軟硬兼施地希望讀者接受觀點，而非邀請讀者來觀看不同的觀點在特定的情境中所展現的樣貌。波娃說，形上學小說「訴諸」的是讀者的自由。

波娃也提到，遭人以理論小說一詞指控的作家不只她一個，有許多傑出的作家及哲學家也有這樣的經驗——曾有人說杜斯妥也夫斯基的《卡拉馬助夫兄弟們》根本是一篇哲學論文。此外，她也認為齊克果證明了她的論點：一位哲學家若是愈珍惜人類主體經驗與各人獨特的的內在生命，就愈有可能使用「能描述人在時光中成為自己的獨特經驗」的文學體裁。就連柏拉圖也在這兩種各具吸引力的選項間掙扎不已：在同一篇對話中，他將詩人逐出理想國（因擔心藝術腐化人心），但同時卻又看見藝術有能力鼓勵我們追求至善（再說，這位西方哲學巨人畢竟也訴諸了文學體裁才寫成了《對話錄》）。[28]

一九四五年（波娃後來會稱此年為「存在主義進擊」之年）後，沙特和波娃再也無法由名人的身分中逃開。在巴黎的咖啡廳裡，人們會盯著他們瞧。在街上，攝影記者會偷拍他們。在美國，他們出現在《時尚》雜誌、《哈潑時尚》以及《大西洋月刊》（*Atlantic Monthly*）裡。沙特成了時髦名人，但他身旁那位迷人而絕不墨守成規的女性則更是加添了他的魅力。至於波娃，她也發表了幾篇闡述存在主義的哲學文章，內容比沙特的文章「更為細心且結構嚴謹」。[29]可是，人們無情地忽視了波娃在哲學上作出的貢獻以及她跟沙特之間的哲學分歧。一九四五年，戰後小報《星期六晚報》（*Samedi Soir*）戲稱波娃為「沙特修道院」（La grande Sartreuse）*與「沙特的聖母」。

在公眾的眼中，這兩人如膠似漆。可是，私底下的波娃其實正默默承受著可能是沙特最令她困擾的一段「偶然」戀情；沙特的這段戀情令她感到「極為迷惘」。[30]七〇年代時，波娃曾與沙特一同受訪並討論到沙特生命中其他女性。當時波娃說，迪樂芮·凡內緹令她感到害怕，因為沙特非常喜歡她。《摩登時代》發行創刊號時，沙特在裡頭寫著「獻給迪樂

* 譯註：La grande Sartreuse字面上的意思是「忠實的沙特派」，但也同時諧音夏特勒茲修道院（La grande Chartreuse）。

正在錄廣播節目的波娃，那年是存在主義進擊之年，一九四五年。

芮」。一九四五年的聖誕節，沙特也沒有跟波娃一起過，而是在十二月十二日時飛往美國，在迪樂芮身邊待了兩個月。而迪德莉．貝爾說，她在一九八二年向波娃問及迪樂芮時，波娃變得「十分激動、充滿情緒」。[31]不過，貝爾這番說法其實沒能告訴我們什麼——是怎麼個激動法、又是哪種情緒呢？是否在三十年後，波娃的嫉妒與悲傷依然絲毫不減？或者，她是因為即便到了晚年，人們仍要向她問起沙特與沙特的女友、仍要以這些人的存在來定義她，因而感到激動或憤怒？

一九四五年十二月，波娃在《摩登時代》上發表了一篇名為〈存在主義與常民智慧〉（Existentialism and Popular Wisdom）的文章。當時的人們指控，存在主義是種悲觀負面的哲學，以不健康的方式強調人性的墮落與死亡之必然。所以波娃寫了一篇文章，以揶揄的語調指出，存在主義可不是第一套關注人類之悲哀與必死的哲學理論，而其對於人類為何而生、為何存在、為何受苦的探問更非什麼新鮮事。[32]她已厭倦人們問她接受存在主義有何好處，她說：這個問題對哲學家而言相當奇怪。「康德和黑格爾也沒有問過自己『接受康德和黑格爾的學說有何好處』。他們就只是寫下他們認為的真相，如此而已。真相本身即為他們的目的。」[33]

波娃看見的真相是，人們總是以各種託詞來逃避自由。沙特在《存在與虛無》中的悲觀其實跟法國道德哲學傳統中的悲觀非常接近——這派傳統之下的法國文人包含著名的作家帕斯卡與拉羅希福可。帕斯卡認為，人類有能力創造巨大的「悲慘」與巨大的「高貴」，但總傾向創造前者。這樣的看法使他得到了「悲慘主義者」（Miserabiliste）的小名，而此觀點也在文學中繼續流傳，在雨果的《悲慘世界》這樣的作品中再度現身。至於拉羅希福可，他的《道德箴言錄》（*Maximes*）同樣悲觀，他說人類的同胞愛不過是場騙局，是場巨大而普遍的自戀幻象。即便人做出慈善之舉，他在其中看見的也是經過偽裝的私心。

嫻熟祖國文化的法國讀者在沙特描述的人類處境中看不到什麼希望，部分原因是因為他們在其中辨識出很多來自上述哲學傳統的悲哀與絕望。而令波娃感到訝異的是，人們竟對此事「感到如此憤怒」。她說：「人類的悲哀處境並不是什麼新鮮主題。基督教哲學家、帕斯卡、博須埃主教（Bossuet）、馬席雍主教（Massillon）、牧師、神職人員、整個基督教傳統，幾個世紀以來都竭盡全力想令人類感覺到自身之悲哀可鄙。」而非基督教的道德哲學家也曾大力抨擊了禮教舊俗：「拉羅希福可、詩人拉封丹（La Fontaine）[*]、聖西門（Saint-Simon）[†]、尚福（Chamfort）[‡]與莫泊桑等人都爭相痛斥人世之卑鄙、徒勞及虛偽。」[34]

就波娃看來，面對著存在之歧義性，基督教思想家與非基督教的道德哲學家所給出的答案都是**託詞**。如果人類**生來**便有罪，或**天性**便是自私自利，那麼人大可輕鬆接受存在注定就是如此悲慘，而不是認為自己能自由抵抗那份帶來悲慘的不公義。如果沙特認為人類的天性就是注定想要宰制他人，那麼我們其實永遠無法逃離宰制者的身邊。而波娃的哲學與此相反，她拒絕「以謊言與放棄來安慰自己」。人類的天性不是宰制就是臣服——這樣的想法不過是藉口而已。[35]

> 人們喜於認為持守美德很容易〔……〕同時，他們又沒掙扎幾下就讓自己相信持守美德是不可能的。美德是可能實踐，但相當困難的事——人們不怎麼願意這樣想。[36]

任何形式的決定論——基督教決定論、非基督教決定論、道德主義、馬克思主義——都將自由的重擔從人類的肩頭上拿走。而且，這也讓人不再需要學習以具有道德的方式運用自由。

* 譯註：拉封丹（1621-1695），法國詩人，以《拉封丹寓言》（*Fables choisies mises en vers*）留名後世。

† 譯註：亨利．德．聖西門（1760-1825），法國哲學家、經濟學家、空想社會主義者。與實證主義創始人奧古斯特．孔德相熟，曾聘其為祕書。

‡ 譯註：尼古拉斯．尚福（1741-1794），法國作家，以警句和格言聞名，亦為路易十六的姐姐和雅各賓俱樂部兩者的祕書。

波娃在獲得名望的同時，也得到了使用這份名望造福他人的機會。一九四五年秋季的某天，她跟一位朋友在香榭麗舍大道上排隊買電影票，剛好遇見了朋友的熟人——矢志成為作家的薇奧麗・賴朵絲（Violette Leduc）。幾天後，賴朵絲把自己的小說手稿拿給波娃過目。波娃一口氣就讀完了前半段，但她告訴賴朵絲，後半段的故事有點失去力道。賴朵絲重新改寫後，波娃相當喜歡此書，將它推薦給卡繆。而卡繆接受了波娃的推薦，出版了這本小說——《窒息》（*L'Asphyxie*）。[37]之後，波娃也在工作上與生活中持續鼓勵著賴朵絲。

沙特不在的時候，波娃繼續努力寫她的新小說——《人皆有一死》（*All Men Are Mortal*）——也潤飾改寫了沙特那場「存在主義是一種人文主義嗎？」的演講稿，使其得以用新的篇名〈存在主義是一種人文主義〉出版。娜塔莉・索洛金仍跟波娃一起住在路易斯安那飯店裡。她懷孕了，正準備搬到加州與她的美國大兵男友相聚。「她溫柔和善、容光煥發」，波娃在寫給沙特的信裡說，「而孩子也日漸成長著」。[38]波娃和博斯特仍維持戀人關係，但博斯特的記者工作使他時常旅行在外，他開始感到自己的位置受到沙特威脅——雖然沙特待在波娃身邊的時間也沒比他長多少。

那年耶誕，波娃與博斯特、奧爾嘉及汪妲到梅傑夫度假。波娃說，這段假期是她「一整年來最愉快的時光」——有鑒於波娃在那年裡的諸多成就，這話實在滿有趣的。波娃已開始意識到，她的公眾成就並不一定會為她個人帶來滿足感。她喜歡多年友誼所帶來的熟悉親密感，還有使人精神為之一振的孤獨與新鮮空氣。一月中回到巴黎後，波娃有種環境突然轉換之感：前一天腳下還踏著滑雪板，「今天我卻穿著城裡的衣服、剛做好頭髮，而且我看起來優雅美麗、氣色好極了。我曬得很漂亮，神情也十分輕鬆——這在巴黎市區可是有些格格不入。」[39]波娃在等待前往突尼西亞的班機時寫信給沙特，提到她的名氣尾隨著她到了滑雪場。「你知道我也挺出名的嗎？雪場有位親切的女士問奧爾嘉姊妹倆：『波娃小姐是不是很有名？好多人跑來問我那是不是波娃本人！』」[40]

在這之後，沙特有整整一個月沒有波娃的消息。他希望能收到她的信，也寫了一堆信到突尼西亞給她，但他們得仰賴存局候領（Postes restantes）的服務，所以經常錯過對方的信。[41]在紐約，波娃的小說給沙特帶來了一些麻煩。迪樂芮問李維史陀，他覺得沙特怎麼樣？李維史陀假裝不知道迪樂芮和沙特在交往，他說：「你覺得我在讀了《女賓》之後還能覺得怎麼樣？這人真是個下三濫的傢伙。」（沙特寫信給波娃說：「把我寫成這樣真是謝了，小寶貝。」）[42]

此時的波娃正在突尼斯（Tunis）與阿爾及爾（Algiers）舉辦講座，她對於存在主義的「巨大成功」感到難以置信。她在阿爾及利亞時，人們成群湧入會場。不過，她很想念沙特的信。她回到巴黎時，博斯特人在義大利，娜塔莉已前往美國，而沙特仍在紐約。而且，人們開始談論沙特和迪樂芮的事了。至於沙特，他到處宣稱迪樂芮是世上最棒的女人。沙特的傳記作者安妮・柯恩索拉在寫到這段歲月時說，對於沙特這些行為，她不知道該說他是「瘋了、病態、憤世忌俗、投機主義、殘酷、以傷人為樂，或者就只是笨頭笨腦而已」。[43]

雖然沙特的著作尚未有任何英譯本問世，但他的名字經過宣傳，已在紐約引起熱議。《時代》雜誌刊登了一篇文章，描述這位巴黎的文學偶像已「空降曼哈頓」。文章裡還說，《存在與虛無》是存在主義「聖經」，而西蒙・德・波娃則是存在主義的「首席信徒」。[44]

如果波娃當時知道大西洋彼岸發生的事，她會發現自己其實有充分理由擔心最糟的情況。沙特在給波娃的信裡所展示的情況是：他正享受著紐約與美國戀人的陪伴，但他同時也對迪樂芮的愛情感到有些害怕——在沙特的信中，他彷彿試圖與迪樂芮的如火熱情保持距離。[45]但事實上，迪樂芮已在申請離婚，哥倫比亞大學提供了沙特一份為期兩年的聘書，而沙特也已向迪樂芮求婚。[46]

沙特婉拒了哥大的聘書，而迪樂芮的離婚也得花些時間才能辦好；所以沙特和波娃都覺得，他應該回法國。那年剩下的日子，他們可以多陪陪彼此；至於那之後的事，誰會知道呢？

二月回到巴黎後，波娃開始寫《歧義的道德》，並在《摩登時代》上發表了一篇名為〈以眼還眼〉的文章。到了戰後的這個時間點，納粹大屠殺的恐怖行徑已是眾所皆知，而〈以眼還眼〉細緻地討論了懲罰與復仇、責任與原諒。波娃說，人類在根本上就具有歧義性：是主體也是客體、是意識也是物質。拒絕承認他人的主體性、將他人視為可任意折磨殺害的客體，這便構成了「絕對的邪惡」。[47]

三月十五日，沙特由紐約啟程前往巴黎。他回到巴黎後，講不到三句話便提起一次迪樂芮。波娃變得很難專心工作，每幾個小時就頭痛起來、或是分心走神。[48]一九四六四月，她開始沮喪起來：沙特跟迪樂芮之間是否擁有一種他們兩人從沒有過的和睦關係？她想擺脫這份糾纏著她的不確定感。波娃還來不及考量時機，她的問句便脫口而出：「說真的，我跟迪樂芮到底誰對你比較重要？」兩人與朋友約好共進午餐，當時正在赴約的路上，時間並不多。沙特說，迪樂芮對我而言「非常重要」，但「我仍在你身邊」。[49]整頓午飯她坐在位子上，感到自己的心不斷往下沉。沙特究竟是出於對契約的忠誠還是出於真心才跟她在一起？午餐後，沙特向她解釋：他們總是認為行動比語言更為珍貴，所以現在何不也這麼看待此事呢？此刻，他人就在她的身旁。

她以為他說服了她。一九四六年五月時，她還在寫《歧義的道德》；但在親眼看見沙特有多為迪樂芮著迷之後，她彷彿陷入泥沼。她繼續讀哲學，研究黑格爾作品中的中介（Mediation）概念。她知道自己有時認真過了頭，她說：有時候她會感到自己像是一條被潮水沖上岩岸後「逐漸乾枯死去」的魚。[50]但無論如何，她把該做的事做好了。五月十四，她交了四篇文章給《摩登時代》，而《歧義的道德》的導論也在六月一日發表了。[51]

波娃跟沙特現在太出名了，無法繼續在咖啡廳寫作，這也讓他倆之間的疏離感變得更深。沙特的繼父在他去年待在美國的期間過世了，他母親問他是否能考慮搬回來跟她一起住。沙特答應了，並在一九四六年五月搬進波拿巴路（Rue Bonaparte）四十二號四樓。公寓的窗戶可以俯瞰聖日耳曼德佩廣場，從沙特的書房能看到雙叟的露台，還有雷恩街的街口。

沙特重新回到他母親的布爾喬亞世界，裡面有仿路易十六風格的傢俱，以及其他諸如此類的東西。但這層公寓很舒服，沙特的母親曼西夫人（Madame Mancy）會替他買衣服，她的女傭尤金妮（Eugénie）則會替他洗衣服。波娃與曼西夫人仍稱不上十分合得來，而曼西夫人已開始稱這些生活上的新安排是「她的第三段婚姻」。[52]

沙特剛搬進去後不久，他們就得知奧爾嘉病了；她本來應該在沙特的劇作《蒼蠅》（*The Flies*）中演出的。她那年二十九歲，雙肺都染上肺結核。她去巴黎克利希（Clichy）的博容（Beaujon）醫院接受手術，並挽救了她的命。而博斯特才剛出版了他自己的書，卻沒有太多時間沉浸在喜悅之中。他每天都去探望奧爾嘉，波娃也經常陪伴他。

從美國回到巴黎後，沙特自己的生活也很快地在另一方面出現了變化。巴黎高師有個二十一歲的學生尚柯（Jean Cau）滿懷熱誠地寫信給沙特問道：不知道他是否需要一位祕書？沙特一開始覺得這個主意很好笑，但後來他接受了這個提議。他雇用了尚柯，讓他每天上午為他工作三小時。尚柯總共為沙特工作了十一年，替他寫他不想寫的信，後來甚至替他理財——這是個不怎麼令人羨慕的任務。每天上午十點，曼西夫人會開門讓尚柯進來，尚柯進門後會開始替沙特拆信。而沙特差不多也在這個時間開始工作——整個上午「像騾子般勤奮」。下午一點，沙特會跟波娃或另外的女性出去吃午餐，尚柯則下班離開。四點半，沙特會跟波娃一起回到公寓，波娃會在沙特書房裡的橋牌桌前工作，並待到晚間八點。

在一九四六至四九年間這段不到四年的時間裡，沙特——在有母親打理公寓，還有幫傭與祕書幫忙的情況下——產出了四十篇作品。想當然爾，波娃是他的編輯顧問。兩人仍持續跟對方討論自己進行中的作品，徵詢對方的意見。波娃在這些事上的付出嚴格來說不算全然無償——她自己的寫作與編輯工作為她帶來收入，而她的信件內容顯示他倆將沙特的收入視為共同收入（雖然他們在領到錢之後常又拿去援助別人）。[53]但是，波娃得負擔家人的開銷，而她也沒有個人空間與個人助理。

許多讀過波娃傳記的讀者都很難不去想，在迪樂芮與沙特交往的那些年裡，也許波娃應該結束這段與沙特的「必然」戀情——這可能會令她輕鬆許多。每個人都知道，他們訂下愛情約定已是超過十五年前的事了。但多數人不知道的是，波娃和沙特的戀情並不是一般那種愛與性相互交織的戀情。她在《環境的力量》中提到，她「跟沙特之間的情感連結有她無法說明之處」。許多人都認為她對他的情感就跟一般女性人生敘事中的那種情感差不多：她希望在這個男人的生命中占據核心位置，並以傳統的合法婚姻或非傳統的交往關係來達到目的，而不是智性上的深刻交流。[54]

波娃又開始跟梅洛龐蒂見面了，梅洛龐蒂即將接手《摩登時代》每日編輯的工作——這份工作名義上的負責人是沙特。五月六日，他們共進午餐，討論了沙特的哲學。梅洛龐蒂認為沙特的哲學沒能忠實呈現出真實世界的複雜之處。波娃在日記裡說，這番話讓她想回去繼續寫那篇關於歧義性的論文，但她不知為何覺得好累。[55]

一九四六年六月，她在《迷宮》（*Labyrinthe*）上發表了《歧義的道德》的導論，批評那些「在理性的形上學與撫慰人心的倫理學中」逃避現實的哲學家：「只要人曾活過、曾體驗過自身境況中悲哀的歧義性，只要世間還有會思考的哲學家，多數人都會嘗試掩飾此事。」[56]我們需要的是一種直面生命之歧義性的倫理學，而非替人們找藉口的倫理學。

那個月底，波娃已完成了《歧義的道德》，並且思考著接下來要寫什麼。她坐下來，空洞地盯著面前的白紙。她的朋友雕刻家賈克梅第說她看起來很「荒蕪」；她說她想寫作，但不知道該寫什麼好。「寫什麼都好」，賈克梅第說。她挺欣賞米歇爾．雷希斯的自傳《成年》（*Manhood*），這給了她靈感，她可以寫自己的事——有個念頭開始在她腦海裡成形。她寫下筆記，跟沙特細細討論。她想問的問題是：「對我來說，身為女人究竟意味著什麼？」

在回憶錄中，波娃與沙特的對話看起來似乎啟發了她。她在《環境的力量》中說，她一開始覺得，身為女性這件事沒有什麼太大的意義；她並不覺得次人一等，也聲稱：「從沒有人告訴過我『妳會這樣想，是因為妳是女人』，我的女性身分並未為我帶來任何困擾。」[57] 沙特建議她再多想想這件事：她可不是以養育男孩的方式被養大的。所以她再度思索此事；正是在此時，她終於發現這個世界是多麼地專屬於男性：許多迷思形塑了她的童年時光，這些迷思以不同的方式形塑了男孩與女孩的面貌。所以她把撰寫回憶錄的想法放到第二順位，轉而一頭栽進對於「女性迷思」的研究中，並在國家圖書館裡花上大把的時間。在這個作品裡，她不想專注在她**自己**身為女人的經歷上，而是希望研究「女性」的存在境況。雖然《第二性》有些段落與她的自身經歷與身旁見聞非常相似；雖然她在一九四一年的日記裡就已批判過哲學家自稱的中立態度與普遍性，也在四〇年代中的論文及小說作品中再提此事；但是，這時的波娃還沒有完全意識到個人經歷也能具有政治性。哲學家論及「人」（Man）與「人的境況」（The human condition），那麼「女人」（Woman）呢？是否也有「女人的境況」（The feminine condition）？

有些人認為，波娃在回憶錄中將《第二性》誕生的功勞過度地歸予沙特。瑪格麗特・西蒙斯已經指出，「波娃沒有對身為女人一事多加思考」這個說法明顯有錯。她的日記、信件、生活和小說，都與這個說法矛盾。有鑒於波娃的深思熟慮與小心翼翼，甚至有些人認為她是**刻意說錯**這個故事。畢竟，她在少女時期極度渴望成為哲學界的先驅，甚至不惜對她父母以沉默作為抗議；而她也承認實現心願的代價，是傳統上保留給女性的那些位置變得離她十分遙遠。[58]少女波娃難以理解哲學的理性該如何與她自身的熱烈情感共存，因此求助她的老師尚娜・梅西耶（Jeanne Mercier）。梅西耶老師鼓勵她將情感視為生命不可或缺的一部分。在一九二七年七月，波娃寫著她仍想要「繼續當女人」，但「思考上偏男性化，而感受則偏女性化」。[59]

約莫十年後的二戰期間，即將滿三十二歲的波娃寫著：「我感覺自己是個成熟的女性，而我很想知道這位成熟女性會展現何種風貌。」[60]她寫了一封信給沙特，裡頭談及她很感興趣的一個自我的面向：我的「女性特質」，「我是如何符合卻又不符合我的性別」。波娃說：「這件事仍有待定論，就如同我對人生的期待、我的思想、我如何置身於世界中也有待定論一樣。」[61]

不過，《環境的力量》裡頭那段惡名昭彰的段落並沒有說《第二性》的點子來自沙特，只說她與沙特間的對話對她很有啟發。她讀了雷希斯的書，寫下關於新書的想法，然後一邊跟沙特討論一邊著手動筆。[62]沙特並不是她的思想的來源，而僅是她在思想上無人可比的摯友——能在聊天中作出回應、催化她自身思考的對象。波娃後來說，《第二性》的原創性來自於處境（Situation）此一概念。她並沒有將女性特質視為一種「本質」（Essence）或「天性」（Nature），而是將其視為「一種人類文明根據生理條件上的特定假設而創造出來的處境」。[63]

一九四六年夏天，波娃和沙特一起到瑞士和義大利旅行。在日內瓦，波娃受邀向學生演講，也在洛桑（Lausanne）辦了一場公開講座。除了日內瓦，他們也去了弗里堡（Fribourg）、納沙泰爾（Neuchâtel）、巴塞爾（Basel）。波娃快寫完她的第三本小說《人皆有一死》了，而沙特正在寫更多劇本。這趟兩人假期結束後，沙特去陪汪妲，而波娃則獨自前往多羅米堤山脈（Dolomites）健行——再度在遠離塵囂的孤獨中找到平靜、恢復精神。十月，他們一起去了羅馬，在平靜的日光中埋首寫作。[64]

一九四六年十二月，波娃的《人皆有一死》出版了。這本小說跟波娃的其他小說很不同，由大量歷史情節堆砌而成，而非以熱烈的內在情感驅動故事。這本書名氣較小，也許是因為裡面沒有一個角色有沙特的影子。與《他人的血》一樣，這本書的敘事者佛斯卡伯爵（Count Fosca）也是男性，他也在一個長長的夜裡回憶著自己的故事。不過他跟尚・布洛瑪不同的地方是，他擁有不死之身。佛斯卡伯爵在一二七九年生於義大利，他出生的時候是個凡人，但至今已活過六個世紀的世間光陰。他選擇長生不死，因為他相信他可以在歷史上創造出重大改變：他要成為世界的統治者，導正一切、根除飢荒與戰爭、讓世間生靈享有和平繁盛。

佛斯卡的故事與歐洲歷史上的關鍵時刻交織在一起：中世紀義大利、十六世紀的德國（當時馬丁路德正倡議將宗教中的權威下放至個人而引起熱議）。但無論是十三世紀或十六世紀，他遇上的都是戰爭。他想要改革社會、幫助窮人，但在每個國家都遭受阻撓。對歐洲完全失望的佛斯卡想著，也許新世界還沒有被舊世界的野蠻傳統給汙染。但當他抵達新世界的時候，他看見的是印加帝國的毀滅與南美原住民遭到剝削。人們告訴他「非洲的黑人」和「美洲的野蠻人」沒有靈魂，所以歐洲人不用因為這些人的苦難及死亡而放棄眼前的黃金。[65]世人以「善」來為自己所創造出來的悲慘境況辯解，這令他開始懷疑善是否根本不曾存在。[66]

佛斯卡的聽眾只有一個人：蕾吉娜（Regina）。她是一名自戀成性的二十世紀女性，沉浸在被不死之人愛上就能變為不死之身的夢想中。她認為，如果得到了佛斯卡的愛，她就成了最特別的女人；但實際上，這會令她在無垠時空中永遠只能當一個人的愛人。讀者並不能在佛斯卡或蕾吉娜身上看見凡間生命的真實，那體現於另一個叫做亞蒙（Armand）的角色身上——亞蒙滿足於在自己的時空裡充充實實地活一場。波娃希望《人皆有一死》能透過「虛構經歷」而非教訓的方式體現《皮洛士與齊納斯》的道德觀。[67]

小說中的歷史架構與擁有不死之身的敘事者都觸及了波娃日後會在《第二性》中詳加闡述的主題：「男人總是握有世間一切的具體權力」。[68]就像英國學者伊莉莎白・法萊茲（Elizabeth Fallaize）所說的，《人皆有一死》中的女性群像「展示了整個人類歷史如何將女性圈限在邊緣地帶的過程，此景除了令人沮喪之外沒有別的」。[69]我們看到依賴、強迫婚姻、看到女人被視為可割棄的群體而在社會漠視中死去。不過，隨著歷史前行，我們在佛斯卡較為近代的戀人之中也看到了希望資助科學與創立大學的女性。對於每個戀人，佛斯卡都提出了同一個問題：愛是什麼？

從四〇年代初開始，波娃就一直在思考歷史的問題。戰後，她思考著自己的立場為何：是偏向那些宣稱第三次世界大戰已經開打的「虛無主義假先知」呢？或是偏向那些「漫不經心的樂天主義者」？波娃（在政治上）並不同意當代的共產主義者，但她（在哲學上）也不同意黑格爾的說法——她無法認同「人類」的未來是一體的、是持續進步的。[70] 對於未來歷史的發展，波娃並不怎麼樂觀，並以佛斯卡的故事道出了她的看法：「愚蠢的戰爭、失序的經濟、無用的革命、毫無意義的屠殺，許多地區的人們生活水準毫無改善。這個時代裡的每件事似乎都是一團混亂、原地踏步。這也是我之所以選擇它的原因。」[71]

這本小說拋出的問題不是「我們該做什麼」，而是「我們真的能做什麼嗎」？

十一　美國的困境

一九四七年一月二十五日，波娃登上前往紐約的班機，她即將在美國度過意義重大的四個月。她一直都很喜愛英國與美國小說，除了兒時讀過的奧爾柯特和艾略特之外，她還愛上了海明威、吳爾芙，還有其他英語作家，多到數不完。所以，當在美國教書的法國超現實主義詩人與記者菲利普．蘇波（Philippe Soupault）安排她到他任教的斯沃斯莫爾學院（Swarthmore College）擔任客席講師時，她實在興奮極了。李維史陀當時在法國的文化大使館工作，他替波娃申請了此趟旅程所需的經費。而波娃不在的時候，迪樂芮．凡內緹會前往巴黎與沙特相聚。

波娃下飛機後，移民署的官員詢問她來訪目的。她的簽證上寫著講學，於是他問她是關於哪方面的？哲學，波娃說。法國大使館文化中心的女士來機場接她，在到旅館的路上順道帶她去吃了頓龍蝦大餐，然後抵達位於市中心的旅館。正式的歡迎活動結束後，波娃逛了曼哈頓；沿著街道散步，將一切盡收眼底。對於這裡她曾有諸多想像，但親眼見到的感覺好不真實：百老匯、時代廣場、華爾街、自由女神像。在這裡她感到好自由，沒人會盯著她看。[1]

紐約令她驚奇不已，人們把郵件投入輸送管內、由販賣機買東西，他們講話的方式就像她和沙特最愛的電影裡的那些角色。從三〇年代開始，波娃與沙特就共同發展出一種對於美國和蘇聯的矛盾熱愛：他們喜歡爵士、美國黑人靈歌、藍調、美國電影、美國小說。但同時，他們也認為美國替世上最醜惡的那種資本勢力提供了庇護，並且十分厭惡這個國家對於窮人的剝削——特別是種族隔離。而蘇聯在藝術方面的吸引力遠不如美國，但三〇年代時，兩人很欣賞蘇聯的社會主義實驗。[2]

波娃對於美國的事物很好奇，但仍維持謹慎。她沒接受當地白人出於安全顧慮的勸阻，決定獨自一人在哈林區散步（就像當年在馬賽的她也不顧朋友勸阻，逕自搭了陌生人的便車）。她嚐了嚐蘇格蘭威士忌；在她看來，這種酒似乎是「美國風格的關鍵元素」。起初她不太喜歡這種風味，不過很快便習慣了。[3]漸漸地，在必須與旅館櫃台通話或以英語交涉事情時，她不再感到胃部打結，她的自信與日俱增。

迪樂芮．凡內緹還沒動身前往巴黎。波娃跟她約了一天碰面，因為她想見見她本人，也因為迪樂芮曾答應要介紹幾位編輯給她認識。所以，波娃約她在第五大道上的荷蘭雪梨酒店碰面，喝杯飲料。一開始的時候她們都有些緊張，各自喝著威士忌，最後一路聊到凌晨三點。

在花了好幾個月想像這個女人的面貌之後，波娃很高興自己在見她時感覺是愉快的。[4]她感到愉快是因為她能「理解」沙特的感覺；她寫道：「我能瞭解你的感覺，也因著你的感覺而尊重你。」不久後，迪樂芮邀請波娃參加了一場雞尾酒會，也把幾位報社與雜誌社的人介紹給她。當時，波娃會寫些有關女性作家與女性議題的文章，以此賺點外快；此事顯示了早在《第二性》出版的兩年前，波娃便已關注著當代女性的處境，並一路追溯至一戰期間——當時，戰爭讓更多女性得以進入職場，但她們仍未成為獨立之人。[5]

波娃待在紐約的時候，與艾倫（Ellen）及理查・萊特（Richard Wright）成為了好朋友。這對非裔丈夫與白人太太的夫妻檔與波娃建立起了長達數十年的友誼。理查是《土生子》（*Native Son*，一九四〇）與《黑孩子》（*Black Boy*，一九四五）的作者，而艾倫後來創立了一間文學經紀公司，波娃則成了她的終生客戶。[6]波娃在一九四〇年便讀過理查的作品，《摩登時代》的創刊號也收錄了他的短篇故事〈火與雲〉（Fire and Cloud）。理查認為波娃與沙特對於人類苦難的感受相當銳利，他們的文筆亦是獨特出眾。很快的，波娃就開始將兩人位於格林威治的公寓稱為她的「家」了。萊特家的五歲女兒很喜歡她——這倒是有些出乎她意料之外。而萊特家的朋友也都對於波娃相當喜愛。他們介紹波娃認識了一些文人，例如伯納．沃爾夫（Bernard Wolfe）——他在墨西哥時曾擔任托洛茨基的祕書，並寫過幾本關於藍調的書。波娃告訴他，她想要聽聽真正的爵士，他於是替她弄到了路易斯．阿姆斯壯演奏會的票，地點在卡內基廳。[7]

理查也介紹了波娃一本將會永遠改變她在學術上的思考方向的書——《美國的困境：黑人問題與現代民主》（*An American Dilemma: The Negro Problem and Modern Democracy*）。這本書出版於一九四四年，由瑞典社會學家剛納．默達爾（Gunnar Myrdal）所寫，是研究美國種族與種族歧視問題的經典名作。（一九五四年時，指標性的反種族隔離案件「布朗訴托彼卡教育局案」〔Brown v. Board of Education〕將會引用此書，而此書截至一九六五年為止總共售出了十萬本）。默達爾認為，美國的種族關係並不是深陷惡性循環之中，而是按著他所說的「累積原則」（The Principle of cumulation）不斷發展而致。就他看來，白種人壓迫有色人種，然後再怪罪他們表現不佳。除非白人擺脫偏見，或是非裔美國人的境況有所改善，不然這樣的循環會繼續對社會造成惡性影響。美國的政治理想——例如平等、有能者出頭、人皆有機會等——沒能納入考量的是非裔族群在過去與此刻都活在長期的壓迫與偏見中，被社會排除在外。默達爾在美國黑人民權運動開始前便寫下此書，他認為許多美國白人並不清楚他們的黑人同胞所面臨的處境。他覺得讓這樣的處境「曝光」、喚起眾人的意識，對於改善情況至關要緊。因為，累積原則與「惡性循環」有所不同，累積原則是雙向的：「它可以『向上』、向我們期待的方向前進，也可以『向下』、向更糟的方向前進。」[8]

美國這個國家向來以其對於新觀點的開放性為傲，而波娃受到了親切的接待：《紐約客》訪問了波娃並報導她訪美一事。評論報導說她是「沙特身旁的女性知識分子」、「你所見過最漂亮的存在主義者」。[9]

二月中，波娃離開紐約，踏上了二十四場講座的巡迴之旅，講題是「戰後作者的倫理問題」。為了宣傳講座，她寫了兩篇關於法國女性作家的文章：〈女性文學的問題〉（Problems for women's literature）與〈女性文人〉（Women of letters）。在《法美》雜誌（*France-Amérique*）的文章作者介紹欄裡，波娃是「哲學家、記者與小說家」。女性文學的「問題」是什麼？為什麼女性的文學成就不如男性？波娃認為，女性所受到的限制是來自於她們的處境，而非先天能力的限制：

> 幾個世紀以來，塑造了我們生活於其中的這個世界的人都是男性，這意味著這個世界屬

於他們。女人在這世界裡有屬於自己的位置，但從不曾感到舒適自在。男人感到自己是世界主宰，因此很自然地會想要探索世間萬物。出於好奇，他們探尋並認識世界，試圖以思想主宰這世界，甚至聲稱他們已透過藝術再次創造了世界。沒有什麼能阻止他們，沒有什麼能限制他們。但女人的處境則完全不同，直到最近這些年才有所改變。[10]

近年來，女人的處境有了劇烈的改變——不只在於投票權（這在法國算是新近獲得的勝利），更在於教育條件及其他機會。而這導致了更多女人「向內尋找對於自己更為深刻的認識」，最終令她們「轉向哲學」。[11]不過，波娃認為還有許多得克服的問題。因為謙遜實在太常被視為女性特質了，所以膽大敢為的女性並不多見，而大膽的代價也令她們感到害怕。波娃寫著，女孩在童年時擁有一部分的自主權——但在成為女人的途中，世界會鼓勵她們因為愛或幸福的緣故而拋棄這份自主。[12]

波娃的其中一場講座在芝加哥舉行，她在此地停留了一天半。城裡，雪覆蓋了街道，風也確實不小——風城芝加哥並非浪得虛名。在這稱不上是好客的寒冷氣候中，波娃不想獨自探索異域。她在紐約的朋友告訴她可以找納爾遜・艾格林（Nelson Algren）——他是一位硬漢風格的小說家，筆下作品描寫了美式生活的陰暗面：酒鬼與妓女。

她試著打電話給他，打了三次，但她沒能以準確的發音說出他的名字，所以他掛了她電話。被掛三次電話之後，波娃找了一個美國人幫忙溝通。當天晚上，波娃與艾格林在她旅館的酒吧裡見上了面。[13] 那年她三十八歲，艾格林小她一歲，是個又高又瘦的男人。她告訴他，她對於美國閃亮亮的表象已很厭倦了。截至目前為止，她在旅程中造訪的不過是一間又一間的高級飯店。在這些餐廳、演講、龍蝦大餐之外，他能不能帶她看看真正的芝加哥？

他確實能，而他也確實這麼做了。他帶波娃去了包厘區（Bowery），該處以「紅燈區、廉價烈酒、性感舞者與其餘類似的墮落享受」而聞名。[14] 兩人去了歌舞俱樂部、也在一家黑人俱樂部聽了爵士樂表演。他不會說法文，而她的英文並不十分流利。不過，在這個夜晚結束之前，艾格林已開始告訴波娃自己的故事。他在底特律出生，在南芝加哥的貧窮街區長大。他的父親是瑞典裔、母親則是猶太裔，但這兩個族裔都沒有為他帶來任何歸屬感。他在伊利諾大學主修新聞，之後曾搭火車在美國南方四處旅行。有次在德州，他偷了一台打字機，最後坐了四個月的牢。他曾入伍服役，部隊駐紮在法國；他在前往法國與回美國的旅途中都在紐約待過一下子。除此之外，他不常離開芝加哥。但他熱愛寫作，並認為波娃該見識一下**真正的**美國。

那個夜晚結束時，他們約好隔天再見面。隔天，波娃在法國文化協會用了午餐；不過飯後，她請接待她的人讓她在艾格林家下車即可。波娃高尚體面的東道主得知她想前往**那個**街區，不禁吃了一驚。他們的車子經過空蕩的停車場以及廢棄倉庫，然後在西瓦本沙大道（West Wabansia Avenue）一五三二號門前停下。艾格林的房子亂成一團，到處都是報紙和雜物，但廚房生了火，而他的床上有條美麗多彩的墨西哥毯。波娃在這次拜訪中並沒有真的接近這條毯子：艾格林想帶她四處看看。他們在嚴寒中漫步、喝酒暖暖身，然後她就必須離開了。晚上，她還得跟法國領事館那些正經八百的紳士們共進晚餐。

隔天早上，她搭上前往洛杉磯的火車，在兩天後抵達了目的地。在洛杉磯的車站，她舊日的學生兼前女友娜塔莉．索洛金正等著為她接風。娜塔莉與丈夫伊凡．莫法（Ivan Moffat）及年幼的女兒住在洛城的西木區（Westwood）。她們開車回到公寓，伊凡已準備好早餐等著她們。伊凡是小有成就的電影編劇——他後來會獲得奧斯卡金像獎的提名——而且他挺喜歡波娃的《人皆有一死》。伊凡把小說丟給他的製作人朋友喬治．史蒂文斯（George Stevens）看，他們覺得由葛麗泰．嘉寶（Greta Garbo）和克勞德．雷恩斯（Claude Rains）來主演也許不錯，談話中還提到了一大筆錢。「三萬塊」，波娃在給沙特的信裡寫著，「這個數字是不是令人頭暈？」[15]（當時她希望此事能促成自己於隔年再訪美，但這部片的計畫不幸未能成真。[16]）幾天後，娜塔莉和波娃踏上了一段美國公路之旅：娜塔莉開著伊凡的紅色帕卡德（Packard）、波娃負責找路。兩人先抵達舊金山，然後是內華達山脈（Sierra Nevada）腳下的小鎮孤松鎮（Lone Pine），伊凡和喬治在此與兩人會合。

回到洛城後，波娃和娜塔莉又跳上灰狗巴士，前往新墨西哥的聖塔菲。在這趟三個星期的旅程中，她們造訪了聖塔菲、休士頓、紐奧良、佛羅里達，最後是紐約——每一站都有講座等著波娃。緊湊的行程令人疲憊，但波娃非常喜歡看看新地方、學習新事物。每到一個新的城市，她總會在茶會或晚餐席間饒富興味地問著問題，也與講座聽眾、學校教職員與學生談話交流。她讀了許多美國書，寫下對於美國生活的觀察。後來，她出了一本旅遊札記：《西蒙波娃的美國紀行》（*America Day by Day*，一九四八）*，裡面有許多段落充滿光彩洋溢的熱情——在來到紐約之前，「我從不曾想過我會像愛著巴黎那樣深深愛上另一個城市」，她說。[17]

她在三月十二日回到紐約，並寄了一封信給艾格林——艾格林寄了幾本書到她在芝加哥的旅館，但她退房時書還沒抵達。艾格林還寄了一張短箋問波娃，她能再來芝加哥嗎？她說她不知道——她在紐約還有幾場講座得講——但也許四月有機會。

* 譯註：臺灣曾出版過此書（何穎怡譯，先覺出版社，二〇〇一年），故以該書名當作譯名

講座的宣傳做得很不錯，時尚雜誌和大學報紙都提到了波娃的巡迴演講。三月中，《時尚》雜誌刊登了〈女人陷阱〉（Femininity: The Trap）一文，並介紹波娃為「沙特**存在主義**哲學的頭號信徒」。波娃本人想必感受到了這其中的諷刺，不過對於這樣的描述，她是否曾感到不快？對於「以男人的方式思考的女人」、「纖細秀麗的三十八歲法國女人」這幾句話，她又是怎麼想的？那期的雜誌裡對於安德烈·馬爾羅（André Malraux）的介紹是這樣的：「文學強人」、「堅定的戴高樂信徒以及共產主義的敵人」（至於馬爾羅的高矮胖瘦則留待讀者自行想像）。

根據雜誌的介紹，波娃這篇文章寫的是「法國女人的新角色」。此外，這篇文章中的幾個段落也出現在《第二性》裡，幾乎是一字不差；但我們並不清楚這些段落是早已為了《第二性》寫好的，或是波娃後來抄襲了自己寫過的文章。[18]我們從回憶錄中得知的，只有《時尚》的編輯珍·康迪（Jean Condit）在她初抵紐約時替她舉辦了歡迎晚宴；二月六日時，她同意替他們寫一篇文章，並在二月十二日將文章內容口述給打字員聽。[19]

這篇文章裡，波娃相當清晰地提出了她女性主義哲學系統中的其中一個核心論點：「沒有什麼比『永恆女性』（The eternal feminine）的迷思更虛假不實而使人生厭的了；男性在女性的幫助之下創造了這個迷思，將女人描述為直覺敏銳、溫暖迷人並且十分敏感的生物。」[20]這個對於女性特質的定義，其「陷阱」在於，它常將女人放在次於男性的位置上、並導致女人心中出現矛盾分歧感。波娃認為，擁有女性特質使得女人在男人眼中具有價值，而女人害怕失去女性特質會令自己喪失價值。波娃開始覺得，透過教育或自身成就而取得自我價值感的職場女性，常會感到自己不如其他女性，她們自覺較不具魅力、也不夠敏感——也就是說，不夠**女性化**。相反地，男人在取得成功的過程中並不需要犧牲自己的男性特質，成就也不會為他們帶來任何不安之感——他們在職場上的成功並不需要以個人生活的犧牲作為代價。必須面對這種矛盾兩難的只有女人：「女人不是得放棄她們整體人格的其中一部分，就是得放棄她們女性誘惑力的其中一部分。」[21]但為什麼要擁有成就——或性感魅力——得付出如此高昂的代價？

波娃待在美國的期間注意到許多事情，都想寫在她那本關於女性書籍裡。身處異國文化——並以外來觀點看事情——令她留意到男人和女人在試圖理解對方時是站在不同的立足點上的。她在《西蒙波娃的美國紀行》中提到，她覺得美國女人其實比法國女人更不自由，而且她在察覺到自己的這個想法時感到有些驚訝。訪美之前，她總將「美國女性」視為「自由女性」的同義詞；但她很震驚地發現，在美國，未婚女性較不受到尊重。她寫道：初抵此地時，美國的女性服裝「令我嚇了一跳，因為這些服飾皆極其強調女性特質，性的意味昭然若揭。相對於法國，我在美國的女性雜誌裡讀到更多關於如何釣得金龜婿的長篇文章」。在美國，波娃觀察到男人與女人間有種敵意；他們好像並不喜歡彼此，這使得他們之間的關係變得艱難。「這有一部分是因為美國男人的話通常比較少，而最低限度的交談畢竟仍是友誼的必要條件。不過還有另一個原因是兩性之間有種互不信任的氛圍。」[22]

四月中，波娃返回紐約，待在華盛頓廣場附近的百福（Brevoort）酒店，也與萊特夫妻及伯納．沃爾夫又聚了聚。她預計五月十號離開，並寫信請沙特為她回歸法國作出「妥善」安排：除了他和博斯特之外，她不想見到任何人。他們可不可以來趟兩人的小旅行、聊聊這幾月發生的事呢？

她有好多事要告訴他：她在紐約的那些講座——哈佛、普林斯頓、耶魯、梅肯學院（Macon College）、歐柏林學院（Oberlin）、密爾斯學院（Mills College）、瓦薩學院（Vassar）、威爾斯利學院（Wellesley）、史密斯學院（Smith）。可是，即便是大學報紙，裡頭的敘述仍強調了波娃的外表與她和沙特的關係。《普林斯頓日報》（*The Daily Princetonian*）寫著：「存在主義的女性大使訪美——優雅迷人的西蒙．德．波娃」告訴聽眾「作家們可不能再袖手旁觀、將自己孤立於象牙塔內了」。[23]

出了象牙塔，她在萊特夫妻身邊所見識到的事令她眼界大開。她跟他們倆在一起——

也就是兩位白人女性與一位黑人男性同行——的時候，紐約的計程車是不會停下來載他們的。萊特帶她去阿比西尼亞浸信會（Abyssinian Baptist Church）聽亞當・克萊頓・鮑爾（Adam Clayton Powell）牧師講道，他的講道內容相當具政治性[24]——這是間位於哈林區的窮困教會。[25]萊特的小說《土生子》說的是一個二十歲的黑人男性大托馬（Bigger Thomas）的故事，討論著「身為黑人」的意義——以類似詹姆斯・鮑德溫（James Baldwin）*及法農（Frantz Fanon）†的角度切入。萊特夫妻使波娃更為清楚地看見種族隔離：「從出生到死亡之間的這段歲月，無論是在吃飯、戀愛、走路、跳舞或禱告的時候，他都忘不了他是黑人這件事。而這使他每分每秒都持續意識到整個白人世界的存在，『黑人』一詞唯有在白人創造出來的這個世界中才具意義。」[26]

在白天的街道上受人冷落、卻又在夜間聚會中接受名人的款待，這樣的體驗一定為波娃帶來一種深刻的不協調感。有次，在紐約新學院（New School；一所進步派聚集的新大學）

---

* 譯註：詹姆斯・鮑德溫（1924-1987），美國黑人作家、散文家、戲劇家和社會評論家。他也是一位同性戀者。

† 譯註：法蘭茲・法農（1925-1961），出生法屬西印度群島的馬提尼克島，是近代最重要的黑人文化批評家之一，也是作家、心理分析學家、革命家，以後殖民論述與去殖民運動聞名。

的講座結束之後，波娃先跟達達主義畫家馬塞爾・杜象（Marcel Duchamp）共進了晚餐，接著便前往皮斯卡托（Erwin Piscator）*家參加為她舉辦的盛大宴會：建築大師柯比意和德國作曲家威爾（Kurt Weill）都在，甚至連卓別林也來了。她跟卓別林談話愉快，但事情隨即變得有點尷尬，因為晚宴上的另一位賓客說，波娃得承認卓別林也是個存在主義者——「簡直太荒唐了！」她寫道。[27]

《西蒙波娃的美國紀行》英譯本很快便於一九五二年在英國出版；當時，「周遊美州的格列佛小姐」獲得了輕蔑而負面的評價。至於美國版的譯本則在一九五三年出版，不過裡面討論種族隔離的段落卻被刪除了。波娃的作品得到此般待遇也不只這一次而已：《第二性》的英譯本中，她對於壓迫的分析也是成段地被刪去。一九五三年時，出版社認為美國社會大眾還沒準備好面對波娃對於種族的看法。然而，更為近期的評論則稱此書為「對二十世紀美國作出最佳分析的兩本書之一」。[28]

四月二十四日，波娃寫信給沙特說，在他倆的小旅行出發之前，她想先跟博斯特見面。接著她打給納爾遜・艾格林：她的行程表確實是有個空檔，她能否過去拜訪他？她飛回芝加哥，跟納爾遜共度了三天——這次是真正親密的三天三夜。第四天，她回到紐約，有封來自沙特的信等著她；他已為她訂了路易斯安那飯店那間「她喜歡的粉紅色房間」，也會去機場巴士的接駁站接她。

五月，伯納．沃爾夫帶她去參加派對，派對上有人在抽大麻菸。她想來一根嗎？一位紐約客告訴她抽上一根就會飄飄欲仙，但波娃抽了六根仍沒有任何感覺。她因為大麻的效果不如預期而大為光火，於是在惱怒中喝下了半瓶威士忌。美國人都看呆了——在這番壯舉之後，波娃仍是好整以暇，幾乎看不出醉態。[29]

五月三日，她收到沙特寄至飯店的信。他說迪樂芮變得有點難纏，能不能請她在紐約多待一週？波娃是在一個灰濛飄雨的週六收到這封信，讀完信後她「情緒潰堤」，熟悉的傷痛與淚水重新淹沒她。她有整整五天沒有回信；最後，她寫信跟沙特說，此事對她來說是個「打擊」，但她也「無法忍受」自己回去的日子早於沙特所希望的日子。她在重新安排機位時遇上一些問題，但仍設法搞定一切。五月六號的時候，事情都處理好了：她會在五月十八日星期天的十點半抵達榮軍院站（Gare des Invalides）。剛回到巴黎與沙特相聚的那幾天，波娃不想把他分給別人，所以她再度請沙特「把事情安排好，好讓我們能共度一段完整的兩人時光」。她在信後留下給博斯特的附註，說她「傻氣地期待著見到他」，而且她想念他的程

---

* 譯註：艾爾溫．皮斯卡托（1893-1966），德國戲劇導演和製片人。

度已超過他應得的了。[30]

接著，她在五月十日搭上國內班機，於上午十點左右抵達芝加哥。日後，西蒙和納爾遜會稱此日為他們的「紀念日」。隔天，納爾遜・艾格林在波娃手指上套了一個便宜的墨西哥戒指。波娃說，她會一輩子戴著它。

在波娃搭上五月十七日前往巴黎的班機之前，她和納爾遜共度了整整一週。她在紐芬蘭轉機時寫了她的第一封信給他。在前往機場的計程車上她落下淚來，但那是甜蜜的淚水。「我們不會醒來，因為這不是夢，而是一個真實美好的故事的開端。」[31]在這封信的開頭，她稱他為「我心中珍惜深愛的芝加哥男人」[32]；不久後，她會開始說他是「她最親愛的美國困境」（American dilemma）。[33]

她期待巴黎的美能撫平她的悲傷，而回國後的第一天，她確實感到心情愉快。但第二天，巴黎變得灰暗而死氣沉沉——她寫信給納爾遜說，也許這是因為身在巴黎的她心如死灰。迪樂芮還在巴黎，而納爾遜不在巴黎。她在信中懇求他，只要他們其中一個人手上有足夠的錢了，就請他過來巴黎好嗎？她極為困惑，困惑帶來痛苦——她人在巴黎，心卻懸在大西洋上空某處。

五月二十一日，波娃離開首都前往鄉間，身上帶著書和筆記本。她的目的地是位於謝弗

一九四八年，西蒙・德・波娃和納爾遜・艾格林在芝加哥。

勒斯山谷（Chevreuse Valley）的小村莊聖朗貝爾（Saint-Lambert）。皇港修道院（Port-Royal des Champs）的遺跡距離此地只有一哩，哲學家帕斯卡曾在此修道院暫居，而詩人拉辛也是這裡的學生。納爾遜不在巴黎，而沙特只有半顆心在她身上；她需要獨處，找回內心的平靜。不過，沙特答應要撥出兩個禮拜陪她——畢竟他也想見波娃——所以他在巴黎和聖朗貝爾之間來回。但迪樂芮對於波娃回到國內一事厭恨不已，所以沙特在兩星期後就重返巴黎找迪樂芮去了。波娃仍留在鄉間，偶爾需要處理《摩登雜誌》的工作或想見朋友時才回巴黎。

波娃精疲力盡，很可能還深受憂鬱所困。她比平常睡得更多。有時候，她會沿著通往皇港的路散步，這條道路以拉辛所寫的一首「很恐怖」的詩作為裝飾。此詩讚頌大自然之自由、清明與真實，也讚美此處「鄉間的孤寂」為人帶來豐沛的創造力。她寫信給納爾遜，用他給她的紅色原子筆寫、手上戴著他送的戒指。她跟他說，她不常戴戒指，而她的朋友也都留意到了這個不尋常之處——「巴黎的大家都好驚訝。」她說。[34]

五月底在聖朗貝爾，波娃重讀了自己在一九四六年底寫的關於女性的文章（《第二性》的早期素材），並陷入了她偶爾會陷入的那種心情之中——她無法理解為什麼人要費心寫下任何東西。[35]偶爾的心情逐漸頻繁出現，於是在六月六日，她決定她得先完成她的旅行札記，才能繼續寫那本「關於女性的書」。所以她將心思轉而投入《西蒙波娃的美國紀行》，然後慢慢開始找回自己的堅定步伐。

波娃寫給納爾遜的信透露了許多日常生活的細節：她正在寫的東西、她在出版社的雞尾酒會上認識的人等等。她希望他能學法文，並附上了一些散文段落讓他翻譯；她說，這些都是非常好的文章，可提供他學習動力。波娃也跟他提到，默達爾《美國的困境》及與理查．萊特的談話是如何賦予她靈感，使她繼續寫這本關於女性的書。[36]她說《美國的困境》讓她「再度開始思考這本關於女性處境的書，我想要寫一本跟這本重要的黑人書籍一樣重量級的書」。[37]默達爾為非裔美國人做的事正是她想為女性做的事——讓人們看見種族與性別歧視是如何根植於文化的各種偶然性之中。在女性問題上，社會同樣躲在藉口背後。

但波娃的信對於沙特的事避而不談，更沒提到迪樂芮。七月，迪樂芮由利哈佛坐船離開了法國；她再次對沙特發出最後通牒——只要波娃再出現一次，她就會永遠離開。沙特十分掙扎，不過波娃也有自己的掙扎。她回到法國已有兩個月了，但心中一直有種揮之不去的憂慮不安。七月時，納爾遜寫信告訴她，下次她再回到芝加哥時，他希望她能永遠留下。七月二十三日，她寫信跟他說她無法這麼做。她愛他，但無法把自己的生命獻給他。她不想對他說謊，心中痛苦自問著：「在準備好交出自身的一切之前便交出部分的自己，這樣做是對的嗎？」[38]她說，無論如何，她知道自己無法為他付出一切，而她希望將這點表達清楚，雖然她自己也有許多掙扎焦慮。
納爾遜則在回信中直接向她求婚。他本來計畫要等到兩人下次見面時求婚，但她的信令他不得不先以筆墨來表明心跡。
他們想要跟彼此在一起，但他們倆也都知道有個問題——他不想離開芝加哥，而她不想離開巴黎。他曾結過一次婚，但他感覺波娃比他曾結縭七年的「真妻子」還要更像他的妻子。最後，他們討論出一種較不傳統的方式作為兩人戀情的下一步：她會去找他，待上一段時間然後返回巴黎；接著換他來巴黎找她。
八月裡，波娃和沙特到哥本哈根與瑞典旅行。九月六日，她搭上了前往芝加哥的班機。沙特鼓勵她去，甚至資助她旅費。
她抵達之後，納爾遜帶她逛了一圈芝加哥：

我想讓她看看，美國不是布爾喬亞的富庶國度、不是人人都朝著郊區獨棟房子和鄉村俱樂部會員的目標奮力前進。我想讓她看見那些以同等速度一路朝向戒護所與監獄裡去的人。我介紹她認識持槍打劫的混混、皮條客、偷人行李的小偷、妓女、海洛因成癮者。他們的驅力朝向下方，永遠往下沉淪。那年，我認識許多這樣的人。我帶她去郡立監獄，讓她看了那邊的電椅。[39]

波娃寫下筆記作為寫作的素材，兩人坐在芝加哥的披薩店裡喝奇揚地（Chianti）葡萄酒。這趟旅程到了尾聲的時候，他們計畫在一九四八年的春天再見面，一起去旅行四個月。但即便有了這個約定，她在離開他身邊後仍以破碎的英文寫信告訴他，她在跟他道別時「心裡有什麼碎掉了」。他仍想跟她結婚，但她說雖然她願意為了和他在一起放棄很多事，但她無法放棄她的工作。「我無法光憑著幸福與愛情而活，我無法放棄在唯一一個我寫下的語言具有意義的地方繼續寫作、繼續工作。」[40]在波娃的哲學裡，**處境**的概念占有重要地位：她認為每個人與每本作品背後的文化脈絡是重要的——也許，她重視此事到未能看見自身的洞見具有何等強大的力量，能照亮法國之外的地方。

波娃在一九四七年九月底回到法國，當時沙特又為自己找了一個新歡——迪樂芮沒管他管得那麼嚴了。新歡是二十三歲的美國女記者莎莉史溫・雪莉（Sally Swing Shelly），她來巴黎報導伊麗莎白公主出訪法國的事件。這段戀情告終後，雪莉說沙特對待女人如同梳妝台的抽屜，隨時高興拉開哪個就拉開哪個。不過在當時，雪莉仍對他十分迷戀。[41]

一九四七年十一月，波娃發表了她的第二篇哲學論文《歧義的道德》，繼續深入探討關於自由的哲學。在《皮洛士與齊納斯》中，她已說過每個人都必須決定自己在世界裡的位置。在《歧義的道德》中，她則回頭來談沙特哲學中那個無懈可擊而全然自主的自由，也討論了她另一篇文章〈以眼還眼〉中所提出的問題。戰後，她知道了布痕瓦爾德（Buchenwald）和達豪（Dachau）兩個集中營裡的暴行，心中也像當年的許多人一樣思考著：人類怎能做出如此毫無人道之事？她說，納粹以系統性的方式賤斥（Abject）那些他們想消滅的人，使得他們的同胞不再視這些人為人、為自由而具有意識之主體。[42]

波娃在《皮洛士與齊納斯》裡寫到，每個人都需要其他人擁有自由，而且在某種程度上，這向來都是我們的願望。因為唯有自由的他者才能使我們不致退化至將自身視為客體與物品的地步。[43] 波娃認為，無論剝奪的是自己的自由或他人的自由，剝奪自由都是一種邪惡。而為了對抗邪惡，我們必須意識到「公開宣稱自身之自由」一事也伴隨著責任——我們有責任以令自己**以及他者**都能擁有自由的方式來創造此刻、創造未來。

但這並不容易。若能活在幼兒式的依賴心態中，相信上天已安排好各人在世間的角色，那會舒服得多。孩提時期的我們並不知道自己將會成為什麼樣的人，這在成長期間是正常的。我們的童年世界被建造得十分規律而心安，我們注意到的事不多，不足以使我們提出質疑：女孩都穿裙子、八點是睡覺時間。可是，某些成人也以同樣被動接受的態度來面對世界裡發生的一些事：猶太人都戴大衛之星、九點是宵禁時間。

波娃認為，以被動的姿態停留在幼兒心態中是一種壞信念的表現。要成為道德的人，我們必須做出波娃口中（沙特也這麼說）**具原創性的選擇**（Original choice）。我們必須選擇我們想成為什麼樣的人——不是一次性的，而是重複一再地做出選擇，「在每個抉擇到來的時刻做出決定，終其一生如此」。[44]波娃再次批評了沙特在《存在與虛無》中所提出的自由的概念（雖然此時，沙特已因著波娃的影響而開始改變想法了）。就波娃看來，沒有人能在孤獨中獲得自由：「追求遠離人群的人不但會失去自己，同時也會將自己放在與他人相互對立的位置上。」[45]針對沙特的名言——「人就是他所認為的自己」（Man is what he makes of himself）——波娃的回應是，我們並非在孤獨中創造自我、或從頭開始捏塑自我：「我們是因著生命中遇見的其他人，才得以成為自己。」[46]

《歧義的道德》英譯本在一九四八年出版，當時《皮洛士與齊納斯》未有英譯，而波娃仍然努力寫出《第二性》。所以，我們應當在此稍作停留，檢視一下這篇論文是如何形塑波娃早期的哲學，並為其後來的歲月打下基礎。她仍繼續思考「處境」（Situation）的概念，以及他人如何形塑我們的人生。她在《歧義的道德》中說，為了同時擁有道德與自由，人必須運用自由來擁抱自我與他人之間的連結。她說這是接受他人的自由所發出的「呼喚」

（Call）或「呼籲」（Appeal）。每個人都希望自己的生命被真實地看見，希望自身生命的意義不只在於那是一**段**生命，也在於那是**我的**生命。我們都想要「證成」自己的存在目的，想感到生命具有意義。但如果我們只傾聽自己內在之自由的呼喚，卻沒聽見他人之自由的呼喚，這便導致了唯我論——唯我論可說是種精神上的死亡，在擺出拒絕姿態的同時也阻礙了自己成為自我。只有與他人一起時，我們才有可能實踐我們的計畫與價值觀，並為世界帶來改變。

沙特在《存在與虛無》中寫下一條註腳，說他會再寫一套「解脫與救贖」的倫理學，以解決本書對於人類存在處境之描述所帶來的絕望感與爭議。不過，雖然沙特確實為這本倫理學的書寫下筆記，此書於他在世時卻從未出版——而他並不是一個吝於發表作品的人（據《經濟學人》統計，沙特在他職業生涯中的文字產量是平均每天二十頁）。如今，許多人開始認為波娃所建構出來的倫理學完成了「沙特未竟的承諾」。[47]在一九四七年時，弗朗西斯・讓松（Francis Jeanson）寫了一本名為《沙特與道德問題》（*Sartre and the Problem of Morality*）的書。當時有位書評說，這本書令人「首度」得以一窺自由倫理學可能的樣貌——「如果不把西蒙波娃那篇有趣的《歧義的道德》算進去的話」。[48]這位書評沒說明波娃的論文**為何**不該被算進去的理由，所以我們也不禁懷疑他是否真有理由。

無論如何，一九四八年時的哲學評論顯然不把波娃當一回事；而另一方面，波娃也對「能力不足」的「非專家」要求她以通俗的方式解釋哲學感到惱怒——人們怎能期待她用一句話就把存在主義解釋清楚？在被哲學菁英圈子排除在外的同時，波娃本身對於哲學也抱持著菁英主義。她想持續致力於寫作，所以她寫虛構故事、雜誌文章，也寫哲學論述。不過，沒人會期待單憑一句格言就能理解康德或黑格爾的學說，那為何人們又會認為「用一句話瞭解存在主義」是合理的？[49]就她看來，要瞭解存在主義，就得先瞭解存在主義背後漫長的哲學傳統——此時的波娃認為存在主義**哲學**並不是人人都能懂，但存在主義的**文學作品**則能帶領讀者以存在主義的觀點看這個世界，也能以不同方式訴諸讀者內心的自由。

一九四八年一月，波娃把《西蒙波娃的美國紀行》的書稿交給出版商，並將此作獻給艾倫與理查·萊特。接著，就是時候專心寫關於女性的作品了。她跟艾格林打算在五月到九月間一起去旅行，而她希望在啟程前盡量多寫一些。波娃跟艾格林去旅行時，沙特計畫讓迪樂芮來巴黎住一陣子（他得暫時停止跟莎莉史溫見面，因為迪樂芮不知道她的存在）。

不過，波娃不太確定自己是否該離開這麼久——不只是因為沙特，也是因為她計畫在五月到七月間開始分段發表《第二性》的內容。她跟沙特談了談，決定將旅程縮短為兩個月，但她沒有勇氣寫信告知艾格林此事，可能還是當面講比較好。

在這趟旅途中，波娃沿著密西西比河南下抵達紐奧良，接著去了猶加敦、瓜地馬拉、維拉克魯茲（Veracruz）、墨西哥城。她跟艾格林乘內河船沿著密西西比河往南，在甲板上喝威士忌。她愛上瓜地馬拉織品的顏色與質地，買了毯子和窗簾，還有要帶回去給裁縫師做衣服的布料。[50]一路上她找了許多藉口拖延，一直沒告訴艾格林她要提早離開。直到從墨西哥城前往莫雷利亞（Morelia）的途中，她笨拙地宣布自己得在七月十四號回國。「喔，好啊。」艾格林說。但隔天，他不想跟她一起逛莫雷利亞城了。在喬盧拉（Cholula）、普埃布拉（Puebla）和塔斯哥（Taxco）時，他也十分沉默寡言。怎麼了？她問。他說墨西哥開始讓他有點煩了。

最後他跟她說，他的感覺跟以前不一樣了。兩人回到紐約後，有天晚上波娃脫口而出：「我也可以明天就回去。」但艾格林不想要她離開，他說：「我已下定決心，隨時都能跟妳結婚。」[51]當時的情況相當令人痛苦——他們兩人都沒準備好要移居大西洋彼岸，卻又對於對方的不情願感到惋惜。波娃在一九四八年七月十四日動身回法國，當時她覺得自己也許再也不會見到艾格林了。

回到法國後，她埋首於寫作。她的經濟狀況還不足以擁有一個自己的書房，所以她沒在沙特家工作的時候，就常待在雙叟。《第二性》仍未定稿，但其摘錄在讀者處得到了挺有意思的反應。她發表的第一個段落談的是「女性與迷思」，內容討論了幾位人們尊敬的小說家是如何在作品中呈現女性的樣貌，例如蒙泰朗（Henry de Montherlant）*、高祿德及布勒東（André Breton）†。她寫信給艾格林說，這本書需要再寫一年才能成為「好作品」。但與此同時，她也「很高興地」「聽說這些在《摩登時代》刊登出來的內容惹火了一些男性。這個章節探討的是關於女性的愚蠢迷思。男性向來喜愛懷抱這些迷思，並為其寫下愚昧可笑、庸俗造作的詩句。他們就像是被踩著了痛處似的。」[52]

但波娃和艾格林之間也有自己的迷思需要釐清，艾格林仍然希望擁有更多的她。八月裡，她寫信向他解釋，她已反覆告訴他，自己無法完全屬於他。她知道沙特在自己人生中扮演的角色令艾格林感到不安。「我已告訴過你我很在乎他」，她說：

> 但那比較像是深刻的友情而非愛情。我們之間的愛情不算成功，主要是因為他不甚熱衷床第之事。他向來是個溫暖而熱情的人，但在床上便非如此。雖然我當時沒有經驗，但我很

---

* 譯註：亨利．德．蒙泰朗（1895-1972），法國散文家，小說家和劇作家。

† 譯註：安德烈．布勒東（1896-1966），法國作家及詩人，為超現實主義的創始人。

> 快就發現這事。若要繼續以戀人往來，不免逐漸顯得無用，甚至有失光采。我們的戀情在此事上一直沒有進展，於是在八到十年後，我們放棄了。[53]

逐漸地，艾格林的來信重新變得溫暖友好。他寄了書和威士忌來（酒藏在一袋麵粉裡）。五月，他會來巴黎找波娃。

他也讀了《他人的血》，並寫了一封長長的信來，裡頭附著一間美國出版社的評語——他們認為這本書沒什麼希望感，裡面充滿了「無法被拯救」的角色。波娃回信說，法國的評論家也都希望存在主義小說能「英勇而面帶微笑」。但波娃個人覺得：「我喜歡書中有暗影，因為真實的生命總有陰暗之處；不過也許我寫得太黑暗了？」艾格林對於此書的黑暗程度並沒有多加評論，但他確實表示裡頭有太多哲學了。波娃想，也許他是對的——但即便如此，她仍對他說：「這是我感受這世界的真實方式，每當有什麼事發生，我總試著在內在作出推論〔……〕感受、事件與哲學，如果把哲學擺到一邊，對我而言會變得不太自然。」[54]她全神貫注地在寫那本關於女性的書，所以還沒去想下一本小說的事，不過她知道她會想要繼續寫小說。

她很認真工作，白天花上八小時讀書與寫作，晚上則是飯吃得不夠、酒又喝得太多。她寫信給艾格林說，也許她做什麼事都「有點做過頭了」，無論是工作、旅行或戀愛。「但我就是這樣；若要節制行事，那我寧可什麼都不做。」[55]寫信的時候，波娃總能將過往回憶融入文章之中，使人看見過往的時光是如何在現下此刻依然存續著。她寫給艾格林的信中描述了她如何懷抱著興高采烈的心情，等不及看到他們一起買的瓜地馬拉布料被製成新衣：

我準備把瓜地馬拉的刺繡布料做成兩件漂亮的小東西：一件上衣，跟黑裙搭配著穿。有五個人圍在我身邊仔細測量，害我整整站了兩小時。我都要生氣了，但我想做一件很漂亮的衣服，我找了一個很棒的裁縫師〔……〕（你還記得你在克薩爾特南戈〔Quetzaltenango〕替這塊藍色布料殺價的手腕有多高明嗎？）[56]

一九四八年十月時，波娃結束了她的旅館生涯，搬進一間位於木切利街（Rue de la Bûcherie）上的五樓小公寓。這間公寓位於塞納河旁的拉丁區，步行至沙特家約十五分鐘。她掛上紅色窗簾，買了白色扶手椅。賈克梅第送了她幾盞他設計的銅燈，而屋梁上垂掛下來的是則是她從墨西哥和瓜地馬拉帶回來的彩色飾物。現在，西蒙・德・波娃有自己的地方了。早上可以在家工作，也能自己煮飯來吃，艾格林來訪的時候也有地方可以住了。十二月，波娃寫信給艾格林說，她在讀《金賽報告：男性性行為》（*Sexual Behaviour in the Human Male*），還說她希望也有本女性版的金賽報告。[57]

就傳統男女情愛關係的標準而言，這個時期的波娃與沙特對彼此而言似乎沒有太重大的「必然」之情。至於他們之間的性關係究竟是在**何時**劃下句點，兩人的說法有所分歧：沙特說他依稀記得是在「一九四六、四七、或四八年，我有點忘了」——他在一九七〇年受訪時如此聲稱，但這比波娃所指出的時間點還要晚上十年。[58]除了在特殊情況之下不得不暫時同住之外，波娃與沙特從未真的同居過，而且兩人總是以第二人稱敬語（Vous）來稱呼對方。不過，他們每天都花上好幾個小時坐在彼此身旁工作、編輯對方的作品、管理《摩登時代》雜誌。女武神與浪子曾夢想的生活就是這樣子的嗎？

波娃家樓下的公寓空出來之後，博斯特夫婦就搬了進去；他們幾個朋友常一起吃晚餐。不過，自從艾格林出現在她生命中之後，波娃就不再跟博斯特發生關係了。博斯特從不缺女友，但他一開始仍對此事有些受傷。而波娃會把她的下一本作品《第二性》獻給博斯特，她所認識的男人當中氣質最陰柔的一位。

十二　驚人的《第二性》

波娃在《鼎盛人生》中提到，在三〇年代初期，「女性主義」和「性論戰」（sex wars）對她而言都還不具任何意義。[1]所以，她是如何寫出這本人稱「女性主義聖經」的書的？

《第二性》在波娃四十一歲那年出版。當時，她已見識過全然不平等的男女關係是如何折磨她的母親。年輕時的波娃知道，男孩與女孩在上帝眼中是平等的，因此她反對人們以「對待女孩的方式」對待她。在書店遇到那個對著她暴露私處的店員後，她在陌生男性身邊常會感到不自在。她的摯友莎莎在臨死前經歷的是一場關於愛情、嫁妝的價值、傳統規範的爭執。她曾目睹她的好友在接受非法墮胎手術後併發感染而住院，也曾與對自己身體功能及快感十分無知的女性交談過。她遊歷過不同國家，這令她瞭解有些習俗並非必要，只是因為太過普遍所以看似不可或缺。她讀了她朋友薇奧麗・賴朵絲的小說《摧毀》（*Ravages*），驚訝於其對女性性慾的坦率描寫，也對自己的驚訝感到訝異。這本小說「真誠而具有詩意，以前所未見的方式表現了女性性慾」。[2]

波娃在《皮洛士與齊納斯》中寫過，每個人在世間都占有一席之地，但其中只有一些人能自由選擇自己那一席地的位置在哪。人的境況具有歧義性：我們既是主體也是客體。身為客體，我們的世界受限於他人，他人為我們設下限制。身為主體，我們的行動不只實踐了自身的自由，也為其他人創造出新的境況。十八歲時，波娃在日記裡寫著：愛情有幾個地方「是令人厭惡的」。[3]四〇年代裡，她寫出了涉及哲學與文學領域的小說；而《第二性》裡的論述則橫跨了個人領域、政治領域與哲學領域，說明了有些以「愛」之名存在的事其實與愛無關。雖然也有些人對她表示讚賞，不過波娃在《第二性》剛出版時可說是受盡眾人排斥。要到數十年之後，《第二性》才會被視作女性主義經典之作。所以這本書裡究竟說了什麼，竟先後激起如此強烈的厭惡及崇敬之情？

在《第二性》的開場白中，波娃並未遮掩自己在書寫「女性」這個主題時所經歷的猶豫與惱怒。「在開始動筆寫以女性為題的書之前，我猶豫了好久。」她說，但在上個世紀裡，許多「愚蠢著述」一本接著一本出版，裡頭悼念著失落的女性氣質，並囑咐女人最好是「好好當個女人、保持女性氣質、成為真正的女人」——因此她無法再被動地袖手旁觀。

要瞭解波娃在此之前的沉默，就必須先瞭解當時的文化與歷史背景。一八六三年，朱爾・凡爾納（Jules Verne）寫了一本名為《二十世紀的巴黎》（*Paris in the Twentieth Century*）的小說。他在書中預言，二十世紀的女人都會穿著褲裝，並與男性接受同樣的教育。在其他作品中，凡爾納還預言了人類其他的成就：包括潛水艇、八十天環遊世界、甚至是月球之旅。但即便他已是一位成功的科幻小說家，《二十世紀的巴黎》仍被視為過於異想天開的作品——他的經紀商拒絕出版這本書。在波娃的年代裡，可可・香奈兒穿著褲子，而「飛來波」（Flapper）風潮*則讓中性氣質變得時尚而迷人。進入職場的女性人數屢創新高，她們也獲得了投票權。許多女性甚至在競爭激烈的國考項目中表現亮眼、擊敗男性。不過，女性仍無法在銀行開戶，這件事要到一九六五年重新修改拿破崙法典後才會改變。[4] 四〇年代末期，女性主義一詞與參政權運動密不可分，當時的法國社會與美國社會則認為女性主義者太過頭了[5]——幾年前才得到投票權而已，現在她們又想要什麼了？

回顧人類歷史，波娃發現人類習於檢視他人的身體，並根據人的身體特徵創造出階層

---

* 譯註：「飛來波」是指一九二〇年代西方新一代的女性。她們穿短裙、梳妹妹頭髮型、聽爵士樂，刻意表達她們對社會舊習俗的蔑視。

制度（Caste）——有時候甚至是奴隸的種姓制度。這件事在種族議題上顯而易見、毫無疑問。但波娃問的是，那麼在性別上呢？她認為男性將女性定義為「他者」，並將她們降格為另一個次等階級：第二性。

波娃在美國的經歷及她與美國女性主義者的談話讓她明白，有些女性主義者甚至覺得「女人」這個詞彙毫無用處；但她認為這些人落入了壞信念之中。陶樂絲・派克（Dorothy Parker）*認為，只要人們視女性為「人」而非「女人」，性別不平等的問題便能獲得解決。可是波娃說，「我們都生而為人」此論點的問題是：女人並不是男人。在這個層面上，女性與男性所擁有的平等是抽象的，而兩者各自擁有的可能性並不相同。

每個人都有自己獨特的**處境**，而男性和女性的處境確實並不平等。可是，為什麼？波娃說，大家都看得出來人類被分成了兩種，兩種人有不同的身體、不同的臉、不同的衣著、不同的興趣、不同的職業。但事實上，妳就算擁有女性的生殖器官也不一定能夠被視為「女人」——人們仍可能指控你「不像個女人」。當喬治桑（George Sand）†開始嘲弄傳統女性氣質時，福婁拜發自內心地說她是「第三性」。[6]

所以波娃問：如果擁有女性的身體不是作為女人的充分條件，那麼什麼**是**女人？

波娃對於這個問題的答案是：女人是男人所不是的。套句普羅塔哥拉斯（Protagoras）‡

的話，「男人（man）是衡量人類的尺度」——若要對「整體人類」做出判斷，男人便是參考標準。綜觀人類歷史，有許多男人深信女人是次等生物，而她們的看法與「整體人類」所關切之事並不相干。即使到了一九四〇年代，波娃的論點仍僅因她身為女性而遭到屏棄：

> 令我不悅的是，每當討論抽象事物時總會有男性告訴我：「妳之所以會這樣想，是因為你是個女人。」而我知道唯一的反擊方式是告訴對方「我之所以會這樣想，是因為這是真的」——如此一來我便抹煞了自身的主體性。我不可能告訴他們「你與我想法相反，是因為你是個男人」——因為身為男性這件事並不具備特殊性，身為男性的人天生就是正當的存在。7

波娃說，女人是男人所不是的，這樣的說法借鑑了黑格爾對於「他者」的論點。人類有

---

* 譯註：陶樂絲・派克（1893-1967），美國詩人，作家，評論家和諷刺作家。

† 譯註：喬治・桑（1804-1876），原名阿芒蒂娜・露西爾・迪潘（Amantine Lucile Dupin），法國小說家。她的愛情生活、男性著裝和一八二九年開始使用的男性化的筆名在當時引起很多爭議。

‡ 譯註：普羅塔哥拉斯（約B.C. 490-B.C. 420）古希臘哲學家，被柏拉圖認為是詭辯學派的一員。

種根深蒂固的傾向，總把自己與自己視之為他者的對象放在對立面；於是，男人將自己視為自由的「主體」，並將女性界定為相反的「客體」。但令波娃不解的是，這樣的情況為什麼這麼普遍，而且長久以來都是如此？她想，難道沒有更多女人對於男人以如此有損人格的方式界定她們表達抗議嗎？

那些耳熟能詳的、反對女性主義的論證，波娃都聽過：女性主義令家庭價值崩壞！女性主義拉低平均薪資！女人的崗位在家裡！男人與女人必須有所區隔，「但兩者仍然平等」！不過，波娃認為這些論點的背後是極為惡劣的壞信念，就像美國的吉姆克勞法（Jim Crow laws）*一樣。[8]蕭伯納（George Bernard Shaw）†曾批評過，美國白人讓黑人為他們擦鞋，然後說這群人唯一有辦法做好的工作就是擦鞋。波娃認為同樣的錯誤推論也發生在女人身上——女人被限縮在次人一等的**處境**中，能力也被視為有限。女人在這社會中的一席之地雖是次等位置，但這並不代表她們生來就「是」次等的。「我們必須清楚理解『是』這個字的範疇」，她說，「『是』代表著『已成為』」。[9]

「成為」的光明面是，人的處境有可能會變得更好。幾個世紀以來，人們對於「人類」境況的探討從沒有少過。可是波娃這麼問：「在女性的境況中，人該如何實現自我？」[10]

波娃光是在前言裡就說了這麼多——這還只是這本上下兩冊、長達九百七十二頁的大部頭巨著的一小部分而已。不過，當年的第一批讀者最先讀到的並不是這個部分。《第二性》在一九四九年六月及十一月分為兩冊出版，而波娃在此之前已於《摩登時代》上刊登了一些段落。就行銷宣傳的角度而言，這些段落的效果很不錯，但也導致了一些迷思的產生，並招致了大眾的批評。一九六三年，波娃在《環境的力量》中檢視著自身的思想論述在眾人目光中是如何改變形貌。她說，《第二性》的問世使她「成為眾人嘲諷的對象」，程度之激烈前所未見。[11]眾人將會開始使用訴諸性別的攻擊態度排斥波娃——而眾人的嘲諷甚至不是這整件事裡最糟的部分。

一九四九年春天，波娃埋首寫作，希望盡快完成手邊的章節，因為艾格林要來巴黎了。幸好，她覺得寫這本書比寫小說簡單。寫小說時，她得細心安排視角、營造角色、發展故事及對話、預示情節。寫《第二性》時，她要做的則是進行研究、作出組織安排，然後寫作。她希望女性能獲得自由，但令女性無法自由的原因似乎只有兩個：不是因為她們受到壓迫、就是因為她們選擇了不自由——這兩個原因的背後各有各的道德問題。不過，原因究

---

* 譯註：一八七六年至一九六五年間美國南部各州以及邊境各州對有色人種實行種族隔離制度的法律。

† 譯註：蕭伯納（1856-1950），英國／愛爾蘭劇作家和倫敦政治經濟學院的聯合創始人。擅長以黑色幽默的形式來揭露社會問題。

竟是哪個？

艾格林抵達巴黎時，波娃其實有些不安——上次離別時，兩人之間的氣氛並不是太愉快。她去見他，穿著兩年前她去芝加哥時穿著的那件白色大衣。有艾格林在巴黎的這段日子，「小家族」的成員都對波娃的轉變感到難以置信，她柔軟下來、變得快樂。對於要跟沙特碰面，艾格林也感到有點緊張。不過，那次的會面很順利，艾格林表現得泰然自若，也很愉快地認識了奧爾嘉及沙特最新一任的女友蜜雪兒・維昂（Michelle Vian）——她們用英文跟他交談，並對他那些黑暗罪惡的美國故事照單全收。

那年夏天，波娃決定先在《摩登時代》上連載第二冊裡討論「實際經歷」（Lived Experience）的幾個段落。在寫第二冊時，她的寫作方式有些改變：她彙整了女性在不同生命階段或可能情境中的模樣，歷史資料及口述資料皆有——童年、小女孩時代、青春期、性啟蒙時期、女同志的生活、結婚、生子、社會對女性的期待、妓女的生活、老年的生活。

一九四九年五月，波娃發表了「女性性啟蒙」的段落，引發讀者強烈的反應，這些反應也透露了社會上許多人的真實想法。波娃於此章中描述了她的願景——女人不再是客體，而能以主體的身分享受不受壓迫、且兩方互饋的性愛。在波娃筆下，女人不再只是以被動而毫無慾望的姿態臣服於男人的慾望之下，而是能在「愛情、柔情與性慾中」與伴侶建立「一段相互回饋的關係。只要性別戰爭仍繼續上演，男性性慾與女性性慾之間的不對等就會帶來無法解決的問題。如果男人能令女人同時感到被渴望與被尊重，那麼問題便能輕易解決」。[12]日後，波娃想著也許先發表這一章是個錯誤。[13]

人人敬重的天主教小說家莫里亞克表示，波娃的文章「低三下四、可鄙至極」，並問道：「西蒙．德．波娃小姐所處理的問題真的適合寫在一篇嚴肅的哲學與文學評論裡嗎？」[14]在學生時代，波娃曾於拜訪莎莎的途中與梅洛龐蒂一同前往莫里亞克的故居朝聖；她向來都很欣賞他的文筆，而這位作家此時卻批評她不知檢點。

《摩登時代》的六月號和七月號被搶購一空——這兩期裡面刊登了波娃對於女同志和母親的論述，內容激怒了許多讀者。在此之前，已有一些人對她深感不以為然（畢竟她的名聲與沙特密不可分），但波娃如今面對的是另一種辱罵：「不知足、性冷感、男人婆、色情狂、女同志、墮胎過一百次，什麼話都有，還說我是未婚媽媽」。[15]甚至有一些「性成癮者」與「第一性的活躍份子」向她提出性邀約。共產黨人說她是小布爾喬亞，說勞工階級在她的論述中根本不存在。這次，保守派陣營所敬重的中流砥柱莫里亞克寫信給《摩登時代》，說「你們老闆陰道裡的一切我已知之甚詳」。[16]此番言論被公諸於世時，莫里亞克相當震驚，不久後便開始在《費加洛文學報》（*Le Figaro Littéraire*）寫專欄文章譴責色情，也特別對西蒙・德・波娃作出諸多批評。

《第二性》的第一冊在六月出版，此書甫出版便大為暢銷，在一週內賣了兩萬兩千本。[17] 波娃說，「生物構造並不能決定人的命運」，結婚與生子也不能。像瑪麗・居禮（Marie Curie）這樣的女性證明了「女性並不是因為天生資質低劣而未能在人類歷史上留下重要足跡，而是因為歷史抹去了他們的足跡，所以她們才屈居劣等地位。」然而，人類文化——無論是上流文化或庶民文化——都不斷地強化著那些具有壓制作用的女性「迷思」。「身為女人並不是一種固定不變的狀態，而是一種成為的過程」，波娃寫著。「在這樣的過程中，她必須與男性作出比較，而她的**可能性**便顯明出來」；「當一個人思考著超越與卓越時」——亦即思考著具有意識、持續改變、自由自在的存有面貌——「那樣的過程將是永無止境的」。[18]

波娃認為，如果女性確實因著生物、心理或經濟上的因素，而有她命中註定該待的位置，那麼許多問題其實不會出現——世間將會存在一種共同而普遍的「女性特質」，而擁有該特質的便是「女人」。在第一冊的第一部分中，波娃由生物、精神分析及歷史的角度來檢視「女性」，但她發現，無論是科學、佛洛伊德或馬克思的理論都無法充分解釋為何女人總是位居次等。波娃詳述了這些理論的不足之處——例如，既然佛洛伊德本人從未體驗過女性性慾，那他為何會認為自己能以男性性慾作為出發點去推斷女性性慾呢？

共產陣營的記者珍奈特．布列儂（Jeannette Prenant）對波娃的說法表示反對，認為她等於是在向那些想嫁作人婦、成為人母的女性潑冷水。另一位女性評論家瑪麗．路易斯．貝倫（Marie-Louise Barron）則說此書是「晦澀難懂的天書」，還預言第二冊只會寫滿「無關緊要的瑣事」。[19] 阿蒙．胡格（Armand Hoog）說，波娃真正想要的是解放自我——她對於身為女性一事感到羞恥，但「她生來就是女人，我真的看不出來她要怎麼改變這點〔……〕人最終是不得不接受命運的」。[20]

波娃新得到的壞名聲使她在帶艾格林逛巴黎時有點尷尬。兩年來，她一直想帶他看看她的世界，所以兩人造訪了她喜愛的餐廳和咖啡廳；但人們竊竊私語且盯著她瞧，這令她很困擾。所以，她對於兩人能在國慶日之後出發去旅行感到鬆了一口氣。這是一趟為期兩個月的旅行，他們去了羅馬、那不勒斯、阿瑪菲海岸、龐貝古城，隨後則是突尼斯、阿爾及爾、菲斯與馬拉喀什。兩人由北非返回歐陸的途中到普羅旺斯拜訪了奧爾嘉與博斯特，他們為他取了「男子漢艾格林」（Tough Algren）的綽號。[21]

九月中，波娃送艾格林到奧利機場，心想著這段日子是兩人至今所共渡過最美好的時光。明年，她會到芝加哥找他。至於艾格林，他也覺得很快樂。他在轉機時讀了雜誌，發現自己的小說《金臂大俠》（*The Man With the Golden Arm*）得到了國家圖書獎，他正邁向自身文學生涯的高峰。那年十月，海明威寫信給他的編輯，稱讚艾格林是「現今五十歲以下最傑出的作家」。[22]

十月，波娃又回到普羅旺斯，待在沙特身旁寫作。她構思下一本小說已有段時間了，但她得先等《第二性》從她的腦袋裡淡出消失才行。她希望把她自己放進新的小說裡；可是，她又再度面對著空白的書頁，不知從何開始。書裡會有一個有點像她的角色——安（Anne），可是這本書會如何發展呢？她跟沙特一起散步、閱讀、與朋友見面。有天，他們去了索斯佩（Sospel）和佩拉卡瓦（Peira-Cava），卻驚訝地發現隔週日的報紙對於兩人當天下午的行程作了詳盡完整的報導。世界對她不眠不休的關注令她十分厭倦，這次事件還只是冰山一角而已。她決定翻譯艾格林的一本小說，並在創作之餘著手進行此事。[23]

《第二性》的第二冊在一九四九年十一月出版，她的名言「女人並非生而為女人，而是成為女人」便是出自此冊。[24]每位女性都歷經了**成為**的過程，並且仍身處過程之中；因此，波娃想納入女人對於自身實際經歷的描述，說明女人在生命歷程中是如何被化為「他者」。同樣地，她自身的樣貌也未有定案、她仍然在**成為西蒙波娃**。在嘗試著理解自己的生命經驗時，波娃察覺到她所面臨的一些困境也普遍存在於許多女性的生命中，危及她們成為自己的過程。雖然多年時光已過去，但波娃依然是那個受到艾弗烈．傅耶啟發的哲學家，深信著他所說的「人並非生而自由，而是成為自由的人」。如今波娃說，令女性的人生與男性有所分別、令女性臣服於男性的決定性因素不在於生物、心理或經濟上的原因——「文明世界」在這件事上扮演了重要的角色。確實，針對西蒙．德．波娃，「文明世界」可是孜孜不倦地運作著。

波娃以如此直率的態度談論女性性慾，這令人震驚而反感。不過，引來人們持續攻擊的其實是她對於母職的看法。波娃認為，人類社會放縱自己陷於壞信念中：人們怎麼可能沒看見尊敬母親卻蔑視女性是件多虛偽的事？「不讓女性參與公共活動、拒斥她們於『男性專屬』的職業之外、宣告她們不具備任何領域的能力，卻又將最為嚴肅、需要極其謹慎的重要事務——培育人類後代——交託給她們，如此程度的自相矛盾簡直是種罪惡。」[25]

當時的法國因為戰爭導致人口減少，正盼望人口數回升；所以有些人指控波娃不但背叛了自己的性別，還背叛了自己的國家。戰後，法國亟需振興國內產業，不只需要更多新生兒，也需要女性進入職場。[26]在書中的某些地方，波娃的語調令人有些震驚（當時與現在皆然）；就現今的角度看來，似乎也有幾個段落欠缺思慮（有鑒於當時的社會狀況，以及有些女性其實並不視母職為「奴役」）。在書裡，波娃將懷孕的女性稱為「寄生蟲」的宿主與人類物種的奴隸。（叔本華其實也說過這樣的話，不過由於某些原因，人們對叔本華的反應沒那麼激烈。）波娃對於女人身為主體——亦即「以內在性的面向」——所經歷的懷孕過程很有興趣，女性在這段期間失去了身體的自主性，並在肩負起母職的同時對於自己所成為的人感到焦慮。她認為，女性不該被簡化為具生育功能之物；但她也說，此番論述並不是要全然拒斥母職（雖然，注意到這句話的人好像很少）。波娃想表達的是，即便是懷孕生子、撫育嬰兒這些理論上專屬女性的獨有經驗，也會因著個別女性的**處境**不同，而以不同的方式被經歷。

波娃本人很顯然並未當過母親，而她自己也特別提及此點，並仰賴其他女性的聲音（包含信件、日記及小說等）來說明「懷孕與母職對於不同女性來說可以是極其不同的經驗，端賴她們當下是處於反抗、逆來順受、滿意、或熱忱之中」。[27]關於母職，她想提出兩個危險的錯誤看法：（一）懷孕生子「足以令每個女性感到心滿意足」。（二）孩子只要「待在母親身邊必定是幸福的」。[28]她的研究顯示，即便許多女性很享受身為人母，她們也並不希望母職是自己人生中唯一的計畫。波娃認為，如果母親活在挫折與未實現的人生心願中，那麼孩子也不太可能快樂。「如果母親不是個半殘的人、而是個完整的人，顯然會對孩子比較好。」[29]

有許多男性提出抗議：她不曾身為人母，**有何資格**對這項神聖任務發表高見？這些沒當過母親的男人也從未停止發表意見啊，她說。

除了指控人類社會在母職一事上抱持著壞信念，波娃也回到另一個她已思索了數十年的主題：關於愛與奉獻的倫理學。在《第二性》中，她說「愛」這個字眼對於男人與女人而言具有不同的意義，而這樣的差異導致了兩者間的分歧。

波娃相信，男性在愛情中保有「主權主體」（Sovereign subjects）的身分，他們珍惜自己所愛的女人，但同時擁有其他的人生追求。女人是他們生命中不可或缺的存在，但只是整體人生的一部分。可是，對女性而言，愛情似乎就是人生本身，理想的愛情觀鼓勵女性為了她們心愛的人犧牲自我，甚至徹底忘卻自我。在成長的過程中，社會期待男人積極主動、在戀愛中仍保有對於世間事物的野心，並活躍於自己的領域中。但社會卻教導女性，她們的價值是有前提的——得有男人愛她們，她們才有價值。

女性被物化的程度嚴重到連她們自己也開始物化自己，這阻礙了她們享受真實的愛情；她們不斷試圖去認同自己所愛的男人，想辦法令自己在愛人眼中更具魅力。在愛中的女人試著透過愛人的眼睛看世界，使自己和自己的世界繞著愛人轉——讀他喜歡的書、瞭解他喜歡的藝術、音樂、理念、朋友、政治傾向，諸如此類。許多女人不被視為主體，而被用來作為娛樂男性的「手段」（Instrument），她們的欲望與快樂無人重視——這讓波娃無法苟同。

在她看來，目前的愛情模式的問題是，這並**不是相互回饋的關係**。男性期待女性以一種單向付出的模式在愛情中付出。因此，愛情在某些層面上對女性來說是危險的，對男性則否。關於此事，波娃並不認為只有男人該受責備。女人也參與其中，強化了這種非互惠式、具壓迫性的感情結構。不過她說，這個世界的結構本身會誘使女性同意世界壓迫自己，因此女性很難不參與其中。

雖然波娃在《第二性》裡的論述有大半落在以異性戀為常態的框架之中，她本人卻也曾在同性戀情中經歷過這種不平衡所帶來的緊張局面。在一九四〇年，碧昂卡・畢南菲曾在談話中對她說，她想要在她生命中占據更核心的地位，隨後更寫信給她說：

> 妳自己並不給予，只拿取而已。
> 妳說我是妳生命的全部，但那不是真的——妳的生命是一幅鑲嵌畫。
> 不過，妳卻是我生命的全部——我整個人都是妳的。[30]

波娃認為，真實的愛存在於互饋的關係中，而她也希望這樣的關係能變得普遍。「當女人能以堅強而非軟弱的姿態去愛人、能在愛中找到自己而非逃離自己、能肯定自我而非聽天由命時，愛情之於她們便有可能成為生命的泉源（正如同愛情之於男人那樣），而非嚴重的威脅。」[31]女人確實有可能以主體的身分去愛人及愛自己。不過，這件事並不容易，因為那些鼓勵女人不求回饋的迷思強化著女性的次等地位。這些迷思承諾女性幸福快樂的生活，實際上卻令女性活在地獄之中。

如同她的小說引起揣測那樣，人們也猜測著《第二性》的哲學中到底有多少自傳成分，其內容符合的又是波娃的哪一段人生？除了她早年與碧昂卡間的戀情外，波娃後來在寫給某位情人的信裡也提到，她和沙特間缺乏的與其說是性生活，不如說是「真實的相互回饋」。這令人不禁想問：當她在一九四九年寫下關於「有所回饋的愛情」的種種時，她覺得自己有依循這樣的哲學來生活嗎？書裡有些段落跟波娃成為自己的歷程十分相似，例如她寫到一個身為「長姐」的女孩恨透了負責那些「主婦家務」，也寫到有一對祖父母「根本懶得掩飾」自己期待男孫的心願。波娃在此寫下的是她對於「女性」的研究，抑或是她與艾蓮娜的實際經歷呢？[32]書中關於女同志的章節也引起諸多揣測。她與沙特間的信件是在她過世後才被公諸於世，在此之前，人們只能拿小說情節與流言來與她的傳記互相對照——她在《一個乖女孩的回憶錄》中說自己對女人有種「模糊的渴望」，那是什麼意思？[33]人們還想問：書裡關於同志的章節寫的是她的個人經歷嗎？還是她內心壓抑的慾望？她是否在面對自身性傾向的時候，也落入了壞信念之中？她在書裡說：「沒有什麼因性別所導致的宿命能夠支配人的一生」，還說同性戀是「人作為一複雜的整體所做出的選擇，取決於其自由的決定」。[34]

在《第二性》的書末，波娃做到了當年《至高無上的精神》被退稿時，格拉塞出版社的人指稱她沒做到的事。亨利．穆勒當時在信中寫道：「你滿足於描繪這個崩解中的世界，卻將讀者留在新秩序的大門口；你並未精準指出新秩序可能的好處為何。」[35]所以在最後一章裡，波娃寫出了「獨立女性」的樣貌——她付出代價、得到了自由，但那代價並不是愛情。

波娃說，社會將女人「他者化」而使男人處於有利地位——男人不僅得以收割此事所帶來的益處（這些益處由「外在面向」看來顯而易見），就連他們的「內在面向」也得益於此。從男孩時期開始，男性便能自由地擁有職業上的志向；沒有人會告訴男人，他們的志向牴觸了他們作為情人、丈夫或父親的「宿命」，也沒人會告訴他們，他們所獲得的成功會降低他們得到愛情的可能性。但對一個女人而言，若要展現女性特質，她便必須放棄波娃所說的「主權」——擁有**她自己的**人生願景、實現自己的計畫——因為人們認為這些舉動不似女流（Unfeminine）。這使女人處於雙輸的處境：如果成為自己意味著不為人所愛，那她還應該成為自己嗎？她是否該拋棄自己，以擁有成功的感情生活？沙特說過，處於存在主義境況中的人類背負著「自由的詛咒」。而波娃說，身處「女性境況」中的女人也受到詛咒——她們內心感到分歧，成了「分裂的主體」（Split subjects）。

「女人無法按照自己的意志去形塑『女性特質』的概念」——這是最根本的問題。[36]幾百年來，男人受惠於女性特質的相關迷思；他們害怕這些迷思消散，害怕失去原有的那些好處，這是可以理解的。於是他們告訴女人，女人除了婚姻與家庭之外不需要抱有任何志向，女人擁有志向是有違自然的。他們還告訴女人，只要先成為迷人尤物、再成為替丈夫兒女犧牲奉獻的好主婦、完成這個圓滿的生命循環，她們就會「幸福快樂」。男人會選擇對女人這麼說是可以理解的，但是他們應當要感到良心不安——因為，「我們無法測量他人的快樂，而把自己欲加諸於他人的處境稱作快樂，又是件太容易的事。」[37]

《第二性》的第二冊在一九四九年十一月出版，而書評們再度火力全開——波娃後來說，媒體當年對於此書的報導令她「丟盡顏面」。《費加洛報》專欄作者安德烈．盧梭（André Rousseaux）說，他替這個書寫「性啟蒙」、為了替女性爭取愉悅而摧毀愛情的「暴女」感到「十分羞愧」，畢竟女性早就已經被解放了！[38]令人吃驚的是，這篇文章有大半篇幅花在嘲弄及攻擊波娃本人。他說：「被貶為他者而懷抱著自卑情結的女人氣壞了」，並表示波娃「以如此不屈不撓的態度」持續說理，讓他覺得她可能需要存在主義來「幫助她擺脫偏執的念頭」。天主教哲學家艾曼紐．穆尼埃（Emmanuel Mounier）在《精神》雜誌（*L'Esprit*）中說，他對這本書「**充滿恨意**的語調」感到相當遺憾；如果語調溫柔一點，也許「書中的論述和作者的神智都會顯得清明一些」。[39]他們說她的生活悲傷、神經質、沮喪。卡謬則指控她「讓法國男性看起來荒謬極了」。[40]而哲學家尚．吉東（Jean Guitton）說，他在此書的字裡行間看見「她悲哀的人生」，因而感到很難過。《年代》（*L'Epoque*）則預言道，十年之內，世間就會忘記「這本為墮胎與性倒錯辯護的可憎書籍」。[41]

梵蒂岡也將《第二性》列為禁書。

波娃對於女性所受的壓迫做出哲學論證，提出女性（包括她自己）的實際經歷，說明女人若要成為真正的「人」，她們的處境就必須有所改變。她說，女人的慾望應該要能夠改變性愛的面貌，女性的人生計畫應該要能夠改變家庭生活的樣貌，而女人作為主體的能動性，應該要能夠改變世界。

可是她所獲得的，大部分都是訴諸性別的攻擊。她得到了來自各領域的嘲弄、揶揄、不以為然；不過，也不是所有讀者都採取這種態度。有一群讀者對《第二性》的反應相當友善——下個世代的年輕人。他們從沒有看過像這樣的書，書裡坦率談論著被視為禁忌的女性經驗。有些人需要關於自身身體的知識，因而將此書當成性知識手冊來讀。八月時，《巴黎競賽》雜誌（*Paris Match*）刊出了《第二性》摘錄，並介紹作者是「沙特的副手，專精於存在主義。她無疑是第一個在男性歷史中嶄露頭角的女性哲學家，在這趟生命歷險之旅中肩負著替她的性別建構出一套哲學之重任」。[42]

此書出版後，波娃的女性哲學經常被濃縮為一個概念：「生理性別」（Sex）與「社會性別」（Gender）是有所區別的，後者是經由文化適應的過程（例如學習陽剛與陰柔的概念）而習得的。不過，將《第二性》化約為此一概念會產生許多嚴重的問題。第一，「社會性別」一詞從未出現在書中。第二，「女性」的概念及對女性的壓迫都具有生物及文化兩個面向，這樣的論點在一九四九年之前便已有人提過了。在波娃出生之前的這幾個世紀裡（也是她在書中所討論的年代），已有一些哲學家與作家提到，女性會在社會裡屈居次等並不是因為她們天生資質低人一等，而是因為她們缺乏具體的教育、經濟及職業機會。例如，十八世紀的狄德羅便寫過，女性的次等地位「有一大部分是社會產物」。[43]

此點值得強調，因為若將《第二性》化約為「性別是社會建構」，可能會使得這本書與其所提出最強而有力、但卻遭到排斥的論點脫鉤：那就是，女體的性物化（Sexual objectification）在社會壓迫女性的過程中扮演著重要角色。在第一冊「事實與迷思」中，波娃探討了女性特質如何被建構為女性的宿命——她一再發現，所謂理想的女性其實就是男性慾望所指向的客體。

第二冊「實際經歷」的篇幅則長多了。波娃在此使用了不同的分析方式，以女人自身的觀點出發來探討什麼是女性。此舉翻轉了哲學看待權力的觀點：波娃並沒有使用原先支配者的觀點來分析女性，而是訴諸那些應當順從的人的日常生活。為了做這件事，她必須去討論那些哲學菁英認為不配稱作「哲學」的主題：家事如何分配、上級如何評估績效、女性生命中的性啟蒙與性經驗。這些並不是關於現實之本質或知識之疆界的崇高問題[44]，而是關於誰有權力定義哪些部分的現實是重要的，還有誰的理論才配得上被稱為哲學。

波娃相當清楚，要讓女性發聲是多麼困難的事——女性所受的壓迫中有一個部分便是，其所留下的生命紀錄無論質或量都無法與男性相比。女性的聲音較不公開，公開之後又被視為是片面的、不道德的、帶有惡意或虛假之詞而遭到屏棄。為了瞭解女性屈從的過程，波娃引用了特定女性在私領域的生命經歷——她們在此處境中的經歷向來被人以結構性、系統性的方式徹底消音。[45]

曾於波娃幼年時啟發她的喬治・艾略特寫過：「如果我們獲得可看見每個人類生命的清晰目光與銳利感知，如同聽見綠芽之抽長、聽見松鼠之心音；那麼我們也會聽見寂靜的背面有著巨大的狂嘯之聲，將使我們肝膽俱裂、魂飛神喪。」[46]在寂靜的背面，波娃聽見了不曾休止的樂音，由混亂迷惘、無可奈何與絕望之情所構成——女人的歌聲在此匯流，化為問句：我成為了什麼樣的人？

她為了寫《第二性》而進行研究，研究結果令她自己都感到難過；不過，她也找到保持希望的理由。確實，女人在一九四九年是次等的存在，「因為她們的處境中機會較少」，但是事情不一定非得如此不可。如果男性和女性都不再躲在藉口背後，事態就有可能改變。

人們常說《第二性》將沙特的哲學「運用」於「女性問題」上，而這個時期的波娃確實在一些事上仍與沙特看法相同——例如自由的重要性。不過她所做的事其實是所有哲學家會做的事——對她認為無誤的真理表示認同，並對她認為有誤的論點表示反對。她反對沙特對於處境的看法，反而引用了海德格的說法：人類被「拋擲」到這個永遠事先具有意義——並非我們自己創造的意義——之世間。她傾盡全力再次叩問著那個她曾於三〇年代問過沙特的問題：一個被關在深閨中的伊斯蘭小妾能擁有什麼樣的自由？

如今，波娃已看得比較清楚，女人不必然得被關在閨房之中聽別人告訴她：她的價值來自於她能彰顯男人的雄偉或滿足男人的慾望。雖然，在一九四九年的法國或美國，女人還沒有辦法單憑著「昭告世界自己也是人」來擺脫性別問題對於其人生可能性的影響。胡塞爾、沙特與梅洛龐蒂等哲學家已開始書寫關於身體的哲學（這是個西方哲學家長久以來獨鍾心智哲學而嚴重忽略的領域）。不過波娃說，這些人並未將女性的身體納入討論，特別是關於女性在意識到**自己的身體**被某種男性凝視化約為性物（Sexual object）時，對身體產生的異化（Alienation）之感——這種男性凝視將女性視為可獵捕並占有之「**獵物**」，並不將其看作正在成為自己的人類。

波娃對於自己在這塊扭曲透鏡中所看見的女性樣貌並不滿意，所以她使用了一個原創的哲學方法：呈現多個第一人稱視角、「由女性的視角來描述**他人為其繪出的**世界樣貌」——她如此描述。如果女性**天生**本該臣服於男性，那麼男性與女性之間出現階級就不會是道德問題。但如果這樣的階級是經由文化建構而得以持續存在，而女性在服膺此文化的同時經歷到的是對於其自由的「貶抑」，那就有了道德問題，而且壓迫者與被壓迫者都有責任糾正此問題。在第二冊中，波娃集合了眾多女性聲音，描繪出在男性所創造的迷思之霸權中成為女人的生命經歷，並指出女孩時期其實是一段對於女性境況的「見習期」，女孩們在這段期間準備拋棄自主性、並服膺於「成為女人就是讓自己**為了男性存在**」此等迷思。[47]

在本書出版之前，波娃便已公開發表了數個段落，所以最早的讀者並沒有辦法循著脈絡理解她的論證。不過，讓波娃遭受訴諸性別攻擊的原因也不只是片面閱讀而已；許多讀者都有強烈的理由希望她是錯的、希望沒人理她、希望她被誤解。畢竟，找藉口總是脫身的好辦法。如果能以波娃不具原創性、不像個女人、也沒有道德來作為藉口而拒絕接受她，那麼他們便能高枕無憂，不必理會她所關注的那些在「女性境況」中受苦的人——他們便能令含冤之聲住口、使寂靜再度降臨。

在一九四九年一場關於《第二性》的電台訪問中，主持人提起波娃在出書後所遭到的攻擊。波娃說，在法國只要提到女人，「大家就會立刻聯想到性」，而這可不是她造成的。她還注意到，雖然這本長達千頁的書裡討論性的段落相對地短，但多數評論針對的都是這些段落。性並未被認真看待、並未被視為具有哲理之主題，她認為這是有問題的。人們彷彿不認為哲學可以是活的、可以在與性相關的層面上照亮人類的生命。[48]

《第二性》並不是一出版便勢如破竹——這本書超前時代太多，而且坦白說，它令許多人深感威脅。波娃廣博的古典文化、哲學、文學素養在其中展露無遺：她引用了古希臘劇作家、羅馬哲學家、《聖經》、《可蘭經》、橫跨好幾個世紀的哲學與神學文本中關於女性的篇章、大段的文學、信件與日記、精神分析論述等；她在分析中還使用了現象學方法和存在主義理論。瑪西娜・侯許（Marine Rouch）的研究顯示，許多讀者都指責她把《第二性》寫得太難。有位讀者更是直接問她：

妳為什麼寫這本書？為了幾百（或幾千）個認識這些形上學和相關存在主義領域中艱深術語的文學俱樂部成員嗎？或是為了具備一般常識與理解能力、需要面對這些問題的普遍大眾？為什麼不能以人們熟悉的語言來寫作，而非得要使用「哲學行家」的那套炫技手法呢？[49]

到了六〇與七〇年代，受到波娃啟發的女性主義者會繼續對抗那些「偉大人物針對女性所產出的愚蠢論述」。[50]不過，在一九四九年時，波娃並不知道《第二性》會被視為經典，並激起社會運動。後來，女性主義者將會批評波娃在「潛意識中具有厭女情結」，說她在書寫女性的同時又與她們保持距離。[51]有些人認為她對於自身在階級、種族與教育上所享有的特權相當盲目，也有些人認為她對於自身特權雖有自覺，但還是犯了將某些女性經驗普遍化的失誤。有人說她錯把「個人經驗寫成普遍經驗」，也有人稱讚她以個人經驗中的「憤怒力量」來推動整本書前進。[52]有些女性主義者抗議，波娃將非白人女性排除在外，並且玩弄修辭、挪用了非白人女性的苦難來建構白人女性主義。[53]幾十年來，波娃傾聽著讀者的回應，也承認了她當時對於男人及自身經驗的態度都太天真。她是受到保護的「樣板」女性，並未直面現實中的各種壓迫。[54]不過在此書出版之後，她幾乎是立刻因為身為樣板卻竟敢直言不諱而付出了極為高昂的代價。波娃從沙特巨大的陰影中走出來，卻發現自己的名字成了熱辣辣的醜聞題材——她是人們進行訴諸性別攻擊的對象，受盡嘲諷、蔑視與羞辱。

托莉・莫伊在《西蒙・德・波娃：一個女性知識分子的養成》（*Simone de Beauvoir: The Making of an Intellectual Woman*）中寫著，到了一九四九年底時，「西蒙・德・波娃是真的成為了西蒙・德・波娃：就個人層面與職業層面而言，她都成了『完成品』」。[55]托莉・莫伊表示，波娃在一九四九年後的作品都是「回憶性質」的作品，「除了傳記幾乎沒有其他產出」。可是，在事業上，身為小說家的波娃在一九四九年後的歲月裡不僅發表了她的得獎小說《名士風流》（*Les Mandarins*），還出版了另外兩本小說、她的回憶錄、談論老年的書，也寫出促使法國法律產生重大改變的論述。而且，《第二性》還要等上好幾年才會在第二波女性主義浪潮中發揮作用，而波娃作為女性主義者的倡議生涯根本尚未開始。在個人層面上，她仍可能在人生中享受到相互回饋之愛情。西蒙・德・波娃在成為自己的旅途上，仍有許多的可能性。

十三　愛情的新面貌

進入五〇年代，波娃的生活重新回到令人安心的規律軌道：寫作、編輯《摩登時代》、接受《第二性》相關採訪。二月某天裡，她意外碰見一個很久沒見的人：她的表哥賈克。但賈克判若兩人、失去往日的光芒。他窮困潦倒、染上酒癮，連他的妻子與五個孩子都不願意理他。也許是憶及往日情壞，也許是出於純粹的慷慨，波娃跟賈克約好了再見面，並向他提供經濟支援。[1]

波娃一直都想見識撒哈拉沙漠，所以三月的時候，她跟沙特離開巴黎前往非洲。他們坐卡車花了四天深入沙漠，造訪了塔曼拉塞特（Tamanrasset），並在前往綠洲小鎮古萊阿（El Goléa）的途中遇上了沙漠商隊。最後，他們搭飛機飛越沙漠上空，抵達內陸國馬利（Mali）。

除了長篇作品，波娃也持續撰寫短篇文章。一九五〇年，波娃在一本名為《天賦》

（*Flair*）的美國時尚雜誌上發表了一篇文章。《天賦》是本短命的刊物，只運作了一年便宣告停刊，但在他們曾發行過的內容中赫然可見尚・考克多（Jean Cocteau）、田納西・威廉斯（Tennessee Williams）、伊蓮諾・羅斯福（Eleanor Roosevelt）、達利（Salvador Dali）和瑪格麗特・米德（Margaret Mead）等名家賢達之筆。波娃所撰寫的文章名為〈女人該為愛情換上新面貌了〉（It's About Time Women Put a New Face on Love）[2]，當中提到人類生來自由而具有意識、棲居於各自的身體之中，並以此觀點出發來探討性慾。波娃說，性吸引力在兩性的差異之間迸發——「異性有如謎樣的國度一般使人著迷」。

就波娃看來，問題是這樣的：男人認為愛情是不平等與臣服，女人則「因為愛情成了奴隸制度」而抗拒不已。她認為兩性之間的差異經常以「優越與次等」、「主體與客體」、「犧牲者與掠奪者」的形式展現出來，但支配並不是愛，奉獻也不是。女人在世界中逐漸變得活躍、獨立自主、肩負重責大任。現在，女人進入了公共領域，這讓某些人開始感到恐慌：愛情會不會因此變得面目全非？會不會失去往日的詩意與使人幸福的魔力？波娃不這麼認為：「我們難道沒有能力創造出一種兩方平等的新愛情——一種沒人會要求對方臣服於自己的愛情——嗎？」[3]

她在許多著名作家的作品中都曾見過這種新愛情的蹤影。尼采、托爾斯泰、D・H・勞倫斯都認為，在一段「真實而豐富的戀情」中，一個人應該要長伴戀人左右，並看重對方的人生目標。不過，這些話是針對**女性**所發的——反正女人的人生目標只有愛情、別無其他。但波娃相信在一段「平等」的愛情中，女人仍渴望成為戀人的堅定盟友，在試圖建立雙方互饋的友好關係時仍支持著她們的戀人——只不過，她們會希望對方也能支持自己：

男人不再試圖在伴侶身上獲得自戀式的歡快滿足，而是在愛情中找到方法離開自己、開始關心他人的問題。既然人們說了這麼多廢話讚美為愛犧牲的女性，那麼，如此令人欽羨的高貴舉止為什麼只能是女性專屬呢？何不讓男性也有機會忽略自我、奉獻己身？[4]

如果人們能「同時為自己與戀人著想」，這對所有人都有好處。

有鑒於波娃與沙特之間的關係如今已成了無性的關係，波娃在此文中也耐人尋味地指出，這種愛情有可能是純精神式的愛情（雖然她承認兩者間互有性吸引力是「較為常見的模式」）。她再次探討了〈女人陷阱〉一文及《第二性》中曾討論過的主題，並指出她在女人身上看到一種普遍的恐懼：她們恐懼自己若失去「女性特質」，男人就不會再受她們吸引了。波娃知道每個女人都希望自己有吸引力，但她不認為這份吸引力會這麼容易就消失：

「兩性之間對於彼此的生理需求會繼續發揮魔力。」[5]

六月，波娃到芝加哥去找艾格林。先前，她已詢問過他是否可以於六月時前往拜訪，因為沙特也要去見迪樂芮．凡內緹（這是最後一次了，他想要以溫柔的方式跟她分手），而波娃和沙特都希望兩人能將各自離開巴黎的行程排在同一段時間，這樣他們回到巴黎時就有多點時間可以相處。波娃在安排這趟旅程時考量的是沙特的行程表，而她並未對艾格林隱瞞此事。

艾格林同意了，但他愈來愈少寫信來。她開始擔心自己是否該依約前往？沙特鼓勵她不妨還是去看看。

飛機上，鄰座的人在讀《第二性》，這讓波娃感到有點不真實。一九五一年九月，波娃在紐約拜訪了史黛法和費南多，旋即飛往芝加哥。可是才踏上芝加哥的土地不到二十四小時，她就知道有些事不對勁了。她問艾格林怎麼了？他說他很高興見到她，但他不喜歡她總是來了又走。她在寫給沙特的信裡說，艾格林的疏離如今已接近無動於衷的程度。[6] 艾格林的前妻想跟他復合，但艾格林說，在愛過波娃之後，他已不知道自己能不能再愛人。

即便承認了對她的愛，他仍告訴波娃，某些東西早已消逝了。隔天晚上，他們試著做愛，但兩人的身體都不肯配合。八月初，他們搬進密西根湖畔的木屋，晚上睡在不同的房間裡。波娃開始擔心自己的生命中也許再無激情可言。她用了科利德蘭（Corydrane）——一種沙特在必須維持寫作量時會大量服用的安非他命藥物——然後開始寫小說；後來，她會將這本小說獻給艾格林。木屋裡，生活的寧靜韻律開始成形，沒什麼激情，但創作效率頗佳：上午寫作和游泳，下午則留給閱讀。有次，波娃差一點就淹死在密西根湖裡——她的泳技向來不是太好。後來，娜塔莉．索洛金也前來作客，事態至此急轉直下。艾格林非常不喜歡索洛金；他告訴波娃，索洛金「女同性戀的那一面」令他的朋友感到驚愕。[7]波娃夾在兩人之間左右為難——索洛金不怎麼好相處，但艾格林處理此事的方式也說不上多有風度。她好想回巴黎，回到她「無庸置疑的戀人」沙特身邊。[8]

在《環境的力量》裡，波娃只說在這趟旅程中，絕望榨乾了她所有的感覺。她輕描淡寫地帶過旅途尾聲，然後就接著寫到沙特當時在巴黎所背負的罵名。[9]不過她的信件則顯示，就在她離開芝加哥前往紐約的前夕，她對艾格林的希望又重新燃起。她在離開當天告訴艾格林，她很高興能做他的朋友。艾格林回答道：「不只是朋友。除了愛情，我沒辦法給妳別的。」[10]

當晚，波娃寫信給艾格林，說她一路哭到機場，連在飛機上與下飛機後都停不下來。「在你昨天給我讀的那篇導讀裡，托瑪斯．曼提到，杜斯妥也夫斯基在每次發作前都會經歷幾秒鐘無上至福的歡悅感，那短短幾秒鐘讓人願意以十年壽命相抵之。你也有能力給我幾分鐘恍若高燒的熱烈時刻，那幾分鐘令我願意以十年的健康相抵之。」

她說，若他想要將她驅逐出自己心中，這也是公平的。不過她以沒那麼流利的英文寫著：「就算知道這是公平的，也無法令這件事變得簡單。」[11]她說她愛他，「因著你給予我的愛情，因著你在我心中喚起的性與愛、幸福之感。」但即便這些都不存在，她也「因著他的本然面貌」而愛他。[12]

波娃回到巴黎時，沙特正埋頭創作劇本、研讀馬克思主義。他感覺起來遙遠而疏離，但波娃認為這是因為他公眾人物的身分所致：他不再想要泡咖啡館、漫步巴黎街頭、跟她一起去滑雪了。他邀請她讀自己正在看的書，跟隨他的學術思路；但波娃得寫完自己的小說，而且她不想老跟在他後頭——雖然她對政治確實有興趣。沙特想建立一套能解決人類問題的新意識形態，她則沒有這份野心。有些日子裡，他倆之間愈來愈遠的距離如同悲傷的薄霧一般籠罩波娃。也有些日子裡，絕望啃食著波娃的心。[13]

《第二性》為波娃帶來了一些收入，也帶來了她並不怎麼享受的名氣。所以她買了一台唱機和幾張唱片，沙特每週有幾個晚上會來她家聽爵士樂或古典樂。一九五一年十一月，波娃興奮地寫信給艾格林，她的心中再次感受到了熱情：「既然愛情行不通了，我決定以胃口不若男人貪婪之物來滿足我卑劣的心靈——我買了一輛漂亮的黑色轎車！」[14]她每週要上三堂駕駛課。

戰後，巴黎很快便成了歐洲文化場景的重心之一。邁爾斯．戴維斯在左岸的咖啡館表演，而知識分子、藝術家、作家（包括反殖民運動者）都齊聚巴黎、參加各種活動。一九五〇年，出身法屬馬丁尼克（Martinique）的詩人艾梅．塞澤爾（Aimé Césaire）發表了《殖民主義論述》（*Discourse on Colonialism*），將歐洲納粹比喻為殖民主義，因兩者都追求支配與控制他人。一九四七年，印度脫離英國成為獨立的國家；反殖民主義正逐漸蔓延開來。一九五二年，法農的《黑皮膚，白面具》（*Black Skin, White Masks*）出版了，以激昂的語調描述著種族主義加諸於受壓迫者身上的傷痕。不過，即便反殖民運動與阿爾及利亞獨立運動自三〇年代以來不斷擴大，仍有許多法國人不願意放棄他們腦海中的帝國版圖。

在這段期間裡，波娃的作品成了法國主要的文化輸出品。一九五一年，《第二性》的第一本譯本以「*Das andere Geschlecht*」之名（意即「另一個性別」）在西德問世。該譯本極為暢銷、再版三次，五年內共賣出了一萬四千本。[15]

同時間，波娃與艾格林之間的信件雖仍充斥著感傷，但也出現一些新的變化。她開始稱他為「自尋痛苦的人」。他想跟她在一起，但又希望她來芝加哥找他——如果他也願意來巴黎，那麼兩人每年相聚的時間就能從一個月增加至三、四個月了。波娃在紐約時寫的信惹惱了艾格林，但她還能怎麼辦呢？他指控她想擁有他的人生，卻又將自己的人生留給自己。不過波娃覺得此言不甚公平，她說：「你不能期待我表現得像台溫馴服從的機器啊」。[16]波娃在《第二性》中提到，這個世界期待女人以愛情為人生的全部，並為此犧牲一切——此話如今是如此痛苦而切身。後來，她在《環境的力量》中說：「就算沙特不存在，我也不可能搬去芝加哥定居。」[17]

一九五二年，波娃和艾格林愈來愈少寫信給彼此。兩人的通信頻率由每日拉長至每週，最後則是以月計算。波娃四十四歲了，她開始擔心自己會被「放逐至幽影群聚之地」。[18]她在《第二性》中提過，在失去性慾之前先失去吸引力的女性成為了「失去資產的客體」，這對女性性慾而言不啻是場悲劇。她認為，女性的性魅力在三十歲代中期達到高峰，但此後旋即落入老去的陰影中。波娃筆下的女性角色（特別是晚期作品中的角色）常表現出對於慾望感到厭倦卻又無法滿足的孤寂之情。

一九五二年初，波娃感到她與沙特已漸行漸遠，因為沙特如今極為知名，又投身政治。兩人之間彷彿出現了第三個角色：波娃、沙特與大名鼎鼎的「尚—保羅．沙特」。她告訴他，她寧願他是個默默無名的詩人。雖然沙特已逐漸接受她對於倫理學及文化價值觀之重要性的看法，但兩人在各自日常行程與關注議題上的分歧都加深了波娃心中的失落與孤寂，她的心情變得十分低迷。在《環境的力量》中，她說自己的悲傷逐漸轉變為「揮之不去的絕望感」，「浸透我的心，讓人有了想要結束這一切的念頭」。[19]

為波娃工作的打字員露西安（Lucienne）在一月時死於乳癌，而波娃隨即也發現自己的胸部出現硬塊。她將此事告訴沙特，沙特說：如果這麼擔心就去看個醫生吧。三月時，她的胸部開始疼痛，所以她約了專科醫生，在四月時到醫院看診。醫生要她別擔心：她還年輕，情況不至於太糟——但他們最好還是做個切片檢查。最糟的情形是她必須動胸部切除手術：她同意進行這項手術嗎？

波娃同意了，但她走出診間時人在發抖。她曾陪露西安來過這種診間，看過切除一邊乳房的女性在十年後回來切除另一邊，也看過死於感染的女性。她將醫生的診斷告訴沙特，而沙特竟回以冷戰時期的嘲諷：最糟的情形是她只剩十二年可活，但反正原子彈在十二年內就會毀滅全世界了。[20] 動手術的前一天，博斯特陪她去了風景優美的修道院。

一九五二年五月，人在羅馬的沙特聽說法國政府開始暴力鎮壓共產黨的示威活動。沙特並不是共產黨員，但是在這個多數西方知識分子開始與史達林保持距離的時間點上，他卻公開為共產黨說了許多好話。無論此舉在政治上聰明與否，沙特與共產黨親近一事都為波娃帶來了意料之外的遇合。《摩登時代》的人固定每週日在沙特家聚會，而沙特希望這本雜誌能反映出他新近的政治理念，所以邀請了幾位年輕的馬克思主義者加入編輯團隊。沙特的祕書帶來了一位才思敏捷的新朋友：二十七歲的克勞德．朗茲曼（Claude Lanzmann），此人為人風趣，藍眼睛深邃而迷人。

有天，沙特的祕書尚柯告訴波娃，朗茲曼覺得她很迷人。波娃沒放在心上——她一想到自己的年紀就快要恐慌發作，也相信自己的性生活早已宣告結束。[21] 但是在開會時，她偶爾會注意到朗茲曼凝視著她。七月的一天晚上，她參加完某個派對回到家，接到朗茲曼打來的電話。他邀她一起去看電影。哪部電影？她問。「只要你想看的都好」，他說。兩人約好隔天去看電影；波娃掛上電話之後，眼淚突然掉了下來。[22]

成熟女性的性慾曾讓年輕的波娃感到厭惡，她晚期的作品《論老年》比她的回憶錄《環境的力量》更清楚顯示出此點（前者於她六十二歲時出版，後者則於她五十五歲時出版）。年輕時的波娃「痛恨」那些明明早該被「束之高閣」的「老女人」卻還有臉染頭髮、穿比基尼、與男人調情。她承諾，若自己的時候到了，「一定會乖乖把自己關進閣樓裡」。而四十四歲的她認為時候確實到了，只是到得太快。[23]

第一次出遊，朗茲曼和波娃從下午一路聊到晚上，又約好隔天共進晚餐。他向她調情，她表示抗議：她比他還大十七歲。但他說他不在乎，在他眼裡她並不老。那天晚上，他在波娃的公寓過夜，到了隔天晚上仍未離開。

幾天後，波娃動身前往米蘭。她開她那輛黑色的西姆卡（Simca Aronde）去，沙特則坐火車前往，兩人在斯卡拉廣場（Piazza della Scala）碰頭。她想參觀博物館、教堂，多看點藝術作品；而沙特只想工作。於是兩人各退一步：早上觀光，下午寫作。沙特當時在寫的是《共產黨員與和平》（*The Communists and Peace*），波娃則是還在修改那本感覺永遠寫不完的小說。一九五二年秋天，沙特讀了這本小說的手稿，覺得很不錯，但他不太喜歡結局。而波娃實在受夠了這小說，覺得整本手稿直接丟掉算了。但博斯特和朗茲曼都讀了，他們都鼓勵她繼續努力。波娃終於完成這部小說後，沙特會公開宣稱此作品是他從此不再寫小說的原因——他放棄了他的「自由之路」系列。他說，再寫下去也沒有意義了，因為《名士風流》（*The Mandarins*）「已探索了當代各式問題，其手法之高明遠超過他能力所及」，且「自始至終保持自由，充滿不確定性及歧異性」。[24]

人在義大利的波娃寫信給朗茲曼——她在他回第一封信之前總共寫了五封。臨行前她曾承諾他，她回到巴黎時一樣會愛著他。要等到回巴黎才會嗎？他問。他對他們很有信心。[25]

波娃在回巴黎的途中順道拜訪了妹妹艾蓮娜，但回到巴黎後，她還是等了兩個星期才等到前往以色列旅遊的朗茲曼回國。終於見面的時候，「兩人的身體懷著喜悅與彼此相聚」，波娃如此描述。[26]他們開始與對方分享自己的過去：朗茲曼是猶太人，他對於自身族裔的反思讓波娃對於猶太議題有了嶄新的洞見。（後來，在波娃持續的支持下，朗茲曼拍了大屠殺紀錄片《浩劫》〔*Shoah*〕，將他帶給波娃的這份洞見帶給了更多的人。）

談話的主題很自然地由過去轉入未來。朗茲曼旅行回來後所剩的存款並不多，於是波娃問他要不要搬過來一起住。這是她人生中第一次與戀人同居，她對於放棄獨身生活的決定感到有些不安，但兩人自此展開了長達七年的同居歲月。朗茲曼是唯一一位波娃曾以親密第二人稱（Tu）稱呼的戀人。沙特在晚年的訪談中提到，自己的人生中從未出現比海狸還要更親近他的女性，但即便如此，沙特與波娃仍從未以親密第二人稱彼此相稱。[27]二〇一八年，波娃寫給朗茲曼的書信集向學術界公佈了，相關領域的學者開始能夠閱讀這些信件。信件中記載著波娃在朗茲曼與她分隔兩地時所讀所寫的作品，以及她的個人見聞，間或點綴著的則是溫柔的戀人絮語與日常生活細節。對於一個像波娃這樣如此渴望獨處的人而言，她願意與朗茲曼分享的生活片段多得驚人。

在荷賽・黛陽（Josée Dayan）所導的西蒙・德・波娃紀錄片中，西蒙問了朗茲曼對她的第一印象是什麼：

朗茲曼：我覺得妳非常漂亮，妳的臉龐光滑細緻，我想知道在那無動於衷的表情背後還有著什麼。

波　娃：你發現我本人沒有表面看起來那麼無動於衷。

朗茲曼：的確如此〔……〕我不知道我該不該講這個……妳對生命的品味、妳總有各種寫作計畫，這些事從一開始就令人印象深刻。妳總是有想做的事、想去的地方、想深入瞭解的主題〔……〕與妳一同閱歷的世界充滿驚奇，而我的確也站在妳身邊看了許多風景。[28]

過去兩年裡，波娃經歷了與艾格林分手的苦澀，也感到自己能享受性愛的歲月已然消逝。但在朗茲曼身邊，波娃說：「我恍若重返人間、沉醉在幸福之中。」[29]波娃仍常與沙特見面，但他們之間的相處習慣改變了。[30]波娃與沙特每年都會去度假兩個月，但她不想離開朗茲曼那麼久；所以兩人約好讓朗茲曼加入，他會有至少十天的時間與他們倆同行。當時，朗茲曼正在寫一齣有關新近建國的以色列的作品——世上竟有一個地方並不把猶太人視為外人，此事令他相當訝異。上午，波娃會跟朗茲曼一起寫作，下午則按照慣例與沙特一起工作。

雖然波娃與朗茲曼住在一起、共享同一張床，但這段關係就如同波娃其他的戀情一樣是開放式關係。她預期朗茲曼會與其他女人見面，並希望他對她毫不隱瞞；而她也會與沙特見面，並對朗茲曼坦承兩人相處的細節。朗茲曼成了「小家族」的成員之一——那年年底，他倆與奧爾嘉、博斯特、汪妲、蜜雪兒一起跨年。隨著歲月漸增，波娃愈來愈珍惜他們這群人之間的漫長而深厚的羈絆：「我們對於彼此的理解極深，一抹微笑便勝過千言萬語。」[31]

朗茲曼的性格鮮明而熱情，心中情感與想法都任其自然流露在臉上。他剛跟波娃交往時，曾感謝她願意跟他這種「瘋狂」的人在一起。朗茲曼的人生有著混亂不幸的過往，但這只是形塑其性格的力量之一。戰後，他發現法國政府竟涉嫌協助納粹屠殺猶太人，此事令他悲慟不已。少年時期的他是路易大帝中學的資優生，與尚柯和德勒茲（Gilles Deleuze）*交情甚篤；但孩提時代的他也曾目睹家暴悲劇——他的母親最後獨自離家，從此音訊全無。

不過，受到心中之黑暗所侵擾的人，不只朗茲曼而已——身為波娃唯一同居過的戀人，朗茲曼也見證了波娃內心的洶湧波濤。他認為，在波娃與沙特所共享的事物中，逼近憂鬱絕望的存在主義式憤怒是相當重要的一環。這份憤怒在沙特身上以「陰鬱、死氣沉沉」的形式展現出來，沙特則以安非他命藥物、寫作與愛情遊戲抵抗之。至於波娃，這份憤怒帶給她的則是朗茲曼稱之為「情緒爆炸」的時刻：

無論是坐著、站著或躺著，在搭車或走路時，在公共場合或私底下，她會突然激烈啜泣起來。那是用盡全身氣力的抽搐哭泣，撕心裂肺的抽泣聲中夾雜著模糊不清的長長哭嚎。我不記得第一次是什麼時候了，不過我們在一起的那七年間，發生過幾次這樣的事。在提筆回憶這件事的此刻，我發現她當時的哭泣從來不是因受人錯待或遭逢不幸而起。她像是在幸福之中突然被擊垮、如同浪花碎裂於岩岸上。

朗茲曼試著安慰波娃，但在「察覺到幸福何其脆弱而深感痛苦」的波娃面前，他「束手無策」。[32]幸好，這樣的時刻就像多年前的「波娃小姐」一樣，都不會持續太久。波娃和朗茲曼在位於緒舍街（Rue Schoelcher）的公寓生活、工作，度過平靜的時光；兩人是如此專注

* 譯註：德勒茲（1925-1995），法國後現代主義哲學家。

於各自的工作上，有時竟長達五個小時都不曾抬起頭來跟對方說話。[33]

二〇一八年，朗茲曼把他寫給波娃的一些信件出售給耶魯大學。[34]《世界報》在報導此事的同時，也刊出了一封寫於一九五三年的信。在信中波娃寫道：她「確確實實」愛過沙特，但這份愛「並未獲得真實的回饋，而我們的肉身在其中也毫無價值」。[35]這封信顯示，在一九五三年時，波娃並未以沙特為她感情生活的核心。此信也顯示出，波娃對於沙特的批評不僅是性方面的，也是道德上的。如果人們對波娃書信的反應與幾十年前相同，那麼他們很可能會把焦點放在性事上，他們會再度對這個二十世紀「偉大愛情故事」的真實面貌表示震驚。不過，波娃認為這段關係缺乏的不只有性而已。她也對這份感情中缺乏回饋一事感到不滿——她認為唯有雙方互饋的愛情才是真正的愛情。數十年以來，讀者持續懷疑波娃在她與沙特的戀情一事上可能落入了壞信念之中；但她在此以直截了當的態度（向她最親近的人）承認，這段戀情有重大的缺點。是的，她愛沙特；但在她看來，兩人的關係在幾個重要的層面上並不算是成功。

雖然波娃向眾人所說的內容與上述故事有些出入，但眾人口中所描述的她也加添了事情的複雜程度。一九五三年春，《第二性》的首部英語譯本在美國出版了。出版商亞弗瑞·克諾夫（Alfred Knopf）的太太布蘭琪（Blanche Knopf）造訪巴黎時聽見人們談論這本書。她的法文沒有好到可以評估此書，又誤以為此書是某種知識性的性愛指南，所以她請動物學教授帕什利（H. M. Parshley）寫了一份閱讀報告。這位教授在報告中稱讚這本書「知性而博學、結構平衡」、「絕非愛說教的女性主義書籍」。

克諾夫出版社回信給帕什利教授，問他是否願意翻譯此書，並稍微刪減篇幅？（克諾夫說，這本書的原作者恐怕得了「文字腹瀉症」。[36]）法文版的《第二性》長達九百七十二頁。帕什利說，他會設法刪減或以濃縮的方式刪去一百四十五頁——這可是整整百分之十五的篇幅了。帕什利沒有哲學或法國文學的背景，在翻譯過程中遺漏了許多波娃筆下的哲學指涉與文學譬喻，使譯本中的哲學失去原文的嚴謹結構。他以相當可議的方式刪減原文、進行翻譯。災情最為慘重的是女性歷史那段，他刪掉了七十八個女人的名字，也刪去了幾乎是每一個提到社會主義女性主義的地方。他刪掉了女性的憤怒與壓迫的段落，卻保留了關於男性感受的段落。他也刪掉了波娃對於家務的分析。[37]

當波娃看到帕什利的成品後，她寫信向他表示：「有太多我認為很重要的段落都被刪掉了。」而帕什利回信說，如果他不刪掉這些段落，那這本書就「太長了」。所以波娃請他在前言中明確告知讀者他刪減、濃縮了原書中的許多段落。可是，帕什利的聲明恐怕不如波娃預期的那麼明確。

在美國，克諾夫出版社並未以「存在主義」一詞來替《第二性》進行宣傳，因為布蘭琪・克諾夫認為存在主義已經「沒搞頭」了。事實上，她還要帕什利在前言中試著削弱此書的存在主義色彩。[38]帕什利的前言是這麼說的：由於「波娃小姐的書畢竟是本關於女性而非哲學的書」[39]，所以他「在書中偶有刪減與濃縮，以求行文簡潔」。而他還說，他「對於原文所做的更動**幾乎**都經過原書作者明確同意」。[40]波娃在一九八五年的訪談中說，自己確實對帕什利「相當不滿」。[41]（沒有任何刪減的完整英譯本要到二〇〇九年與二〇一〇年時才會分別在英國與美國出版。）

《第二性》在美國上市後旋即躋身暢銷排行榜上。許多早期的書評都對波娃的風格與原創性給予極大好評，但也指出她錯將女性藝術家或知識分子所面臨的困境給普遍化了。[42]不過，也有些人（像是《大西洋》的書評）認為，這個顯然是「那種極端的女性主義者」。[43]身兼《紐約客》書評的人類學家瑪格麗特・米德在兩篇不同的文章中分別稱其為「藝術品」與「虛構創作」。[44]《第二性》的譯本甫出版便賣得極好，據說其於八〇年代時就達到了百萬本銷售量的里程碑。在五〇年代裡，它是少數幾本女性想思考自己在世界中的位置時能看的書。[45]

由於《第二性》的緣故，人們稱波娃為第二波女性主義之「母」。不過有趣的是，有幾位知名的六〇年代女性主義先驅直到晚期才開始承認波娃的影響力。凱特・米列（Kate Millett）的《性政治》（*Sexual Politics*）受《第二性》影響極深，波娃曾表示米列的書「確實很棒」，但「此書從形式、概念到其餘的一切」都來自《第二性》。[46]

美國的讀者最為關心且持續討論的是波娃對於性、「獨立女性」、母職所提出的觀點。[47]雖然美國讀者的反應沒有法國讀者那麼尖酸刻薄，但此書仍惹惱了某些人——有的人簡直火冒三丈。一九五三年四月，波娃與沙特、朗茲曼從聖托佩（Saint-Tropez）旅行回來，有個指名給波娃的包裹寄達雙叟咖啡。上面的郵戳來自芝加哥，波娃心想一定是艾格林寄來的，於是高興地拆開包裹。但包裹裡躺著的是「一包瀉藥，有助西蒙波娃排除體內的憤怒毒素」，寄件者則不明。[48]

她仍每個月都寫信給艾格林，固定向他報告《名士風流》的寫作進展。在寫給他的信裡，她總說這本書是他的書——雖然替她找到這個書名的是朗茲曼（朗茲曼說，自己與波娃的戀情從一開始就「不只關乎肉體，也包含智識上的交流」[49]）。《名士風流》慢慢開始有點樣子了，但進度比波娃想像的還慢。所以波娃在一九五三年八月寫信給艾格林時，開始稱此書為「你那本討厭的書」；到了十二月時，這本書更成了「那本有夠該死的小說」。

一九五三年六月，波娃與朗茲曼前往瑞士及南斯拉夫旅遊，然後再到威尼斯與沙特及蜜雪兒共度集體假期。朗茲曼負責開那輛西姆卡汽車，而波娃則為自己安排了每日步行八小時的艱苦行程。途經的里雅斯特（Trieste）時，兩人發現可由該處取得簽證進入南斯拉夫。波娃從未造訪過鐵幕之內的國家，於是兩人在車上塞滿各式補給品，然後一鼓作氣地駛進共產政權的領地。

那年夏天在阿姆斯特丹，波娃繼續努力修改《名士風流》的手稿。她才開始喜歡上與沙特一起在當地工作的步調，卻在此時收到了來自朗茲曼的壞消息——原本預計與她在巴塞爾會合的朗茲曼在卡奧爾（Cahors）出車禍進了醫院。她立刻跳上車，趕赴他的身邊。[50]

此時沙特則動身前往巴黎。他會去卡奧爾找波娃與朗茲曼，但在此之前，波娃有幾件事拜託他處理（主要是些雜務），而且他還得先去找他的新女友談情說愛一番。他愛上了朗茲曼的妹妹艾芙琳（Evelyne）。蜜雪兒對此毫不知情，但艾芙琳也愛上了沙特。所以沙特現在有三個「女朋友」：汪妲、蜜雪兒和艾芙琳。她們當中有些人知道其他幾位的存在，有些人則不知情。沙特對於這三位女性全都提供經濟援助，並寵溺地為所有人寫詩作文。

一九五四年二月，艾格林寫信問波娃：她生命裡的「魔力」是否還在？雖然波娃現在與朗茲曼在一起了，她仍回信告訴艾格林，她無法再像愛他那樣愛其他男人。她對於世界感到幻滅，並怪罪於自己的衰老；她的「人生已失去魔力」。[51]不過四月底時，她又再次寫信給艾格林，這次語調輕快愉悅——她終於寫完這本書了！這部小說的打字手稿共有一千兩百頁，而沙特、博斯特與奧爾嘉都說這是她寫過最好的小說。這是一個男人與一個女人之間的故事，故事場景在美國。雖然她還沒把這本龐然巨物交給伽利瑪出版社，但她已感受到完稿後如釋重負的輕鬆。

波娃很擔心沙特的健康：沙特已連續好幾年超時工作，他服用科利德蘭的劑量超過建議量的數倍。他的血壓太高，所以醫生建議他休息一陣子。但他一切照舊，還在工作效率不佳時服用更多的興奮劑。波娃跟朗茲曼都告訴他，他這是慢性自殺，但他不肯改。

一九五四年五月，沙特前往蘇聯。法國媒體報導了此事，波娃也看了報導，但沙特沒有寫信來。同月，艾蓮娜來巴黎開畫展。六月時，波娃與朗茲曼則前往英國旅行。（對於這趟旅程裡所見識到的英國「夏日風情」，她實在難以喜歡。）他們回家後，發現門縫塞著博斯特的紙條，上面寫著請波娃立刻去找他。兩人下樓找博斯特與奧爾嘉（他們仍住在樓下），博斯特告訴他們，沙特在莫斯科住院了。尚柯說，是高血壓的問題，不是什麼嚴重的事。

波娃跟在莫斯科的沙特通上了電話，稍微放下心來。沙特要在醫院休養十天，然後再飛回法國。不過除了他的健康之外，沙特的言行也開始令人有些擔心。他在這趟旅程中為《解放報》（*Libération*）寫了一篇專文，裡頭宣稱蘇聯是個完全擁有言論自由的國家。這並不是真的，每個人都知道。他到底在想什麼？沙特是個固執的人，一直要到蘇聯入侵匈牙利，他才願意公開批評此政權。

從俄羅斯回來後，沙特暫時待在羅馬靜養。蜜雪兒陪著他，但他成天昏昏欲睡。八月，他跟波娃一起去德國與奧地利，他的低迷情緒和身體狀況讓波娃嚇了一跳，波娃覺得疲勞可能導致他產生了厭惡感。他暴躁易怒、對所有事物都不屑一顧，甚至說文學——兩人曾想一生追尋的志業——「全是屁話」。[52]他煩躁不安，質疑自己的人生有何意義。他心中的絕望感無論有多少個女人環繞身邊都無法消除。

一九五四年十月，《名士風流》出版了。有過《第二性》的經驗之後，波娃相當擔心：「我幾乎可以聽到那些令人不快的流言蜚語了。」不過，《名士風流》得到了極好的評價，最令波娃訝異的是各種人都喜歡這本書——左派與右派各自在這本書裡找到了可欣賞之處。第一刷的一萬一千本不夠賣；到了月底，這本小說已賣出了四萬本。[53]她寫信給艾格林，說他的書是她所有的作品中最成功的一本。《名士風流》甚至入圍了龔固爾文學獎（Prix Goncourt）——這項極具聲望的法國文學獎每年於十一月頒發。很多人都說《名士風流》可望奪獎，但波娃擔心她身為《第二性》作者的名聲在此事上恐怕有損無益。

按照慣例，龔固爾文學獎會邀請入圍作家參加一場午宴，在午宴上宣布得獎者，讓幸運得主致詞感謝評審。然後，得獎書籍的出版商會舉辦一場雞尾酒會，讓各家媒體前來採訪拍照。許多作家很享受如此鋪張的排場與公眾的注目，因此積極參與；不過，西蒙・德・波娃並不是其中之一。

波娃不喜歡媒體對她和沙特的事「胡說八道」，更不喜歡之前他們對《第二性》的報導。她無法享受公眾人物的光環；在她看來，「公眾的目光令那些落入其中的人面目全非」。[54] 所以她決定要照自己的方式來處理事情，避開公眾目光——她選擇躲起來。

文學獎公布的前兩天，記者開始駐守在波娃家對面的咖啡館，密切監視她家公寓的大門。但她從後門偷偷溜走，跑到別的地方去。午宴當天，波娃跟沙特、奧爾嘉與博斯特開了一個小小的派對，聽廣播宣布得獎者的名字。而各家記者則徒勞無功地坐在木切利街的咖啡館裡——他們不耐煩起來，於是試了幾個伎倆，包括打電話到她家並假裝自己是沙特。

不過後來發生的事可讓波娃笑不出來了——雖然，她還真的得了龔固爾文學獎。文學圈的權力人士相當不高興，波娃已成功傳達了訊息：她不需要他們。有家報紙心懷怨恨地刊登了一張修過圖的照片，照片中的她眼下發黑、面容衰老。另一家電視台拍攝了鋪著潔白桌布的餐桌前空蕩蕩的座位——那是波娃的座位——然後鏡頭隨即轉到「不那麼害羞」的勒諾多文學獎（Renaudot prize）得主尚・雷佛齊（Jean Reverzy）簽書的畫面（播報員說，雷佛齊正在盡他「身為文學大獎得主的小小義務」）。[55]不過，雖然波娃拒絕照規矩走，《名士風流》還是賣得很好——即便在龔固爾的得獎作品中仍稱得上是相當好。信件如雪片般湧入，裡頭的語氣比起《第二性》那時清一色的輕蔑還要柔和許多。波娃的老朋友和舊日學生都寫了信來，但她最想知道的是艾格林怎麼想。她對他說，這個美國愛情故事不完全是他倆的故事，但她試著把他們的一部分放進故事裡。[56]

波娃是龔固爾文學獎自一九〇三年創立以來的第三位女性得主。在她得獎一個月之後，她的朋友柯列特·歐翠說，波娃「選擇以知識分子的身分度過人生」，她的小說則令讀者看見「個人成長的傷口與集體經驗之沉重」。歐翠寫道：「波娃的作品要求讀者反思自身之面貌與處境。」[57]作為一名作家，波娃仍致力於訴諸讀者的自由。在一九六三年的一段訪談中，波娃對於某些讀者堅稱《名士風流》是自傳作品表示沮喪：「其實這真的是一本小說。這本小說受環境啟發、受冷戰、我身旁的人、我自己的人生啟發，但其內容都發生在與現實相隔千萬里的想像國度之內。」[58]

儘管波娃如此抗議，但即便在今天，出版社在行銷時仍將這本書當作是左岸知識分子與其著名圈子的真實寫照。哈珀經典（Harper Perennial）在二〇〇五年再版此書時便形容這本書是帶領讀者一窺名人生活的「浪漫史詩暨哲學宣言」：

> 戰時的巴黎，一群朋友聚在一起慶祝德國占領的結束，並計畫著未來〔……〕這是個你永遠不會忘記的愛情故事，也精準無比地描繪了沙特、卡繆與當年其他著名知識分子的真實面貌。

雖然《名士風流》得了獎，這本書所獲得的反應也讓我們看見波娃在某些人心中的形象——自我中心的女人、缺乏文學想像力，只懂得從私生活中取材。若以這樣的角度去讀這本小說，書中的安·迪布勒伊（Anne Dubreuilh）顯然是波娃，安的丈夫羅伯（Robert）是沙特，亨利·佩朗（Henri Perron）是卡繆，而亨利的愛人波兒（Paule）則被某些人認為是薇奧麗·賴朵絲（雖然波娃曾表示，現實中與這個角色相像的女性不只一位[59]）。另外，小說中還有一位美國男性路易斯·布洛根（Lewis Brogan），他是安的戀人之一。

波娃確實說過《名士風流》受到她自己的人生經歷啟發，但從她的角度看來，這本書絕非自傳、也不是理論小說——人們試圖為此書貼上這兩個標籤，所以她在《環境的力量》中解釋了自己的寫作動機。《名士風流》此書的主題是齊克果所謂的「重複」（Repetition），波娃對此概念的理解是：「人必須失而復得，才能真正擁有。」[60]她不想強加理論於小說之上，而是搭起舞台，「讓相互矛盾之觀點在此永久共舞」。

有鑒於她身為沙特戀人的傳奇身分，波娃說了兩件令人訝異的事。第一，波娃說她特意使用了一種名為「間接溝通」（Indirect Communication）的哲學技巧，這給予讀者自行選擇的空間，而非直接指使讀者採取某種生活方式。齊克果也運用過這種寫作技巧，他曾以化名發表作品，有時化名的背後還有另一個化名；他以這種方式敦促讀者思考何為真實、思考自己該選擇何種人生。在齊克果的作品中，這種寫作手法是哲學手法——那為何到了波娃的作品中就不是了？就只是因為波娃是女人，而齊克果是男人嗎？人們一次又一次地將波娃貶為膚淺、想像力貧乏的思想家，說她沒能力成為「真正」的哲學家。當波娃為自身哲學之深度與原創性辯護時，聽得進去的人卻又那麼少。

第二，波娃很直接地表示，這本小說的原始素材是她在認識沙特**之前**的學生日記中記下的哲學問題。「二十歲時，我在私人日記中初步探討了存在與虛無的問題——我所有的作品都叩問著這個問題卻從未得到解答，即便在這本小說中也沒有肯定的答案。我書裡的角色常與懷疑及希望掙扎搏鬥、在黑暗中摸索前行；我不認為我提供了任何確定的答案。」[61]

在《環境的力量》中，波娃以清楚堅定的語調捍衛著自身作品的哲學性與原創性。那是一九六〇年代初，當時的她對於遭人輕視一事已是經驗豐富——二十年來，人們稱她的思想為「存在主義之應用學」，說她的智識與創造力只不過是依附於哲學家沙特身上所得的衍生物。六〇年代的波娃已非常清楚，會讓情勢變得緊張的不只是作者所寫下的內容，更是發言內容與發言者的身分之間所產生的張力。所以，波娃安靜而明確地說了：她的作品出自她的思想，而她的思想出自她本人。

不過這樣的說法還是傳了開來：波娃寫的是「影射現實的真實故事」[62]，是一本紀實小說（Roman-à-clef）——

《研究期刊》（*Études*），**一九五五年**

「是的，這確實是『沙特那夥人』的故事沒錯。」[63]

《社會科學期刊》（*Informations sociales*），**一九五七年**

「《名士風流》之所以能賣出十八萬五千本的原因不只在於西蒙·德·波娃得到了龔固爾文學獎，也在於以聖日耳曼德佩區為場景的各式傳說。西蒙·德·波娃向來被視為存在主義名家尚—保羅·沙特的繆思女神，很多人都希望能透過這本小說更加瞭解存在主義思潮謎一般的成形過程。」[64]

就連美國的書評也提到：「正如我們所預料的，西蒙・德・波娃本人現身在小說中。」[65]這樣的說法不只為波娃帶來挫敗感，更影響到她的私生活：「因為這個傳言，人們在我的作品中只看到我的舉止如何輕率，他們甚至因此指責我。」[66]

多麗絲・萊辛（Doris Lessing）認為，《名士風流》最值得稱讚之處為其「對於女性的精彩描寫」。[67]書中的世界告訴裡面的女性角色，所有的女人都一樣。[68]但我們看到有些女性角色因為付出的愛情並未獲得回饋而痛苦[69]，也看到有些角色因男性未視自己為值得認真談話的對象而感到痛苦。安娜的女兒納迪娜（Nadine）為故事增加了不同世代的面向，她對他的戀人說：「你跟其他人談話〔……〕但從不想跟我談話。我想這是因為我是個女人，而女人的用處只在床上。」[70]

間接溝通的問題在於其開放性——各種詮釋都可能成立。雖然波娃說，讀者在安身上看到的她與在亨利身上看到的她其實一樣多，但波娃身後才發表的信件集顯示，《名士風流》有一個橋段確實與波娃的真實人生有所重疊：

《名士風流》

「噢，你已經在床上了！」布洛根說。他以詢問的目光看我，懷裡是一疊乾淨的床單。「我想換個床單。」「不用啊。」〔……〕「安！」他說出我名字的方式令我動搖。他覆上我的身體，而我頭一次以他的名字呼喚他：「路易斯！」

〈西蒙·德·波娃寫給納爾遜·艾格林的信件〉

「我去你家的那天，別忘了換新床單喔。很久以前的第一個晚上，你手裡抱著一堆床單走進來，看到已經躺在床上的我——我永遠忘不了當時你臉上困惑的表情。似乎就是從那一分鐘開始，我真實地愛上了你，此後也未曾停止。」

信件公布後，人們在波娃的信件裡看到了小說情節，也開始揣測小說內容還有哪部分是真實事件。他們該如何找到真實與虛構之間的界線？

一九五五年一月九日，波娃滿四十七歲了，她開始感到自己「真的像是個中年人了」。[71]生日的壞處在於其提醒著波娃死亡的存在，而她目前仍無法泰然自若地思考死亡。

那年，她用龔固爾文學獎的獎金買了一間套房，位於絹舍街（Rue Victor Schoelcher），那是哈斯拜耶大道旁的一條小路，毗鄰蒙帕納斯公墓的東南側。由此處步行至波娃出生的老家僅需九分鐘，離圓頂和穹頂咖啡館都不遠。八月，她與朗茲曼搬進緒舍街的住處。朗茲曼記得他倆一起走進房子裡，並以「性愛慶祝喬遷新居」。[72]不過，波娃幾乎沒時間整理新家——九月初她便得離開巴黎，與沙特一起前往中國。波娃與沙特在北京待了一個月，然後到中國的各個地方繞了一圈，看看中國人民在毛澤東政權下所過的生活。在這趟旅程中，兩人都深深地察覺到自己的外國人身分與人生中所享有的特權——這個國家不存在奢侈品，也沒有人曾聽說過他們。他們途經俄羅斯回到法國。

那年春天，薇奧麗·賴朵絲的小說《摧毀》出版了。小說的原稿中裡包含了一段惹惱了伽利瑪審稿人的女同志戀情，所以這段內容——套句波娃的話——「被截肢了」。[73]賴朵絲對於伽利瑪出版社刪掉此段極為氣惱，身體因此出了狀況。波娃在她養病時陪著她，並寫信告訴沙特她們如何一起度過了「難過的一天」。[74]《摧毀》出版時，遭到刪除的段落並沒有被加回去。不過即便如此，波娃和賴朵絲在滿佈風信子和鬱金香的草原上散步時，仍懷著希望討論此事。在其他作家朋友中，波娃也盡可能常與艾倫及理查·萊特夫婦碰面。他們有時會跟波娃開她美國出版商的玩笑。美國的出版商正在翻譯《名士風流》，但他們得刪掉一些性愛場面才行。萊特跟波娃說：「在美國，你在書裡可以談性」，「但不可以太變態」。[75]

那年六月，梅洛龐蒂發表了《辯證法的歷險》（*Adventures of the Dialectic*）。評論家宣稱此書給了沙特的哲學致命一擊。波娃認為事情不是這樣，所以她寫了一篇文章，逐條反駁梅洛龐蒂對於沙特哲學的解讀。她的同儕對她此舉採取批判態度——她為什麼要替沙特辯護？在《環境的力量》中，波娃談到她當時所承受的攻擊。有些人說她該把反駁梅洛龐蒂一事留給沙特，因為受到批評的是他的哲學；也有些人說她很「惡毒」。波娃對於前者的回應是，任何看到哲學論證中具有缺陷的人都可以提出反駁。她對於後者的回應則是，她跟梅洛龐蒂是「很不錯的朋友」：「我們在意見上的爭執往往很激烈，我經常會離題，而他會露出微笑。」波娃的辛辣機智在她對於這次事件的描述中展露無遺。有人建議她最好以較為溫和的筆調來撰寫哲學論文（當年，很少有人會這麼建議男性哲學家），對此波娃則說：「我不這麼認為。如果你要讓一個裝滿熱空氣的袋子爆炸，最好的方法不是拍扁它，而是把你的指甲插進去。」76

一九五五年秋天，阿爾及利亞獨立戰爭風起雲湧，法國民眾在種族與殖民問題上意見分裂。摩洛哥與突尼西亞即將獨立，阿爾及利亞也想要獨立建國。不過，法國剛在中南半島吃了敗仗，法國政府飽受羞辱。法蘭西帝國與法蘭西民族的尊嚴必須被維護——他們必須設法保住阿爾及利亞。波娃深感難堪，對於自己的國家感到反胃，法國的作法完全站不住腳。她開始失眠，對於法國政府折磨無辜人民的舉動感到羞恥。《摩登時代》很早就表態支持阿爾及利亞獨立，因此人們又指控波娃背叛國家、與法國為敵。

波娃於一九五五年發表了一系列共三篇的理論文章，題目是《特權》（*Privileges*）。貫穿三篇文章的主題是，特權者該如何思考自身的處境？古代的貴族直接忽略這個問題，他們行使權利，並不在乎其是否正當。論文的第一篇討論了薩德侯爵（Marquis de Sade）。波娃認為薩德的故事說明了一件事：如果一個人想對階級制度提出質疑，那麼首先你必須對階級制度有所認識。波娃說，薩德沒能做到一位作家該做的事——那就是揭開世界的可能性，並訴諸讀者的自由、鼓勵其追求正義。相反地，薩德逃到想像世界裡，試圖合理化人性的殘酷與變態。薩德所謂的情色（Eroticism）沒能捕捉到性愛的真諦，那是只有將自己全然交在愛人手中、將自我暴露於愛之脆弱與情感之陶醉中的人才會懂的。不過波娃說，薩德仍是功不可沒的人物，因為他以高明的手法揭示了「人追求特權必定是出於自私之心，我們不可能讓特權在所有人眼中都是合理的」。[77]

在第二篇論文裡，波娃檢視了某些保守主義者將不平等給合理化的過程——通常是把「集體利益」與他們自己的利益混為一談。波娃說，我們不可能在哲學上為特權辯護。所以那些認為可為特權辯護的人不是屈服於「健忘」——一種對世界缺乏關注的狀態——之下，就是落入了壞信念之中。第三篇論文則分析了文化這個特定主題。波娃在這篇文裡說，文化是種特權，而許多知識分子就如同其他特權階級一樣遺忘了其他同樣活在於這個世間的較為不幸的人。

八年前，波娃在一篇《法美周報》（*France-Amerique*）的文章中批評了「能力不足」的「非專家」想迅速理解存在主義。她說，存在主義無法以一句話或一篇文章來概述。

沒人會要求其他人用三句話的篇幅解釋康德或黑格爾的哲學系統，這點對存在主義來說也是如此。哲學理論就跟物理與數學一樣，只有具備基礎知識的人才有辦法理解。一個人必須要熟悉理論背後的漫長傳統，才有可能充分理解一個新理論的原創性及其背後之立論基礎。[78]

當時的波娃已經知道，普羅大眾之所以會對存在主義有興趣，是因為存在主義是「一種面對當今世界之問題的實際生活態度」。存在主義直指眾人的內心。不過在美國，有些批評者開始懷疑存在主義是否真的是哲學。在法國，哲學的定義沒有那麼狹隘。[79]但當時的波娃必定也曾反思過：自己是否忘了，需要答案的不只知識分子？

寫完《特權》之後，波娃決定寫一本有關中國的書。她想要休息一下、暫時別寫小說，也想對西方讀者心中的共產主義偏見提出挑戰。出版於一九五七年的《長征》（*The Long March*）以波娃一九五五年的中國之旅為靈感。那趟旅程中，她試著不把歐美的富裕視為常態。「在看見中國人民之後，我對於世界的概念改變了；自此之後，真實世界是遠東、印度、非洲，這些持續缺糧的國家；而舒適的西方國家不過是一群享有特權的人罷了。」[80]波娃希望將自身的第一手經驗、她所看到的事物、經歷的對話分享給其他人，讓他們也能看見中國「正為了建造一個人性的世界而努力奮鬥著」。

她寫了一篇文章，描述從「民主革命到社會主義革命」的轉型。她想要清楚寫出來的不只是抽象的哲學定義，而是「所有真理之中最為實在者——亦即現下此刻就是一場革命、一種『成為』的過程」。波娃跟讀者說，她在中國看到的一切事物都是「來自過去的倖存之物」，同時也是「在陣痛中即將誕生之物」。[81]雖然她對於毛澤東的樂觀看法沒有什麼實際根據，但她認為她所看到的事物相當值得稱讚。

一九五六年，《名士風流》加入了《第二性》的行列，被天主教廷列為禁書。而波娃跟沙特正要出門旅行——他們要去義大利。此後，秋日的義大利之旅成了兩人直至死前每年都會一起進行的儀式性旅程。他們在永恆之城中心區的旅館裡訂了相鄰的房間，生活的韻律在獨處與共遊、工作、威士忌、義大利冰淇淋間和諧地切換著。波娃再度找回文學書寫的手感，她特別喜歡在「面對空白紙頁的『暈眩』」與「定稿前的『細瑣修改』」之間的這段過程。她會讓沙特、博斯特與朗茲曼讀過書稿並在其上加註意見，然後就進入她稱之為「刪減、擴大、修正、撕碎、從頭開始、苦苦思索、做出決定」的過程。[82]

那年，波娃重啟了一項自己於十年前暫擱的寫作計畫：她的回憶錄。從十年前到現在，有很多事都改變了——她寫出了《第二性》、遇見了艾格林、努力寫完了大部頭的《名士風流》、得了龔固爾獎。她見過了美國、中國與其他國家的風景，也建立起新的信念——正如她在《特權》中所說的，文化是種特權，而知識分子不應該忘記那些沒能享有特權的人。

那年秋天在義大利，波娃把自己所寫關於賈克的段落讀給沙特聽，這個段落後來會出現在《一個乖女孩的回憶錄》中。她固定寫信給朗茲曼，描述自己在義大利的日子，也提到她覺得不錯的書，其中包括社會學家賴特・米爾斯（C. Wright Mills）的《權力菁英》（*The Power Elite*）。此書在開場白裡便提及，「普通人的權力受限於其所居住的世界，但他們即便身處自己的家庭裡、職場上、鄰里中，似乎仍受到自己既不能理解也無法掌控的力量驅使」。米爾斯認為，社會裡的男男女女都「在這個時代中失去權力、毫無目標」。[83]該如何讓人們意識到他們手中的力量？波娃一定曾思考過這個問題。

引人注意的是，波娃轉向自傳書寫的這個時期，同時是她開始強力批判知識分子特權、也更積極參與政治的時期。[84]這也許只是巧合，但我認為波娃寫作回憶錄是她將自身政治理念付諸行動的方式之一。瑪格麗特．西蒙斯認為，那趟中國之旅——還有中國作家巴金的著名作品《家》——促使波娃開始用一種可能有助於將讀者由傳統中解放出來的方式書寫自己的人生。在《家》一書中，長子順從了傳統婚配的安排，而次子選擇反叛。《家》的銷售量高達數十萬本；在波娃看來，「一整個世代的怨恨與心願都透過這本書發出了聲音」。[85]

波娃在《第二性》中對於束縛女性、壓抑其追求自由的「傳統」提出抗議，但她在寫作的時候並沒有考慮到一般的女性大眾——這本書的語言、風格、篇幅都充滿四〇年代巴黎哲學菁英作品之特色，並且運用了幾位並不怎麼通俗易懂的哲學家的概念：黑格爾、馬克思、胡塞爾、沙特、梅洛龐蒂。五〇年代中期，波娃察覺到有些讀過《第二性》第一冊的讀者並沒有繼續閱讀或購買第二冊。一九五六年五月，《第二性》第一冊的修訂本及譯本加起來已超過一百一十六種版本，而第二冊的銷售速度較慢（在一九五八年時共有一百零四種版本）。可是，第二冊才是女性以自己的聲音訴說成為女性之經歷的書，在這本書中她探討了愛情、獨立、對於自身夢想之建構。[86]她可能曾對於第二冊沒第一冊受歡迎一事感到不解，可能也因為探討愛與解放的第二冊較少人讀而感到失望。她有沒有可能也思考過，她是否已盡力與其他女性分享自己的特權？她是否有透過最好的方式去分享？

波娃在一九五七年初寫給艾格林的新年問候信中提到，自己已寫完那本關於中國的書了（並按慣例以自嘲的態度說這本書「不怎麼好」）。她還提到自己開始嘗試寫新的東西：「小時候和青年歲月的回憶錄，我不只想要說故事，也想要透過周遭世界今昔面貌之脈絡來解釋我是誰、我如何成為如今的我」。[87]

就像《第二性》一樣，《一個乖女孩的回憶錄》中的文字從她體內湧出，她以一年半的時間寫完此書。她回頭讀了舊日記，到國家圖書館查舊報紙，並思考該怎麼處理故事中的**人們**。她很樂意與大眾分享她的人生——或至少是她這個人的外在形象——但其他人願意出現在她的書裡嗎？於是她替梅洛龐蒂取了化名（但只有在他與莎莎戀愛的段落使用此化名，哲學家梅洛龐蒂則以本名出現在書中），也替馬厄與莎莎的家人取了化名。不過，她有點擔心她母親會怎麼想。

一九五八年一月，波娃滿五十歲，而她恨透了此事——這份心情比她平時想及死亡的不舒服還要強烈得多。阿爾及利亞獨立戰爭越演越烈，她以幾近執著的方式關注著此事，並強烈厭惡自己身為法國人的事實；她夜不成眠，甚至感到文學「無足輕重」。在她的安排之下，《摩登時代》刊登了阿爾及利亞人民與士兵的發言。沙特也對政治情況感到極為不安，雖然原因與波娃大不相同。一九五六年十一月四日，蘇聯的坦克開進布達佩斯，殺死了超過四千名匈牙利人。沙特曾如此想要相信蘇聯，但這件事嚴重到無法忽略；他在《巴黎快報》（*L'Express*）的訪談中出言譴責蘇聯。此外，在蘇聯向外侵略與阿爾及利亞局勢惡化的同時，沙特用藥過量的情況也愈來愈嚴重——這影響到他的演講，而且他現在得借助酒精才能放鬆。波娃希望他別再用藥、希望他適可而止——有時她得透過砸碎玻璃杯來強調語氣。[88]在文學上，沙特幾乎總是聽取波娃的建議，但這次她無法令他聽見她的聲音：他根本不想聽。

五月，弗林姆蘭（Pierre Pflimlin）當上法國總理。他來自基督教民主黨，向來贊成與阿爾及利亞民族主義者協商解決。五月十三日，阿爾及爾發生暴動，以馬絮將軍（General Massu）為首的法軍右翼成員奪取了政權，以保衛「法屬阿爾及利亞」。隔日，馬絮將軍要求法國政府讓戴高樂重掌政權，並以進攻巴黎作為威脅。於是法國政府改組，以戴高樂為領導，而戴高樂制定了新憲法。有幾個中間偏左派的政治家與共產黨人都反對這次政變——沙特也名列其中——但新憲法將在九月付諸表決。

五月二十五日，朗茲曼人在北韓，而波娃躲進吳爾芙的作品中——「以閱讀為解藥而回到自身」——然後開始進行另一次的人生「評估」。她已寫完了年少的回憶錄，那麼現在該寫什麼呢？小說？像是《特權》（一九五五）與《長征》（一九五七）那樣的論文？她想寫一本「比自己其他的作品都重要的書」，一本「將她孩提時期模糊不清的『天職』與她五十歲時的人生成就」作出比較的書。[89]

一九五八年，波娃和沙特將兩人的義大利之旅提前至六月。《一個乖女孩的回憶錄》將於十月出版，而波娃已開始對於讀者會有什麼樣的反應感到緊張。[90] 波娃早在第一冊回憶錄出版時就曾明確表示，她與讀者締結的並不是典型自傳的「閱讀契約」（pact）。[91] 她在《一個乖女孩的回憶錄》的宣傳簡介中說：「也許有人會說，我根據如今的自己而重構了過往；但正是我的過往形塑了我，所以如今的我也以對於過往的詮釋作為對它的見證。」[92] 在一九五八年六月四日的《法蘭西觀察家》（*France Observateur*）中，波娃公開表示，她為了避開哲學與精神分析的理論術語而使用了故事敘述（Récit）的文體，但她無意偽造任何事。她想以「成為女人」這個與《第二性》密切相關的主題為中心，寫出她成為自己的故事。雖然她在這篇報導中並未明講，但一九五六年的波娃已很清楚，她的讀者對她的生活很感興趣（無論他們是否認同她的生活方式）。在過去，波娃曾在寫出哲學論文後，又以各種不同的文學體裁寫下與之相關的虛構經歷。所以，如果她特意以新的文學體裁——自傳寫作——來寫出《第二性》的哲學，此事似乎也很合理。

讀者對於第一冊回憶錄的反應相當熱烈，而波娃無法決定還沒有標題的第二冊該是什麼模樣。她知道她需要用和《一個乖女孩的回憶錄》相當不同的的體裁和處理手法來述說下一段的人生故事，這段人生帶出了不同的問題——在智性層面與個人層面都頗為困難的問題。就智性層面而言，波娃知道自己最推崇的文學體裁是小說，她在日記中說：「但我開始問自己為什麼」。「以事後的角度而言，我也必須談談哲學：談談我為什麼沒有獻身於哲學。」她個人想寫的是衰老、孤獨、與沙特之間的事。但關於沙特的事她該說多少？關於博斯特、奧爾嘉、娜塔莉的事又該說多少呢？整個五月與六月，她在兩個選項間猶豫不決：一個是小說，一個是繼續以自傳體書寫「以作者為題的論文」。在一篇《觀察家》的訪談中，波娃將這本回憶錄稱為「以我自身為題的論文」。[93]

八月中，波娃在與沙特一同旅遊至比薩（Pisa）後，獨自開車回到巴黎。她發現與沙特道別更困難了，並懷疑這是否該怪罪於她的年紀，致使分離變得更加艱困。很快地，她又重回國家圖書館努力寫作回憶錄，但她的心卻早已飄到另一個計劃上。八月二十四日的日記中，她寫下自己愈來愈想要「寫些關於老年的東西」。[94]

波娃待在朗茲曼身邊努力寫作，而沙特待在義大利的時候發現蜜雪兒．維昂已與另一個男人——安德烈．盧里奧提（André Rewliotty）——交往長達十年之久，而且，她決定為了他離開沙特。雖然沙特自己也同時跟兩位（甚至三位）女性交往，此事還是令他心煩意亂。

他比較喜歡扮演騙子而非受騙者。至於朗茲曼，他也遇見了一位女性，他試著隱瞞此事——那是一位具有貴族血統的女性，比波娃年輕。有天晚上，他比平常還晚回到緒舍街的家。他躡手躡腳的溜進臥室，卻發現波娃繃著臉坐在床上。「我想知道發生了什麼事」，波娃說。[95]

朗茲曼把一切告訴她，而她立刻鬆了一口氣；朗茲曼對於她的接納感到有些驚訝。波娃建議他們這麼「安排」：朗茲曼一週裡把三天留給她，剩下四天陪另一位女性，隔週則將天數對調。朗茲曼以為他的新女友會喜歡這個提議——不用再躲躲藏藏、也不用為了回家而提早結束約會。不過，這位女性完全不接受：她想獨占朗茲曼。[96]

九月十四日晚上，朗茲曼帶波娃去吃晚餐。隔天，波娃去車站接沙特。波娃與沙特談了一天；她知道他累極了，因為她看了他最近登在報上的文章，內容言之無味。針對戴高樂修憲的公投迫在眉梢，沙特急著回去工作，但幾天後他便因肝炎而倒下了。即便如此，沙特仍繼續一連工作了二十八個小時：他答應在九月二十五日星期四交一篇文章給《巴黎快報》，他不想錯過截稿日。

沙特病倒了，波娃替他編輯文章、改寫部分段落以便交稿。選舉在即，警察與北非人常持機關槍在巴黎街頭交火。「有一萬名阿爾及利亞人被強制遣送至冬賽館（Vel'

D'Hiv'）*，一切恍若二戰集中營的舊事重演」。波娃精疲力盡、脖頸僵硬，她掙扎著入睡、掙扎著保持專注。有天晚上，「舊日的夢魘」——一種感到「世間的邪惡深沉無底」的絕望感[97]——再度造訪她，但她持續與之對抗。

九月二十七日是公投的前一晚，波娃當晚在索邦有場演講，觀眾多達兩千四百人。但隔天，迎接她的是場慘劇。九月二十八日，法國民眾以百分之七十九點二五的比例贊成通過修憲，法國進入第五共和。新憲法擴大了總統的權力、阿爾及利亞仍隸屬法國、當地人民則得到了一些政治權利——那是法國政府在一個多世紀前便承諾要給予他們的政治權利中的一部分。同時，政府也開始對阿爾及利亞勞工實施宵禁令。

這等於是否決了波娃與沙特所信仰的一切，也促使他們採取進一步的行動。不過，這一切都讓沙特的健康雪上加霜。波娃終於說服他去看醫生，而醫生說沙特僥倖躲過一次心臟病發。他們在羅馬時，沙特為了寫手邊的劇本而不停地吃科利德蘭。現在，他的身體不停向他發出警告——暈眩、頭痛、言語障礙——但他仍想繼續寫。

醫生開了一些藥、囑咐他不可以抽煙喝酒、然後要他好好休息。在沙特位於波拿巴路的家中，波娃坐在自己的書桌前看著沙特——這個人不懂得停下來。她要他休息，他偶爾會屈服。劇本得寫完，他向她抗議——他答應十月要交稿，非得寫完不可。所以波娃再去找醫生，她擔心沙特會在她眼前把自己耗盡而死。醫生很坦白地告訴波娃，沙特是個情感強烈的人，他得在精神上平靜下來。如果他不慢下來，那麼他大概只剩六個月的壽命。

平靜！在第五共和的法國？波娃離開診所後直接去找負責沙特劇本的導演——那位導演同意將《阿多拿之謫民》（*The Condemned of Altona*）的交稿日延後至明年。然後她回到家，告訴沙特醫生和導演說了什麼。他絕對不能再這樣工作了。波娃原以為沙特會因她擅自插手而勃然大怒，但沙特竟接受了，他的溫馴令人不安。波娃開始明白，在沙特日漸衰退的過程中，最令她痛苦的是她同時也正在失去自己在思想上「無人可比的摯友」——她無法跟他討論自己的擔憂，因為她擔心的對象就是他。

沙特脫離險境之後，波娃准許自己享受《一個乖女孩的回憶錄》所獲得的好評。比起之前的作品而言，這本在十月六日出版的回憶錄對她來說具有更深的個人意義。有些書評認為她在敘述日常生活時加入了太多乏味的細節（誰想知道寂靜的背面有什麼啊？），但也有些

＊ 譯註：冬賽館是巴黎十五區的冬季自行車、溜冰等競技的運動場館。一九四二年時，法國為德國所占領，其時納粹曾指揮法國警察進行「春風行動」（Opération Vent printanier）以逮捕猶太人，並將之拘留至冬賽館，後則再將他們運至集中營集體屠殺。此事件史稱「冬賽館事件」（Rafle du Vélodrome d'Hiver／Vel' d'Hiv Roundup）。

書評將她與盧梭及喬治桑相比——這兩位作家跟波娃一樣在五十幾歲開始書寫自己的人生經歷。

之前的作品出版後，也有許多讀者寫信來，但這次的情況和以往不同。瑪西娜·侯許針對波娃所收到的兩萬多封信所進行的研究顯示，在波娃的回憶錄出版後，波娃的讀者群還有波娃與讀者之間的關係都出現極為顯著的改變。在此之後，有更多「一般的女性民眾」寫信給波娃，她們的信情感洋溢、有時提及私事，因為她們感到回憶錄中的西蒙相當親切：「妳從高台上走下〔……〕變得比較有人味，妳的知識與文化優勢不再讓妳顯得那麼有距離。」[98]

我們從這些信裡看到，波娃的讀者是懷抱著訝異的心情去想像她在煮飯、感到飢餓及寒冷的樣子。她們也很訝異波娃的書定價比同年代男性作家的書要來得高，訝異波娃的書要等上比沙特的書還久的時間才推出平價的平裝版。[99]數以百計的讀者寫信告訴波娃，她們也一直渴望著能找到自身存在之正當性，也在生活中感到空虛——雖然她們衣食無缺、過著有丈夫與兒女陪伴的「成功」人生。有位讀者甚至在信中告訴波娃自己曾嘗試自殺。

波娃在回憶錄中鼓勵女性去讀《第二性》，然後將自己的閱讀心得以及介紹其他人閱讀此書的經驗寫信告訴她：

我把我的《第二性》借給別人的時候總會有點害怕，因為讀《第二性》的女人有兩種：第一種人在覺醒之後感到害怕〔……〕然後便回頭繼續睡了；第二種人在覺醒之後感到害怕，然後便再也睡不著了！第二種人會把妳所有的書都找來看，試著理解裡頭的內容。[100]

隨著時間過去，讀者的信件也讓我們看見，波娃極為關懷女性群體，甚至一封一封回覆讀者的信。她與某些讀者通信長達十年以上，鼓勵她們用自己的眼睛看世界、計畫自己的人生。她對於一些讀者踏上作家之路表達支持，也與一些讀者碰了面。她的行程表一如往常地規律嚴謹，但她每天都挪出一小時來回覆這些信件。

《一個乖女孩的回憶錄》以莎莎之死做為結尾。波娃寫道，她與莎莎並肩抵抗了等在前方的「惡劣命運」；有好長一段時間，她都「相信自己的自由是以莎莎的死作為代價換來的」。[101] 直至這一年，她終於得知了梅洛龐蒂當年所做決定背後的原因。[102]

這本書出版後，莎莎的妹妹芳絲瓦．比瓊（Françoise Bichon）寫信給波娃，解釋當年拉匡家拒絕這樁婚事的理由。比瓊與波娃在十一月時見上了面，她還給帶了幾封莎莎寫的信給波娃看。實情是，當年拉匡家僱了一位私家偵探，調查有可能成為他們家女婿的梅洛龐蒂——畢竟這件事不只關乎他們家女兒的人生，也關乎數十萬法郎的嫁妝。結果私家偵探發現，梅洛龐蒂是私生子。通姦對於信奉天主教的拉匡家來說是不可饒恕的重罪，所以他們不可能讓自己的女兒嫁給梅洛龐蒂。

梅洛龐蒂答應拉匡家，如果他們願意保守祕密，他會放棄追求莎莎——梅洛龐蒂的姊姊訂婚了，他不能讓家族醜聞影響到她的婚約。至於莎莎，她對於家裡曾委託偵探與偵探所調查到的事全然不知，直到她因梅洛龐蒂突然的冷落變得極為沮喪混亂，她的母親才終於把這一切告訴她。乖巧的莎莎試著順從父母的心願。當拉匡家瞭解到自己的決定傷害女兒有多深時，一切都已太遲了。

無人能重寫莎莎的故事，為這個故事加上快樂結局。但至少，波娃終於知道真相了。波娃希望自己的作品能訴諸讀者之自由，在她們的心中添上新的可能性、讓新的道路浮現於她們的人生之中。誰想像得到，原來讀者也能發出解放自身的自由光芒？

十四　天大的騙局

一九五八年，是波娃滿五十歲的那年，也是朗茲曼離開她的那年。關於分手的過程，波娃留下的文字紀錄很少。《給沙特的信》中，一九五八年之後的信只有一封，是在一九六三年寫的，而沙特所出版的信件集在此時期也出現了一段空白。不過我們知道，沙特與波娃是到了一九六三年才開始改用電話聯絡彼此。[1]至於波娃在這段時期寫給艾格林的信，裡面也只提到她「覺得自己需要再過單身生活」。[2]在《環境的力量》中，她的描述同樣簡短，只說兩人漸行漸遠，還有「分手的過程不好過」。[3]朗茲曼在回想此事時說道：「我跟海狸之間從來沒有任何憤怒或怨恨，我們還是一起經營刊物、一起工作、投入倡議運動。」[4]

他們去看約瑟芬·貝克演出，波娃再度深深懾服於時光的力量：她在貝克的臉上看見了與自己相同的皺紋。那年，波娃在《君子》雜誌（*Esquire*）上發表了〈碧姬·芭杜與蘿莉症候群〉（Brigitte Bardot and the Lolita Syndrome）。[5]她剛讀完納博科夫（Nabokov）的《蘿莉塔》（*Lolita*），也對於美國與法國的觀眾看待碧姬．芭杜的看法差異之大感到驚訝。芭杜的新片《上帝創造女人》（*And God Created Woman*）在法國票房慘淡，但在大西洋對岸卻極受歡迎。波娃很肯定，法國人並不是因為生性保守才對此片興趣缺缺（「會將肉體視為罪的」不只法國人，她說）。

波娃表示，重點也不是碧姬．芭杜本人，而是她在銀幕上扮演的角色。波娃認為，導演羅傑．瓦迪姆（Roger Vadim）重新創造了「永恆女性」（Eternal female）的典型——他創造了一種新的情色想像，讓永恆女性的迷思得以繼續存續。經過三〇與四〇年代，兩性之間的社會差距縮小了。如今，成年女性跟男性生活在同樣的世界，同樣擁有投票權與自己的工作。所以，電影業的那些「夢想製造家」不得不隨機應變——他們結合「青澀女孩」與「蛇蠍美人」（Femme fatale）的形象，創造出一個新的夏娃。今日的男人看見女性在世界中成為主體，所以他們的幻想也隨之轉移到不會對自身的客體地位提出反抗的年輕女孩身上。波娃留意到，納博科夫的《蘿莉塔》是十二歲，而瓦迪姆的電影也曾以十四歲的女孩為主角。波娃認為，男人不願放棄自己身為「宰制者」的角色，因而導致遭到性慾化（Sexulization）的女性對象愈來愈年輕。男人仍想要將女性當作物品——「隨心所欲地對待她們，不必擔心她的心裡、腦袋裡還有身體裡發生了什麼事。」

波娃認為社會對於性的態度有種精神上的虛偽，而她很欣賞瓦迪姆「把情色帶回現實」的嘗試。可是瓦迪姆做過頭了，反而令性愛喪失人性。[6]他將肉體化約為視覺消費的對象。在現實生活中，定義我們的不僅是性，我們的身體具有歷史，我們的性生活有其情境——我們的情感與想法也是其中的一部分。不過出於某種原因，「當男人發現自己懷中抱著的並不是一具覆蓋著真人外皮的洋娃娃，而是一個正在打量他的有意識的人時，他們心裡就不舒服。」[7]

波娃的《蘿莉塔症候群》（*Lolita Syndrome*）一書批判女性的性自主權遭到否定，也批判了那些仍在追求「主宰」女性而不願建立互饋關係的男人。但即便如此，就連到了二〇一三年都還有《紐約時報》等知名的媒體引用此文，宣稱波娃相當熱衷於「為年輕女孩的性解放提供辯護」，且她自己根本也是拜倒「蘿莉塔」裙下的追求者之一，應該要把她和吉米·薩維爾（Jimmy Savile）*與納博科夫筆下的杭伯特（Humbert Humbert）†放在一起討論。很難想像有哪個曾從頭到尾看完波娃的書的人會得出這樣的結論。此事確實諷刺，因為波娃想

---

* 譯註：吉米·薩維爾（1926-2011），英國第一代ＤＪ、廣播節目主持人，曾熱心公益，但他去世後，有數百人出面指控他性侵與性虐待，尤其是未成年女性。經調查後屬實，證明其為極度惡質之性犯罪者。

† 譯註：小說中具有戀童癖的男主角。

表達的重點其實是：男人不喜歡女人打量他們、發現他們的不足之處，所以他們在幻想中與銀幕裡都選擇了極為年輕的女性，以避開那些以自由的目光凝視自己的女性——那些勇於成為「注視的眼睛」，並且直言不諱的女性。波娃遭到曲解的方式令人不禁納悶：把她塑造成一個以毫不留情的方式獵捕「蘿莉塔」的性放蕩者，這究竟對誰有好處？

被具有意識的對象打量並不是件舒服的事，即便你自己也正在打量對方。至於波娃，她仍在猶豫自己該以哪種方式來書寫第二冊回憶錄。一九五九年一月，她告訴艾格林自己不想在變成「這個樣子的法國」繼續當作家。[8]在她因阿爾及利亞問題而感到極為不安的那段時間裡，波娃又開始寫日記了——她自一九四六年後就再也沒做過這件事。[9]

波娃在一九五九年五月的日記中寫著，無論是在二十歲、三十歲，甚至是五十歲時，對於心中那個五歲的小女孩，她都「從未停止道謝或是向她祈求原諒」。她覺得，她的人生有一種「美妙的和諧」。她又開始「評估」自己的人生，並在「必然事物」的那欄裡寫下她思索了數十年的問題：愛是什麼？她有時會將沙特的快樂與事業放在自己前面，這令她感到困惑：

> 是不是我身上有什麼特質讓這種方式變成最簡單的處理方式？對我而言、對那些習於去

愛的人而言，我們選擇去愛是否只是因為這最簡單？〔……〕這才是真正的關鍵，我人生中唯一、唯一的問題與關鍵點。正因為從未有人問過我、我也從未問過我自己這件事，若有任何對象（我暫且稱之為神靈）聽見我的聲音——這就是我的問題，我唯一的問題。[10]

即使是先驅也有可能在一條道路上走了很久之後才發現那是死路。在寫給戀人的情書中，波娃使用了基督教神祕學中用以描述上帝同在的華麗詞藻——「全然成為一體」（寫給朗茲曼）、「無庸置疑的存在」（寫給沙特）。不過，沒有人能填補她心中原為上帝占據的那塊空白：要找到一個能以純粹的愛看穿她——從出生到死亡——的對象是項艱鉅的任務。即便如此，五十一歲的波娃多年來曾反覆追認她二十一歲時作出的選擇；現在，她仍再次這麼選擇：「對我來說，沙特就是**無可比擬**、**獨一無二**的那個人。」[11]

他們今年也照例前往羅馬旅行。沙特的身體好了許多，他寫完了那本去年差點害死他的劇本。有天晚上，他把最後一幕拿給波娃讀。這兩個人在評論對方作品時向來毫無保留，但波娃真的很不喜歡這一幕。每當沙特的作品令她失望的時候，她的第一反應總是試著跟自己說自己錯了。接著，她會因此感到生氣，然後更加堅信自己是對的。那天晚上，兩人在聖猶士坦廣場（Piazza Sant' Eustacchio）碰頭，波娃心情不太好——她很失望。後來，沙特決定把最後一幕改掉，改成父親與兒子之間的對話。最後，波娃認為這一幕成了整齣劇裡最好的一幕。[12]（首演之後，該劇所得到的評價比沙特預期中要好得多。他在收到許多劇評之後寫信給波娃：「謝謝你，親愛的，真的很感謝。」[13]）

蜜雪兒・維昂和沙特分手了，而沙特把原本陪蜜雪兒的時間用來陪另一位年輕女孩艾蕾特・艾坎（Arlette Elkaïm）。但艾蕾特得到的比每週日的兩小時還要多——沙特每週都撥出兩晚的時間給她。他們曾有過短暫的性關係，但他對她的感情比較像是父親而非親密伴侶。很快地，她成了在假日時陪伴沙特的偶然伴侶。一九五九年九月，沙特把波娃留在米蘭，與艾蕾特結伴旅行。但他仍持續與波娃通信，並在信中向她保證自己沒有喝太多酒。[14]

一個禮拜後，朗茲曼以朋友的身分來找波娃。他們在芒通（Menton）待了十天，朗茲曼也讀了她的手稿，並且提供意見。波娃回憶起兩人初識時，當時她「還沒徹底老去」，還感到自己能在他面前藏起老態。但無論她喜不喜歡，她確實老了——所以她不情願地與之妥協。「我仍有力量痛恨老去一事，但我不再絕望。」[15]

在波娃把尚未命名的第二冊回憶錄交給出版社後，她回到國家圖書館裡開始寫新的東西。在《名士風流》中，她寫了許多她想寫的，但她覺得自傳書寫比起小說更能充分呈現生命之偶然。小說被雕塑成具藝術性的整體，而生命充滿難以預測、毫無來由的事件，並沒有一種支配一切的同一性將其收束起來。[16]

一九五九年秋天，波娃繼續寫書，也花了許多時間幫沙特修改《辯證理性批判》（*Critique of Dialectical Reason*）[17]，並為幾本家庭計畫與生育控制的書寫序——她在這類領域裡開始成為權威之聲。她在《競懼的愛》（*The Great Fear of Love*）一書的序言開頭便提出一個問題：「其他女人是怎麼做的？」——她問的是如何避孕。在此文中，波娃對「女性擁有與男性相同的權利與機會」的樂觀說法提出質疑。直至今日，女性仍無法合法地、安全地控制生育。波娃問：「在目前的經濟條件下，如果懷孕的沉重負擔可能在任何時刻降臨在你身上，你還有可能指望在事業上取得成功、建構幸福家庭、懷著喜悅養育孩子、服務社會、實現自我嗎？」[18]

那年冬天，她重新發現音樂的美好。如果覺得白天說夠了話，她晚上就靜靜待在沙發上喝著蘇格蘭威士忌、聽交響樂。她和沙特常在週日一起去散步，並感嘆著日漸增長的年歲削弱了自己對於世間萬物的好奇心。現在，世界各地都有人邀約兩人前往拜訪。沙特討厭自己屈服於任何事，所以，他接受邀約前往古巴，以對自己有個交代。兩人在一九六〇年二月中動身出發；當時，距離軍事領導人巴蒂斯塔（Fulgencio Batista）逃亡海外還不到一年，古巴與美國之間的關係有些緊張。沙特和波娃想看看革命後的古巴人民有何成果。他們跟卡斯楚（Fidel Castro）一起度過了三天，到哈瓦那國家劇院看了沙特的劇作《恭敬的妓女》（*Respectful Prostitute*）。[19]卡斯楚帶他們看了甘蔗田、棕櫚枝、哈瓦那、群眾快樂的臉龐。當地氣氛充滿希望，甚至充滿喜悅。沙特說這是「革命後的蜜月期」。[20]

波娃在二月二十日回到巴黎時，納爾遜．艾格林在她的公寓裡等她。

要跟艾格林見面，波娃感到有些緊張。一九五六年五月，《名士風流》在美國出版；那段期間，艾格林的最後一本小說剛好也出版了，於是媒體對他窮追不捨。他在公開場合、在《時代》雜誌上都說了一些不怎麼好聽的話。當時他生氣了，他說，好作家「沒有必要挖掘自己的私生活就有足夠的素材可寫。對我而言，那就是一段普通的戀情，而她已將其摧毀殆盡」。[21]不過私底下，他為自己說了這些話向波娃道歉——他想要來巴黎見她一面。[22]他的情緒低落：他與前妻再婚了，但這段婚姻二度觸礁。他跟波娃說，他人生中最好的歲月就是與她共度的那些日子；但他仍不想移居大西洋彼岸，而她也不想。他感到自己似乎失去了寫作的能力。

長年以來，美國政府都因為艾格林曾支持共產黨而拒發護照給他，所以他一直沒辦法來巴黎。波娃鼓勵他不要放棄寫作：他對自己太嚴格了。「你心中微弱的光芒不會熄滅的，它永遠都會在。」波娃說。[23]後來的幾年，他倆按照美法兩地的節日習俗互通信件：他會寄聖誕卡來，而她會寫新年問候信給他。

但一九五九年六月，他終於拿到美國護照了。他寫信寫得更勤，還寄來幾捆書，也計畫到巴黎長待半年。所以波娃在一九六〇年三月回到巴黎家中的時候，是艾格林前來應門。當她的目光落在他的臉上，歲月彷彿不曾存在——她看不到年歲的痕跡，只看到納爾遜．艾格林。兩人親近如同往昔，「如同一九四九年那段最好的歲月一樣」。[24]

艾格林來巴黎之前去了都柏林，他向她描述了被愛爾蘭濃霧籠罩的旅程，也談及他對於美國政治的幻滅之情。上次他曾計畫來訪，卻因《第二性》出版時的喧嚷紛擾而未能成行。現在波娃的生活安靜下來了，兩人終於能好好地待在緒舍街的家中，也與「小家族」的成員——奧爾嘉與博斯特、沙特與蜜雪兒（她又跟沙特複合了）還有朗茲曼——碰了面。

在巴黎，早晨，納爾遜和波娃會在她的公寓裡一起寫作；下午，波娃則按照慣例去找沙特。他們沿著木切利街散步、回憶過去，晚上則造訪了「瘋馬」（Crazy Horse）還有其他幾間脫衣舞俱樂部——艾格林發現這裡的脫衣舞者不只有女性、也有男性，這可把他給弄糊塗了。兩人也一起到馬賽、塞維利亞（Seville）、伊斯坦堡、希臘和克里特島旅行。

一九六〇年春天，波娃收到一位住在雷恩（Rennes）的年輕學生的來信。她的名字叫西爾維．勒．龐（Sylvie le Bon）。西爾維於一九四一年在雷恩出生，她非常喜歡哲學，也很喜愛波娃的書，因此寫信表達欽慕之意。波娃回覆了她的信，並在勒．龐於幾個月後造訪巴黎時請她吃了頓飯。西爾維想進高師唸書，後來也真的讀了高師並取得優異成績，並通過哲學教師國考。日後，她會成為波娃生命中的重要角色。

八月，波娃把艾格林留在巴黎的家中，和沙特一起飛到巴西。艾格林會待到九月，而波娃從里約寫信給他，也在那年剩下的幾個月裡持續與他通信。她在信中又開始以親近的暱稱喚他，就像當年一樣——他是在她心中「撒野的怪獸」。波娃和沙特受到了敬重款待，應邀舉辦了幾次演講、並接受採訪。八月二十五日，波娃在國家哲學學院舉辦了一場名為〈西蒙．德．波娃談論女性處境〉的演講。九月初，她接受了兩場採訪，刊登於《聖保羅州報》（*O Estado de Sao Paulo*）上。十月則是她與沙特的私人旅遊時間，但波娃在亞馬遜河畔的瑪瑙斯（Manaus）病倒了，症狀疑似傷寒。她被轉送至雷西非（Recife）的醫院住院一週。

即使人不在法國，兩人的舉止也能在國內引起騷動。一九六〇年八月與九月時，波娃和沙特都簽署了〈一二一宣言〉（Manifesto of the 121），並將此宣言發表在《摩登時代》上，要求法國政府讓阿爾及利亞獨立建國。[25]他們離開巴西前，朗茲曼打電話告訴他們，沙特現在回國不安全。沙特不只簽署了宣言，還寫信為弗朗西斯．讓松公開辯護——讓松因支持阿爾及利亞民族解放陣線而受到審判。[26]沙特因此被控叛國，有五千名退役軍人走上香榭

一九六〇年九月六日，波娃在巴西聖保羅的簽書會。

麗舍大道示威遊行，大喊著「槍決沙特！」。簽署〈一二一宣言〉的一百二十一人中，有三十人遭控叛國；許多人都丟了工作，並面臨牢獄的威脅。

於是，波娃和沙特更改行程飛到巴賽隆納，博斯特已經在當地等他們了。三人開車到巴黎，朗茲曼在巴黎近郊與他們會合，然後從小路悄悄進入巴黎。[27]波娃回到巴黎時是十一月，家裡沒有艾格林的來信。

沙特收到許多死亡威脅，朋友開始擔心兩人待在家裡並不安全。所以接下來的幾週裡，他們待在一位獨立運動支持者波堤里耶（M. Boutilier）所提供的漂亮大公寓中，睡在分開的房間裡。[28]這樣的共同生活是兩人生命中少有的時刻，在十一月十六日寫給艾格林的信中，波娃帶著玩笑之意提起那段生活的奇異感：「我**煮飯**給他吃耶！」沒有太多可用的食材：火腿、香腸、罐頭食品。博斯特會帶新鮮食材來，為他們做飯。[29]

波娃並未出言替讓松辯護，但後來的賈米拉．布帕夏（Djamila Boupacha）一案令她無法置身事外。布帕夏是一位阿爾及利亞裔的穆斯林，也是民族解放陣線的成員，她遭到法軍殘酷折磨與性侵。當時，有許多阿爾及利亞婦女都受到法國士兵的性侵與虐待，但布帕夏是少數願意站出來作證的。有位出生於突尼西亞的法國律師吉賽兒．艾里米（Gisele Halimi）支持布帕夏——艾里米曾參與過許多民族解放陣線成員的審判。艾里米求見波娃，並告訴她布帕夏的故事。如同她的許多同胞一樣，布帕夏也參加了獨立運動，並利用法國人認為北非女性「傳統」與「被動」的刻板印象，持續暗中幫助地下組織——阿爾及利亞婦女向來被認為不關心政治。一九五六年十一月與一九五七年一月，布帕夏在阿爾及爾放置了炸彈。她被當局發現並逮捕、遭受酷刑折磨，然後進入審判——但她對於法庭的合法性提出質疑。

艾里米說服布帕夏，以遭受酷刑為由起訴法國政府，並問波娃是否願意公開支持布帕夏？布帕夏的處境堪慮——他們可能會判她死刑。波娃以她能力範圍之內最有力的方式支持布帕夏：寫文章。她為布帕夏寫了一篇辯護文章，在六月時發表於《世界報》上，並協助成立了一個辯護委員會。委員會的目的是讓大眾瞭解這個案件，並藉此揭露法國人在戰爭期間的可恥行徑。波娃在《世界報》上說，這整件醜聞最醜陋的地方是人們對此習以為常。在他人苦難面前漠然以對的法國人，難道從未發現自己的冷漠有多駭人嗎？

一九四六年，波娃曾寫過一篇有關布拉席亞克（Robert Brasillach）案的文章；當時的法國人要求政府以法律制裁這個背叛法國價值的通敵者。一九六〇年，波娃繼續在文章中寫下這個國家的行徑：「男女老幼，在軍事突襲中被殺死、在村子裡被燒死、被槍殺、被割喉、被開腸破肚、殉難而死。在拘留營裡，一整個部族的人遭受著寒冷、飢餓、毆打、傳染病的折磨。」波娃說，所有法國人都是這番殘酷行徑的共謀：這就是法國價值嗎？還好，那些認為這不是法國價值的人作出了集體的行動，令波娃在迎向未來時懷抱著更多希望。此事也將失散已久的老友帶回波娃身邊：碧昂卡．朗布蘭（改姓前為畢南菲）在這次運動中與她並肩作戰。[30]

一九六〇年十月二十五日，波娃的第二冊回憶錄《鼎盛人生》出版了。讀者的反應極為熱烈：許多書評都認為，波娃的文筆在書寫自己的人生時最精彩。卡羅．李維說此書是「本世紀的偉大愛情故事」，許多評論家也稱讚波娃寫出了沙特的人性：「沙特是一位受到誤解的人物，而你讓我們看見他的真實面貌——書中的沙特與傳說中的沙特相當不同。」而波娃說，這確實是她的目的。一開始，沙特並不願意出現在書中。不過「他在看到我是怎麼寫他之後，就放手讓我寫了」。[31]

事後看來，我們不難理解為什麼她要將自己的感情世界「簡化」為沙特與波娃的「傳奇愛情故事」。[32]奧爾嘉似乎還不知道她與博斯特間長達九年的戀情，但她究竟是為了保護奧爾嘉、博斯特，或是為了她自己才選擇保密？我們無法得知。至於她的同性戀情，除了保護她自己與曾交往過的幾位女性的隱私之外，《第二性》當年所獲得的反應也讓她理解到坦承也許並非明智之舉。此外，必須考慮的還有法律問題——雖然法國要到一九七〇年時才會開始實施《隱私法》（*La loi sur la vie privée*），但聯合國於一九四八年公布的人權宣言的十二條也寫明了：「任何個人之私生活、家庭、住所或通訊不容無理侵犯，其榮譽及信用亦不容侵害。人人為防止此種侵犯或侵害有權受法律保護。」奧爾嘉、娜塔莉與碧昂卡如今都有自己的生活，她們都仍與波娃維持朋友關係，而波娃也承諾過碧昂卡，自己絕不會透露她的身分。

人們經常指責波娃假裝清高或欺瞞世人，但我們必須記得的是：波娃從未承諾讀者她會全盤托出。她對於許多事略過不提，背後的原因可能是自謙、保護隱私、畏懼眾人之言，或只是不想違反法律。她選擇以這樣的方式書寫，也有可能是為了想更清楚地傳達她想表達的訊息，也許她不希望讓自己人生的全貌模糊了焦點。

書評稱讚波娃的回憶錄是她最好的作品。但女性主義者則對於這個說法提出幾個質疑：波娃的回憶錄受到好評，是不是因為自傳書寫是較為典型的女性書寫體裁？或是因為裡頭揭露了尚—保羅．沙特不為人知的一面？而他們確實有懷疑的理由，因為波娃最受歡迎的一本小說《名士風流》也被視為是自傳式作品。但不管此書所受到的好評是不是因為波娃選擇了較為「女性化」的題材，我們只要想想波娃這些年來的各種大膽之舉便可知道，她不太可能是因為感到女人比較適合寫回憶錄來回憶自己與「偉人」的愛情故事而創作此書——這樣的看法畢竟與她的政治與哲學理念都有所出入。波娃寫作的目的，當然很有可能是因為她想寫出自己的政治與哲學理念。

她說，知識分子不該遺忘那些沒有文化資本的人。意即知識分子應該要寫出這些人會讀的東西，應該要以故事為他們的思想帶來新的可能性。無論波娃的確切想法為何，她的回憶錄確實都吸引了新的讀者群。《鼎盛人生》在預售時即賣出了四萬五千本，在書店上架後的第一週一賣出了兩萬五千本。[33]真是不可思議！她在十二月時寫信給艾格林——這本書已賣出了十三萬本。[34]

正是在這本回憶錄中，波娃寫下了她「不是哲學家」。她不覺得自己曾像康德、黑格爾、史賓諾沙（或沙特）那樣建立起一個系統。在英譯本中，波娃的解釋是，建立哲學系統是件「瘋狂」的事，而她拒絕做這件事——因為哲學家總會做出對於人生不夠適切的普遍主張（Universal claims），而「女人」「天生缺乏這種偏執的傾向」。[35]這段話讓英語世界的讀者感到相當困惑——她說她不是哲學家，這是什麼意思？西蒙波娃為什麼竟會以這種極度概括的說法談論女性？但實情是，這不是她的說法——這是此書的英文譯者的說法。在原始的法文版本中，波娃說的是，一個哲學系統的建立是因為人們出於固執的傾向而想要在自身的粗略論述中找出「普遍通用的關鍵」（Univerasl keys）；而她認為，「女性身處的境況」並不允許她們擁有固執的傾向。英譯本譯出了波娃語氣中的懷疑，卻未譯出她語氣中微妙的諷刺之意。[36]

事到如今，對於那些將她斥為沙特影子的人，還有那些抱持著先入為主的偏見而刻意誤解她的人，波娃已不再心存希望。因此，她直接挑明了說：她無意做任何人的門徒或弟子，也不會滿足於推展、整理或批判他人的思想——她想做的是專注於自身獨立的思考之上。在《鼎盛人生》中，她直率地問道：怎麼會有人「能忍受跟隨他人？」她承認，在人生中的某些時刻，她確實在某種程度上「同意」扮演跟隨者的角色。但她未曾放棄「思考生命」，正如她在學生時代的日記裡曾提過的；只是她選擇以文學來思考，因為她認為文學的形式最能適切表達她個人經歷中的「原創性元素」。[37]

人們經常將這個段落的英譯文字解讀為波娃自己也內化了性別歧視，所以我們在此必須注意的是，身為女性並不是一個人可能感到自己無法擁有「哲學家」頭銜的唯一原因。其實，如果以這種方式來理解波娃的故事，我們可能會忽略她否認背後的哲學原因。許多知名的「哲學家」也拒絕接受這個頭銜，包括卡繆——他批評哲學家對於理性擁有過於誇張的信心——與德希達（Jacques Derrida）*。因此，重要的是不要將波娃的這段話塞進「女人是什

* 譯註：德希達（1930-2004），法國當代解構主義哲學家。

麼、不是什麼」的單一修辭框架中——因為這件事還涉及了「哲學是什麼、不是什麼」的問題。

十九歲的波娃和五十幾歲的波娃都認為，哲學是必須以生活來實踐的。不過她現在還認為，若要追求他人的自由，她就必須參與實際的運動來幫助他人獲得自由。隨著讓松案的爭議越演越烈，沙特決定利用自己的公眾身分來抗議〈一二一宣言〉的簽署者所受到的待遇。他在波娃的公寓召開了一場記者會，為那三十個被控叛國的人提出抗辯。如果那三十個人有罪，那麼我們一百二十一個人全體都有罪，他說。如果無法確立我們全體的罪行，那麼此案就該撤銷。最終，政府撤銷了指控，沙特的名聲讓眾人得以全身而退。就像戴高樂本人說的：「沒人會把伏爾泰關進大牢裡。」

這是好消息，但他們的處境仍稱不上安全。一九六一年七月，有人朝沙特位於波拿巴路的家中投擲塑膠炸彈。炸彈並未造成太嚴重的破壞，但沙特仍安排母親搬離此地，自己則暫住在波娃家。一九六一年十月，三萬名阿爾及利亞人為了抗議巴黎的阿爾及利亞勞工宵禁而舉辦示威遊行。這場遊行十分和平、訴求明確——他們希望在晚間八點半後仍然能夠自由出門。可是，法國警方以暴力鎮壓這場遊行；槍枝、棍棒都派上了用場，警察甚至將示威者丟進塞納河裡。有目擊者看見警察將阿爾及利亞人勒斃——那天，至少有兩百名阿爾及利亞人死於非命。

法國媒體選擇包庇此事，但《摩登時代》沒有。

一九六一年七月，波娃認識了《白領：美國的中產階級》（*Whitel Collar*）與《權力菁英》等書的作者賴特．米爾斯，她對於他的著作以及這些著作在古巴受歡迎的程度相當感興趣。在與米爾斯碰面後，她便與沙特啟程前往義大利。兩人在越台伯河區的聖母廣場（Piazza Santa Maria del Trastevere）度過夜間時光，波娃試著開始寫第三冊回憶錄。不過，她感到「現下此刻煩擾著她」，令她難以思考過往的事。朗茲曼最近把法農的新書《大地上的受苦者》（*The Wretched of the Earth*）的原稿交給沙特，請他為此書寫序，而沙特同意了。後來法農說，他想前往義大利拜訪他們，他們三人對此都高興不已。阿爾及利亞革命於一九五四年拉開序幕之後，法農便加入了阿爾及利亞民族解放陣線。一九五七年，他被阿爾及利亞驅逐出境，但他仍持續參與抗爭——就連在一九六一年被診斷出血癌，也沒令他停下腳步。

朗茲曼和波娃去機場接法農，波娃在法農看到他們前便先認出他來了。他的動作神經質而僵硬，頻頻環顧四周，看起來焦躁不安。兩年前，法農在摩洛哥邊界負傷、到羅馬接受治療，而一名刺客隨後便出現在他的醫院病房內。波娃說，當他抵達羅馬時，兩年前的回憶

「必定正縈繞他的心頭」。[38]

在此次會面中，法農以異常的坦率態度談論自己。連他的傳記作者大衛・梅西（David Macey）都表示：波娃與沙特一定是「極具審問技巧與同理心的聆聽者」。[39]就我們所知，法農從不曾如此坦誠地與任何人分享自己的事。法農告訴他們，當他還是個年輕的馬丁尼克人時，他以為教育與個人成就就足以打破膚色隔閡。他想要當個法國人、在法國軍隊服役，然後到法國學醫。可是，即便他擁有再高的成就與學歷，法國人仍舊視他為「黑鬼」。[40]就算他成為了一名醫生，人們還是叫他「小子」，更不堪的稱呼當然也有。眾人由他的人生故事一路談到法國意識、黑人問題、殖民問題。

波娃覺得法農對於阿爾及利亞的所知可能比他告訴他們的還要多。在談論哲學的時候，法農相當坦白而放鬆，但後來眾人帶他去參觀亞壁古道（Appian Way），他說他不知道這有什麼意義。波娃向他解釋此路的歷史，而法農直率地告訴他們「歐洲的傳統在他眼裡毫無價值」。沙特試著把話題帶往法農在精神醫學領域的經驗，但法農逼問沙特：「你怎麼能繼續正常地生活、寫作？」他認為，沙特在譴責法國一事上做得不夠。法農在波娃心中留下了深刻的印象，直到他離去後仍鮮明不已。當波娃與他握手道別時，她感到自己「碰到的是他心中燃燒著的烈焰」，一把不斷燒向周遭眾人的「大火」。[41]

那年秋天，沙特為法農的《大地上的受苦者》寫了序文，而波娃也為吉賽兒・艾里米所寫的《賈米拉・布帕夏》一書寫了序文，這本書講述了布帕夏的故事。波娃曾批評薩德侯爵為了逃避現實之恐怖而躲進想像力所帶來的虛假安全感中，現在，她希望法國這個國家能正視自身行為之醜陋。《賈米拉・布帕夏》出版後，波娃收到了死亡威脅訊息。

一九六二年一月七日，波拿巴路的公寓受到第二次塑膠炸彈攻擊。攻擊者誤將炸彈放在五樓（沙特住在四樓），但當波娃在隔天抵達公寓的時候，她看到沙特家的門被整個扯下來了。家中有個大衣櫃不翼而飛，放在裡頭的沙特與波娃的手稿與筆記本也跟著不見了。[42] 為了安全起見，沙特讓母親在旅館裡永久住了下來。一月十八日，波拿巴路那間公寓的房東要沙特立即搬走，所以沙特搬進了第十四區的布列西奧碼頭（Quai Blériot）一一〇號。[43]

二月，群眾對於波娃支持布帕夏一事的反應讓她意識到自己的公寓並不安全，所以有些來自反法西斯大學陣線（Front universitaire antifascsiste, FUA）的學生開始護送她出入。那年春天，波娃參加了反法西斯的集會，也參與了抗議國家暴力的遊行。在聯合國通過決議、認可阿爾及利亞的民族自決權之後，戴高樂開始與解放黨人協商；雙方在一九六二年三月簽署了《艾維昂停火協定》（Accords d'Evian）——法國在一九六二年將此協定交付投票，而人民接受了這個協定。

七月一日，阿爾及利亞舉行獨立公投：百分之九十九點七二的阿爾及利亞人投下了贊成獨立的票。不過，當沙特與波娃在六月一日搭上前往莫斯科的班機時，兩人對於法國死命抱住殖民主義的舉止感到失望至極——在他們看來，整個國家都陷入了壞信念之中。此外，沙特對於自己還能收到來自俄國的訪問邀請感到相當訝異（他在一九五六年時曾寫文批評蘇聯出兵匈牙利）。在赫魯雪夫的領導之下，俄羅斯的對外關係逐漸變得和緩，史達林的暴行也遭到譴責。和平是否已經在望？

當沙特與波娃抵達莫斯科時，眼前的景象令他們訝異：俄國人聽著爵士樂、讀著美國小說，赫魯雪夫甚至讓索忍尼辛（Solzhenitsyn）的《伊凡・傑尼索維奇的一天》（*One Day in the Life of Ivan Denisovich*）出版。蘇聯作家協會（The Writers Union）替沙特和波娃找了一位嚮導，莉娜・索尼娜（Lena Zonina）。[44] 索尼娜是一位文學評論家與翻譯。事實上，她很希望能翻譯沙特與波娃的作品。沙特沒等太久就遵循著他的傳記作者稱之為「每造訪新的國家必定陷入熱戀的不成文規定」，愛上了索尼娜——他為了她神魂顛倒。[45]

遇見索尼娜之後，沙特彷彿重獲新生。他每天都寫信給她，而她會回信。但蘇聯的審查制度使他們無法透過郵局寄信，只能依靠私人信差送信；在沒有其他溝通管道的情況下，沙特得花上長長的時間等待回信。就追求女孩子而言，這樣的模式可不容易。而且，當沙特告知索尼娜他每週的「巡查行程」（他當時開始以此稱呼自己輪流陪伴不同戀人的日子）時，索尼娜顯得興趣缺缺。他一個禮拜要見汪妲兩次，還有艾芙琳、艾蕾特和蜜雪兒，哪還有時間力氣與她來往？同年十二月，波娃與沙特再度飛到莫斯科與索尼娜共度聖誕，然後前往列寧格勒參加白夜音樂節。索尼娜受僱於蘇聯作家協會國際委員會（International Commission），等同於蘇聯政府的正式代表。在接下來的四年裡，沙特和波娃去了九次蘇聯。

進入六〇年代，沙特開始與存在主義保持距離——此時人們已開始認為存在主義是誕生於當代、為當代而生的哲學。沙特於五〇年代末曾寫道：馬克思主義確實是「這個時代無法超越的哲學思潮」。而到了六〇年代時，李維史陀與其他人已開始批評沙特對於意識主體太過關注，對於無意識則不夠關注。[46]沙特的哲學光芒正在消退，但波娃對於女性主義的關注則變得更加濃厚。六十幾歲的波娃已相當擅長以顛覆性的方式運用某些詞彙，亦善於創造虛構經歷，以訴諸讀者的自由。不過，她想做的不只是顛覆詞彙、想像自由——她想要她的國家有一部能真實改善女性實際處境的法律。

六〇年代是第二波女性主義勢不可擋的年代。在此之前，家庭生育計畫是禁忌話題，法律更對避孕藥的販售加以限制。一九六〇年，避孕藥在美國合法上市，英國國民保健署也於一九六一年開放避孕藥——但僅限已婚婦女使用。直到一九六七年，法國才核准避孕藥的販售（此時，英國的未婚婦女已能合法使用此藥），而波娃在此事上扮演著相當重要的推手。同時，《第二性》也繼續啟發著世界各地的女性與女性主義作家。一九六三年，貝蒂．傅瑞丹（Betty Friedan）發表了《女性的奧祕》（*The Feminine Mystique*）——人們普遍認為此書點燃了美國女性主義運動，也認為此書深受《第二性》影響。[47]

一九六三年夏天，沙特和波娃再度造訪蘇聯，和索尼娜一起到克里米亞、喬治亞與亞美尼亞旅行。所有期待情勢能「和緩下來」的希望都破碎了，跌成了滿地的失望。食物再度短缺，於是赫魯雪夫又開始推崇史達林、攻擊西方世界。沙特找波娃談了談：他該跟索尼娜求婚嗎？如果他不求婚，他們也許就再也見不到彼此了。如果一個享譽國際的學者向索尼娜求婚，俄國政府大概不會阻撓，這樣她與女兒就能來法國了。不過，索尼娜不想要丟下她的母親，也不想依賴沙特，成為他「眾多戀人」中的一人。她拒絕了他的求婚。但無論求婚有沒有成功，沙特向另一個女人求婚的舉動都顯示他與波娃之間的關係如今已毫無浪漫情愫了。

從俄國回來後，又到了去義大利度假的季節。他們住在密涅瓦（Minerva）旅館，這間旅館位於市中心的密涅瓦廣場。波娃決定暫時休息不寫作，以便好好讀書、好好觀賞義大利——他們搭車去了西恩那（Sienna）、威尼斯、佛羅倫斯。在羅馬的時候，沙特收到了索尼娜的信。索尼娜說，她愈讀波娃的回憶錄，愈覺得自己無法撼動他們兩人之間的連結，而她不想要做他生命中第二順位的女人。她很喜歡波娃這個朋友，也相當尊敬她，「但你和海狸的組合成為了如此殊異而耀眼的存在，這對所有接近你們的人來說都相當危險」。[48]

十月底，就在兩人正要打道回府之前，博斯特打了電話給波娃。波娃的母親跌了一跤，摔斷了大腿。到了下個月時，事情很明白地無望——芳絲瓦快死了。

芳絲瓦跌倒後被送進醫院，而醫院檢查出她患有末期癌症。波娃得知這個診斷時，沙特陪她坐計程車去安養院，然後讓波娃獨自進去看芳絲瓦。[49]醫生將診斷告訴西蒙和艾蓮娜，但沒有告訴芳絲瓦，而姊妹倆也決定不要告訴她本人比較好。手術後，她們過了兩週樂觀的日子；兩人待在芳絲瓦的房間，度過平靜的時光。西蒙在寫給納爾遜的信裡說，令她留下來的並不是愛，而是一種「既深且苦的同情」。[50]芳絲瓦動手術的那晚，波娃回到家、跟沙特說了話，然後在聽著巴爾托克（Bartók）的時候突然「幾近歇斯底里地大哭起來」。[51]她被自己的激烈反應嚇了一跳；父親過世時，她連一滴眼淚都沒掉。

手術過後幾個星期，芳絲瓦開始感到更嚴重的疼痛，並因疼痛消耗而變得虛弱。所以姊妹倆請醫生給她更多的嗎啡——這可能會縮短她的性命，但也會縮短她的疼痛。之後，她的日子大半在睡眠中度過。她沒有要求見任何神職人員，或那些波娃口中的「虔誠的朋友」。

波娃感到，那年十一月是她與母親繼自己幼兒時期以來最親近的一段日子。手術後的隔天晚上，情緒的浪潮席捲波娃：她不僅為了母親即將面臨的死亡而哀悼，也為母親的生命而哀悼——這位女性在令人窒息的傳統束縛之中犧牲了太多太多。

母親過世後，波娃全心投入《一場極為安詳的死亡》的寫作，這本書敘述了她母親人生中的最後六週，還有她自身關於愛、矛盾與喪親的苦澀經歷。她從未如此強烈感到自己必須寫點什麼、必須透過書寫來思考生命。她知道自己該把這本書獻給誰：艾蓮娜。母親狀況惡化的那幾個月，她開始寫日誌（她當時將這本日誌取名為「我母親生病的日子」，她還不知道她會死）。不同於《一場極為安詳的死亡》的是，這本日誌中記載了博斯特、奧爾嘉與朗茲曼的陪伴。這段日子裡的波娃時常感到無助，試著忍住淚水卻徒勞無功。有幾次，她在去見沙特之前得先吃鎮靜劑，確保自己「不會不小心哭出來而惹惱沙特」。[52]

在《一場極為安詳的死亡》中，波娃的母親說：「我為別人活了太久；現在，我將成為那種自我中心的、只為自己活的老女人。」[53]波娃描述母親不再自制、描述自己在醫院看到母親赤裸身體的不適感，這具身體曾令幼年的她感到快樂，也曾讓少女時期的她厭惡反感。[54]

我後來變得非常喜歡這個不久於人世的女人。當我們在半明半暗的房間裡交談的時候，我撫平了舊日的不快，重新開展這段在我少女時期便中斷的對話——這段我們兩人間的分歧與相似之處從不允許我們再度開始的對話。而我以為早已死透的舊日溫柔情懷又再度浮現，因為如今這份情感有可能棲居於簡單的語言與行動中。[55]

《一場極為安詳的死亡》出版後，有些記者指控波娃消費她母親的逝世與自身的悲傷；他們甚至找來醫生證實波娃無情地坐在母親病榻前寫著筆記、收集「寫作素材」。又一次地，外在面向的聲音將波娃描述為陰狠的角色。但由波娃的內在面相看來，寫作之於她「就如同祈禱之於教徒那般撫慰人心」。[56]在她看來，沒有死亡是「自然」的。

波娃與西爾維．勒．龐兩人在一九六〇年十一月相識之後，便一直保持聯絡，偶爾也會碰面。一九六四年時，兩人開始固定與對方見面；西爾維也在芳絲瓦過世時扮演著重要的支持角色。波娃寫道，她很感激這份互饋的關係；西爾維極為聰明，與波娃有許多共同的興趣。波娃感覺兩人之間有種連結，而且愈瞭解西爾維，她就愈喜歡她。西爾維善於傾聽、思慮周到、慷慨而感情豐富。[57]後來，波娃會將她的最後一本回憶錄《塵埃落定》（*All Said and Done*）獻給西爾維。

波娃說她與西爾維的生活相互交織，而她很感謝生命賜給她這段新的陪伴關係。她曾在一九六二年時說過自己已經歷過人生中最重要的幾段感情關係，但現在她說，她當時錯了。她們都否認兩人之間有性關係，但兩人在肢體上相當親密——西爾維以法文的「charnel」一詞形容之，許多人將這個字翻譯為「肉慾的」（Carnal）。不過這個字也有「體現的」（Embodied）之意，意即兩人透過與性無關的親密肢體語言體現這份情感。

一九六三年十月三十，《環境的力量》出版了，這是波娃把原稿交給出版社僅僅五個月後的事。[58]在此書中，波娃繼續相當具有自覺地評價自己的作品；她反駁了那些暗指她的作品寄生於沙特之上的說法，並肯定自身在哲學上的思考與洞見。也正是在這本回憶錄中，波娃談到她在《第二性》出版後所得到的待遇：「在《第二性》出版前，我從來不是人們嘲諷的對象。在此之前，人們不是對我很友善就是對我漠不關心。」[59]她很清楚，是這本書讓人們開始對她進行訴諸性別的攻擊，而她想讓讀者看到此事。

波娃在《環境的力量》中說，《第二性》「可能是我所有作品中帶給我最大滿足感的一本作品」。[60]事後讀來，當然有幾個地方是她想改掉的。但讀者的來信令她明白，她幫助了女性「察覺自身的存在與自身的處境」。[61]她現在五十五歲了，也意識到自己的人生已成了他人眼中可供仿效的理想典範（雖然她並未聲稱自己是個典範）。即便在《第二性》出版的十二年之後，仍有讀者來信感謝她寫下這本書，說她幫助女性打破了那些壓迫著她們的迷思。《第二性》出版後的十年裡，有許多波娃認為比她的作品更大膽的女性主義著作問世。她說，這些作品也許過度聚焦在性這個主題上，但至少現在女人可以「成為那隻注視的眼睛了——成為主體、成為具有意識及自由的存在」。[62]

不過也正是在《環境的力量》中，波娃寫下了一句出了名令人困惑的話：她說她「在寫《第二性》的時候避開了『女性主義』的陷阱」。[63]三年後，波娃在一九六〇年的一場訪談中解釋道，她想要讓讀者瞭解她並未偏袒哪方，也沒有反男性（Anti-men）；因為如果人們抱持著這樣的觀點來看這本書，她的論點就會被削弱：「我希望人們知道，寫下《第二性》的女性並不是因為感到人生痛苦〔……〕所以懷著報復寫下此書。如果人們如此詮釋，他們必定會〔……〕排斥這本書。」[64]

波娃在《環境的力量》的末段裡寫著，她與沙特的感情關係「無疑是她人生中的一項成功」。這段話也令讀者感到困惑：在這段話的開頭，波娃宣稱自己與沙特的關係是成功的，並對於兩人永遠擁有與對方談話的興致表示欣喜。不過此段話的結語相當引人深思：「我們遵守了所有的承諾，可是當如今已十分多疑的我凝視著當年那個天真輕信的年輕女孩時，我在麻木之中意識到，這是一場天大的騙局。」[65]

這是什麼意思？評論家紛紛揣測：「沙特修道院」是否對於和沙特談這場「世紀之戀」感到後悔了？還是那個「乖女孩」後悔自己成為無神論者？或者，她是對於法國人的雙重思想——他們宣揚**自由**、**平等**、**博愛**，卻不讓阿爾及利亞人擁有這些——感到失望？

讀者也在震驚之中寫信給她：她一直是他們生命中的明亮光芒，她怎能在擁有如此高的成就、這麼多的戀人、精彩絕倫的人生之後，還說這是場騙局？女性主義學者朵芃（Francoise d' Eaubonne）說，她這句「一場騙局」成了全世界熱烈討論的句子，就連戴高樂的名言也比不上這句話來的引人熱議——她記得，當年人們甚至去「翻字典，試著找出這句話確切的意思，試著弄懂這是作者的調侃之語還是真實的幻滅之情」。[66]

波娃知道，這樣的結尾會引起爭議。西爾維．勒．龐說，這句引起「誤會」的話「有部分是刻意的」，也「與文學的本質有關」。[67] 波娃在一九六四年接受瑪德蓮．格拜（Madeleine Gobeil）的訪問時（這篇訪問於一九六五年刊登在《巴黎評論》〔*The Paris Review*〕上），格拜提到波娃的回憶錄，並問她為什麼選擇以寫作為志業。波娃的答案是，她希望她的書能「打動讀者」。她希望能寫出對讀者說話的角色，在他們的腦海中畫出新的道路、改變他們生命中的可能——就像《小婦人》裡的喬和《河畔磨坊》裡的瑪姬曾為她做的那樣。[68]

她**確實**打動了她的讀者，但有些人並不喜歡這樣。在讀了波娃那段「一場騙局」的宣言後，有些人甚至寫信跟她說，「妳這樣說對自己不公平，因為妳的經歷並非什麼影響都沒造成」：她怎麼能在「以希望之光照亮這麼多女人之後」還這樣想？[69]她盡力對抗女性迷思，最後卻讓自己也成了迷思的一部分嗎？

波娃輕描淡寫地帶過了博斯特和朗茲曼的事；她也略過了對沙特而言似乎相當重要的戀情——因為那位戀人是俄國人——她的考量顯然關乎隱私。波娃開始感到年老似乎使她必須過著獨身的生活，但沙特則沒有這種問題。

她知道人們對她與沙特的關係很著迷——他們之間的故事相當有趣。不過，她何不以幾卷書的篇幅來向讀者展示，一個人在成為女人的過程中，能在不同的時間點上以不同的事物為重？她何不與讀者分享，她在回頭看來時路的時候，對於自身處境的嶄新理解？或是試圖讓讀者看見，如果在許多人沉默不提的話題上勇敢發聲，就有可能遭人猛烈攻擊，希望一切仍保持沉默？

在《環境的力量》中的某個段落裡，波娃回頭談了納爾遜．艾格林還有她跟沙特的「愛情約定」所面臨的難題，她意識到這當中有一個年輕時的自己誤以為很簡單的問題：「在感情中，忠誠與自由是否能夠和平共存？如果能夠共存，代價又是什麼？」[70]

人們總是以忠誠勸人，自己卻難以實踐。那些在感情中全然忠誠的人通常是以自我毀損的方式將忠誠加諸於自己身上〔……〕。傳統的婚姻允許男性稍微「在外冒險」，但女性可不行。現在，許多女性已意識到自身的權利與自身的幸福快樂所需的條件：如果她們的生命中沒有別的事物可以彌補男伴的反覆無常，她們將會落入嫉妒與百般無聊之中。

波娃告訴讀者，事後看來，她與沙特的做法有許多風險。關係裡的其中一人可能會開始比較享受新的感情而非舊的感情，這會讓另一人感到被背叛。「兩個自由之人在受害者和加害人的位置上彼此對峙。」波娃認為，有些戀情牢不可破，經得起所有考驗。但有個問題是她跟沙特「刻意略過的：第三者對於這樣的安排會有什麼樣的感覺？」對此，她寫著：

> 單方任意處置的事變得難以避免，而這損及了《鼎盛人生》裡所描繪的那份真實。雖然我跟沙特的感情協議維持了超過三十年，但背後的代價是許多的失落與沮喪——這為「其他人」帶來痛苦。我們系統中的這個缺陷，在我現在談到的這段期間裡格外明顯。[71]

《環境的力量》出版後獲得了許多負評，也得到一些懷抱惡意的評論。但當波娃抗議媒體對待她的方式時，他們又開始說她「驕傲自大」，說她「氣急敗壞」[72]，說她是女性中的「異類」。人們說她渴求關注，指控她說了「太多無用且多餘的嚇人言論」，說她打破的表象「多過於表達理念所需做到的程度」。[73]

法蘭辛・杜馬（Francine Dumas）在《精神》雜誌上發表了一篇名為〈悲哀的反應〉的書評。那些選擇了信仰、母職與婚姻的傳統生活的女性說，波娃的人生正是因為缺乏這些東西而「搖搖欲墜」——這樣的說法既不厚道、也不公正：

> 她的命運的偉大之處正是在於她刻意放棄了傳統背景（這樣的背景在她眼中並非毫無價值），並以易變而危險的自由選擇取而代之。這條緊繃的繩子可能斷裂，但西蒙・德・波娃拒絕了安全網。[74]

另外，有家報紙摘譯了納爾遜・艾格林的《誰的美國人不見了？》（*Who Lost an American?*），讓這篇作品看起來像是艾格林非常厭惡沙特和波娃。波娃對於此文的翻譯方式提出抗議——原文的幽默感蕩然無存、那些帶著善意的詞語也都不見了。彼時她與艾格林仍以信件往來，她曾寫信向他抱怨：「這些下流的傢伙什麼都不懂，在愛與友情方面格外如此。」[75]

六〇年代中期，波娃的第二冊與第三冊回憶錄已確立了她與沙特的戀情在眾人心中的傳奇地位。在他們的小圈子裡，有些人認為波娃別有目的：她想掌控兩人的公眾形象。沙特挺喜歡波娃筆下的自己，但他的戀人們則感到有些不安——比不安更糟的感覺也有。汪妲痛恨波娃寫的那幾本回憶錄，她認為裡頭描繪的戀情只是波娃虛構的理想，跟現實中的兩人差距極大，但這也讓她對沙特有點擔心。這麼多年過去了，沙特在汪妲面前仍堅稱他和波娃從不曾是戀人關係。

步入晚年，沙特仍繼續同時與許多位戀人來往，也依然不覺得坦誠以對是與人交往的基本條件。相較之下，波娃對於她與沙特的關係，還有她與其他人如何安排相處時間的問題都很坦誠——她比較誠實，但誠實不見得比較不殘酷。

《環境的力量》在一九六五年春天於美國出版，波娃與艾格林之間的友誼在此突然中斷。她在《名士風流》中就曾以虛擬手法描述過兩人的戀情，可是《環境的力量》顯然令艾格林怒不可遏。當《新聞週刊》（*Newsweek*）問艾格林這本回憶錄的內容是否精確時，他說「胡扯大師」寫了一本中年未婚女性的幻想書籍。[76]他在兩本雜誌——《堡壘》（*Ramparts*）和《哈潑》（*Harper's*）——上都寫了評論文章，語調嘲諷且充滿憤怒。隔年夏天，他在《時代精神》（*Zeitgeist*）上發表了一首獻給西蒙・德・波娃的詩，詩裡提到他希望能把某個大嘴巴的女性永遠關進潮濕的地下室裡。一九六四年的十一月與二月，波娃於《哈潑》雜誌上發表了《環境的力量》的節錄片段，篇名為〈忠誠問題〉與〈美國的會面〉。而艾格林在隔年五月時加以反擊，他寫道：

那些有辦法理解「偶然戀人」是什麼意思的人都是頭腦有問題的人。戀人要怎麼偶然？哪個部分偶然？這個女人講的好像男人維持一段戀情的基本要素——兩性之間的肉體之愛——是種殘缺，而自由意味著「在各種離經叛道的行為中設法保持某種忠誠」！當然，在那套的哲學行話的背後，她真正想表達的是，她跟沙特建立起一副小布爾喬亞的可敬外表，而在此外表之下，她將繼續尋找自己的女性氣質。沙特離開的時候**他**頭腦裡在想什麼，我還真的是不知道。[77]

現存的波娃信件中，她寄給艾格林的最後一封信寫於一九六四年十一月。她想在一九六五年去美國找他，但越戰的爆發讓她取消了行程。我們並不清楚在艾格林於《環境的力量》出版時說了那些話後，兩人之間是否仍殘存任何友好情誼。[78]一九八一年，艾格林獲選為美國藝術和文學學會（American Academy of Arts and Letters）的終身成員。有位記者在訪談中問到波娃的事；這位記者形容，艾格林當下的情緒仍然相當激動。那個時候，他的心臟已出現問題，所以記者把話題帶開了。第二天，艾格林原訂在小屋開派對慶祝，但當第一位客人抵達時，艾格林已心臟病發身亡。

波娃的信件於一九九七年出版的時候，引發了一場針對回憶錄中所記載的故事的騷動。兩人多年來的通信讓世間得知了波娃對於艾格林的感情——隱而不宣但極為深刻。她的回憶錄成功塑造了她與沙特的傳奇故事，但也刻意誤導了大眾。如今看來，艾格林似乎是她一生中最熱烈的戀情，有些人甚至認為波娃在自己與沙特的感情上陷入了壞信念。[79]無獨有偶地，這段戀情也在其他虛構的文學作品中再次出現。馮內果（Kurt Vonnegut）的《生不如死》（*Fates Worse than Death*）中有一大段內容與艾格林有關。在這個段落中，「波娃小姐」以「嘎啦小姐」之名現身，而艾格林「幫助她達到人生中第一次的高潮」。[80]

《環境的力量》在美國出版的前一年，波娃為《完美的女性》（*The Sexually Responsive Woman*）寫了一篇非常短的序文。這本書探討了另一個充滿誤解的領域：女性性慾。波娃說，「這個領域就如同其他許多領域一樣，男性堅持以偏見將女性置於依賴狀態中。而這本書的作者給予女性一份與男性平等的自主權——在生理上與心理上皆然」。這篇序言詼諧而動人：她說，對於克隆豪森夫婦（Drs Phyllis and Eberhard Kronhausen）所提出的所有論點，她「沒有資格給出確定的評價」，但這本書讀起來「精彩而引人入勝」。[81]

有趣的是，在《環境的力量》出版後與許多其他的時刻裡，都有人批評過波娃沒有幽默感。[82]人們常批評女性主義者有夠掃興，而我們也能在波娃人生中的許多事件裡看到如今我們已十分瞭解的一個模式：當波娃表達了自己的不滿之後，人們討論此事的方式就好像問題的關鍵是她的不滿，而不是**令她不滿的原因**。[83]數十年以來，波娃因為社會錯待女性、猶太人、阿爾及利亞人而感到不滿——她為什麼就是不能放輕鬆點呢？而現在，她對於社會對待老年人的方式也愈來愈不滿。輕描淡寫地帶過他人的淒慘處境是不夠的，我們必須改善這些處境才行。

一九六四年五月，波娃在寫完《一場極為安詳的死亡》之後決定暫時不再寫回憶錄，並重拾小說寫作。這次她要寫一個除了年齡與性別之外在其他方面都與她本人大相逕庭的主角——主角會是一名上了年紀的女性。[84]整個六〇年代，波娃持續以書寫來支持她認為有助於改善女性處境的項目——她寫了學術文章，也寫了像〈愛情的真貌〉（What Love Is – And Isn't）一類的雜誌文章。她寫著，愛只有在「一個人（公開地或祕密地）渴望改變時才會出現。因為只有在渴望改變的時候，你才會期待愛與愛所帶來的事物——一個嶄新的世界透過另一個人出現在你眼前、為你所有」。[85]

一九六四年末，沙特的六十歲大壽即將到來。他覺得，膝下無子而來日無多的自己需要一個繼承人與遺稿保管人。他認為把這件事交托給波娃沒什麼意義，因為波娃的年紀跟他差不多。所以，沙特在一九六五年三月十八日正式領養了艾蕾特・艾坎——那年她三十歲。領養手續的法定見證人是波娃與西爾維・勒・龐。《法國晚報》（*France Soir*）報導了此事，但他們大多數的朋友都沒有得到事先警告——汪妲、艾芙琳和蜜雪兒都相當激動。

一九六五年二月美國轟炸北越之後，波娃婉拒了康乃爾大學的演講邀約。她受訪談論老年、寫作、文學、自傳。至於沙特，他也在受訪時談到了波娃：一九六五年七月，美國《時尚》雜誌發表了一篇沙特的訪談，篇名是〈沙特談波娃〉。沙特說，波娃是個「非常好的作家」：

> 她的成就不言自明，在《名士風流》之後尤其明顯。她的寫作能力在回憶錄與《一場極為安詳的死亡》一書中顯而易見——我個人認為《一場極為安詳的死亡》是她最好的作品。她所做到的是與公眾建立起立即性的對話。不如這麼說吧，她跟我不同的地方是：我不做情感交流，我與思考者、與自由而和我無關的人交流。但西蒙・德・波娃在第一時間就能建立

起情感交流。人們總是因為她說的話而靠過來。[86]

在一九六五至六六年間為《塵埃落定》所寫的筆記裡，波娃說自己在那幾本回憶錄中所寫下的「人生故事」只傳達了「殘缺不全的真相」，其內容並不詳盡。「由於我沒能重現時間，那是一份毀容了的真相」。不過，它傳達了「文學上的真相」。[87]波娃認為，她的人生示範了人如何**活出**存在主義式的選擇——沒有來自天上的「命令」告訴她該做什麼樣的人，沒有既定的道路，也沒有伊比鳩魯學派的偶微偏（clinamen）*來讓她偏離道路。她所擁有的，是一段沒有藍圖的「成為」之路，一段她以人生去走的路途；在走的過程中，有時也會走上岔路。[88]

有時候，她曾做過的選擇重重壓在她的心上。她仍對於自己對待「莉莎」（娜塔莉．索洛金）的方式感到後悔，也因自己的行為對別人造成「驚嚇」而「深感無力」——一切都在她的身後累積成一段「無法逃避的過往」。[89]不過，無法逃避的過往也共同構成了她「成為

* 譯註：偶微偏是伊比鳩魯哲學中的物理觀念，此詞有偏向、傾斜、彎曲的意思，大致是指一種偶然且極微小的偏離，但正是這樣不在預期的偶發偏離之下造成了新事物的出現。

自己」的過程；身為公眾人物為她帶來了新的可能性——以及新的責任。她的良知不容許她在寫下這些作品描繪出世界之樣貌後，卻不以**行動**來讓這個世界變得更好。她怎麼能夠不回信、不參與那些連署請願活動？她的處境讓她有能力改變別人的生命，她必須盡力去做。

一九六五年八月，波娃和西爾維去了科西嘉島，然後再與沙特按慣例前往羅馬度假。沙特在十月十二日時由義大利搭火車回巴黎，波娃則獨自開車回去，兩人約定好十四日晚間七點在波娃家碰面。但當天午餐時，電話響了——波娃在約訥（Yonne）出了車禍，被送到茹瓦尼（Joigny）的醫院。朗茲曼和沙特立即跳上車，一路飛車趕到波娃身邊。她斷了四根肋骨、整個臉腫了起來，她的臉上有縫了線的傷口，眼周一片瘀青。她轉彎轉得太快了。

那天晚上，沙特住在附近的旅館，然後一路陪她坐救護車回到緒舍街。他扶著波娃回到公寓，跟她說他會陪她到她能走路為止。波娃的傷勢使她連脫衣服也有困難。她在床上躺了三個星期，沙特、朗茲曼和西爾維在這段期間裡照顧著她，也有一位護士每天過來看她。

她恢復得不錯；一九六六年六月，沙特和波娃再次去了蘇聯，然後在九月時飛往東京。他們從未去過日本，只知道日本人會讀自己的作品——沙特的書在日本相當暢銷，而《第二性》才剛被翻成日文。當他們下飛機時，迎上來的刺目鎂光燈令兩人吃了一驚。他們的口譯員帶領他們前往記者會的房間，許多年輕人在他們經過時試著伸手碰他們。在回憶錄中，波娃提到沙特在當地所參加的活動，還提到自己一頭栽進日本歷史與文化書籍裡，因而沒能仔細準備演講的內容。[90]其實，波娃並非以沙特伴侶的身分前往日本：波娃以「當代女性處境」為題舉辦了三場演講，但她沒有在回憶錄中提起此事。我們無法確定她遺漏此事的原因是出於自我貶低或習慣性自謙，又或是不希望她的生活在讀者的眼中看起來太過遙遠。

在得知波娃略過沒提的演講內容後，我們可能會更疑惑。她在九月二十日的演講中提到，女性主義「離褪流行還遠得很」，而且受益於女性主義的不僅是女人：女性主義的理想是「男性與女性共同的理想，其追求的不僅是女人能獲得更公正而像樣的地位，也希望男人也能活在一個更公正有秩序、更合宜的世界裡。追求兩性平等不只是女人的事，也是男人的事」。[91]波娃說，她希望《第二性》有天會變成一本過時的書，因為一旦女性獲得平等的地位，人們就不再需要閱讀這本書裡對於異化女性的分析了。她認為，我們能在保有兩性性別差異的情況下停止對於女性的剝削。她在法國及其他國家都看到一種反女性主義的「退化現象」，這令她感到憂心。法國有些女性宣稱，成為母親與妻子——成為家庭主婦——才是女人真正的歸宿。

其中一件令波娃擔心的事是，被「禁錮」於家庭生活中的女性活在不穩固的處境中：她們在經濟上依賴著一個隨時可能不再愛她的人，她們沒有經濟能力創造屬於自己的生活，也找不到這麼做的意義。波娃並未掩飾自己認為這種生活是「次等生活」的看法——在她看來，更好的生活是「真正參與社會的生活」，「參與創造這個人類生活於其中的世界」。[92]她認為，女性「被迫」退化為家庭主婦——這有一部分是因為女性之間的相互比較，另一部分則是因為人們仍期待職業婦女回家後繼續當家庭主婦，這讓職業婦女對於自己的決定感到內疚而精疲力盡：「如果一個女人在白天工作了八小時之後，晚上回家還要繼續忙碌五到六個小時，她必定會在週末時發現自己處於徹底耗竭的可怕疲憊之中。男人顯然還不習慣在家庭事務上幫助女性。」[93]

在那些多數女性皆投入職場的國家，波娃觀察到當地女性與她們自身之間存在著一種寶貴的「內在和諧」。她認為她們的自我理解來自於其參與公共生活的經歷。波娃向來對於「成為自己」的意義很有興趣，她也在《第二性》中指出了女性普遍面臨的挑戰：她們可能成為「分裂的主體」，在「作為愛人與母親時渴望成為的自己」與「在廣闊世界中渴望成為的自己」之間徘徊掙扎。在日本的第二場演講，波娃回頭談到「女性處境的分裂特色」。就算是職場女性也渴望擁有幸福人生、渴望被愛、渴望擁有家庭，所以許多人會選擇犧牲自己的職場野心：「她們覺得在職場上還是別太出風頭比較好」。[94]

三年後的一九六九年，《第二性》在日本出版並登上了暢銷排行榜。那趟東京之旅的回程中，波娃與沙特在莫斯科停留了一下。這是沙特第十一次造訪蘇聯，但這次他意識到自己恐怕已失去造訪此地的理由——他跟莉娜．索尼娜之間結束了。

一九六六年十一月，波娃回歸小說界的作品《美麗印象》（*Les Belles Images*）出版了——其書名在英語世界中可譯為美麗的畫面（Pretty Pictures）或美麗的影像（Beautiful Images）。《邊城》（*La Cité*）的書評說，這本書是一本「關於現代道德價值的短篇小說，整本充斥著存在主義道德觀」。這篇評論不以為然地將其稱為失敗的諷刺小說，說這是一本「以大眾週刊上所有的陳腔濫調拼貼而成的作品」。[95]不過銷售數字可不是這樣說的：此書以極快的速度賣出了十二萬本。[96]

後來，波娃形容書中主角蘿虹（Laurence）「厭惡人生到了罹患厭食症的程度」。[97]她是事業有成的廣告商，也是妻子與母親，與丈夫育有兩個女兒。她利用工作時間出軌、享受婚外的性愛，然後再回家哄孩子上床睡覺，並與同樣事業有成的建築師丈夫共度晚間時光。她喝酒，但並不吃東西。

蘿虹內心的平靜（我們姑且如此稱之）被女兒的問題給打擾了——人為什麼存在？為什麼有些人這麼不快樂？我們能為不快樂的人做些什麼？——這令蘿虹開始思考自己究竟重視什麼。她在廣告業的工作內容是製作美麗的廣告畫面、撰寫時髦漂亮的廣告詞。她也精通於向外界展示自身最美好的一面。但她在維持美好表象（漂亮的車、整潔的家、絢麗的衣服、美好的食物與假期）的同時，也對現狀感到不滿。一九四五那年，蘿虹十歲，她還記得大屠殺。她開始納悶為何這麼少人對於阿爾及利亞所發生的事感到悲傷，同時也注意到美國民權抗爭者的影像一從電視螢幕上消失，轉瞬就被人們所遺忘。

此書批判了資本主義與消費主義、直問金錢是否能使人幸福。[98]它也隱隱回應著女性主義之轉向、女性處境的轉變、有錢是否等同獨立等問題。小說內容同時也挖苦了當時正以法國重要思想家之名嶄露頭角的傅柯（Michel Foucault）。在一場一九六六年的訪談中，波娃說傅柯的著作與《原樣》雜誌（*Tel Quel*）提供「布爾喬亞文化」一個「開脫的藉口」。《美麗印象》想傳遞的訊息是，進步「必須同時是物質上、知識上和道德上的進步，否則就根本不是進步」。在波娃眼中，傅柯的思想並不關心社會變革的問題。[99]

這本小說以蘿虹對於孩子的反思作為結尾：「養育孩子並不是創造美麗的畫面」。波娃在《第二性》中曾說，養育小孩是一項道德上的任務，是生命之自由的成形過程；但對女性和小孩來說，這段過程往往是由漠不關心的規訓所構成。小說的最後一幕，鏡子前的蘿虹看著鏡裡的自己，心想著自己的人生大局已定。至於她的孩子，她們會有屬於她們的機會。不過，是什麼機會？[100]

隔年二月，波娃、沙特和朗茲曼到中東旅行——他們去了埃及和以色列，因為《摩登時代》要出一本關於以阿衝突的特刊。在埃及，接待他們的是穆罕默德・哈桑寧・海卡爾（Mohamed Hassanein Heikal），他是《金字塔報》（*Al-Ahram*）的總編，也是埃及第二任總統納塞爾（Gamal Abdel Nasser）的好友。《金字塔報》採訪了波娃，並刊出一篇名為〈第二性的哲學家造訪開羅〉的報導。[101]他們離開埃及，於三月十日參觀了加薩的巴勒斯坦難民營。三月十一日，波娃在開羅大學有場演講，題目是「社會主義與女性主義」。[102]

當時由於以阿衝突，埃及沒有航班直飛以色列，他們必須由雅典轉機。到達以色列後，他們去了雅法（Jaffa）和特拉維夫（Tel Aviv），也參觀了幾個「基布茲」（Kibbutzim，以色列的集體社區）。他們在以色列待了兩星期，波娃這次在耶路撒冷的希伯來大學演講，講題為「作家在當代世界中的角色」。波娃對於女性在以色列社會中的角色極感興趣，也想瞭解以色列年輕人對於以色列與巴勒斯坦雙方各執一詞的現況有何看法。那年六月，六日戰爭（Six-Day War）使得中東地區的疆界出現變化，而世界各地和「小家族」裡也都出現了相異的政治觀點。波娃支持以色列；沙特支持巴勒斯坦。波娃對於以色列的支持成為公開消息之後，她的書在伊拉克被禁了——那是六日戰爭的兩天前。在親近的朋友圈中，朗茲曼感覺沙特背叛了自己。他在四〇年代時就讀過沙特寫的關於反猶太主義的書，並深受其啟發。如

朗茲曼、波娃與沙特在吉薩（Giza）。

今的沙特難道也成了反猶太主義者嗎？

六日戰爭結束的前一個月，沙特和波娃出席了羅素法庭（Russell Tribunal）。這是高齡九十四歲的英國哲學家羅素（Bertrand Russell）召集眾人所成立的民間法庭，旨在譴責美國於越南所犯下的暴行，並喚醒大眾對此事的關注（由於年事已高，羅素本人留在英國並擔任法庭的榮譽主席）。五月時，法庭成員齊聚斯德哥爾摩，進行了為期十天的討論。十一月，他們再次於哥本哈根召開會議。[103] 他們聽取了證人報告，這是件繁重而疲憊的工作。小家族的許多成員都參與了那次會議——朗茲曼、博斯特（他以《新觀察家》〔*Le Nouvel Observateur*〕記者的身分出庭）、西爾維·勒·龐和艾蕾特·艾坎都在場。

《美麗印象》之後，波娃接著寫了一系列三篇的中篇小說，在一九六七年時以《女人遺骸》（*The Woman Destroyed*）之名出版。多年以來，波娃和艾蓮娜一直想要合力創作一本由波娃書寫、艾蓮娜繪圖的書，而這本書可說是最佳選擇。艾蓮娜為書中的同名故事畫了幾幅版畫，波娃則安排在《Elle》雜誌上連載本書，作為宣傳。[104] 這本書獲得了極為糟糕的評價，有些人甚至問艾蓮娜為什麼要同意為她姊姊最差的一本作品作畫。

之前，波娃作品中的主角有男有女。但《女人遺骸》中的每一篇故事都是以女性主角的單一觀點出發而寫成——這三篇故事的主角都是上了年紀的女性，探討的主題則是孤獨與失敗。波娃說，她在這部作品中試著「描繪出女性生命的三個關鍵時刻：老年的降臨、漸深的孤獨、殘酷的分手」。[105]

〈責任年代〉（The Age of Discretion）描述了一位已婚、有一個已成年兒子的女性作家所經歷的絕望處境。她強烈意識到自己的老化，懷抱著厭惡與放棄的心情看著自己的身體變老。[106]她發表了一本新書，並開始擔心自己的作品再也達不到先前的高度、擔心自己不再有值得書寫的思想。她的兒子做了一個她堅決反對的決定，於是她威脅他如果不照她的意思做，她便不會再跟他說話。她的丈夫不顧她的要求，繼續和他們的兒子說話，令這段已經觸礁的婚姻變得更加疏離——兩人之間不再有親密行為原本就已令她十分悲傷。最後，這對夫妻經歷了某種勉強的和解：他們勇敢面對日漸消逝的未來，學習一起過「眼前的生活」。[107]

第二篇故事使用了波娃從未用過的寫作方式——這是一篇意識流小說，主角是個瀕臨瘋狂的女人。她的孩子被人帶走，本人則陷入孤立無援的處境中。這個故事寫的是人性之卑劣，寫的是當一個人跌落谷底時，周遭之人的「醜陋臉孔」。[108]

第三篇同名故事〈女人遺骸〉是以日記文體寫成，以深刻的筆法記錄了主角陷入憂鬱的過程。莫妮克與丈夫之間日漸疏遠，而她亟欲修補這段婚姻。她以嫁做人妻、生兒育女為「志業」，也已得償心願；但隨著孩子成年，她開始想「稍微為自己而活」。[109]犧牲與自我奉獻——波娃在學生時代的日記裡所探討的主題——是莫妮克的自由選擇，也令她感到快樂。不過，她的丈夫莫里斯卻開始外遇。丈夫不再忠誠，這段兩人共同建構起來的婚姻在轉眼間崩毀，莫妮克陷入焦慮與自我懷疑中，動彈不得。

莫妮克的故事帶出了熟悉的主題：批評與受苦。人們批評家庭主婦除了在家帶小孩之外「什麼也沒做」。她們全心投入這個共同的婚姻，但伴侶在對她們的奉獻照單全收後卻離開了她們，轉而投向更為年輕的奉獻者懷中，造成她們的痛苦。莫妮克質疑丈夫，但他卻指控她大驚小怪，試圖操縱她的心理、讓她對於自己造成的「難堪場面」感到內疚——場面的難堪與她內心的痛苦相比根本微不足道。他成功轉移了道德焦點，讓她感到迷惑，而自己則由罪疚感中脫身。有好幾次她都以為自己已跌至谷底，結果卻繼續下陷至更深的不快樂中。

《女人遺骸》出版後遭到了嚴厲的批評——即使是與波娃先前著作所受的批評相比，也算是相當嚴厲。文學評論家亨利・克勞厄（Henri Clouard）表示，波娃「從未將她的才華以如此充分的方式投入於如此令人沮喪的主題上」。這個令人不快的女人現在是否在暗示，所有以男性伴侶為生活重心的女人都會失敗？於是波娃又一次遭控「對大眾說教」。[110] 男性角色莫里斯的個性與觀點呢？故事的這個部分並未充分發展。他說，我們真的希望波娃的作品能「頭腦更清晰」、「立場更自由」。「她真的落伍了」；「波娃女士繼續為解放女性奮鬥，彷彿這個年代的人仍需要這樣做似的」。[111]

波娃本人不會如此草率地由一個特定的故事（此處也可說是三個特定的故事）就推導出普遍的結論。她小心翼翼地使莫妮克的處境保持歧異性——身為作者，她企圖將這篇故事寫成一篇偵探故事、一場對於破敗婚姻的事後調查，並把找出罪魁禍首的工作留給讀者。但賈桂琳・皮亞蒂（Jacqueline Piatier）在《世界報》上寫道：「無論她寫什麼，其中必定充滿教訓。」[112]在《塵埃落定》中，波娃對人們閱讀此書的方式表示遺憾。許多人一如往常地指控此書為自傳作品，說這本書裡充斥著波娃和沙特的聲音，彷彿兩人能代表全體人類發聲似的。還有人問她，沙特是不是和她分手了。[113]好笑的是，竟也有人抗議這本書不是「真正的西蒙・德・波娃」的作品，因為他們在這本書裡看不到他們心目中的波娃的生活。沙特在哪？為什麼這本書都在談妻子與母親的事？

波娃在《塵埃落定》中說，她不明白為什麼有這麼多人痛恨這本書。人們的傲慢批評對她來說並非新鮮事——她在《Elle》雜誌上連載此書，所以《費加洛文學報》便說這本書是寫給女店員看的小說。但除此之外，她還收到許多針對她個人的惡意評論，言詞間充滿性別與年齡歧視：

自從我在雷恩街瞥見西蒙．德．波娃之後，我就非常後悔寫了那篇文章：她走得很慢，看起來憔悴不堪。人應該要同情老人——這大概就是為什麼伽利瑪會繼續替她出書吧。對，女士，老去是件很可悲的事！[114]

波娃知道她正在變老，她也誠實承認自己並不喜歡變老。但她認為無需逃避此事；相反地，她直面衰老，將其視為一個需要哲學分析與政治行動的議題。她想寫一本關於老年的書已有好幾年了；寫完之後，她會將此書稱為另一本《第二性》。她開始認真研究老年議題、尋找關於老年的書，並驚訝地發現與老年相關的書非常少。她在國家圖書館的目錄室裡發現了愛默生和法蓋（Emile Faguet）*的論文，並慢慢列出一份書單。她閱讀法國的老人學期刊，並訂閱了一堆由芝加哥寄來的美國相關英文期刊。[115]她的前同事李維史陀協助她取得法蘭西學院（Collège de France）的比較人類學資料，所以她也讀了許多探討老人在不同社會中地位的專題論文。

她日復一日地埋首於自己的研究之中。一九六八年五月，法國爆發了大規模的學生抗議

* 譯註：愛彌爾．法蓋（1847-1916），法國文學評論家、作家。

與罷工運動，使得法國經濟陷入停滯；沙特和波娃在《世界報》上發表了簡短的聲明支持學生。那一年的政治動盪也使得沙特重新思考知識分子在社會中應扮演的角色；他對於毛澤東的思想愈來愈感興趣。

《摩登時代》的團隊現在會在波娃家開會。兩週一次，週三的上午十點三十分，眾人會抵達波娃的公寓並開始當天的會議。西爾維・勒・龐是團隊的新成員，而博斯特與朗茲曼也都在（朗茲曼當時還沒開始拍那部著名的大屠殺紀錄片《浩劫》）。不過，沙特愈來愈少出席了。《摩登時代》在四〇年代時是前衛刊物，但如今它已染上了體制的氣味。

沙特想參與一些更具革命性的事，他與幾位毛主義者交上了朋友，包括一個名叫皮耶・維克多（Pierre Victor）的年輕人。維克多問沙特是否願意擔任法國毛派報紙《人民事業報》（*La Cause du peuple*）的編輯——如果有沙特擔任編輯的話，法國政府也許會放鬆對於這份報紙的審查。一九七〇年四月，沙特成了該報的總編輯。同年六月，他和波娃在街上發這份報紙，並因此被警方逮捕。兩人很快便獲釋了，但這次事件讓沙特有機會撻伐政府的雙重標準，並要求政府實現真正的新聞自由。

沙特這份新的的政治熱誠並未感染波娃。事實上，他倆的政治立場已於近年出現重大分歧。沙特的毛主義立場使他在主流知識圈中遭到排斥，而波娃的女性主義立場則讓她在國際女性運動中成為領袖人物。僅在一九六九這一年裡，《第二性》的平裝版就賣出了七十五萬冊。[116]七〇年代起，此書在北美地區開始被視為「經典」。一九七〇年，加拿大女權主義者舒拉密・費爾史東（Shulamith Firestone）出版了《性的辯證》（*The Dialectic of Sex*），並將此書獻給波娃。有趣的是，費爾史東與許多女性主義者都對波娃的人生與著作表達感謝之意，翻轉了《第二性》於一九四九年出版時被視為「醜聞」的形象。《性的辯證》的扉頁中寫著：「獻給西蒙・德・波娃，一位保持正直的人」。一九七一年，伊莉莎白・珍妮韋（Elizabeth Janeway）發表了《男性的世界，女性的位置》（*Man's World, Women's Place*），書中引用波娃「女性作為他者」的理論來探討從屬團體（Subordinate group）的行為。即便在法國，也有著名的文化雜誌將《第二性》與卡夫卡的《審判》（*The Trial*）與第一部金賽報告（男性篇）列為當代最重要的著作。[117]

過去幾年，法國的女性解放運動不斷累積著政治能量。在一九七〇年春天，溫森斯大學（University of Vincennes）出現了女性示威活動。八月的假期中，人煙稀少的巴黎城裡，女性解放運動（MLF，Mouvement de libération des femmes）誕生了。倡議者在凱旋門下放了花圈，紀念無名烈士的妻子。他們的標語是：「每兩個人中就有一個是女人」；「無名烈士的妻子更是無名」。

十月，《游擊》（*Partisans*）出了一本特刊，刊名為「女性解放元年」。[118]不久後，波娃與女性解放運動的幾位發起人見了面——不過在所有刊物與文章中，兩方都說不是自己主動與對方接洽的。[119]安・澤林斯基（Anne Zelinsky）、克莉絲汀・戴爾菲（Chrietine Delphy）等人想要發起一個大型運動，要求廢止墮胎禁令。法國已於一九六七年時將避孕藥列為合法藥物，但墮胎在法國仍是違法行為。《新觀察家》週報同意刊登一篇墮胎合法化的宣言，條件是得有知名人士加入簽署。西蒙・德・波娃剛好是知名人士，於是她把自己的名字借給她們。她們還需要一個地方開會，所以波娃把家中借給她們聚會。

此後的幾個月裡，這個團隊在波娃家的沙發上規畫著墮胎合法化的倡議活動。活動相當成功，她們蒐集到三百四十三個簽名。一九七一年四月五日，〈三四三宣言〉出現在《新觀察家》上，其訊息簡單明瞭：

> 在法國，每年有一百萬名女性進行墮胎。她們在危險的情況下墮胎，因為此事不得不保密；但在專業醫護人員手中，這是項再簡單不過的手術。數百萬名女性被迫保持沉默，而我在此宣佈我是其中一人。我曾經墮過胎。

宣言簽署者說，她們每個人都墮過胎（但其中一些人其實並未墮過胎，而我們也無法確定波娃是否確實墮過胎）[120]。她們簽署這份宣言，是因為她們認為女性有權利在自由而安全的條件之下進行墮胎手術。

墮胎一詞從未在法國的收音機與電視中獲得如此大的聲量。柯列特・歐翠、多明妮克・德桑蒂（Dominique Desanti）*、瑪格麗特・莒哈斯（Marguerite Duras）†、吉賽兒・艾里米、凱薩琳・丹妮芙（Catherine Deneuve）‡、珍妮・摩露（Jeanne Moreau）§都簽了這份宣言，宣稱自己曾做過這件難以啟齒的事。除了波娃，小家族裡的幾個人也簽署了宣言——奧爾嘉、艾蕾特、蜜雪兒和艾蓮娜都支持這場運動。也毫不令人意外地，人們開始稱簽署宣言的女性為「三百四十三個蕩婦」。

---

* 譯註：多明妮克・德桑蒂（1914-2011），法國新聞記者，小說家，教育家和傳記作家。

† 譯註：瑪格麗特・莒哈斯（1914-1996），法國作家、劇作家、編劇、實驗電影導演，曾創作電影劇本《廣島之戀》等。

‡ 譯註：凱薩琳・丹妮芙（1943-），法國演員、模特兒、歌手、製片人，從六〇年代活躍至今，被認為是歐洲最偉大的女影星之一。

§ 譯註：珍妮・摩露（1928-2017），法國演員、歌手以及導演。法國新浪潮時期相當受歡迎的女星，亦是歐洲許多知名導演最愛合作的女主角之一。

十五　老年的面貌

一九七〇年九月，沙特和波娃結束例行的羅馬之旅回到巴黎。波娃等著《論老年》出版，一邊思考著自己接下來該寫什麼。沙特那陣子的健康狀況還不錯。十月的某個週六夜晚，沙特在波娃家喝了很多伏特加（沙特固定與波娃和西爾維共度週末夜），然後便沉沉睡去。週日早上，他回到了自己家中。但當波娃和西爾維帶他去吃午餐時（他們每週日固定在穹頂咖啡館共進午餐），他卻無法控制地一直撞到桌椅。沙特當時並沒有喝多少酒，為什麼他沒辦法好好走路？

波娃回到自己家中，感到一陣絕望。自從一九五四年的莫斯科事件之後，她就一直有種不祥的預感，而沙特至今每天仍要抽掉兩包寶雅牌（Boyards）香菸並且喝大量的酒。隔天，沙特的平衡感恢復正常，也去看了醫生——醫生建議他檢查一下。他的大腦X光片看起來一切正常，但醫生仍要他開始服用暈眩藥物，這讓他頭昏嗜睡。波娃試著不去想最糟的情

一九七〇年八月，波娃、西爾維・勒・龐與沙特在羅馬的納沃納廣場（Piazza Navonna）。

況，但如果這次真的出了大問題呢？

《環境的力量》於一九六三年出版時，波娃五十五歲。當時，她並未掩飾自己對於老化的不安，這令許多讀者感到被冒犯。波娃覺得，自己能理解背後的原因——人們把她變成一種象徵，他們渴望認同他們想像中的西蒙·德·波娃，一個不受死亡與衰退所困的偶像。他們不想面對老化與死亡，而她怎能公然承認她的害怕？[1]

身為一個女人，她總感到自己是「他者」（Other）；對此，她已在《第二性》中對此作出分析。進入六〇年代後，她開始感到另一種「他者」的身分——她感到衰老。波娃自身的經歷再度令她開始思考他人的經歷。不過，老年與老人都是禁忌話題。小說家紀德也曾思考過這件事，並透過書中角色拉貝魯斯（La Pérouse）拋出問題：為什麼所有的書裡關於老年人的內容都這麼少？紀德的答案是：「因為老年人難以提筆寫作，而年輕的作家對於老年的問題並不關心。」[2]

所以，波娃決定在她還能寫的時候多多關心此主題。她在一九六七年中開始搜集資料，在國家圖書館裡進行研究。為了寫這本書的上半冊，她閱讀了許多生物學、文化人類學與史學的研究。至於這本書的下半冊，她想要寫的是實際經歷——就像《第二性》那樣。她拜訪了養老院、閱讀人們在晚年寫的回憶錄，也一如往常地讀了許多文學作品。最後，從阿蘭的哲學到索菲亞・托爾斯泰（Sophia Tolstoy）[*]的日記都成了這本書的參考資料——此外還有阿拉貢（Louis Aragon）[†]、貝克特（Samuel Beckett）[‡]、波特萊爾、釋迦摩尼、夏多布里昂（Chateaubriand）[§]、孔子、邱吉爾、狄德羅、杜斯妥也夫斯基、瑪格麗特・杜蘭（Marguerite Durand）[¶]、愛默生、伊拉斯謨（Erasmus）[**]、弗雷澤（James Frazer）[††]、茱迪特・戈蒂耶（Judith Gautier）[‡‡]、紀德、葛菲妮夫人（Madame de Graffigny）[§§]、黑格爾、康德、曼特儂夫人（Madame de Maintenon）[¶¶]、尼采、普魯斯特、喬治桑、叔本華、塞維涅夫人（Madame de Sévigné）[***]、蕭伯納、梵樂希，還有吳爾芙。

五十八歲的吳爾芙在日記裡寫著：

> 我厭恨老年的生硬，我感覺得到它正接近我。我整個人嘎嘎作響、滿懷怨懟。
>
> 清晨草地上　腳步變得遲緩
> 遲鈍的心　跟不上新的情感
> 碎了的希望　如今復原太慢

我剛剛翻開馬修・阿諾德（Matthew Arnold）的詩集，並抄下了這幾句。[3]

在《論老年》中，波娃討論到並非所有老化都同等艱困、都會嘎嘎作響或是令人苦澀，因為「老年」並非單一的普遍經驗。成為老年人的過程——就如同成為女人一樣——很大程度上取決於個體在生理上、心理上、經濟上、歷史上、社會上、文化上、地理上的脈絡以及

* 譯註：索菲亞・托爾斯泰（1844-1919），原名索菲亞・別爾斯（Sophia Behrs），作家托爾斯泰的妻子。

† 譯註：路易・阿拉貢（1897-1982），法國詩人、小說家、編輯，法國共產黨長期成員、龔古爾學院成員。與超現實主義有許多關聯。

‡ 譯註：薩繆爾・貝克特（1906-1989），愛爾蘭、法國作家，其戲劇成就最高，曾獲諾貝爾文學獎。

§ 譯註：弗朗索瓦—勒內・德・夏多布里昂（1768-1848），法國作家，政治家，外交家，法蘭西學院院士。早期浪漫主義的代表。

¶ 譯註：瑪格麗特・杜蘭（1864-1936），法國舞台演員，新聞記者和女性政治人物。

** 譯註：伊拉斯謨（1466-1536），文藝復興時期尼德蘭（今荷蘭和比利時）著名的人文主義思想家和神學家。

†† 譯註：詹姆斯・弗雷澤（1854-1941），英國社會人類學家、神話學和比較宗教學的先驅。著有《金枝》。

‡‡ 譯註：茱迪特・戈蒂耶（1845-1917），法國詩人，翻譯和歷史小說家。曾譯介許多中國古典詩詞至法國。

§§ 譯註：葛菲妮夫人（1695-1758），法國小說家，劇作家和沙龍女主人。

¶¶ 譯註：曼特儂夫人（1635-1719），路易十四的第二任妻子。

*** 譯註：塞維涅夫人（1626-1696），法國書信作家，被奉為法國文學的瑰寶。

家庭環境影響。老年的**處境**如何，極深刻地影響了人們將會怎樣經歷這段過程。

如同身為女性或懷孕一般，老年顯然是項生物事實；但波娃主張，老年也是文化事實。社會對於年齡問題的忽略令她感到困惑。她說，在女性問題上，受到性別歧視而屈居次等地位的人只有全體人口的一半，但年老則是每個人都會經歷的過程——只要我們活得夠久。作為生物現象，老化是所有活得夠長的人類共同的命運，但並不是每個人的老年都會在孤立與孤獨當中度過。

她使用源自人們實際經驗的哲學來建構論證，就像她在《第二性》裡所做的那樣。她也指出了年齡歧視與性別歧視如何相輔相成。新機會與新事物通常拒絕年長者參與，無論男女；不過，在男性身上，年老所導致的性衰退似乎較不嚴重。

與《第二性》不同的是，波娃在這本書裡花了很多力氣來分析經濟匱乏一事。她說，因為年齡的緣故，人們將孩童與老人皆視為特殊的存在，而此事並非偶然。孩童與老人的特異之處在於「他們的舉止雖與人類相仿，但前者尚未成為人，後者則已經不是人了」。孩童代表著人類的未來，而老人「只不過是一具獲得緩刑的屍體而已」。[4]

如果上述情境是外在性的面向，那也難怪由內在面向看來，年老會像是一場囚禁。波娃想讓讀者看見「成為」的經驗在時光之中的變化。波娃說，過往時光在年老時會變得更加

「沉重」，老年人更難由過往的選擇中掙脫、更難開始新的計畫。年少時，我們有的是夢想和可能性；但隨著年紀漸長，我們開始明白自己心中的某些夢想「離那些已經成真的夢想其實無限遙遠」。[5]不過，年老也使我們理解到，是人與人之間——縱使苦樂參半——「相互回饋的關係」讓生命變得有意義。[6]

《論老年》在一九七〇年一月出版，並迅速登上暢銷排行榜。波娃再度以書寫碰觸禁忌，將各式各樣因「老年」而起的經歷納入書中。她引用了一些經歷過老年、並在許多在作品中反思年老的作家，這意味著她所引用的老年經驗主要來自特權階級的老人。不過，她認為自己有理由納入文學材料，因為這讓她得以在討論中，強調主體經驗在「老年」這個社會及政治的範疇內的重要性。以外在面向看來，老年就是一個社會性及政治性的範疇，但**就內在而言**，老年是必須以生命去經歷的處境，而社會可以改善此處境，也可以使其惡化。

結果，人們再次指責波娃缺乏原創性、寫了一本「充滿二手資料」的書、一本毫無新意的「合輯」[7]——「不切實際地試圖以沙特的存在主義哲學來建立一套關於老年人的複雜哲學系統」。[8]有份評論甚至宣稱：「波娃的思想既不細緻也不具原創性〔……〕她很顯然囫圇吞下了一整個圖書館的書，但沒有完整消化〔……〕尤其對於馬克思、佛洛伊德、沙特這三位男性的作品全盤接收、毫無批判。」[9]

其實，波娃自四〇年代起就已在文章中對這三人作過哲學批判。而她確實也在《塵埃落定》（一九七二）中為《論老年》的原創性提出辯護：在上半冊中，「對於資料的分析、分析所帶來的反思、我所做出的結論——之前不曾有人提出過這些。」[10]而下半冊，則「完全是我個人的成果」，出自個人提出的問題：「老年人與他的形象、他的身體、他的過去與他的任務之間的關係為何？」她閱讀了許多信件、日記與回憶錄，也向自身內部探求；但她說，她「做出的結論具有完全的原創性」。[11]

她再次藉由寫書來喚起人們注意某些她認為並不道德的行為，也再次被指控不具原創性、受沙特影響、沒有能力理解偉大思想家的思想。所以，她以文字作出回擊，同時決定透過其他媒體發聲。一九七四年，她同意在一部關於老年的紀錄片中入鏡。她很少上廣播節目或上電視，但這次她為了討論社會對待老人的方式及自身經驗而破例現身於銀幕上。從她造訪安養院的那幾幕中，我們很明顯可以看出她覺得在這樣的地方結束生命相當不人道。安養院裡簡陋的設備在銀幕上與她在巴黎的公寓成了對比——她的家中充滿了她精彩的人生所留下的物品：書、來自世界各地的藝術品、朋友的照片。她說，死亡最糟的地方是人會看見未來在自己眼前逐漸闔上。電影的最後一幕，波娃走在墓園裡。她說，如今的她已不像年輕時那樣畏懼死亡了。三十歲的她無法想像自己在消失在這世界上的時候能不帶恐懼。如今她接

在自己家中的波娃。

近八十歲了，她感到自己眼前這段未知的人生比人生的終點更令她感到厭惡。[12]

七〇年代初，波娃吸引了大量來自「外在面向」的關注，許多女性主義者開始批評她迷戀沙特、說她替男性刊物（《摩登時代》）工作。[13]想當然爾，波娃覺得這樣的結論草率而惱人。在專業領域裡，她的作品採取了和沙特不同的哲學立場，但她仍被視為他的傀儡、影子或共犯。在感情生活上，公眾對於她和博斯特及艾格林之間的事知道的很少，對於朗茲曼和西爾維則幾乎一無所知（更別提那些她於二戰期間交往過的女性）。人們如此輕易便下了結論，這令她沮喪。雖然有些人可能會認為她展現自己人生的方式不夠坦白，但許多讀者與評論家定義波娃、屏棄波娃的方式對她來說已不只是惱人而已，比較像是一種懲罰。當她指出社會的虛偽之處時，人們說她很悲哀、沒有原創性，還有許多更不堪的話。

一九七一年，沙特不得不裝假牙了。無論在象徵或實際的層面上，此事都令沙特感到痛苦——他還能公開演講嗎？或是他會因此被迫永遠閉嘴？[14]對波娃來說，這件事無可避免地提醒了她沙特的衰老。到了五月，沙特跟她待在一起的時間比往常更多了，因為她家位於一樓，而沙特家的電梯壞了——他覺得爬十層樓回家太累了。五月十八日星期二晚上，沙特說他的腳很沒力氣。他講話的方式很含糊，嘴部肌肉不受控制。這很顯然是中風，但波娃試著冷靜下來，告訴自己有許多朋友都曾中風且完全復原。沙特同意在星期三早上去看醫生，但仍執意要喝夜間的那杯威士忌。午夜時，他掙扎著把自己弄上床；波娃幾乎無法保持冷靜。

他們總算見到醫生的時候，醫生說狀況比十月時更惡化了，而症狀在這麼短的時間內再度出現也相當令人擔心。那晚，西爾維開車載他們回波娃家，而沙特以果汁取代每晚的威士忌。他嚇到了，而且仍無法完全控制自己的身體：他的寶雅菸一直從嘴裡掉下來。西爾維把菸撿起來遞給他，但他再次把菸掉到地上。整個晚上，同樣的事件反覆上演，令人心驚膽戰。隔天，醫生開了新的藥給沙特，並建議他在有人陪伴的情況下好好休息，他暫時不適合一個人待著。他們說，如果他好好遵循醫囑，三週內就會好起來。

到了下星期三，沙特的走路和講話方式終於恢復正常了，但他還是無法彈鋼琴或拿筆寫字。波娃給了自己新的任務：阻止沙特碰酒精、咖啡因和興奮劑。沙特以一種淡漠的疏離看待自己的衰退，近乎病態地輕視身體狀況，因為他知道這些也不會持續太久了。他的態度無法安慰波娃，她已不再那麼害怕自己的死亡，但仍十分恐懼失去沙特。

那年夏天，沙特已安排好五週的旅行——三週與艾蕾特同行，剩下兩週陪汪妲——而波娃的旅程則有西爾維作伴。波娃很喜歡跟西爾維一起旅行，但在這種狀況下離開沙特，對她來說很困難。她在義大利的時候，每晚都哭著入睡。

不過，波娃仍然積極參與社會運動，持續為女性主義倡議。她與吉賽兒．艾里米、生物學者尚・羅斯丹（Jean Rostand）、小說家克里斯蒂安・羅切福爾（Christiane Rochefort）和諾貝爾醫學獎得主賈克・莫諾（Jacques Monod）等人共同創立了「自由選擇協會」（Choisir），並擔任協會主席。該協會的目標有三：讓女性獲得性及避孕方面的知識；廢止法國一九二〇年代運作至今的墮胎禁令；為墮胎女性免費提供法律辯護服務。

那個月，沙特又出現一次中風的症狀，當時他人在瑞士——他要艾蕾特對波娃瞞住此事。波娃和他在羅馬的特米尼（Termini）車站碰頭，他的臉因為牙齒感染而腫了一邊，但人看起來精力充沛。他們徹夜暢談，直到凌晨一點才就寢休息。他再次充滿活力，享受著羅馬的明媚風光。他按時服藥，並將每日飲酒量降低為一杯午餐紅酒、一杯晚餐啤酒、兩杯餐後的威士忌。他正在寫一本名為《家庭白痴》（*The Family Idiot*）的書，這是本福婁拜的傳記。他以一種彷彿眼前還有好幾十年可活的方式談論人生。回到巴黎後，他重拾了與人交談、參與各種活動的興趣。他讀了波娃第四冊回憶錄《塵埃落定》的手稿，並加以批評。十一月中時，波娃幾乎不再擔心他了。這對她的倡議活動是件好事——女性解放運動的發展正如火如荼。一九七一年十一月一日，她參加了墮胎合法化示威遊行，與數千位女性一同走上巴黎街頭。

一九七二年，沙特證明了波娃在《論老年》中提出的觀點——即年齡對於男性與女性的情慾生活所帶來的影響不同——他展開了人生中最後一段戀情，對象是二十幾歲的海蓮娜·萊希絲歐塔姬（Hélène Lassithiotakis）。同年，《論老年》的英譯本出版了。《洛杉磯時報》（*Los Angeles Times*）刊出了一篇措辭嚴厲的書評，批評此書粗心大意、過度簡化——這篇評論的作者是納爾遜·艾格林。

波娃開始為女性墮胎權倡議之後，有許多女性寫信向她表示，自己對於能夠成為母親、照顧家庭感到心滿意足。有些信以咄咄逼人的斥責語氣寫成，有些則告訴她母職不只是一份苦差事，而是具有更高的意義。因此，波娃於一九七二年三月六日在《新觀察家》上發表了一篇文章，名為〈給許多女性與一位男性的回應〉（Response to Some Women and a Man）。她說，她理解女性有可能刻意選擇成為母親，也「理解在期盼之中降生的孩子所能帶來的喜悅之情」。她無意把自己的生活方式加諸在所有女性身上，因為她想做的正是「積極爭取女性的自由——得以選擇避孕、墮胎，或是成為母親之自由」。[15]

但她也認為，社會對於母職的尊重是可疑的，她認為今日的世界裡依然充斥著可能對女性與孩子產生傷害的迷思。波娃指出，在一九七二年的法國，未婚媽媽的處境極為困難。許多女性選擇結婚，因為她們認為這是較為安全的選擇。可是，「沒有父親的孩子其實比父母不和睦的孩子更快樂」。[16]

波娃大膽公開支持母職與婚姻脫鉤：「我贊成廢除家庭制度。」這樣的句子經過斷章取義之後，正好給了保守派讀者極大的發揮空間，來對波娃進行訴諸性別的攻擊；他們批評她反對母職、說她不是女人，甚至說她不是女性主義者。但在上述句子的同個段落裡，波娃是這樣定義「家庭」的：「家庭是父權世界剝削女性的媒介，每年從她們身上搾取數十億個小時的『隱形勞務』。在一九五五年，法國人投入有薪勞動市場的總時數是四百三十億個小時，而女性投入無償家務勞動的總時數是四百五十億個小時。」[17]

波娃認為，社會得對女性作出**制約**，使她們視母職為自己的命運。她說，沒有人會願意接受自己的天職是洗碗和洗衣服，所以他們得找到更好的說法：

> 母職獲得了高尚的地位，因為母職是讓女性待在家裡做家事的方式。與其跟一個兩三歲或四歲的小女孩說：「妳的命運是一輩子洗碗」，不如跟她說：「妳的命運是成為母親」。我們給小女孩玩洋娃娃，並向她們讚揚母職的重要性。所以她們長成年輕女人之後，心裡只掛念著一件事：結婚生子。這個社會令她們確信，不生育的女人就不是完整的女人。

同樣的事可沒有發生在男性身上：沒有人會說不生育的男人就「不是真正的男人」。[18]

當年的墮胎法所傷害的，是社會中最貧困的那群女性。如果她們能夠「根據自己的喜好與心願」決定是否懷孕、何時懷孕，那麼她們就能想辦法讀書、找工作。波娃認為男性是出自恐懼才強烈抗拒此事——「他們害怕女性會重掌自己的命運，進而在每個領域中發現並取回自身的自主權」。[19]

若要更瞭解此事的歷史脈絡：一九六五年之前，法國法律規定已婚女性只有在丈夫的允許之下才能出外工作與在銀行開戶。一九七〇年，法律正式以「父母權力」取代「父親權力」一詞。一九七二年，親子法將非婚生子女的法律地位提高至與婚生子女地位相同。

波娃希望能「推廣政府已經批准、當時卻只有百分之七的女性在使用的避孕方式，如此一來，墮胎就不再是那麼至關重要的事」。她認為「法國實施此改革的同時，將得到比改革本身更好的結果」。[20]除了「選擇」的問題，波娃在支持墮胎的論述中也提出了權力、責任與正義的問題。一九七二年十月，波娃寫道：「將一個生命帶到世間是項重大的責任，所以我們又怎麼能要求那些無法協助新生命在這個世間找到自己位置的人接下這項責任呢？」[21]因為無法取得避孕藥與安全墮胎，貧困的女性身陷劣勢之中——墮胎禁令處罰的正是這群人。至於富裕的布爾喬亞女性，她們自有辦法避免這樣的後果。

一九七二年秋，波娃的第四冊、也是最後一冊的回憶錄出版了，其書名《塵埃落定》帶著一絲不祥的意味。這本回憶錄不像前三本遵循時間順序，而是彙整了波娃對於她所珍愛的事物之看法，並按主題編排：寫作、閱讀、電影、政治、音樂、藝術、參與世間事務。《環境的力量》在一九六三年出版後，她發現讀者試著將這本書的結尾解讀為她「否定了自己的人生並承認了自己的失敗，雖然此番詮釋與她的陳述在根本上有所牴觸」。[22]《塵埃落定》出版後，《精神》雜誌上的一篇書評問道：「她為什麼寫這本書？她想跟我們說什麼？」這本書「無關歷史，也不是人物故事」，而是「沙特哲學的應用練習（就像學生習題那樣）」，這挺惱人的」；最令人失望的是，她「對於自身的諸多失敗之處全無反思」。[23]

但這本書並不是沙特哲學的**應用練習**，而波娃也有對於自己的失敗做出反思——雖然她並未將思考心得全數與眾人分享。她與眾人分享的是對於自身原創性的辯護、對於《論老年》方法論的闡述，還有寫作在她人生中所扮演的角色之轉變。在一九六三到一九七〇年間，她寫了追憶母親的回憶錄、兩本小說、兩篇書序，還有《論老年》。可是，她也經歷了一些只要想到提筆寫作就厭煩倦怠的時刻。她感到自己在公領域的工作已然完成：「我已做完了該做的事，即便我仍有可能繼續下去。」[24]

在《塵埃落定》的開頭，波娃記載了身邊之人的病痛與離世：賈克梅第病了，而他的母親則過世了。波娃也提到沙特母親的逝世。

她還追憶了薇奧麗．賴朵絲。四〇年代中期，波娃在排隊看電影的途中遇到這位立志成為小說家的賴朵絲，自此便與這位女性密切往來。兩人的來往在一九六二至七二年的這十年間尤其頻繁，直到賴朵絲在一九七二年五月時因癌症突然逝世為止。[25]賴朵絲一直都將波娃視為文學上的導師，並指定波娃為她未發表作品的遺稿保管人。一九七三年，賴朵絲的《追愛》（*La chasse à l'amour*）在波娃的督導之下出版。[26]

波娃繼續沉浸在閱讀之中，這讓她得以透過其他人的眼睛來看世界。在《塵埃落定》中，她記錄了一些自己的閱讀偏好：索忍尼辛的《伊凡．傑尼索維奇的一天》、阿圖爾．倫敦（Artur London）的《審判》（*On Trial*）、文化人類學的學術著作、布魯諾．貝特海姆（Bruno Bettelheim）的《空洞堡壘》（*The Empty Fortress*）、各式人物傳記。她會讀王爾德、喬治桑、阿內絲．尼恩（Anais Nin）、漢娜．鄂蘭（Hannah Arendt）、精神分析著作、偵探小說，也重讀了聖經。[27]她還會玩拼字遊戲，時間不再是一項她得拼命囤積的資產了。

「女性如何適應身為女人、如何適應她的女性處境？」波娃仍對這個問題很感興趣，但她的觀點進化了，她想要告訴讀者，生命的過程如何令她看見此事的新面向。她說，如果她能重寫一次《第二性》，她會從唯物主義的角度出發來寫，而非以自我跟他者的對立作為基礎來分析。事後看來，她發現自己對於經濟匱乏的議題與男性成長的處境都寫得太少。她主張「女人並非生而為女人，而是成為女人」，這句話是正確的，但必須加上「男人並非生而為男人，而是成為男人」，才成為完整的論述。[28]

《第二性》於當年出版後產生了一股反彈力道，催生了許多鼓勵女性擁抱傳統「天職」的書，這些書中宣稱女性主義已過時了，波娃對此事感到相當遺憾。新一代的女性主義者，如米列、費爾史東、摩根（Robin Morgan）、葛瑞爾（Germaine Greer）等人所要求的是「女性解殖」（Decolonization of women），她們認為女性「從內部被殖民」，因而視單方無償的家務勞動與職場上的歧視、剝削為理所當然。[29] 波娃在《塵埃落定》的末段說：「這一次，我不再為我的書寫下結論。我讓讀者自由選擇自身的結論。」[30] 一如既往，這位作家的工作是訴諸讀者的自由——即便在書寫自己人生的時候也不例外。

一九七二年，西蒙．德．波娃接受德籍記者愛麗絲．史瓦茲（Alice Schwarzer）的訪問，並在訪談中欣然接受了女性主義者的稱號。有鑒於她從四〇年代到七〇年代之間的著作與所投入的政治運動，這實在不是什麼石破天驚的消息——但仍重要到足以登上報紙。雖然波娃早在一九四九年就宣稱自己支持女性主義與婦女參政[31]，也在一九六五年的訪談中稱呼自己為「基進的女性主義者」（當時的訪談者是她在《摩登時代》的同事弗朗西斯．讓松）[32]，但大眾有印象的是她在《環境的力量》中說，她在寫《第二性》的時候「避開了『女性主義』的陷阱」。[33]

進入七〇年代，女性主義運動累積了更多的政治能量。法國（和其他地方）的女性主義論辯中出現了各式各樣的聲音，導致人們必須表明自己的立場。波娃和史瓦茲決定進行這場訪談的原因有兩個：因為她們想讓大眾知道波娃在政治上已「接受了」某種特定的女性主義立場，還有因為她們必須為一個女性主義的「法庭」募款——該人民法庭將於二月在巴黎的互助之家大廈（Paris Mutualité）開庭。波娃和史瓦茲覺得這場訪談會有賣點，而《新觀察家》也同意她們的看法。

史瓦茲將這場訪談定位為一場「具歷史性」的訪談：波娃在訪問中「清楚表明『我是女性主義者』」。[34]史瓦茲問了一個大家都想問的問題：為什麼《第二性》的作者直到二十三年後才稱呼自己為女性主義者？波娃的回答是，因為法國在這些年裡改變得太少了。只有百分之七的女性使用避孕藥，而且女性仍無法獲得真正有趣且具發展性的工作機會。波娃說，法國在女性解放運動之前，那些走「呼籲改革、尊重法律」路線的女性主義並未令她產生共鳴，但她很喜歡後期的基進路線，因為兩性之間巨大的不平等似乎比較適合以基進路線來處理。即便在以解放所有人為目標的社運團體中，波娃仍看見女性從事著沉悶乏味、既無功勞也無權力的工作，而男性則在公共領域中擔任要角。她聲明自己無意討伐男性——她不同意人們將女性主義與厭男情結（Misandry）混為一談，並表示社會的父權結構並不是當代男性建立的。不過，當代的男性仍舊受惠於這個結構，所以她覺得「保持謹慎」是很重要的。[35]

許多女性主義者曾批評《第二性》是中產階級讀物，作者則是一位對於自身特權渾然不覺的女性菁英。在這場訪談中，波娃也承認她在早期的著作中對於許多階級的問題都有所忽略。但她不認為階級鬥爭能解放女性，因為女性並非階級制度（class）的一環，而是種姓制度（caste）的一環。階級會流動，但種姓是一輩子無法改變的：女人不會成為男人，她說，而女性在經濟、政治與社會層面所受到的待遇如同低階種姓人口。[36]

在訪談中，波娃並未細談她由非女性主義者轉變為女性主義者的過程，而是公開宣稱她放棄自己先前的信念——即經濟獨立與社會主義能帶來解放女性所需的改變。如今，她支持的是由女性團隊主導、能為「無名」女性發聲的運動，而不是那些由男性「專家」所主導的運動。

法國女性解放運動中也出現了為同志爭取權利的聲音，但波娃覺得這在某種程度上對女性解放運動不利，因為這會強化人們認為女權主義者都是——按波娃的原話來說——「歇斯底里的瘋婦及女同性戀」的既定印象。[37]這番話令現代讀者感到相當震驚——如今我們已知，她不但曾遭性別歧視攻擊、也曾與女性交往。當時的大眾還不知道她與女性之間的戀情，但史瓦茲曾在訪談中問她，女性的同性戀性向是否能成為一種「政治武器」？波娃的回答及其後的對話都顯示出，她認為女同志女性主義者傾向強加「性方面的教條」於他人之上。她表示，同性戀性向在政治上可以是有用的工具，但「當她們讓自己陷入偏見之中的時候，便有可能導致異性戀者離開運動」：

史瓦茲：她們的第一個論證是，在目前的狀況下，任何與男性之間的性關係都是種對於女性的壓迫。她們因此拒絕與男性之間的性關係。妳怎麼看這件事？

波　娃：兩性間的性關係真的都在壓迫女性嗎？我們是否能夠不去拒絕這樣的關係，而是努力讓這樣的關係不再具有壓迫性？所有的異性性行為都是強暴——這樣的宣言相當嚇人，我並不認同這個說法。在宣稱所有的異性性行為都是性侵的同時，她們也再度落入了關於陽剛氣質的迷思之中。這代表著男性的性器官是一把劍，是一項武器。我認為重要的是去創造出嶄新而不具壓迫性的性關係。[38]

一九七二年五月，波娃正在積極推廣「自由選擇協會」的活動，並在格勒諾布爾

（Grenoble）發表了一場演說。十一月八日，博比尼（Bobigny）的法院有場審判引起了全國的關注。十六歲的「瑪莉克萊．C」（Marie-Clare C.）在母親的幫助下進行了墮胎手術。這是犯法的行為，她與其他三名女性一同受審。吉賽兒．艾里米擔任她們的辯護律師，並引用了許多科學界與文化界權威人士（包括波娃）的論述進行抗辯。她主張，國家是以另一個時代的法律在審判這些女性。一九二〇年，法律仍將窮人視為有罪。每年都有數十萬缺乏避孕知識的女性選擇墮胎，這樣的做法危及她們的生命，並可能對身體造成永久損害。

這場審判改變了公眾輿論的風向——一九七〇年時，只有百分之二十二的法國人支持墮胎合法化；一年後，支持率已上升至百分之五十五。[39]雖然她們還得等上幾年，但法國衛生部長西蒙．薇伊（Simone Veil）會在一九七四年十二月時立法大幅放寬避孕措施的限制，並在議會中大力支持墮胎合法化。一九七五年一月，以「薇伊法」（La loi Veil）得名的法律開始生效，墮胎在法國正式合法化。

那段期間裡，沙特又經歷了一次小中風——在一九七三年三月的時候。這次的狀況更不對勁，他記不起一些事，認不出一些人。醫生的診斷是腦中風，他再度建議沙特戒菸戒酒。沙特六十七歲了，他意興闌珊地試著戒除惡習，但接著又滿懷熱誠地重拾惡習。

而波娃除了寫作與參與女性運動之外，也繼續擔任《摩登時代》的編輯，在沙特生病之後更負責主持每週三上午的編輯會議。小說家克萊兒・艾切雷利（Claire Etcherelli）在六〇年代末經朗茲曼介紹而認識波娃，她還記得當年的情境：

十一點整，她坐在她的黃色沙發上招呼大家，身邊是一整疊的文章〔……〕已認真讀過並加上註記。這個代表了《摩登時代》的小團隊在沙發周圍各自入座，形成一個半圓。[40]

艾切雷利描述，她曾目睹波娃在電話中拒絕錄用年輕作家的作品，她的批評有時候「相當直接而殘酷」。不過，波娃不曾在未經雜誌團隊同意的狀況下，利用負責人的身分任意發表文章。[41]

那年夏天，波娃和西爾維去南法旅行。之後，她們與沙特會合並一同前往威尼斯。（沙特已分別與艾蕾特及汪妲共渡了夏日假期。）波娃和西爾維只在威尼斯待了兩天就離開了——波娃不想要西爾維待在威尼斯而感到無聊，且她們兩人都喜歡探索新地方。但波娃開始感到一種「雙重的罪疚感」：如果她把沙特丟下，會令他失望。但如果她留在威尼斯，又會令西爾維失望。[42]

八月中，三人再次在羅馬會合。沙特的視力惡化了，他的左眼後方出血，他的雙眼現在都看不太清楚了。在巴黎的時候，他們向來嚴格遵守既定的行程表。在羅馬，他們的日常行程為了照顧沙特的需求而有所改變。早上，波娃會讀書給沙特聽，然後是午餐，然後沙特小睡一會兒，而波娃與西爾維會安靜地讀書或外出散步。沙特醒來後，波娃會替他讀報，法文或義大利文的報紙，然後三人一起出門吃晚餐。吃飯時，可以看出沙特衰退得有多厲害。他已出現糖尿病前期症狀，卻仍大啖義大利麵與義式冰淇淋，波娃對此相當憂心。由於裝假牙和中風的緣故，他已無法充分控制嘴部肌肉，吃相因此並不怎麼優雅整潔。[43]那年，博斯特與奧爾嘉在羅馬與他們碰面，兩人都對沙特退化的程度感到吃驚。

回到巴黎不久後，沙特決定雇用一名新的祕書，不需處理信件往來（已有其他人負責此事），而是負責朗讀書報給他聽，還有和他說話。新祕書是皮耶．維克多，就是那位邀請沙特擔任《人民事業報》編輯的毛主義者。艾蕾特對此有些疑慮，她打電話給波娃，說她不希望沙特家裡上演「舒恩曼事件」。（勞夫．舒恩曼〔Ralph Schoenman〕是羅素法庭的總書記，此人在斯德哥爾摩與哥本哈根的會議上都宣稱自己的發言代表年事過高、無法出席的羅素。）不過，波娃覺得這是沙特想要的，她不願把他當幼兒般管束。而且維克多會負責朗讀書報，這讓波娃在早上得以擁有自己的時間。[44]後來，波娃會為了這個決定感到後悔。

沙特的巡查行程沒辦法繼續了，現在，他的戀人們輪流照顧著他。他今年六十八歲，已無法獨立自理生活。一九七三年十月，他搬進了基內大道（Boulevard Edgar Quinet）二十二號十樓——那是一棟新大樓，位於蒙帕納斯大樓附近，跟波娃家只隔著一座墓園。一九七四年夏天在羅馬，波娃記下了她與沙特之間的對話，她說，這系列對話會成為沙特的自傳《詞語》（*Words*）的續集。那年夏天消逝時，沙特意識到他的視力不會再恢復了——他再也看不見了。

但他仍試著繼續工作，他計畫與皮耶．維克多合寫一本書，書名暫定為《權力與自由》（*Power and Liberty*）。維克多就和其他的年輕人一樣對傅柯和德勒茲的思想很感興趣，他告訴沙特，他們之間的合作是種辯證，兩者的思想相互對立。即便發生了之後那件事情，波娃仍相信維克多對沙特的關懷是真誠的。寫那本書並不容易，維克多時常覺得放棄算了。他抵達沙特家的時候，沙特通常坐在屋裡打盹或聽音樂。那是「與死亡的持續掙扎」，維克多寫道，而他的工作是擊退「睡意、意興闌珊，或僅是遲緩麻木〔……〕我當時所參與的其實是讓失去意識之人重回人世的搶救行動」。[45]

一九七三至七四年的冬天，法國的女性主義運動出現了轉折。墮胎合法化一役已勝利在望，但運動內部出現了路線與戰略方面的分歧。西蒙．德．波娃希望政府能設立反性別歧視法，就像現有的反種族歧視法那樣。法律沒能消滅種族歧視，當然也無法根除性別歧視，但波娃相信這樣的法律有其作用。所以她與安・澤林斯基共同創立了「女性權利聯盟」（League of Women's Rights），以反性別歧視法的設立為目標。

許多女性主義戰友都對這個聯盟持反對態度，她們認為這是對法律體系中的布爾喬亞及父權結構的讓步——甚至是合作。女性權利聯盟的看法則是，顛覆社會不再是正確的行動路線了，她們追求的是改革現有結構。波娃是聯盟的負責人，不過她也利用自己在其他場域的權力，讓反對此聯盟的人得以發聲。一九七三年，她在《摩登雜誌》上開了一個常態性的專欄，提供想要批判性別歧視的人一個園地。這個專欄叫做「日常歧視」（Everyday Sexism），專欄作者群的主要目標是以幽默文筆寫出實際經歷，或針對性別歧視作出反思並提出質問，而非倡議立法。這個專欄的引言直接有力地指出：

> 若一個人在他人面前叫另一個人「下流黑鬼」，或印製任何侮辱猶太人或阿拉伯人的刊物內容，他會被控種族誹謗，並吃上官司。但若一個男人在公開場合說一位女性是「蕩婦」，或是在書裡指控女性天性不忠、頭腦愚蠢、不值得信任、歇斯底里，他卻完全不會有事。〔……〕我們〔按：女性主義聯盟〕要求立法將「性別誹謗」也視為罪行。[46]

隔年，波娃為一本厲聲呼籲改革離婚法律的書寫序。一如往常，波娃哲學分析中的細微之處很容易在激烈的政治論辯中遭人忽略。許多人認為離婚對孩子不好而反對離婚，波娃則認為，「無法和睦相處但仍堅持共同生活的父母才有可能會『扼殺孩子』」。波娃說，「離婚不是萬靈丹，女性必須要能以正面的方式運用自由，離婚才會是種解放。但為了發掘自身的可能性，離婚通常有其必要。」[47]

七〇年代裡，波娃愈來愈常以自己的聲音來協助他人增加聲量。她在《摩登時代》一期以「女性堅持」為名的特刊前言中寫著：在與性別歧視搏鬥的過程中，「遭到攻擊的是我們每個人內心深處最私密、看似最確定之物。我們的慾望、我們得到快樂的方式，都遭到質疑」。[48]女性主義者讓人們感到不舒服，但如果她們的話語真的毫無力量，人們不會嘲弄她們、將她們貶為潑婦、試圖在心理上操縱她們。波娃在此文中承認，過去的她「多少扮演著樣板女性的角色」，當時的她相信，克服女性所面臨之障礙的方式是忽略這些障礙。但年輕一代的女性主義者幫助她看見這樣的態度讓她成為了不平等現象的幫兇，所以她現在公開承認此點，並要求自己挺身而出。

敢於承認此事的波娃相當令人敬佩，她已成為了一位能看見自身過往之不足的女性。不過，她是否有能力看見自己所有的不足之處？當她說出，在與性別歧視搏鬥的過程中「遭到攻擊的是我們每個人內心深處最私密，看似最確定之物」的同時，又是什麼樣的顧慮、什麼樣的心願讓她沒能將自己與其他戀人的故事、自己對於哲學的熱愛全盤托出？她的隱瞞是為了保護自己、擔心影響「小家族」裡的其他人，或單純就是欺騙眾人？還是如她在《塵埃落定》裡所說的那樣，她想要為自己的人生注入一種藝術的必然性，使其具有解放讀者的潛力，向讀者展示新的可能性，就像奧爾柯特筆下的喬和艾略特筆下的瑪姬曾為她做的那樣？[49]（她在六〇年代中期接受《巴黎評論》採訪時曾表示她現在正在做這件事。她在《塵埃落定》中又說了一次同樣的話，所以她可能是認真的。）

有鑒於沙特情場浪子的名聲（以及他對於偶然戀人們所說的各種謊言），我們有點難想像這個人在講述與波娃間的故事時，首先強調的會是波娃在他思想上的重要地位。不過，沙特在七〇年代的訪談中正是這麼說的。他之前曾寫過：「你們在她的回憶錄中看過她的版本的故事。不過對我來說，我想我們的關係首先是建立於思想上的。」[50]所以約翰・傑拉西（波娃好友史黛法的兒子）在採訪沙特時直截了當地問他：「你們兩個不是愛著彼此嗎？」沙特的回答是，他們確實愛著彼此，但這份愛情不是眾人普遍認為的那種愛：

我們愛上了對方的直覺、想像力、創造力、感知能力，後來有陣子也愛上了對方的身體。但正如人無法完全主宰心智（當然，也許透過恐懼可以），人也無法主宰品味、夢想、希望，諸如此類的。海狸在某些方面比我傑出，我也在某些事上比她擅長。你知道嗎？我筆下的所有文字都是在得到海狸認可之後才會出版或在任何地方公開發表的。[51]

沙特一直都很在意後代的問題，他決心成為思想長傳後世的作家，以此勝過死亡的命運。一九七五年六月，《新觀察家》為了慶祝沙特七十歲生日，安排了一場訪談。採訪者米歇爾・康達（Michel Contat）問了沙特許多問題，也問到他的感情世界。沙特承認他有好幾位戀人，但他說就某種程度而言，西蒙・德・波娃是他唯一的戀人。他提到了其他兩個名字——蜜雪兒與艾蕾特，但他表示波娃的角色無可取代：

沙特：我能夠把尚未成形的想法和西蒙・德・波娃分享〔……〕我在建構每個想法的過程中都一定會跟她討論。

康達：因為她在哲學上跟你站在同樣的高度？

沙特：不僅如此，也因為她是唯一一個像我自己一樣瞭解我、瞭解我想做什麼的人。

康達：不過你也得面對西蒙・德・波娃的批判並替自己辯解，對嗎？

沙特：喔，常常如此！我們有時候會給對方難看〔……〕不過我知道到頭來她總是對的。這並不是說我接受她所有的批評，但我的確接受了她大部分的批評。

康達：你對她也一樣嚴苛嗎？

沙特：當然，盡其所能地嚴苛。當你有幸愛著你所批評之對象時，你是沒道理不對她大加撻伐的。[52]

同年，波娃決定代表《摩登時代》採訪沙特（雖然他們在刊出這篇文章的時候並未以訪談稱之，而是以「審問」稱之）。她直接進入重點：「沙特，我想問你有關女人的事。」她問他，為什麼他宣稱自己站在受壓迫者的這一邊，「為工人、黑人、猶太人發聲，卻沒有為女人發聲？你如何解釋這件事？」

可能是童年經歷的影響吧，沙特說。

「但你是成年人了！」波娃步步進逼，問他男人在女性議題上是否可能有盲點（就像她多年來受困於自己的盲點中那樣）？他們是否有可能對於女性的受苦視而未見，如同古代的雅典人，在奴隸為他們耕地煮飯的時候談論著正義與民主的崇高理想？他對於女性的漠不關心難道不會跟雅典人的冷漠一樣令後世震驚嗎？[53]

波娃繼續與許多女性主義作家來往並參與社會運動，並接受採訪。在一九七六年與愛麗絲．史瓦茲的對談中，波娃回顧自己的一生，並表示她之所以能逃脫對女性的「奴役」是因為她既不是母親，也不是家庭主婦。但二十多年來，她收到世界各地女性的來信，信中寫著她們的掙扎。這些信讓她意識到寂靜的背面有一些比她想的還要糟糕的東西。寫信給她的人很多都是三十五歲到四十五歲之間的已婚女性。她們在年輕時為了愛情而結婚，當時也為此感到高興。但到了後來，她們發現自己眼前的路是死路：孩子不再需要他們、她們沒有專業能力、沒有自己的計畫。

一九七六年時的波娃認為，當年的婚姻與母職多半仍是陷阱。她說，如果一個女人想要孩子，她應該要慎重思考自己將會在何種環境條件下育兒。因為如果孩子生病了，**她**會是那個得放下工作、留在家裡的人。如果孩子沒有成就，她會是那個受到指責的人。[54] 波娃說，問題不僅是家務勞動與照顧家人，因為沒有哪種工作在本質上就是不光采的。問題是每個人都應該去做那些維持生活運轉的工作，而不僅是女人。這樣一來，人人都仍有足夠的時間去做必須做的重要事情。她稱自己為「推廣自願母職的倡議者」。[55]

同年，亞卓安．芮曲（Adrienne Rich）的《女人所生》（*Of Women Born*）在大西洋彼岸出版了。這本書以《第二性》中對於母職的分析作為起點，進一步建構母性特質能賦予女性權力的論述。一九七六年三月，國際婦女受暴法庭（International Tribunal on Crimes Against Women）在布魯塞爾開庭，並以波娃的一封信作為開庭宣言。波娃覺得好笑的是，他們在「女性之年」活動（Year of the Woman）之後緊接著舉辦了這個法庭——但兩個活動「都是由男性主導的社會所策畫的，旨在鞏固各式女性迷思」。[56]

一九七七年三月，沙特的腳開始感到疼痛；醫生警告他，如果再不戒菸，可能就得動腳趾甚至腳部的截肢手術。兩天後，他把他的寶雅菸和打火機都交給了西爾維·勒·龐。不過，戒酒比戒菸更難——沙特為了喝酒而開始跟他生命中的女人玩起間諜遊戲。他向波娃表示自己每天晚上只喝一杯威士忌。但他要蜜雪兒偷偷替他帶來整瓶的酒，藏在書櫃的書後面。海狸不用**每件事**都知道，他說。

有一天，波娃發現沙特宿醉時非常生氣。而當她發現他在蜜雪兒家一次會喝上半瓶威士忌時，她簡直氣炸了。她打給蜜雪兒，跟她說沙特的週六夜晚不必她陪了。[57]艾蕾特對此很高興：她向來都嫉妒著沙特的那些戀人。不過隨著時間過去，她已不再討厭皮耶·維克多——他跟她一樣都擁有北非與猶太血統。一九七八年，艾蕾特與維克多開始一起學希伯來文，維克多對猶太神學和彌賽亞主義（Messianism）很有興趣。一九七八年二月，波娃開始有點擔心他們在利用沙特的年邁與名氣來達成自己的政治目的。當時，沙特、維克多和艾蕾特一起前往耶路撒冷。沙特坐著輪椅上飛機，住進一家豪華旅館裡，人也完好無損地回來了。但當三人回到巴黎之後，維克多試著在《新觀察家》上發表一篇關於以色列和平運動的文章，並將沙特列為該文共同作者。當時在《新觀察家》工作的博斯特打給波娃，跟她說這篇文章不好，沙特應該要撤稿。波娃讀了文章後同意博斯特的看法，並說服沙特不要發表這篇文章。

就生活層面而言，波娃當時很顯然是沙特的照顧者之一。就智識層面而言，當時有許多人都想當沙特的照顧者，而他們對於沙特想要什麼各有不同的說法。那篇文章沒有發表，但沙特沒有將此事告知維克多。在《摩登時代》的編輯會議上（維克多代表沙特參與），波娃提了這件事，她以為維克多已經知道了。結果維克多怒不可遏地起身走人，並稱眾人為「腐敗的死屍」。[58]他不再參與《摩登時代》的會議，而且開始反諷該雜誌的老班底是「沙特信徒」。在此事上，艾蕾特站在維克多這邊。

與此同時，沙特接受了更多採訪，同樣聲稱自己除了西蒙・德・波娃之外不會讓任何人在出版前閱讀他的原稿。他在一九七八年七月的訪問中仍說，波娃在他生命中是「必然而獨特」的存在。[59]根據西爾維・勒・龐所言，沙特在世的最後五年對波娃來說格外艱難。她看著他逐漸失明，並發現她對於沙特的處境並沒有辦法像她對於自己的處境那樣泰然處之。波娃常喝酒，也吃一種叫做煩寧（Valium）的鎮靜藥物，但這些都無法阻止她時常落淚痛哭。她盡可能在其他友情中尋得慰藉。克勞德・朗茲曼就住在五分鐘路程之外的布朗德街（Rue Boulard），他人在巴黎的時候，波娃每週與他見兩次面。但他當時正在拍《浩劫》——他在波娃的資助下順利開始拍攝此片——所以常常得遠行。

一九七八年，有部改編自《女人遺骸》的電影上映了，《世界報》的評論再次宣稱波娃的作品早已過時，而她的女性主義思想也不夠好：「這本書的論點與基調如今已顯得相當古老，我們能由此衡量女性主義進化的速度。對現在的女性主義而言，這本書所探討的問題比較像是《Elle》或《美麗佳人》（*Marie-Claire*）上會出現的問題，而不是『進步中的女性』（Femmes en mouvemnt）會思考的問題。」[60]

七〇年代末，沙特衰退的身體狀況讓波娃精疲力盡，她幾乎不再寫長篇文章。但在一九七九年，她發表了《至高無上的精神》（這是她寫於三〇年代的小說，當時伽利瑪和格拉塞都拒絕出版此書）。這本書的主角是安（Anne）和帕斯卡（Pascal），一對以莎莎和梅洛龐蒂為原型的情侶——波娃在寫作此書時尚未得知他倆分手的真相。安的母親壓迫自己的女兒，批評她的想法、她讀的書、還有她的朋友（一個以波娃為原型的角色），「彷彿這些都是罪惡之事」。[61]這本書的寫作手法不若波娃晚期作品來的熟練，但它讓讀者看見波娃在三〇年代時便已投入探討愛、犧牲、幸福與「成為女人」的意義等題目。我們在這本小說裡也看到，當年的波娃已經勇於在小說中加入哲學元素：她的角色除了討論拉辛、波特萊爾、高祿德和貝璣之外，也討論了真福董思高（Duns Scotus）*、柏格森、萊布尼茲和霍布斯。

那年秋天，她參與了一部電影的製作——這部名為《西蒙．德．波娃》的紀錄片由荷賽．黛陽所導，瑪卡．莉波絲卡（Malka Ribowska）主演，片頭字幕說，此片「紀錄的是我們唯一的女性哲學家」。[62]訪問者問波娃，她在回憶錄裡已談了這麼多自己的事了，為何仍同意拍攝這部片？波娃說，她想要「糾正」一些事、說出真相，並以「較為公正的方式呈現自身的面貌」。[63]

一九七九年，波娃成了《女權問題》（*Questions Feministes*）雜誌的出版總監。她協助這本女性主義雜誌在八〇年代初重回市場，並贏得了奧地利國家歐洲文學獎（Austrian Prize for European Literature）。《費加洛報》報導了此事，以「西蒙波娃：完美的布爾喬亞」為文章標題，文章中則說：「西蒙．德．波娃是第一位獲得奧地利國家歐洲文學獎的女性，她所擁

* 譯註：真福董思高（1265-1308），或譯鄧斯．司各脫或司各特，蘇格蘭中世紀時期的經院哲學家、神學家、唯實論者。

有的一切都得歸功於一位男性。」[64] 難怪，波娃在被問及為何繼續倡議女性主義時會回答：因為即便進入了八〇年代，「人們仍以假象欺哄女性，告訴她們現代女性能夠做任何事情，如果有事做不到，那是她們自己的問題」。[65]

隔年三月，波娃聽說《新觀察家》要刊登一系列皮耶・維克多訪談沙特的文章，分為三期連載。沙特很久沒發表任何東西了（至少以他本人的標準而言如此），這次的訪談會相當引人注目。那幾年，波娃曾好幾次問過他們在忙什麼，但沙特和艾蕾特都避而不答。當沙特給波娃讀他們準備刊出的段落時，波娃不禁大驚失色。

維克多打算在出刊時使用他的真名——班尼・李維（Benny Lévy）。（他之前在法國並沒有合法身分，後來沙特出手幫他取得居留權。）這系列文章以不屑一顧的語氣談論沙特曾支持的多數事物，讓沙特在文學與政治上的畢生追求顯得毫無意義。在最後一篇訪談中，李維甚至設法讓沙特說出：只有信奉猶太教的猶太是「真正」的猶太人——沙特明明有幾位多年老友都是非猶太教猶太人（Secular Jews）。在訪談中，沙特甚至對彌賽亞主義表示讓步。波娃懇求沙特不要刊出這系列文章，但沙特不接受她的勸告。這位在思想上無人可比的摯友失去思考能力了嗎？

波娃深感沮喪，著急的淚水幾乎奪眶而出。朗茲曼和博斯特都打給《新觀察家》的編輯，試圖阻止文章刊出，但該刊編輯尚・丹尼爾（Jean Daniel）接到了沙特本人的電話，沙特說，他希望這次訪談能如期發表，如果《新觀察家》不願刊登，還有另一家媒體願意刊登。於是，這系列的訪談文章在一九八〇年三月十號、十七號和二十四號刊出。

第二篇文章刊出後的三月十九日星期三，波娃到沙特家過夜。那天輪到她負責照顧沙特，當時兩人間的氣氛仍十分緊張。隔天早上九點，波娃到沙特的房間叫他起床，卻發現沙特呼吸困難、正坐在床上掙扎喘氣。他好幾個小時前便已身體不適，卻無力說話或呼救。她想打電話給醫生，卻發現話筒那頭一片寂靜——他的祕書沒有付電話費。

她跑下樓，用門房的電話打給醫生，醫生很快就趕到，他叫了救護車。波娃在焦急中看著他們替沙特急救，然後把他送到布魯塞醫院。她回到家，著裝整齊，按照原定計畫與尚・普利翁（Jean Pouillon）一起吃午餐。她問普利翁是否願意陪她去醫院；她不想一個人去。一開始，事情看起來仍有希望，眾人排了新的輪班表，輪流陪伴沙特、朗讀給他聽。那幾個禮拜，波娃固定在下午去陪他。四月十三星期日，沙特握著波娃的手腕跟她說，他非常愛她。四月十五日，沙特陷入昏迷。那天，波娃整天都陪著他，聽著他的呼吸。然後她回到自己的家裡，拿出酒來喝。晚間九點的時候電話響了，話筒彼端是艾蕾特——一切都結束了。

十六　消逝的光芒

波娃跟西爾維回到醫院，並打給博斯特、朗茲曼、普利翁還有安德烈．高茲（Andre Gorz），眾人立刻趕到醫院。醫院告訴他們，可以陪著遺體到清晨五點，然後它就會被移走。

他們怎能稱呼沙特為「它」？

艾蕾特回家了，但「小家族」的舊班底留在醫院喝酒、緬懷朋友，直到天色微亮的時刻。有一些記者在醫院附近徘徊，但博斯特和朗茲曼叫他們滾開。波娃說，她想一個人陪陪沙特。其他人走後，她爬上沙特的床，想要拉開被單鑽進去，但護士阻止了她——他的褥瘡已生了壞疽。所以她在被單上躺下，挨著沙特沉沉睡去。

清晨五點，遺體被送離醫院。波娃到朗茲曼家休息，並在那邊待到了週三。她家的電話響個不停，更別提埋伏在公寓周遭的記者，所以離開朗茲曼家之後，她就暫住在西爾維家。

艾蓮娜從阿爾薩斯過來陪她，她收到了川流不息的卡片、信件、電報。朗茲曼、博斯特和西爾維安排了葬禮的細節，日期訂在四月十九日星期六。

那一天，波娃和西爾維、艾蓮娜與艾蕾特坐上靈車，車後跟著數萬人的隊伍，他們都來向沙特致意。但波娃沒真的看到多少人，再多的威士忌或煩寧都無法抑止她的淚水——但她還是把這兩樣東西全吞進喉嚨裡。眾人抵達蒙帕納斯墓園時，波娃要了一張椅子。《泰晤士報》在當週的一篇報導中說，站在棺木旁的「波娃女士」「幾近崩潰，由兩名友人攙扶著」。[1]波娃身旁擠滿了人，但她的頭腦一片空白。她不記得後來發生了什麼事：她後來去了朗茲曼家，然後在餐廳的私人包廂裡用晚餐，但她喝了太多酒，得有人扶著才下得了樓梯。西爾維試著阻止她喝酒，但那天，波娃也成了不聽勸的人。[2]

之後，她一直待在西爾維家。接下來的那個週三，沙特的遺體在拉雪茲神父公墓（Père Lachaise）火化，但波娃累到沒辦法去。西爾維和朗茲曼回到家的時候發現波娃神智不清地躺在地上——她得了肺炎。

波娃在科欽醫院（Hôpital Cochin）住了一個月。醫生起初不認為她能復原，過量服藥與酗酒不僅造成了肝硬化，也損及了波娃的運動神經元。後來，波娃平安出院，回到緒舍街的家。她的肺炎好了，但憂鬱沒有。整個六月和七月，西爾維一週七天都盡可能陪在波娃身邊。西爾維得教課的時候，就換朗茲曼和博斯特去陪她。波娃以前總說，要等到沙特死的那天她才會死。現在，他們開始擔心這句話會成真。週末一到，西爾維就開車帶波娃去巴黎以外的地方散心。八月了，是去羅馬旅行的季節，波娃跟西爾維說她們必須離開巴黎：「我想要活下去，但我得走得遠遠的才做得到。」[3]

於是她們去了挪威，坐遊輪看峽灣。慢慢地，她開始感到自己又能呼吸，開始記起自己與生命中的其他人所建立的深刻關係，那值得她繼續活著。不過，她也開始意識到自己與一些人的關係已永遠改變了。沙特火化後的第三天，艾蕾特清空了沙特的家。從法律的角度來看，此舉相當令人吃驚，因為稅務單位必須對遺產進行估價，在估價之前任何人都不該動死者的東西。對於此事，艾蕾特則有不同的說法：她無法等到法院完成遺囑認證程序，因為她付不出房租。但波娃很確定，艾蕾特是為了不讓她拿走原該屬於她的東西才這樣做的。整件事鬧得很不愉快：有些朋友希望留點東西以紀念沙特，朗茲曼要艾蕾特留點什麼給博斯特——這兩個男人的交情長達四十年之久——而艾蕾特竟把沙特的舊拖鞋拿給博斯特。

西爾維從以前就沒有那麼喜歡艾蕾特，現在更是氣得要命。波娃父親留給波娃的書也放在沙特家，那不是沙特的財產，艾蕾特無權繼承。沙特家還有一幅畢卡索的畫與一幅利貝羅（Riberolle）的畫，是畫家們送給沙特與波娃的。西爾維和朗茲曼都替波娃向艾蕾特要過這兩幅畫，但艾蕾特說，如果波娃那麼想要，就自己來跟她講。

西爾維把喬治．波娃的書拿回來了，但波娃本人曾向艾蕾特索取的只有一件物品：沙特《倫理學筆記》（*Notebooks for an Ethics*）的手稿。沙特在《存在與虛無》出版後，便立刻把該書的手稿送給了波娃，那是波娃最珍視之物。在《存在與虛無》的末段，沙特曾說過要寫一本存在主義倫理學，而他確實在四〇年代後半開始寫這本書；當時，波娃正在寫她的《歧義的道德》。艾蕾特知道波娃想要這份手稿，因為當波娃痊癒出院之後，波娃所做的第一件事就是請求艾蕾特把這份手稿給她，但艾蕾特拒絕了。她在一九八三年出版了這份遺稿。

波娃在一九八〇年五月出院的時候，醫生說她不能再喝酒和吃煩寧了，並要她接受按摩與一些療程，幫助身體復原。波娃遵守了大部分的醫囑，但她無法放棄威士忌和伏特加。那幾個禮拜裡，她發現自己希望醫生能跟西爾維討論自己的健康狀況。根據法國的法律，她的法定監護人與繼承人是艾蓮娜，她最近的血親。西爾維甚至要經過她妹妹的同意才能帶她去接受治療。

波娃可以搬去阿爾薩斯與妹妹及妹夫同住，但她不想這麼做。而她也不可能要他們拋棄原本的生活，搬來巴黎照顧她。所以，波娃決定問西爾維願不願意讓她在法律上領養她為女兒。艾蕾特與沙特的例子讓波娃瞭解到，身旁若有人不同意這個安排的話會出現一些問題；

所以她相當謹慎，先找西爾維談，然後是艾蓮娜。艾蓮娜起初感到不太舒服，覺得自己好像被取代了。但她很快意識到自己的餘生不會比她的姊姊長多少，而且自己也已有夠多事情可忙了。

至於西爾維，她有些不情願。她向來對於艾蕾特樂意被沙特包養一事感到厭惡。西爾維是位獨立的女性，過著專業人士的生活——她通過了教師資格國考，在大學教哲學。她不希望自己與波娃的關係被拿來與艾蕾特與沙特的關係相提並論。她知道學術界對於波娃作品的研究已開始聚焦在母親與女兒的角色上，她認為，領養一事將會提供眾人一個大書特書的「題材」。

不過，人們在過去幾十年間不停以波娃的人生為藍本虛構出各種人物——此時的波娃已習以為常了。她鼓勵西爾維從內在面向來看這段友誼，別讓年紀或傳統角色定義她們的關係。波娃告訴西爾維，她一生中曾數次試著尋找她與莎莎之間那樣的友誼，但在遇見西爾維之前她從沒找到過。波娃說，她彷彿在西爾維身上找到了另一個莎莎。西爾維同意了波娃的要求。後來，她在書中描述自己和波娃的關係是種「獨特而無可比擬的親密關係」。[4] 波娃則在一次訪談中告訴迪德莉·貝爾，自己很幸運「能分別與一個男人和一個女人建立起完美的關係」。[5]

沙特離去的那年充滿傷痛：眼淚、憂鬱、對於所有能做卻未做之事的深深悔恨。波娃再次向文學尋求心靈上的滌淨——她決定書寫沙特的死。《再見沙特》（*Adieux*）於一九八一年出版，書中記敘了沙特的衰老與死亡，並探討沙特的生命處境在年老與病痛限縮了其可能性時所出現的改變。這本書也收錄了七〇年代中期波娃與沙特在羅馬時的對話錄，見證著兩人以思想為基礎的深刻友誼，與他們之間持續的對話。朋友擔心密集寫作會影響到波娃的健康，但這是唯一一種能讓她與沙特之死達成和解的方式。寫作安慰了失去莎莎的她，也安慰了失去母親的她，所以她無論如何一定要寫。這本書的開場白是這樣的：

> 這是第一本——毫無疑問也是最後一本——沒在印刷成冊之前先讓你讀過的書。這本書完完全全只為你一人而寫，而你並未露出深受感動的神色〔……〕當我說**你**的時候，我只是在虛張聲勢，這只是種修辭手法。我其實在自言自語。[6]

有些讀者將《再見沙特》視為波娃的第五本回憶錄。不過，這本回憶錄比其他幾本來的簡略，當中記載的是沙特的暮年時光，對於波娃自己的生活則所言甚少。而且，這本書由兩種文體交織而成：回憶錄與對話。波娃認為《再見沙特》不僅是對於沙特的致意之作，也是

《論老年》的延伸作品。《論老年》描述了老年人如何被社會排斥，並被視為次等人類。在《再見沙特》裡，讀者看見即便是尚—保羅．沙特也難逃這樣的命運。[7]

波娃預測這本書的風評不會太好，而她猜對了：人們再次指控她言行失當，說她在沙特無法發言之後代表他發言。帕斯卡．布魯克內（Pascal Bruckner）在《法國觀點》（*Le Point*）上說，這本書「不僅是致敬，也是復仇」。[8]（波娃問了沙特一些問題，包括男人為什麼都懷抱著「某種驕傲」，還有他是否從小就感到自己是自由的。[9]）替這本書說話的，大多是英語系國家的女性。在有人聲稱波娃寫這本書是為了「回報沙特將他的不忠加諸於她身上」時，沙特《存在與虛無》的英譯者哈澤爾．巴恩斯（Hazel Barnes）譴責了這種說法：「這是毀謗。這本書既是紀實之作，也是致敬之作」。[10]沙特的傳記作者安妮．柯恩索拉說，此書引起的反應就是眾人對於這對著名情侶的典型反應：「不是由衷推崇，就是大加撻伐。」[11]

當然，艾蕾特．艾坎也是對波娃大加撻伐的人之一。她在《解放報》上發表了一封公開信攻擊波娃，信中以蔑視的態度批評波娃與沙特的關係、否認波娃聲稱自己占據沙特生命之核心位置的說法、也抨擊波娃處理班尼．李維事件的方式。艾坎與波娃都認為對方將沙特貶為次等人類，並認為自己才是沙特人生最重要的見證者。波娃拒絕在任何刊物上回應艾蕾特，因為她不願抬高艾蕾特的身價。私底下，她對整件事相當不屑。

一九八一年，波娃開始與她第一本傳記的作者迪德莉·貝爾進行對談。她對於美國女人向來頗有好感，兩人慢慢建立起在下午四點邊喝蘇格蘭威士忌邊談話的習慣。過去二十年多年來，波娃一直思考著自己在後世眼中會是什麼樣的人——如今的她已非常明白「公眾的目光令那些落入其中的人面目全非」。[12]她不希望艾蕾特對她與沙特的關係說三道四，所以她昭告大眾：她決定出版沙特寫給她的情書，讓大家自己看看尚－保羅·沙特對於西蒙·德·波娃有何想法。法律上，波娃並沒有這樣做的權利。根據法國法律，無論收件人是誰、原稿又在誰手中，沙特的遺稿保管人都對沙特曾寫下的所有文字具有法律權利。所以，波娃諮詢了她的出版商羅伯·伽利瑪（Robert Gallimard），羅伯說由他這邊來跟艾蕾特談。

此事牽涉到的遠不只是沙特在兩個女人之中愛誰比較多的問題。對波娃而言，這不是風花雪月之事。數十年來，人們否定她作為思想家的獨立性，甚至主張她的書是沙特寫的——她一輩子深受其擾。波娃認為這些信件顯示了「我的批判對沙特產生了確實的影響，正如沙特的批判對我也產生了影響」。[13]

沙特過世時，有些媒體的訃聞根本沒提到波娃的名字。《世界報》把來參加葬禮的數萬人寫進報導裡，卻略過了波娃。[14]《巴黎快報》刊出了一篇長文，裡頭的紀事年表標註了沙特與波娃相識的日子，提到波娃在教師國考中名列第二，對於兩人關係的其他細節則隻字未提。[15]

倫敦《泰晤士報》在報導沙特死訊的首篇新聞中沒提到波娃[16]；在完整的訃聞中，他們稱波娃為沙特的「情婦」，也是「他在政治、哲學與文學上的終生戰友」。[17]《衛報》的新聞也沒提到她，只說沙特晚年「獨居於巴黎，他的朋友與學生固定前往拜訪他，並協助處理各項事務」。[18]《衛報》後來刊出的完整訃聞中列出了幾位沙特在求學過程中結交的優秀知識分子，其中並沒有波娃的名字；但訃聞中提到，波娃是沙特的「終身伴侶」，也是他「許多智識事業上的得力助手」。[19]

《紐約時報》則包含了較多的資訊：「身為作家與思想家，沙特的知名度幾乎與西蒙·德·波娃——他多年來親密伴侶與堅定盟友——不相上下。兩人的戀情經歷了許多不同的階段，但他們對於彼此的愛戀與支持無庸置疑。」[20]而《華盛頓郵報》對於波娃的介紹竟是沙特的「性伴侶」。[21]——沒有任何人將波娃視為與沙特智識相當的談話對象，一個在沙特建構哲學系統的過程中主動參與、甚至帶來啟發的對象嗎？

這種「理所當然將女性視為男性跟隨者」的態度，影響到的不只是她跟沙特之間的事。八〇年代初期，波娃仍與碧昂卡·朗布蘭（就是多年前的碧昂卡·畢南菲）固定碰面、共進午餐。當兩人談到以色列的時候，談話氣氛變得有些激動。碧昂卡批評波娃「無條件偏袒以色列」，從沒有試圖以巴勒斯坦人的角度來看此事。這次的談話讓碧昂卡相當不舒服，於是她寫了封信給波娃，解釋她的立場。正如波娃對梅洛龐蒂《辯證法的歷險》的評論一樣，她對碧昂卡的回覆再次展現了她在衝突中的性格，還有她對於人們總預設她的看法與沙特或任何男性相同一事有多氣餒：

我回這封信是為了讓妳知道，我並未以冷淡隨意的態度看待妳的來信，但這封信相當愚蠢。情況既然就像妳說的那樣「模稜兩可」，我為何要怨恨或輕視那些不同意我觀點的人？〔……〕說到朗茲曼〔……〕我很遺憾妳認同了沙文主義式的偏見，並認為女人的想法必定出自男人。[22]

沙特的信件集出版後，波娃失去了一些朋友——這是奧爾嘉和汪妲多年來首次得知波娃在沙特人生中扮演的角色。奧爾嘉與博斯特曾數度分合，所以波娃這些年來沒那麼常見到奧爾嘉——她跟博斯特較熟，他們在《摩登時代》仍彼此共事。迪德莉·貝爾說，波娃告知奧爾嘉她會出版沙特寫給她的信，而奧爾嘉要求她不要出版那些內容提及她們姊妹倆的信件，但波娃無視奧爾嘉的要求，造成兩人的關係出現了無可彌補的裂痕。[23]就波娃看來，如果能讓全世界知道真相，即便以奧爾嘉姊妹的幻滅作為代價也是值得的。她當時已重新開始演講、上廣播節目談女性主義，也比以往更加意識到這個世界是如何將她一切的成就都歸功於沙特。整理她與沙特多年來累積的大量信件是件極為費時的事，但在一九八二年十一月，她終於把手稿交給伽利瑪了。這本書信集的扉頁裡寫著：「以我全心的愛，獻給朗茲曼。」[24]

這本書的出版之路並不順利。艾蕾特想為自己建立起沙特哲學遺產正統繼承人的形象，因此搶在本書出版之前出版了《倫理學筆記》（那份她拒絕交給波娃的遺稿）和沙特的《戰時日記》。

信件集終於出版後，讀者確實得知了沙特的第一手說法，但他們有了新的疑問——波娃為什麼沒公開她自己的信？在一九七四年的對話錄中，沙特曾提過希望自己的信能在死後公開出版，所以波娃表示，她公開沙特的信是要完成他的遺願。至於她寫給沙特的信，波娃曾對貝爾說這是她的私人物品，所以旁人無權置喙。[25]一九八五年，瑪格麗特．西蒙斯問波娃是否讀過蜜雪兒．樂朵（Michèle Le Doeu）對於沙特書信集的評論，還有她是否知道樂朵說沙特是兩人的關係中「唯一具有聲音的主體」？[26]波娃回答她，這些信是沙特寫的，發聲的人自然是沙特。「如果我也將我的信整理出版，那麼發聲的人就會是我。但在我有生之年，我都不會將我的信出版。」[27]

出版了沙特的信件之後，波娃把時間花在兩件令她快樂的事情上：繼續為女性解放奮鬥，以及與西爾維和朋友們相處。愛麗絲・史瓦茲在一次訪談當中說，「如此美好的友誼」在女性之間並不常見，但波娃說她可「沒那麼確定」：「女人之間的情誼經常歷久不衰，而愛情卻會消逝。我想，最為罕見的其實是男人和女人之間的真誠友誼。」[28]

一九八〇年也是法國七〇年代女性主義風潮暫告一個段落的年份。這不僅是因為新的十年即將開始，也是因為有個新的協會於該年正式成立——他們自稱女性解放運動（MLF）協會，並在國家工業財產局以此名稱正式註冊。現在，任何未經同意使用女性解放運動之名的人都有可能被告。七〇年代時，女性解放運動是一個有機的運動，以三個簡單的標準來識別運動成員：身為女性、對於女性所受的壓迫具有意識、致力於對抗這種壓迫。可是這個新的「女性解放運動」卻聲稱自己為全體女性發聲，而非讓女性為自己說話。在波娃看來，這不再是女性主義，而是「暴政」。[29]

不過，那年也有好事發生：一九八〇年，法國第一個內閣層級的婦女權益部成立了。其第一任部長魯迪（Yvette Roudy）曾在大選時懇請波娃表態支持密特朗（François Mitterrand）。

一九八一年，波娃為了宣傳《女性主義新問題》（*Nouvelles questions féministes*）重新出刊而接受採訪，並在訪談中提及，她認為設立新的反性別歧視法非常重要。當時，婦女權益部部長魯迪正在推動職場平等法的立法。她想再額外推動一項反性別歧視的法案，這樣法國便能擁有一部反種族歧視與反性別歧視的職場平等法，也讓她們得以制裁那些傷害女性尊嚴的商業廣告。

雖然波娃知道就算立了法，「女性還是得繼續在掙扎之中對抗性別歧視」，但她仍希望侮辱女性能變成一件違法的事。終其一生，波娃在讀者的信件與編輯的工作中看見，女性承受了大量來自男性的暴力。儘管如此，她仍相信沒有什麼讓男人變得暴力的原因是「不可改變」的。她主張「男人並非生而為男人，而是成為男人」——如果一個社會容忍性別歧視和其他形式的歧視，暴力就會在男性身上生根。

「大街上展示著女性身體的某些部分，讓這個追逐利益的社會看起來輝煌可喜」——波娃對此無法苟同。女性權利聯盟的宣言主張，女性的身體不應被當作商品來使用，身體的愉悅與性的主動權不應專屬於男性，並宣告她們將繼續奮鬥，落實已贏得的權利、爭取未贏得的權利。自詡為自由之先驅的廣告商們則不屑地批評波娃：她既是清教徒，也是偽君子。她難道沒意識到如果根據她的規則來走，所有文學——包含她自己的著作——都應該要被查禁嗎？

波娃的回答合理而詳盡，卻遭到忽略——她的目的不是抨擊文學，而且她認為人們有充分的理由抨擊廣告，因為廣告「不是呈現在自由的個體面前，而是強加於所有受其影響的視線之上，罔顧人們的意願」。[30]有人說，反性別歧視法是對於男人的報復。但波娃說，男人在特定的文化環境中「成為男人」，而設立法律就是為了改變這個文化環境，讓對於女性的暴力不再是一件合理的事。為達到這個目標，波娃希望「廣告界、色情產業、文學作品中有辱女性的內容能被禁止，反性別歧視法讓我們得以公開譴責所有性別歧視的案例」。[31]波娃也認為，這部法律能幫助女性回頭思考性別歧視並起身對抗不正義與虐待，而不是覺得「事情本應如此」、男人本來就如此、女人的命運本該如此。

人們指責波娃和她的女性主義戰友是「與現實脫節的知識分子」。但這群人當中有醫生、律師、工程師、母親——她們真的都與現實脫節了嗎？在強烈的反對聲浪中，波娃觀察到兩個原因：金錢和操縱慾。關於金錢的論證在晚期資本主義的社會裡已是老生常談，無需贅述。至於操縱慾，波娃認為許多男人仍然「深信女性是可被操縱的客體，等著他們來主宰」。[32]她希望女性「能成為注視的眼睛」，表達自己的觀點，並得到傾聽與尊重。

魯迪成立了女性與文化委員會（Commission on Women and Culture），波娃則被任命為榮譽主席。她積極參與會內事務，委員們私底下都暱稱自己是「波娃委員會」。每個月在婦女權益部召開的會議，波娃都固定出席；該會議針對社會結構進行研究，以便向政府提出改善女性處境的具體建議。一九八二年，密特朗希望能授予波娃榮譽軍團勳章，但波娃婉拒了。她是積極入世的知識分子，不是需要以勳章表揚的文化機構。

經過了十二年的拍攝，克勞德．朗茲曼的《浩劫》終於接近完工。拍這部片並不是件容易的事，而朗茲曼相當倚賴波娃的支持與陪伴：「我需要跟她說話，把我的猶豫、恐懼、失望都跟她說。」跟波娃說完話後，他會「重新獲得力量」。她傾聽他人的方式「極度獨特而感人：認真而嚴肅、不帶成見、全然信任」。[33]在沙特過世的頭幾年裡，他看見波娃對生命的厭倦。在製作《浩劫》時，他有幾次邀請她來工作室看他們剪片——她仍喜歡參與他的工作，看著電影逐漸成形。

一九八二年，密特朗總統請朗茲曼私下放映電影的前三小時給他看，於是波娃和朗茲曼一起去了愛麗舍宮（Elysée Palace）。波娃看了還沒上字幕的電影片段，而朗茲曼隔著走道大聲翻譯對白內容。第二天她寫信給朗茲曼：「不知道你的電影上映時，我是不是還活著。」不過後來，波娃在電影上映時為《世界報》頭版寫了一篇文章，也為《浩劫》的書寫了序。不過，在寫給朗茲曼的那封信裡，她先把自己的心得告訴他，以免自己在電影上映前就先過世了：

我從未見過任何作品曾以如此深刻而扣人心弦的方式刻畫出「最終解決方案」的恐怖面貌，並以如此大量的證據證實了其駭人的運作方式。朗茲曼站在受害者、劊子手、目擊者、幫凶的身旁，讓觀眾得以體會這個（我相信）至今仍無人能講述的經驗的多重面貌。這是一部不朽之作，世世代代的人們將藉此瞭解人類歷史上最邪惡難解的時刻之一。[34]

除了類似這樣（一半是寫給後人看的）的片段之外，波娃晚年所留下的私人文字記錄非常少。不過在八〇年代裡，她接受了幾次採訪。其中一次，愛麗絲·史瓦茲問她如何在與沙特交往的同時保持自身的獨立性？波娃的回答是，她一直都希望擁有自己的事業。「我有夢想，不是幻想，但是是非常大膽的夢想，一些早在遇見沙特前就想要做的事。我對自己的責任是實現我想要的生活，以此獲得幸福。對我來說，工作就是實現的方式。」[35]在這幾次的採訪中，她透露在沙特與迪樂芮·凡內緹交往的那段日子，她的確對於自己與沙特間的關係有所懷疑。她也說，她很後悔他倆的關係讓許多第三者受了這麼多的苦。此時的她已在一次公開訪問中毫無猶豫地表示，沙特並未善待女性。但沙特將她視為特例，一個樣板——就像她年輕時也將自己視為樣板一樣。不過，也從未有人像沙特這樣持續鼓勵著她，在她無法相信自己時依然深信她的潛力。如果不是兩人之間這段長達一生的對話，如果不是兩人的行動交織所構成的影響，他們都不會成為後來的自己。

書寫仍占據了她每天大部分的時間：她為理念相同的書寫序、寫介紹文，替人寫工作上的推薦信，寫信鼓勵倡議人士，回一些需要回的信。她資助女性主義書籍出版社，捐款給女性庇護所。她說，有時她會覺得自己在公共領域的名聲已成了某種「宗教遺跡」，成了有能力繼續推進改革的年輕女性所遵循的方向。[36]

沙特過世兩年後，她開始對自己過往及目前的工作都感到心滿意足了，心裡也重新燃起旅行的欲望。當她還在康復期間的時候，西爾維為了鼓勵她，曾提議來趟紐約之旅——這個提議發揮了作用。波娃打四〇年代起就對美國有種矛盾複雜的心情，美國有這麼多令人熱愛之處，也有很多令人厭惡的地方。一九八三年，波娃得到松寧歐洲文化獎（Sonning Prize for European Culture）與兩萬三千美元的獎金——她已準備好再次上路探險。所以那年六月，她和西爾維搭上前往紐約的協和客機。她不想被大家看到，所以美國萬神殿圖書（Pantheon Books）的編輯替她做了謹慎的安排。她見了老朋友史黛法和她的兒子約翰，還有一些新朋友，像是女性主義者凱特・米列。剩下的旅程裡，她想要靜靜休息、享受私人時光。她沒有接受演講邀約，也沒提筆記錄所見。

儘管努力保持低調，但在兩人入住紐約阿岡昆酒店（Algonquin Hotel）時，一名《紐約客》的記者還是立刻就發現她們了。記者打電話到波娃的房間，而她相當明確地告訴他她不接受電話採訪，於是他放棄了。波娃和西爾維不受打擾地參觀了博物館：大都會博物館、古根漢博物館、現代藝術博物館，還有波娃最愛的弗里克收藏館（The Frick）。她們也去了世貿中心頂樓。有天晚上她們在伊蓮餐廳（Elaine's）吃飯，旁人將她們介紹給同樣在場吃飯的伍迪・艾倫（Woody Allen）與米亞・法蘿（Mia Farrow）。之後，她們在新英格蘭地區旅行六週，參觀了凱特・米列在波基普西（Poughkeepsie）的聖誕樹農場，米列在此建立了一個專屬女性的藝術家公社。波娃也在這個農場裡完成了此趟旅行唯一的工作行程——替一部關於《第二性》的電視劇在鏡頭前與米列對談。她們回到巴黎的時候，正好趕上西爾維的新學期開學。波娃帶了好多的書回來。

一九八三年十二月，波娃跌了一跤——西爾維回到家，發現她躺在地上。她躺了太久，得了肺炎。整個聖誕節和一月大部分的時間，波娃都待在醫院裡。但到了復活節，她的身體已經恢復到能前往比亞里茨（Biarritz）度假。夏天，她的復原狀況很不錯，能去更遠的地方。所以她跟西爾維飛去布達佩斯，在匈牙利和奧地利開車旅行。

一九八五年時，波娃仍是《摩登時代》的負責人，但朗茲曼接手負責的事務愈來愈多。他們仍在她家開會，她一如往常地閱讀稿件，挑選文章、編輯校對——她繼續出席編輯會議，直到她死前的幾週為止。克萊兒·艾切雷利記得波娃「總是在場，她的力量、權威讓她得以繼續推動這份雜誌前進」[37]，讓這個團隊在個人逆境與政治風暴中不至潰散。

她也持續參與女性主義運動、接受訪談，並提到自己希望《第二性》能出一本新的英文譯本。「一本忠實的譯本，涵蓋原書完整的哲學面向與完整內容——包括那些帕什利先生認為不重要但我認為重要的段落。」[38]在接受瑪格麗特·西蒙斯採訪的時候，波娃為《鼎盛人生》中那句令人困惑的「我不是哲學家」之語作出澄清：

> 我不是哲學家，因為我沒有創造出一個完整的哲學系統。但我也是哲學家，因為我讀哲學、擁有哲學學位、我教過哲學、我的人生浸淫在哲學中。我將哲學寫進書裡，因為這是我看世界的方式，我無法容許他們抹消這種看世界的方式。[39]

早在波娃出生前，帕斯卡與齊克果等哲學家便批評笛卡兒與黑格爾等「系統哲學家」忘記了人生的意義——人必須在對於未來的茫然未知中前行，在無意義中尋找生命的意義。波

波娃作為倡議者的生活風景：參加一九八四年五月十五日於巴黎舉辦的「女性與國家」討論會。

娃也認為，我們無法事先瞭解人生，因此對於自己成為的樣子與自己在他人眼中的樣子感到焦慮。[40]但在波娃的年代，許多法國人並未將帕斯卡和齊克果視為正統的哲學家，因為他們的讀者多半是女性，也因為兩人都仍相信上帝。啟發波娃早年的哲學洞見——還有她對於自我中心及犧牲奉獻的兩難所作出的思考——的思想家之中，有許多人也都因著相同的原因而不被認為是真正的「哲學家」。[41]

一九八五年，波娃的健康狀況變糟了。她將此事歸咎於一九八六年三月即將到來的選舉，但誰都看得出來，威士忌對她造成了難以忽視的傷害。她的肚子由於肝硬化而腫脹，使她無法直起身來。走路令她感到疼痛，但她假裝若無其事，她的朋友只能擔憂地旁觀。西爾維試圖稀釋波娃的威士忌，但波娃也成為了頑劣的病人——她不停替自己斟酒。博斯特在這方面沒什麼幫助，所以西爾維求助於朗茲曼，朗茲曼認為邀請她為《浩劫》寫序也許能幫助分散她的注意力。她欣然同意了。除了《浩劫》，她還為另一本書寫了序——但她沒有停止喝酒。

一九八六年初，波娃仍繼續與來訪的朋友、學者與作家見面。她對年紀所做出的唯一讓步是，她允許自己在見客的時候穿著紅色浴袍。

一九八六年二月，她與艾蓮娜見了面。她當時走路已不太方便，但兩人仍一起逛了畫廊。她一如往常，盡其所能鼓勵著妹妹在藝術上的追求。那年，艾蓮娜要在加州的史丹佛大學開畫展，由法國婦女權益部資助。但三月十六的國會選舉後，情況出現改變；婦女部無法再提供支援，資金也沒了。波娃無法接受妹妹竟無法到場參加她自己的畫展，於是自掏腰包替她出了旅費。[42]

三月二十日晚間，波娃感到胃部一陣絞痛。她一開始以為兇手是晚餐吃的火腿，但疼痛一直沒有好轉，西爾維堅持要帶她去看醫生。醫院花了幾天仍檢查不出病因，於是為波娃動了探查手術。結果顯示，除了糖尿病和動脈問題之外，波娃還患上了曾折磨過沙特的所有病症：肝硬化、體液滯留、肺水腫。手術後，她因併發肺炎被送進加護病房住了兩個月。這兩個月裡，波娃努力說服她的按摩師不要投給極右翼國民聯盟候選人尚馬立・勒・朋（Jean-Marie Le Pen）。

收到消息的時候，艾蓮娜和朗茲曼人都在加州——艾蓮娜在畫展，朗茲曼則是去美國領獎。[43]西蒙過世了。那是四月十四日下午四點，再過八小時便是沙特的忌日。那年，她七十八歲。

隔天，《世界報》報導了她過世的消息，那篇新聞的標題說：「她的著作偏向通俗讀物而非原創作品。」[44]

十七　後記：西蒙・德・波娃成為了什麼人？

面對生者，我們應予以尊重；面對死者，我們應還以真相。1

——伏爾泰（Voltaire）

《世界報》並不是唯一一家以性別歧視、貶抑語調與錯誤說法將波娃的死訊公諸於世（並為其在世的一生定下輿論基調）的媒體。全球各大報的訃聞和文學評論都顯示，就連在死亡上，波娃仍得跟在沙特身後，盡職地待在她該待的位置：第二性的位置。沙特過世時，有些新聞文章壓根沒提到波娃，但波娃過世時，每一篇新聞都提到了沙特——有的以大幅版面詳述關於沙特的事，並以小到荒謬的篇幅匆匆帶過波娃的著作。

《泰晤士報》稱沙特是「她的導師」，說當年還在讀哲學的波娃「名義上是布蘭希維克的學生，但實際在課業上幫助她的卻是兩個曾與她發生關係的學生：先是荷內・馬厄，然後是沙特」。[2]實情則是——波娃**確實**是布蘭希維克的學生；她在哲學上的成就與那兩名男性無關；她是在國考口試前曾幫助馬厄和沙特溫習萊布尼茲理論的那個人；她對於沙特大多的著作都曾提出批判性的意見。

《紐約時報》說，「沙特鼓勵她往文學方面發展，而波娃也十分感激沙特催促她探討女性所受的壓迫，使她進而寫出憤怒控訴女性處境的『Le Seconde Sexe』」。沙特確實鼓勵她往文學發展，而她確實也無比珍惜這位「在思想上無人可比的摯友」。但《第二性》的正確法文書名其實是「Le Deuxième Sexe」，而且波娃在開始寫作之前早已花上多年的時間建構自己的哲學、分析女性所受的壓迫。《華盛頓郵報》沒把書名寫錯，但他們替波娃安上的名號有沙特的「護士」、沙特的「傳記作者」、沙特身邊的「善妒女人」。[3]

有些人可能會以為文學評論專文會好一點，但這些文章同樣令人失望。一九八六年的《世界文學人物事典年鑑》（*Dictionary of Literary Biography Yearbook*）中有一篇長達十一頁的「西蒙・德・波娃」專文，但內容有一半在寫沙特的生平。在這篇文章的敘述當中，似乎只有沙特具有能動性（Agency）——他讓波娃感到在智識上被超越，並啟發波娃寫出《第二性》。[4]

《兩個世界雜誌》（*Revue des Deux Mondes*）裡的文章提到：「即便在死亡一事上，兩人仍有高低之別：她位居第二，在沙特之後」。「西蒙是個女人，所以她崇拜著她所愛的男人」。她成了沙特的書迷，一個沒有想像力的空洞容器：「她就跟她的墨水瓶一樣缺乏想像力」。而她的罪行不止於此。波娃藉由自己在「小家族」裡扮演的角色，限制、削弱了偉人沙特的力量：「如果沒有兩人周遭這堵日漸增厚、無法穿透的牆，如果沒有這番細心貫徹的復仇行動，沙特的人生不會是這樣。」[5]

波娃寫給沙特的信件集在一九九一年被譯成英文出版。在這些信件中，波娃自述了與碧昂卡及娜塔莉之間的性事。此書出版時，人們說她是「善報復、愛操縱的女人」，「與其說是道德可議，不如說是令人乏味、自我中心」。[6]當時，克勞德·朗茲曼反對出版這些信件。他說年輕的波娃和沙特在寫這些信時「既高傲又愛競爭」：

> 雖然波娃有時候對親近的友人評價不高，但她也完全無法忍受自己傷害朋友：我從未聽說過她失約於人——無論對方是母親、妹妹、她同意見面的任何閒雜人等，或很久以前認識的、曾與她共享舊日時光的學生。[7]

朗茲曼的擔心是有道理的，波娃的言詞很傷人。在迪德莉·貝爾於傳記中揭露碧昂卡·

朗布蘭的身分之後，碧昂卡寫了一本自己的自傳《不倫之戀》（*A Disgraceful Affair*），指控波娃一輩子都在說謊。她說，波娃「往日的虛偽成了她自身的囚牢」。[8]

可是，我們不能將波娃的人生化約為其中最糟糕的片刻，那些是死去的自我所作成的木乃伊，是她深感後悔的片段。她確實可能受困於她的過往，但困住她的還有社會的偏見。她的人生讓我們看見社會如何以雙重標準將女人囚禁於「女性境況」之中，特別是這個社會如何懲罰那些膽敢說出自身視角所看見的事物真貌的女性——那些膽敢成為「注視他人之眼」並看穿男性之不足的女人。

無論是在哲學論述、政治立場或私人事務上，沙特都沒能逃過波娃的批判。她發現了他的盲點，並公開指出其中的一部分。[9]但即便如此，她仍選擇繼續愛他。

波娃被安葬在蒙帕納斯公墓，就在沙特的身旁。下葬時，她戴著紅色頭巾，穿著紅色浴袍，戴著艾格林送她的戒指。美國、澳洲、希臘與西班牙的大學，蒙帕納斯社會黨（Socialist Party of Montparnasse），世界各地的團體都向她致上敬意。葬禮上，群眾齊聲喊著女性主義者伊麗莎白・巴丹德（Elisabeth Badinter）的名言：「女人！妳虧欠她甚多！」

人們也許出於悲傷而有所誇飾，但波娃確實很早便承認她的言論讓某些女性「感到不悅」。[10]波娃過世後的幾天，最後一本由波娃寫序的書《米盧德》（*Mihloud*）出版了。這是一篇兩個男人之間的愛情故事，深究了性與權力的問題。就像波娃推薦的其他小說一樣，這本小說所訴說的是一些不好公開講的故事：納粹大屠殺、遭到性侵與虐待的阿爾及利亞婦女、女性主義的奮鬥、才華洋溢的女同志——人類社會的這些面向是許多人難以直視的。

在她過世時，波娃作為公眾人物的生涯已長達四十年——有人愛她，有人恨她；有人奉她為偶像，有人出言詆毀她。[11]由那時起，人們持續以她與沙特的著名戀情與早年生活作為材料，採取訴諸性別的態度，抨擊她道德有問題，貶低她在著作中所提出的哲學、政治與私人領域中的問題——尤其針對《第二性》。波娃曾主張，如果男人想成為有道德的人，他們必須承認自己的行為協助打造出一個令他人蒙受壓迫的處境，並改善此事。她也曾向女性提出挑戰——別再順從地活在「女人只能為男人而活」的迷思之中。如果一個人曾遭到外界無情的拒斥，她的生命便難以強健興旺。

波娃的內在面向從未將自己視為「偶像」。她在與史瓦茲的訪談中說：「我在其他人眼裡是西蒙·德·波娃，但在我自己眼裡不是。」[12]她知道女性渴望找到可供仿效的正面典範，也經常有女性問她，為什麼她的小說裡沒有更多正面的角色，而是充斥著與她所提出的女性主義願景不符的女性角色。有些讀者說她們在書中角色身上看到波娃本人的影子[13]，並納悶著這些角色之所以沒能活出女性主義的理想生活，是不是因為波娃本人在這方面也失敗了？

波娃回答道，她覺得正面的角色「很可怕」，而以正面角色作為主角的書則相當無趣。她說，每本小說「都是一個問題意識」，她的人生也是：

> 我過往的人生經歷是一個問題意識，我不必提出解答，人們也沒有權利要我提供答案。正是這件事使我偶爾會對公眾人物的身分——亦即人們對我的關注——感到困擾。我覺得這當中有種苛求之意是有點愚蠢的〔……〕它彷彿將我完全禁錮在名為女性主義的水泥塊中。[14]

波娃在世時，讀者因為她的生活方式而拒絕接受她的論點——他們說她愛過太多男人，說她愛錯了人，或以錯誤的方式愛人（當時大眾甚至還不知道她的同性戀情）。人們指責她付出太少、付出太多、太女性主義、不夠女性主義。波娃曾承認，自己對待他人的方式並非總是無可指摘。她的言行清楚顯示出，她很懊悔自己與沙特的關係曾令許多偶然的第三者（Les tiers）受苦。

波娃曾聲稱，她與沙特的關係是她人生中的一項成功。史瓦茲也就此事問過波娃，他們兩人是否也成功建立了一段平等的關係？波娃說，他們之間從沒有平不平等的問題，因為沙特身上「沒有任何壓迫者的影子」。[15]有趣的是她在此也表示，如果她愛上的不是沙特，那麼她也不會讓自己受到壓迫。有些人認為波娃這句話是在說，她在職涯上的自主性讓她得以逃脫被宰治的命運。許多女性主義者都懷疑波娃落入了壞信念中，懷疑她是否把沙特「變成了連自身的批判目光都必須止步的聖域」。[16]

如今我們已很清楚，波娃對沙特有諸多批判——但她批判的力道對許多人來說似乎不夠。

八〇年代中期，有個美國哲學家跟研究波娃的學者瑪格麗特．西蒙斯說，她很不滿波娃在自傳裡老愛說我們、我們、我們。她為什麼不說**她**？「她彷彿整個人都消失了。」但她其實沒有消失，她一直都在發出自己的聲音，她用自己的聲音說出「我們」和「我」，因為她認為「就算身為女性主義者，還是可以與男人擁有親密關係」。[17]事實上，人能與許多不同的男人與女人擁有親密關係。她認為，她的思想是她這個人最重要的部分，而沙特是她在思想上無人可比的親密摯友。許多來自外在面向的書評批判波娃只是沙特的影子、說她毫無想像力；連她的戀人都說她的書很無聊，或是跟哲學有關的內容太多。[18]但在波娃這輩子的多數時間裡，沙特都是那個大力鼓勵著她的人[19]，在這場舉世無雙的對話中持續與她的心智進行交流。

我們永遠無法得知波娃內在面向的完整全貌，經過重述的人生故事不等同於實際的人生經歷。但就外在面向而言，我們必須記得她奮力成為自己時所展現的能動性。在某些情況下，她也選擇寫出那個被忽略的「我」字。在《環境的力量》中，她說她早在認識沙特——這個後來會以《存在與虛無》一書聞名的哲學家——之前，就發展出了一套關於存在與虛無的哲學看法。「二十歲時，我在私人日記中初步探討了存在與虛無的問題——我所有的作品都叩問著這個問題卻從未得到解答。」[20]她也在寫出《女賓》之後表示，事情已有所改變：「我一直都『有話要說』」。[21]

波娃在《塵埃落定》（一九七二）裡明確表示，她喜歡與生命中的重要之人共享人生——這個人通常是沙特，有時則是西爾維。她直言，自己並未清楚區分「我」與「我們」，是因為「我人生中大部分的時間裡都擁有另一個人的陪伴」。[22]晚年的她形容，孤獨是「死亡的形式之一」，而她自己則在「感受到人際來往的溫暖」時重獲新生。[23]

波娃熱愛哲學。她希望哲學能夠表達「具體有形的現實」，揭開「精心編織的自我之俗套」。[24]而許多時候，她選擇文學為工具，因為她筆下的角色在與人的對話往來之中獲得了生命。尼采認為我們「不可能教會別人什麼是愛」[25]，但波娃認為她可以讓人們**看見**什麼是愛。她在小說中舉出具體例子，說明兩性之間的關係深受毫無回饋所苦。在《第二性》中，她明確提出了哲學上的主張：愛若要有道德，就必須互相回饋——愛人者和被愛者**都必須**認可對方是具有意識的自由主體，並致力於幫助對方完成其人生計畫。如果這份愛也包含了性，那麼他們也得在性方面將對方視為主體，而非客體。

出於政治上的目的，盧梭在《人類不平等之起源》（*The Origin of Inequality*）中仔細檢視了「文明社會」的歷史，他希望更清楚地勾勒出人與人之間的各種不平等。尼采在《道德系譜學》（*On the Genealogy of Morality*）中也檢視了過往歷史，以便清晰理解今日的道德。尼采認為，「上帝已死」，之後，人們必須對自己的「價值重新做出評估」。而波娃則認為，我們有必要在哲學上重新評估**女性**，並且如果我們不重新檢視「文明社會」所謂的愛情究竟為何，女性就無法得到真實的自由。

當柏拉圖這樣的哲學家採用某種文學體裁來寫作時，他的作品仍是哲學作品。當他談及愛情時，他的論述仍是哲學論述——即便當年的社會盛行與未成年的年輕男孩性交，而當年的思想家討論著人曾經擁有四隻手與四隻腳的荒謬故事。當時的人相信，我們與原先同為一體的另一半仳離，因此一生渴望與對方重聚。[26]

對於一代代不再滿足於「透過男人的夢想而活」的女性而言，西蒙・德・波娃的人生是成功的象徵。[27]她是「二十世紀女性主義的代言人」[28]；她是以自身思想為法國法律與許多生命帶來重大改變的哲學家。然而在二〇〇八年，她的百歲誕辰之際，《新觀察家》決定要紀念這位曾要求政府立法禁止露骨女體照片的倡議者——他們刊登了她的裸照。

由內在性的面向觀之，波娃所看見的自己恆常處於「成為」的過程之中。她不相信自己的人生中有任何一個時間點可以代表「西蒙・德・波娃」的樣貌，因為「在人生中，那個所有人生片刻都能彼此和解的時間點並不存在」。[29]每項行動都伴隨著失敗的可能性，而有些可能性只有在失敗之後才讓人見到其注定失敗之本質。時間會流逝，夢想會改變，而自我總還在遙不可及的彼端。如果有一件事是我們能從西蒙・德・波娃的人生中學到的，那就是：沒有人能在孤獨之中成為自己。

致謝

我不太確定這本書是什麼時候開始擁有自己的生命，也不太知道該如何表達自己對於啟發並支持我寫下此書的人的深深感激。我想感謝芳絲瓦・貝里絲（Françoise Bayliss）、藍道・莫里斯（Randall Morris）、梅格・韋娜（Meg Werner）、潘蜜拉・蘇・安德森（Pamela Sue Anderson）、尚娜・楚特（Jeanne Treuttel）、蜜雪兒・勒道夫（Michèle Le Doeuff）、喬治・派汀森（George Pattison）、瑪賽・德芙艾寶（Marcelle Delvaux-Abbott），還有我的家人，是你們讓我愛上哲學與法國文學。

這本書寫下的是我所看到的波娃，並以許多學術界先驅對於波娃的研究作為基礎。我想特別感謝瑪格麗特・西蒙斯，還有伊利諾大學出版社所出版的波娃研究系列（Beauvoir Research Series）背後的每位譯者、每位編輯與導讀文章的作者。我還得感謝蜜雪兒・勒道夫、伊莉莎白・法萊茲、桑尼雅・克魯斯（Sonia Kruks）、貝爾・胡克斯、南希・鮑爾

（Nancy Bauer）、史黛拉・桑福（Stella Sandford）、梅兒・艾特曼（Meryl Altman）、托莉・莫伊、托芙・佩特森（Tove Petersen）、芭芭拉・克勞（Barbara Klaw）。我很感激國際西蒙波娃協會（International Simone de Beauvoir Society）如此親切而慷慨地與我討論波娃，讓我得以一窺她們心中的波娃樣貌，也豐富了我對於波娃的理解。

我還想感謝的人有：艾倫・加百列・休斯（Aaron Gabriel Hughes），休斯在研究上大力協助我取得了不易取得的法文書評；愛蜜莉・賀玲（Emily Herring），她讓柏格森迷得以擁有專屬的討論園地；瑪西娜・侯許，她慷慨地分享了自己對於波娃與讀者的信件之研究；耶魯大學的拜內克古籍善本圖書館（Beinecke Rare Book and Manuscript Library）；伽利瑪文獻資料部門的艾瑞克・賴根特（Eric Legendre）；尚—路易・尚涅爾（Jean-Louis Jeannelle），他與我分享了舊報文章並說明來源。特別想感謝的是西爾維・勒・龐・波娃，她不但接受了我的採訪，在那之後也慷慨地回答了許多問題。

如果沒有布魯姆斯伯里出版社（Bloomsbury）的莉莎・湯普森（Liza Thompson）熱心推動此書並對內容提出深具洞見的批評，《成為西蒙波娃》一書不會誕生——我對於她的熱誠與批評同樣感激。我也很感謝布魯姆斯伯里出版社的黛西・愛德華（Daisy Edwards）、露西・羅素（Lucy Russell）與綺莉・瑞登（Kealey Rigden），她們的努力讓此書得以出版。謝謝布魯姆斯伯里的審稿人，還有克萊兒・卡萊爾（Clare Carlisle）蘇珊娜・利斯康（Suzannah Lipscomb）閱讀本書原稿。

謝謝牛津大學、休士頓大學哲學系、倫敦國王學院的同事與學生在我寫作本書的過程中所提供的關心與鼓勵。

曾寫過書的人都知道，寫作實在不容易。我很感激我的家人與朋友在過程中提供的堅定支持——特別謝謝蘇菲・大衛瓊斯（Sophie Davies-Jones）、梅蘭妮・古德溫（Melanie Goodwin）、菲莉絲・古德溫（Phyllis Goodwin）、蘇西和湯姆、娜歐蜜和喬瑟夫、瑪莉和亞德、安潔拉和西蒙。

最後，我想謝謝我創意十足的孩子們，他們在玩笑中拋出的問句——誰是西蒙波娃？——成了我在寫作過程中謹記在心的問題；也謝謝我的丈夫，Vous et nul autri。

to Jean Baruzi, *L'Intelligence Mystique*, Paris: Berg, 1985.

Vintges, Karen, 'Introduction' to 'Jean Paul Sartre', in *Philosophical Writings*, ed. Margaret Simons with Marybeth Timmerman and Mary Beth Mader, Chicago: University of Illinois Press, 2004.

Vintges, Karen, 'Simone de Beauvoir: A Feminist Thinker for the Twenty-First Century', in Margaret Simons (ed.), *The Philosophy of Simone de Beauvoir*, Bloomington, IN: Indiana University Press, 2006.

Voltaire, 'Première Lettre sur Oedipe', in *Euvres complètes*, tome I, Kehl: Imprimerie de la Société littéraire typographique, 1785.

Waelhens, A. de, compte-rendu de Francis Jeanson, *Le problème moral et la pensée de Sartre, Revue Philosophique de Louvain* 10 (1948).

Wahl, Jean, *Petite histoire de 'l'existentialisme'*, Paris: Éditions Club Maintenant. 1947.

Webber, Jonathan, *Rethinking Existentialism*, Oxford: Oxford University Press 2018.

Woolf, Virginia, *A Room of One's Own/Three Guineas*, London: Penguin Classics 2000.

Wright Mills, C., *The Power Elite*, Oxford: Oxford University Press, 2000.

Oxford: Oxford University Press, 2017.
Sartre, Jean-Paul, *Écrits de jeunesse*, Paris: Gallimard, 1990.
Sartre, Jean-Paul, *Carnets de la drôle de guerre*, Paris: Gallimard, 1995.
Sartre, Jean-Paul, *War Diaries*, trans. Quintin Hoare, London: Verso, 1984.
Sartre, Jean-Paul, *Being and Nothingness*, trans. Hazel Barnes, London: Routledge, 2003.
Sartre, Jean-Paul, with Michel Contat and Alexandre Astruc, *Sartre by Himself*, New York: Urizen Books, 1978.
Schwarzer, Alice, *After the Second Sex: Conversations with Simone de Beauvoir*, trans. Marianne Howarth, New York: Pantheon Books, 1984.
Schwarzer, Alice, *Simone de Beauvoir Today: Conversations 1972-1982*, London: Hogarth Press, 1984.
Sevel, Geneviève, Je considère comme une grande chance d'avoir pu recevoir son enseignement, *Lendemains* 94 (1999).
Simons, Margaret A., *Beauvoir and The Second Sex: Feminism, Race, and the Origins of Existentialism*, New York: Rowman & Littlefield, 2001.
Simons, Margaret A., 'Introduction', to Simone de Beauvoir, *Philosophical Writings*, ed. Margaret Simons with Marybeth Timmerman and Mary Beth Mader, Chicago: University of Illinois Press, 2004.
Simons, Margaret A., 'Introduction' to Simone de Beauvoir, *Feminist Writings*, ed. Margaret A. Simons and Marybeth Timmerman, Chicago: University of Illinois Press, 2015.
Simons, Margaret A., 'Introduction' to 'Literature and Metaphysics', *Beauvoir, Philosophical Writings*, ed. Margaret Simons with Marybeth Timmerman and Mary Beth Mader, Chicago: University of Illinois Press, 2004.
Simons, Margaret A., 'Beauvoir's Ironic Sacrifice; or Why Philosophy is Missing from her Memoirs', forthcoming.
Simons, Margaret A. (ed.) *The Philosophy of Simone de Beauvoir: Critical Essays*, Bloomington: Indiana University Press, 2006.
Simons, Margaret A. and Hélène N. Peters, 'Introduction' to 'Analysis of Bernard's Introduction', Beauvoir, *Philosophical Writings*, ed. Margaret Simons with Marybeth Timmerman and Mary Beth Mader, Chicago: University of Illinois Press, 2004.
Spiegelberg, Herbert, *The Phenomenological Movement: A Historical Introduction*, volume 2, The Hague: Springer, 2013.
Tidd, Ursula, *Simone de Beauvoir*, London: Reaktion, 2009.
Tidd, Ursula, 'Some Thoughts on an Interview with Sylvie le Bon de Beauvoir', *Simone de Beauvoir Studies* 12 (1995).
TIME, 'Existentialism', 28 January 1946, pp. 28–9.
Times, The [London], 'Simone de Beauvoir', 15 April 1986, p. 18.
Viellard-Baron, Jean-Louis, 'Présentation'

Moi, Toril, *Simone de Beauvoir: The Making of an Intellectual Woman*, 2nd edn. Oxford: Oxford University Press, 2008.

Moi, Toril, *While We Wait: The English Translation of The Second Sex*, Signs 27:4 (2002): 1005-35.

Mussett, Shannon M. and William S. Wilkerson (eds), *Beauvoir and Western Thought from Plato to Butler*, Albany: State University of New York Press, 2012.

Myrdal, Gunnar, with Richard Sterner and Arnold Rose, *An American Dilemma: The Negro Problem and Modern Democracy*, New York: Harper, 1944.

Nouchi, Franck, 'L'exil américain des lettres d'amour de Simone de Beauvoir à Claude Lanzmann', *Le Monde*, 19 January 2018.

Parshley, Howard, 'Introduction' to *The Second Sex*, trans. H. M. Parshley, New York: Random House, Vintage, 1970.

Pattison, George and Kate Kirkpatrick, *The Mystical Sources of Existentialist Thought*, Abingdon: Routledge, 2018.

Radford, C. B., 'Simone de Beauvoir: Feminism's Friend or Foe?' Part II, *Nottingham French Studies* 7 (May 1968).

Rolo, Charles J., 'Cherchez la femme', *The Atlantic*, April 1953.

Rouch, Marine, '"Vous êtes descendue d'un piédestal": une appropriation collective des Mémoires de Simone de Beauvoir par ses lectrices (1958-1964)' *Littérature* 191 (September 2018).

Rousseaux, André, 'Le Deuxième Sexe', *Le Figaro littéraire*, 12 November 1949.

Rowbotham, Sheila, 'Foreword' to *The Second Sex*, trans. Constance Borde and Sheila Malovany-Chevallier, London: Vintage, 2009.

Rowley, Hazel, *Tête-à-tête: The Lives and Loves of Simone de Beauvoir and Jean-Paul Sartre*, London: Vintage, 2007.

Rubenstein, Diane, "I hope I am not fated to live in Rochester": America in the Work of Beauvoir, *Theory & Event* 15:2 (2012).

Rudman, Laurie A., Corinne A. Moss-Racusin, Julie E. Phelan and Sanne Nauts, 'Status Incongruity and Backlash Effects: Defending the Gender Hierarchy Motivates Prejudice against Female Leaders', *Journal of Experimental and Social Psychology* 48 (2012): 165-79.

Saint-Bris, Gonzague de and Vladimir Fedorovksi, *Les Egéries Russes*, Paris: Lattès, 1994.

Sanitioso, R., Z. Kunda and G. T. Fong, 'Motivated Recruitment of Autobiographical Memories', *Journal of Personality and Social Psychology* 59 (1990): 229–41.

Sanitioso, R. and R. Wlordarski, 'In Search of Information that Confirms a Desired Self-perception: Motivated Processing of Social Feedback and Choice of Social Interactions', *Personality and Social Psychology Bulletin* 30 (2004): 412–22.

Sanos, Sandrine, *Simone de Beauvoir: Creating a Feminist Existence in the World*,

Louis Fort, Anne Strasser (eds), *(Re) Découvrir l'oeuvre de Simone de Beauvoir: Du Dexuième Sexe à La Cérémonie des Adieux*, Paris: Le Bord de L'eau, 2008.

Laubier, Claire (ed.), *The Condition of Women in France, 1945-Present: A Documentary Anthology*, London: Routledge, 1990.

Le Bon de Beauvoir, Sylvie, 'Chronologie', in Simone de Beauvoir, *Mémoires*, tome I, ed. Jean-Louis Jeannelle and Eliane Lecarme-Tabone, Bibliothèque de la Pléiade, Paris: Gallimard, 2018.

Le Bon de Beauvoir, Sylvie, 'Avant-propos', Simone de Beauvoir et Jacques- Laurent Bost, *Correspondence croisée*, Paris: Gallimard, 2004.

Le Bon de Beauvoir, Sylvie, interview with Magda Guadalupe dos Santos, 'Interview avec Sylvie Le Bon de Beauvoir', *Sapere Aude*, Belo Horizonte, 3(6), 357-65, 2 semestre 2012.

Lecarme-Tabone, Eliane, 'Simone de Beauvoir's "Marguerite" as a Possible Source of Inspiration for Jean-Paul Sartre's "The Childhood of a Leader"', trans. Kevin W. Gray, in Christine Daigle and Jacob Golomb, *Beauvoir & Sartre: The Riddle of Influence*, Bloomington: Indiana University Press, 2009.

Le Doeuff, Michèle, *Hipparchia's Choice: An Essay Concerning Women and Philosophy*, trans. Trista Selous, New York: Columbia University Press, 2007.

Lee, Hermione, *Virginia Woolf*, London: Vintage, 1997.

Lejeune, Philippe, *Le pacte autobiographique*, Paris: Seuil, 1975.

Lennon, Kathleen, *Imagination and the Imaginary*, London: Routledge, 2015.

Lessing, Doris, 'Introduction' to *The Mandarins*, trans. Leonard Friedman, London: Harper Perennial, 2005.

Lundgren-Gothlin, Eva, *Sex and Existence: Simone de Beauvoir's* The Second Sex. trans. Linda Schenck, Hanover, NH: Wesleyan University Press, 1996.

Macey, David, *Frantz Fanon: A Biography*, London: Verso Books, 2012.

Martin, Andy, 'The Persistence of "The Lolita Syndrome"', *The New York Times*, 19 May 2013. https://opinionator.blogs.nytimes.com/2013/05/19/savile-beauvoir-and-the-charms-of-the-nymph/

Martin Golay, Annabelle, *Beauvoir intime et politique: La fabrique des Mémoires*, Villeneuve d'Ascq: Presses Universitaires du Septentrion, 2013.

Mauriac, François, 'Demande d'enquête', *Le Figaro*, 30 May 1949.

Maza, Sarah, *Violette Nozière: A Story of Murder in 1930s Paris*, Los Angeles: University of California Press, 2011.

Mead, Margaret, 'A SR Panel Takes Aim at *The Second Sex*', *Saturday Review*, 21 February 1953.

Merleau-Ponty, Maurice, 'Metaphysics and the Nove', trans. Hubert Dreyfus and Patricia Allen Dreyfus, *Sense and Nonsense*, Evanston, IL: Northwestern University Press, 1991.

Oxford: Wiley-Blackwell, 2017.

Hirschman, Sarah, 'Simone de Beauvor: professeur de lycée', *Yale French Studies* 22 (1958–9).

Hoog, Armand, 'Madame de Beauvoir et son sexe', *La Nef*, August 1949.

hooks, bell, 'True Philosophers: Beauvoir and bell', in Shannon M. Mussett and William S. Wilkerson (eds), *Beauvoir and Western Thought from Plato to Butler*, Albany, NY: SUNY Press, 2012.

Horvath, Brooke, *Understanding Nelson Algren*, Columbia, SC: University of South Carolina Press, 2005.

Jannoud, Claude, 'L'Œuvre: Une vulgarisation plus qu›une création', *Le Monde*, 15 April 1986.

Jansiti, Carlo, *Violette Leduc*. Paris: Grasset, 1999.

Jeannelle, Jean-Louis and Eliane Lecarme-Tabone, 'Introduction', in Simone de Beauvoir, *Mémoires*, tome L, ed. Jean-Louis Jeannelle and Eliane Lecarme-Tabone, Bibliothèque de la Pléiade, Paris: Gallimard, 2018.

Jeanson, Francis, *Simone de Beauvoir ou l'entreprise de vivre*, Paris: Seuil, 1966.

Joyaux, G. J. 'Les problèmes de la gauche intellectuelle et Les Mandarins de Simone de Beauvoir', *Kentucky Foreign Language Quarterly* 3 (1956).

Kaplan, Gisela, *Contemporary Western European Feminism*, London: UCL Press, 1992.

Kluckholm, Clyde, 'The Female of our Species', *New York Times Book Review*, 22 February 1953.

Kristeva, Julia and Philippe Sollers, *Marriage as a Fine Art*, trans. Lorna Scott Fox, New York: Columbia University Press, 2016.

Kristeva, Julia, Pascale Fautrier, Pierre-Louis Fort and Anne Strasser (eds), *(Re) Découvrir loeuvre de Simone de Beauvoir: Du Dexuième Sexe à La Cérémonie des Adieux*, Paris: Le Bord de L'eau, 2008.

Kruks, Sonia, *Situation and Human Existence: Freedom, Subjectivity, and Society*, London: Unwin Hyman, 1990.

Kunda, Z. and R. Sanitioso, 'Motivated Changes in the Self-concept', *Journal of Experimental Social Psychology* 25 (1989): 272-85.

Lacoin, Elisabeth, *Zaza: Correspondence et carnets d'Elisabeth Lacoin (1914-29)*. Paris: Seuil, 1991.

Lacroix. Jean, *Maurice Blondel: Sa vie, son oeuvre, avec un exposé de sa philosophie*, Paris: Presses Universitaires de France, 1963.

Lacroix, Jean, 'Charité chrétienne et justice politique', *Esprit* 1945 (February).

Lagneau, Jules, *De l'existence de Dieu*, Paris: Alcan, 1925.

Lamblin, Bianca, *A Disgraceful Affair*, trans. Julie Plovnick, Boston: Northeastern University Press, 1996 [Fr. 1993].

Lanzmann, Claude, *The Patagonian Hare: A Memoir*, trans. Frank Wynne, London: Atlantic Books, 2012.

Lanzmann, Claude, 'Le Sherpa du 11bis', in Julia Kristeva, Pascale Fautrier, Pierre-

Beauvoir, London: Routledge, 1990.
Fallaize, Elizabeth, (ed.) *Simone de Beauvoir: A Critical Reader*, London: Routledge, 1998.
Fouillée, Alfred, *La Liberté et le déterminisme*, 3rd edn, Paris: Alcan, 1890.
Francis, Claude and Fernande Gontier, *Les écrits de Simone de Beauvoir*, Paris: Gallimard, 1979.
Fullbrook, Edward and Kate Fullbrook, *Sex and Philosophy: Rethinking de Beauvoir and Sartre*, London: Continuum, 2008.
Galster, Ingrid, *Le Deuxième Sexe de Simone de Beauvoir*, Paris: Presse universitaire Paris-Sorbonne, 2004.
Galster, Ingrid, *Beauvoir dans tout ses états*, Paris: Tallandier, 2007.
Galster, Ingrid, 'Simone de Beauvoir et Radio-Vichy: A scenarios retrouvés', *Romanische Forschungen* 108. Bd. H. 1/2 (1996).
Galster, Ingrid, '"The limits of the abject": The Reception of *The Second Sex* in 1949', in Laura Hengehold and Nancy Bauer (eds), *A Companion to Simone de Beauvoir*, Oxford: Wiley-Blackwell, 2017.
Garcia, Manon, *On ne naît pas soumise, on le devient*, Paris: Flammarion, 2018.
Gayraud, Amélie, *Les Jeunes filles d'aujourd hui*, Paris: G. Oudin, 1914.
Germain, Rosie, 'Reading The Second Sex in 1950s America', *The Historical Journal* 56(4) (2013): 1041–62.
Gerassi, John, *Jean-Paul Sartre: Hated Conscience of His Century*, vol. 1, London: University of Chicago Press, 1989.
Gerassi, John, *Talking with Sartre: Conversations and Debates*, New Haven: Yale University Press, 2009.
Gheerbrant, Jacqueline and Ingrid Galster, 'Nous sentions un petit parfum de soufre…' *Lendemains* 94 (1999).
Giardina, Carol, *Freedom for Women: Forging the Women's Liberation Movement, 1953-1979*, Gainesville: University Press of Florida, 2010.
Gide, André, *The Journals of André Gide*, trans. Justin O'Brien, New York: Knopf, 1948, vol. II: 1914-27.
Gines, Kathryn T., 'Comparative and Competing Frameworks of Oppression in Simone de Beauvoir's *The Second Sex*', *Graduate Faculty Philosophy Journal* 35 (1-2) (2014).
Grell, Isabelle, *Les Chemins de la liberté de Sartre: genèse et écriture (1938-1952)*, Bern: Peter Lang, 2005.
Guidette-Georis, Allison, 'Georges Sand et le troisième sexe', *Nineteenth Century French Studies* 25:1/2 (1996): 41-9.
Gutting, Gary, *Thinking the Impossible: French Philosophy Since 1960*, Oxford: Oxford University Press, 2011.
Heilbrun, Carolyn, *Writing a Woman's Life*, London: The Women's Press, 1988.
Heller, Richard, 'The Self-centred Love of Madame Yak-yak', *The Mail on Sunday*, I December 1991.
Hengehold, Laura and Nancy Bauer (eds), *A Companion to Simone de Beauvoir*,

Bergson, Henri, *Time and Free Will: An Essay on the Immediate Data of Consciousness*, trans. F. L. Pogson, New York: Dover, 2001.

Bergson, Henri, *The Creative Mind: An Introduction to Metaphysics*, trans. Mabelle L. Anderson, New York: Citadel Press, 1992.

Blanchet, A., 'Les Prix littéraires', *Études* 284 (1955): 96–100.

Boisdeffre, P. de 'LA REVUE LITTERAIRE: Deux morts exemplaires, un même refus: Jean Genet et Simone de Beauvoir', *Revue des deux mondes* (1986): 414-28.

Boulé, Jean-Pierre, Sartre, *Self-formation, and Masculinities*, Oxford: Berghahn, 2005.

Carter, Angela, 'Colette', *London Review of Books*, 2:19, 2 October 1980.

Challaye, Félicien, letter to Amélie Gayraud, in *Les Jeunes filles d'aujourd hui*, Paris: G. Oudin, 1914.

Chaperon, Sylvie, 'The reception of The Second Sex in Europe', *Encyclopédie pour une histoire nouvelle de l'Europe*, 2016. (online): http://ehne.fr/en/node/1175

Charensol, G. 'Quels enseignements peut-on tirer des chiffres de tirage de la production littéraire actuelle?', *Informations sociales* (1957): 36–45.

Churchwell, Sarah, *The Many Lives of Marilyn Monroe*, New York: Picador, 2005.

Cleary, Skye, *Existentialism and Romantic Love*, Basingstoke: Palgrave Macmillan, 2015.

Cohen-Solal, Annie, Sartre: *A Life*, London: Heinemann, 1987.

Collingnon, A. 'Bouches inutiles aux Carrefours', *Opéra*, 31 October 1944.

Conant, James, 'Philosophy and Biography', lecture given at 'Philosophy and Biography' symposium, 18 May 1999, published online by the Wittgenstein Initiative: http://wittgenstein-initiative.com/philosophy-and-biography/

Cottrell, Robert D., *Simone de Beauvoir*, New York: Frederick Ungar, 1975.

Crosland, Margaret, *Simone de Beauvoir: The Woman and Her Work*, London: Heinemann, 1992.

Dayan, Josée and Malka Ribowska, *Simone de Beauvoir*, Gallimard: Paris, 1979.

Deguy, Jacques and Sylvie Le Bon de Beauvoir, *Simone de Beauvoir: Ecrire la liberté*, Paris: Gallimard, 2008.

Delacourt, Xavier, 'Simone de Beauvoir adaptée: Une fidélité plate', *Le Monde*, 1978.

Descartes, René, *Œuvres de Descartes*, ed. Charles Adam and Paul Tannery, volume I, Paris: Cerf, 1897.

Dijkstra, Sandra, 'Simone de Beauvoir and Betty Friedan: The Politics of Omission', *Feminist Studies* 6:2 (Summer 1980).

d'Eaubonne, Françoise, *Une femme nommée Castor*, Paris: Harmattan, 2008.

Eliot, George, *Middlemarch*, Oxford: Oxford University Press, 1988.

Emerson, Ralph Waldo, 'Considerations by the Way', from *Complete Works*, vol. 6, 'The Conduct of Life', 1904.

Fallaize, Elizabeth, *The Novels of Simone de*

主要參考書目

Algren, Nelson, 'Last Rounds in Small Cafés: Remembrances of Jean-Paul Sartre and Simone de Beauvoir', *Chicago*, December 1980.

Algren, Nelson, 'People', *Time*, 2 July 1956.

Altman, Meryl, 'Beauvoir, Hegel, War', *Hypatia* 22(3) (2007): 66–91.

Anon. 'Views and Reviews', *New Age* 1914 (15/17).

Arp, Kristana, *The Bonds of Freedom: Simone de Beauvoir's Existentialist Ethics*, Chicago: Open Court, 2001.

Audry, Colette, 'Portrait de l'écrivain jeune femme', *Biblio* 30:9 (November 1962).

Audry, Colette, 'Notes pour un portrait de Simone de Beauvoir', *Les Lettres françaises* 17-24 December 1954.

Aury, Dominique, 'Qu'est-ce que l'existentialisme? Escarmouches et patrouilles', *Les Lettres françaises*, 1 December 1945.

Bair, Deirdre, *Simone de Beauvoir: A Biography*, London: Jonathan Cape, 1990.

Barrett, William, *Irrational Man: A Study in Existential Philosophy*, New York-Doubleday, 1958.

Barron Marie-Louise, 'De Simone de Beauvoir à Amour Digest. Les croisés de l'émancipation par le sexe', *Les lettres françaises*, 23 June 1949.

Baruzi, Jean, *Leibniz: Avec de nombreux textes inédits*, Paris: Bloud et cie. 1909

Battersby, Christine, 'Beauvoir's Early Passion for Schopenhauer: On Becoming a Self', forthcoming.

Bauer, Nancy, *Simone de Beauvoir, Philosophy, and Feminism*, New York: Columbia University Press, 2001.

Bauer, Nancy, 'Introduction' to 'Femininity: The Trap', in Simone de Beauvoir, *Feminist Writings*, ed. Margaret A. Simons and Marybeth Timmerman, Urbana: University of Illinois Press, 2015.

Beauvoir, Hélène de, *Souvenirs*, Paris: Séguier, 1987.

Beauvoir, Simone de - *see Abbreviations on pp. xii-xiv for all primary sources cited.*

Beauvoir, Simone de, in discussion with Claudine Chonez, 'Simone de Beauvoir: Le Deuxième Sexe' (actualité du livre), 30 November 1949, Institut National de l'Audovisuel, France. https://www.ina.fr/audio/PH806055647/simone-de-beauvoir-le-deuxieme-sexe-audio.html

Beauvoir, Simone de, in interview with Madeleine Gobeil, 'The Art of Fiction No. 35', *Paris Review* 34 (Spring-Summer 1965).

Beauvoir, Simone de, in Interview with Margaret A. Simons and Jane Marie Todd, 'Two Interviews with Simone de Beauvoir', *Hypatia* 3:3 (1989).

1990, Beauvoir's letters to Sartre were published by Sylvie Le Bon de Beauvoir. For Sylvie's reasons for publishing see Ursula Tidd, 'Some Thoughts on an Interview with Sylvie le Bon de Beauvoir: Current issues in Beauvoir studies', *Simone de Beauvoir Studies* 12 (1995): 17-26. 8 Lamblin, p. 137.

9 'Simone de Beauvoir interroges Jean-Paul Sartre', in *Situations* X, 'Politique et autobiographie', Paris: Gallimard, 1976, pp. 116-17.

10 ASD 143.

11 See Cohen-Solal, *Sartre*, p. 261. See also Marine Rouch 2018 on the way Beauvoir's readers idolized her ('"Vous êtes descendue d'un piédestal": une appropriation collective des Mémoires de Simone de Beauvoir par ses lectrices (1958–1964),' *Littérature* 191 (September 2018)).

12 SdB in Alice Schwarzer, *Simone de Beauvoir Today*, p. 93.

13 ASD 144.

14 *Simone de Beauvoir*, film by Josée Dayan and Malka Ribowska, text published by Gallimard: Paris, 1979; film made in 1978.

15 Schwarzer, *Simone de Beauvoir Today*, p. 37.

16 Moi, 2008, p. 39.

17 Beauvoir in SdB, Simons and Todd. 'Two Interviews with Simone de Beauvoir', p. 24.

18 Sorokine found The Blood of Others boring (see SdB to Sartre, 27 January 1944, LS 384).

19 SdB to Schwarzer, *Simone de Beauvoir Today*, p. 110.

20 FC 283. Emphasis added.

21 PL 606. Sylvie Le Bon de Beauvoir, in Magda Guadalupe dos Santos 'Interview avec Sylvie Le Bon de Beauvoir', *Sapere Aude*, Belo Horizonte, 3(6), 357–65, 2 semestre 2012, p. 359.

22 ASD 235.

23 ASD 619.

24 See DPS 58-61, 66 especially 16 August 1926.

25 Nietzsche, 'Schopenhauer as Educator', in *Untimely Meditations*, trans. R. J. Hollingdale, Cambridge: Cambridge University Press, 1997, 163.

26 See Plato's *Symposium*.

27 SS 166.

28 Elizabeth Fallaize, *The Novels of Simone de Beauvoir*, 'Introduction', p. 1.

29 PC 120.

Beauvoir', p. 24.

28 SdB in Schwarzer, *Simone de Beauvoir Today*, p. 210.

29 'Foreword to Deception Chronicles', FW 272.

30 'Women, Ads, and Hate', FW 275.

31 'The Urgency of an Anti-Sexist Law', trans. Marybeth Timmermann, FW 266. First published in *Le Monde* as 'De l'urgence d'une loi anti-sexiste', March 18-19, 1979.

32 'Women, Ads, and Hate', FW 275.

33 Lanzmann, *Patagonian*, p. 257.

34 Cited in Lanzmann, *Patagonian*, pp. 258-9.

35 Schwarzer, p. 110.

36 Bair, p. 604.

37 Etcherelli, 'Quelques photos-souvenirs', p. 61.

38 Beauvoir, in SdB, Simons and Todd, 'Two Interviews with Simone de Beauvoir' p. 20.

39 Beauvoir, ibid.

40 無論是在《歧義的道德》的首段、《塵埃落定》的末段或學生日記中，波娃都曾引用帕斯卡——帕斯卡也認為人類的生命具有歧義性。

41 沙特在其著作中並未明確承認這些思想家對他的影響，反而承認了幾個比較時髦的學派對他的影響（例如：現象學、精神分析與馬克思主義）。See Kate Kirkpatrick, Sartre on Sin, Oxford: Oxford University Press, 2017; *The Mystical Sources of Existentialist Thought*, Abingdon: Routledge, 2018.

42 HdB, *Souvenirs*, p. 8.

43 HdB, *Souvenirs*, p. 12; Lanzmann, *Patagonian*, p. 525.

44 Claude Jannoud, 'L'Œuvre: Une vulgarisation plus qu›une création', *Le Monde*, 15 April 1986.

第十七章

1 Voltaire, 'Première Lettre sur Oedipe' in *Oeuvres* (1785) vol. 1.

2 'Simone De Beauvoir', *The Times* [London, England] 15 April 1986: 18. The Times Digital Archive. Online 24 March 2018.

3 Appreciation, Michael Dobbs, 15 April 1986, *The Washington Post*. https://www. washingtonpost. com/archive/lifestyle/1986/04/15/appreciation/39084b0c- a652-4661-b226-3ad12385b4d3/?utm_term=55d325922220

4 Liliane Lazar, 'Simone de Beauvoir (9 January 1908-14 April 1986)'; *Dictionary of Literary Biography Yearbook: 1986*, edited by J. M. Brook, Gale, 1987, pp. 199-206, here pp. 200, 201.

5 P.de Boisdeffre, 'LA REVUE LITTERAIRE: Deux morts exemplaires, un même refus: Jean Genet et Simone de Beauvoir', *Revue des deux mondes* (1986): 414-28, here pp. 416, 419, 420.

6 Richard Heller, 'The Self-centered Love of Madame Yak-Yak', Mail on Sunday, 1 December 1991, p. 35.

7 Lanzmann, *Patagonian* p. 351. In

Digital Archive. Online, 27 March 2018.

2 Bair, p. 587.

3 Bair, p. 588.

4 Sylvie Le Bon de Beauvoir, interview with Magda Guadalupe dos Santos, 'interview avec Sylvie Le Bon de Beauvoir', *Sapere Aude*, Belo Horizonte, v. 3, n. 6, pp. 357-65, 2 semestre 2012, p. 364.

5 Bair, p. 512.

6 A 3.

7 Bair, p. 595.

8 'La fin d'un philosophe', *Le Point*, 23-29 November 1981.

9 A 254, 353.

10 Hazel E. Barnes, 'Beauvoir and Sartre: The Forms of Farewell', *Philosophy and Literature* 9(1): 28–9.

11 Cohen-Solal, Sartre, p. 518.

12 FC 328.

13 Beauvoir, cited in interview with Alice Schwarzer, p. 107.

14 'La mort de Jean-Paul Sartre', *Le Monde*, 12 May 1980, http://www.lemonde.fr/archives/article/1980/05/12/la-mort-de-jean-paul- sartre_2822210_1819218.html?xtmc=jean_paul_sartre_deces&xtcr=11

15 Jossin, Janick, 'Sartre face à son époque', *L'express*, 19 April 1980, https://www.lexpress.fr/culture/livre/sartre-face-a-son-epoque_486893.html

16 'Jean-Paul Sartre dies in Paris hospital', *The Times* [London, England] 16 April 1980: 1. The Times Digital Archive. Online, 27 March 2018.

17 'Obituary', *The Times* (London, England] 16 April 1980: 16. The Times Digital Archive. Online, 27 March 2018.

18 Schwarz, W. (1980, 16 April). 'Sartre, sage of left, dies', *The Guardian* (1959-2003).

19 J-P Sartre: As influential as Rousseau (1980, 16 April), *The Guardian* (1959-2003).

20 Whitman, Alden, 'Jean-Paul Sartre, 74, dies in Paris', *New York Times*, 16 April 1980, https://archive.nytimes.com/www.nytimes.com/learning/general/onthisday/ bday/0621.html

21 McLellan, Joseph, 'Jean-Paul Sartre, Existential Author, Dramatist, Dies', *Washington Post*, 16 April 1980, https://www.washingtonpost.com/archive/local/1980/04/16/jean-paul-sartre- existential-author-dramatist-dies/120a0b98-9774-4248-a123-1efab2d68520/?utm_term=.2cad98e8c74e

22 Simone de Beauvoir to Bianca Lamblin, autumn 1982, cited in Lamblin, *A Disgraceful Affair*.

23 Bair, p. 598.

24 See Lanzmann, *Patagonian*, p. 352.

25 Bair, p. 601.

26 Michèle le Doeuff, 'Sartre; l'unique sujet parlant', *Esprit – changer la culture et la politique*, 5: 181-91.

27 SdB in Beauvoir, Simons and Todd, 'Two Interviews with Simone de

41 Etcherelli, 'Quelques photos-souvenirs', p. 61.

42 Bair, p. 676 n. 13.

43 A 54.

44 A 63.

45 Cohen-Solal, *Sartre*, p. 500.

46 Preface to 'Everyday Sexism', *Les Temps Modernes* 329 (December 1973), trans. Marybeth Timmerman, in FW 240.

47 Simone de Beauvoir, 'Preface to *Divorce in France*', trans. Marybeth Timmerman, FW 248. First published in Claire Cayron, *Divorce en France*, Paris: Denoël- Gonthier, 1974.

48 'Introduction to *Women Insist*', trans. Marybeth Timmerman, FW 250.

49 See ASD 499.

50 Gerassi, p. 30. December 1970 interview.

51 Gerassi, p. 32. December 1970 interview.

52 This interview appeared in weekly instalments in *Le Nouvel Observateur*, 23, 30 June and 7 July, 1975. Cited in Hazel Rowley, *Tête-à-tête*, p. 333.

53 'Simone de Beauvoir interroge Jean-Paul Sartre', in *Situations* X, 'Politique et autobiographie', Paris: Gallimard, 1976, pp. 116–17.

54 Schwarzer, p. 73.

55 'My Point of View: An Outrageous Affair', trans. Debbie Mann and Marybeth Timmermann, FW 258.

56 'When All the Women of the World...', trans Marybeth Timmermann, FW 256.

57 A 100.

58 A 110-11.

59 'D'abord, je ne donnais pas à lire mes manuscrits - à personne sauf à Simone de Beauvoir avant qu'ils sont imprimés: par consequent, elle avait un rôle essentiel et unique.' (Michel Sicard, 'Interférences: entretien avec Simone de Beauvoir et Jean-Paul Sartre', *Obliques* 18-19 (1979): 326.)

60 Xavier Delacourt, 'Simone de Beauvoir adaptée: Une fidélité plate', *Le Monde*, 1978. http://www.lemonde.fr/archives/article/1978/01/30/simone-de-beauvoir- adaptee-une-fidelite-plate_3131878_1819218.html#YOXP2bX45101dulu.99

61 WT, pp. 74-5.

62 Josée Dayan and Malka Ribowska, *Simone de Beauvoir*, text published by Gallimard: Paris, 1979; based on a film made in 1978. http://www.ina.fr/video/CAB7900140801

63 Video: 'Film "Simone de Beauvoir:"' sur Samedi et demi, Institut National de l'Audiovisuel, France, https://www.ina.fr/video/CAB7900140801/film-simone-de-beauvoir-video.html

64 Julien Cheverny, 'Une bourgeoise modèle: Simone de Beauvoir', *Figaro Magazine*, 17 February 1979, p. 57.

65 Schwarzer, p. 103.

第十六章

1 Charles Hargrove, 'Thousands escort Sartre's coffin', *The Times* [London, England] 21 April 1980: 4. The Times

Revolt', Commentary 54(2),1 August 1972: 56-9, here 56.

10 ASD 147.

11 OA 148.

12 Simone de Beauvoir, in *A Walk Through the Land of Old Age*, in PolW 363.

13 Schwarzer, Introduction, p. 13.

14 See A 10-11.

15 'Response to Some Women and a Man', FW 209.

16 'Response', FW 210.

17 'Response', FW 210.

18 'Beauvoir's Deposition at the Bobigny Trial', FW 220.

19 'Beauvoir's Deposition at the Bobigny Trial', FW 226.

20 'Beauvoir's Deposition at the Bobigny Trial', FW 226.

21 'Abortion and the Poor', FW 217.

22 ASD 134.

23 Jean-Marie Domenach, 'Simone de Beauvoir: Tout compte fait', *Esprit* 1972 (December): 979-80.

24 ASD 154.

25 See ASD 57ff, 163.

26 Carlo Jansiti, *Violette Leduc*, Paris: Grasset, 1999, pp. 447-8.

27 ASD 193

28 ASD 484.

29 ASD 489.

30 ASD 500.

31 November 1949 interview with Clodine Chonez, retransmitted by the radio programme 'Les jours du siècle', France Inter, 17 February 1999.

32 Francis Jeanson, *Simone de Beauvoir ou l'entreprise de vivre, suivi d'entretiens avec Simone de Beauvoir*, Paris: Seuil, 1966, p. 258.

33 FC 202.

34 Alice Schwarzer, 'I am a feminist', in *Simone de Beauvoir Today: Conversations 1972-1982*, London: Hogarth Press, 1984, p. 16. See also pp. 29ff. For an excellent discussion of the continuity of Beauvoir's feminism in 1949 and the 1970s see Sonia Kruks, 'Beauvoir and the Marxism Question', in Laura Hengehold and Nancy Bauer (eds), *A Companion to Simone de Beauvoir*, Oxford: Wiley- Blackwell, 2017.

35 Schwarzer, p. 34.

36 Schwarzer, pp. 37-8.

37 'Preface to *Stories from the French Women's Liberation Movement*', trans. Marybeth Timmermann, FW 260.

38 Alice Schwarzer,'The Rebellious Woman - An Interview with Alice Schwarzer', trans. Marybeth Timmermann, FW 197.

39 Sylvie Chaperon, 'Introduction' to 'The MLF and the Bobigny Affair', FW 189.

40 Claire Etcherelli, 'Quelques photos-souvenirs, Les Temps Modernes 63(647-8), January-March 2008: 60. 朗茲曼推薦波娃讀了艾切雷利的書《Élise ou la vrai vie》，書中寫的是一名阿爾及利亞男性與一名女工在獨立戰爭期間所譜出的禁忌愛情故事。這本書後來得了許多獎，而艾切雷利也在七〇年代時加入《摩登時代》團隊，成為編輯之一。

91 'The Situation of Women Today', FW 145.
92 'The Situation of Women Today', FW 133, 134
93 'The Situation of Women Today', FW 139.
94 'Women and Creativity', FW 158.
95 'Les Belles Images (par Simone de Beauvoir, *Gallimard*), *La Cité*, May 1967, p. 14.
96 SLBdB, 'Chronologie', MPII xxxi.
97 ASD 144.
98 BI 151.
99 SdB Interview with Jacqueline Piatier, *Le Monde*, 23 December 1966.
100 BI 183.
101 SLBDB, 'Chronologie', MPII xxxi.
102 ASD 414.
103 See ASD 369 for Beauvoir's discussion.
104 ASD 142.
105 'Preface to *Through Women's Eyes*', trans. Marybeth Timmermann, FW 253.
106 TWD 13.
107 TWD 70.
108 TWD 80.
109 TWD 107.
110 Henri Clouard, 'La Revue littéraire', *Revue des deux mondes*, March 1968: 115-24, p. 118.
111 Clouard 'La Revue littéraire', pp. 118-19.
112 Jacqueline Piatier, 'Le Démon du bien: "La Femme rompue" de Simone de Beauvoir', *Le Monde*, 1968.
113 ASD 144.
114 ASD 143.
115 ASD 147.
116 ASD 490.
117 Bruno Vercier, 'Les livres qui ont marqué la pensée de notre époque', *Réalités*, August 1971.
118 'Libération des femmes, année zéro', *Partisans* 54-55: 1970, Maspero.
119 波娃在《塵埃落定》中說，是澤林斯基主動來找她的。而安・澤林斯基則說是波娃主動找上她們。(In 'Castor for ever', in Le cinquantenaire du '*Deuxième Sexe*', 310–13.)
120 席薇・勒龐表示，波娃從未墮過胎。波娃認為女性應該擁有自由選擇墮胎的權利，但她也相信避孕藥的普及會讓墮胎與否成為「不那麼重要的問題」。(Schwarzer, p. 30.)

第十五章

1 ASD 131.
2 From Gide's old character, la Pérouse: quoted in OA 237.
3 Woolf, 29 December 1940, cited in OA 514.
4 OA 244.
5 OA 410.
6 OA 547.
7 Revue des livres, *Vie Sociale*, March 1970, pp. 157–160. http://gallica.bnf.fr/ ark:/12148/bpt6k62832097/f34.item.r=beauvoir
8 Henry Walter Brann, review of 'L*a Vieillesse* by Simone de Beauvoir, The French Review 44(2), December 1970: 396-7.
9 Edward Grossman, '*Beauvoir's Last*

62 FC 203.

63 FC 202.

64 Simone de Beauvoir, 'Une interview de Simone de Beauvoir par Madeleine Chapsal', in *Les écrivains en personne* (Paris: Julliard, 1960, pp. 17–37), reprinted in *Les écrits de Simone de Beauvoir*, ed. Claude Francis and Fernand Gontier, Paris: Gallimard, 1979, p. 396.

65 FC 674.

66 Françoise d'Eaubonne, *Une femme nommée Castor*, Paris: Harmattan, 2008, p. 253. See also MPII 1017ff on 'j'ai été flouée'.

67 SLBDB, 'Chronologie', MPII xxvi.

68 SdB, in interview with Madeleine Gobeil, 'The Art of Fiction No. 35', *Paris Review 34* (Spring-Summer 1965). See also SLBdB 'Chronologie', MPII xxviii for information about dating.

69 Letter dated 29 October 1964, cited in Rouch, 'Vous êtes descendue a un piédestal', p. 81.

70 FC 133.

71 FC 133-4.

72 Jacques Ehrmann, 'The French Review', *The French Review* 37(6) 1964: 698-9.

73 G. Ménie, 'Le Prix d'une révolte', *Esprit* 326(3) 1964 (March): 488–96, 493.

74 Francine Dumas, 'Une réponse tragique', *Esprit* 326(3) 1964 (March): 496-502.

75 SdB to NA, December 1963, TALA 556.

76 Nelson Algren, 'I ain't Abelard', *Newsweek*, 28 December 1964, 58–9.

77 Nelson Algren, 'The Question of Simone de Beauvoir', *Harper's*, May 1965, 136.

78 See note in TALA 559.

79 http://www.lepoint.fr/actualites-litterature/2007-01-18/simone-de-beauvoir- ces-lettres-qui-ebranlent-un-mythe/1038/0/45316

80 Kurt Vonnegut, *Fates Worse than Death: An Autobiographical Collage of the 1980s*, New York: 2013, 60. Vonnegut's claim is based on Bair's biography of Beauvoir.

81 'Preface to *The Sexually Responsive Woman*', first published in English in 1964; no surviving French version; FW 97.

82 See Jean-Louis Jeannelle and Eliane Lecarme-Tabone, 'Introduction', MPI xliv.

83 Sara Ahmed, 'Feminist Killjoys (and Other Wilful Subjects)', *Scholar and Feminist Online* 8(3), Summer 2010: 4.

84 SLBdB 'Chronologie', MPII xxvi.

85 'What Love Is - And Isn't', *McCall's* 71, August 1965, 133. Reproduced In FW 100.

86 'Sartre Talks of Beauvoir', *Vogue*, July 1965, p. 73.

87 'Notes' autour de *Tout compte fait*, MPII 973.

88 'Notes' autour de *Tout compte fait*, MPII 978.

89 'Notes' autour de *Tout compte fait*, MPII 997-8.

90 ASD 275.

1956, p. 33.

22 SLBdB, 'Chronologie', MPII xvii.

23 SdB to NA, 1 January 1957, p. 526.

24 FC 506.

25 See SdB to S, August 1958 (n.d.), LS 514.

26 Cohen-Solal, *Sartre*, p. 419 ff.

27 Cohen-Solal, *Sartre*, p. 428.

28 SLBDB, 'Chronologie', MPII xx.

29 SdB to NA, 16 November 1960, TALA 538.

30 Lamblin, *A Disgraceful Affair*, p. 148.

31 SdB. in interview with Madeleine Gobeil, 'The Art of Fiction No. 35', *Paris Review* 34 (Spring-Summer 1965).

32 See 'Introduction' to MPI xxxviii.

33 SdB to NA, 16 November 1960, TALA 538.

34 SdB to NA, December 1960, TALA 539.

35 PL 220.

36 法文原文為：'il faudrait plutôt expliquer comment certains individus sont capables de mener à bein ce délire concerté qu'est un système et d'où leur vient l'entêtement qui donne à leurs aperçus la valeur des clés universelles. J'ai dit déjà que la condition féminine ne dispose pas à ce genre d'obstination.'

37 PL 221.

38 SLBDB, 'Chronologie', MPII xxii.

39 David Macey, *Frantz Fanon: A Biography*, London: Verso Books, 2012, Pp. 455-6.

40 FC 606-7.

41 FC 611.

42 SLBdB, 'Chronologie', MPII xxiii. Some of the stolen material reappeared subsequently in private sales.

43 He wouldn't stay there for long - in December he moved to 222 boulevard Raspail.

44 ASD 306.

45 Cohen-Solal, Sartre, p. 406.

46 See Gary Gutting, *Thinking the Impossible: French Philosophy Since 1960*, Oxford: Oxford University Press, 2011, chapter 4.

47 傅瑞丹本人在一陣子之後才承認自己受到波娃影響。see Sandra Dijkstra, 'Simone de Beauvoir and Betty Friedan: The Politics of Omission', *Feminist Studies* 6(2). (Summer 1980): 293–4.

48 Cited in Gonzague de Saint-Bris and Vladimir Fedorovksi in *Les Egéries Russes*, Paris: Lattès, 1994, p. 282.

49 VED 29.

50 SdB to NA, December 1963, p. 555.

51 VED 31.

52 'Maladie de ma mère', ff. 254, 287, 311. Cited in 'Notice' MPII 1276.

53 VED 24.

54 VED 19-20.

55 VED 76.

56 ASD 135.

57 ASD 75.

58 SLBdB, 'Chronologie', dates the submission of the manuscript to 7 May 1963

59 FC 199.

60 FC 202.

61 FC 202.

91 See 'Notice' to *Mémoires d'une jeune fille rangée*, in MPI 1226, on the absence of what Philippe Lejeune called 'the autobiographical pact', by which the author commits to telling the reader the truth about herself (see *Le pacte autobiographique*, Paris: Seuil, 1975).

92 'Texte de Présentation de l'Édition Originale', Simone de Beauvoir, *Mémoires d'une Jeune Fille Rangée*', MPI 352.

93 'essai sur l'écrivain', cited in MPI, 'Introduction', xv.

94 FC 448.

95 Lanzmann, Patagonian, p. 329.

96 Lanzmann, Patagonian, p. 330.

97 FC 614.

98 Letter from a reader, dated 20 June 1959; cited in Marine Rouch, '"Vous êtes descendue d'un piédestal": une appropriation collective des Mémoires de Simone de Beauvoir par ses lectrices (1958-1964)' *Littérature* 191 (September 2018): 68-82, p. 68.

99 See Marine Rouch, 'Vous êtes descendue d'un piédestal', p. 72.

100 Letter from a reader, dated 15 November 1959; cited in Rouch, 'Vous êtes descendue d'un piédestal', p. 71.

101 MDD 360.

102 FC 456.

第十四章

1 在她所發表的沙特信件集中，波娃說沙特在一九六三年七月二十五日時寫了最後一封信給她。此後，兩人在分隔兩地時都以電話聯絡。QM 304.

2 SdB to NA, September 1959, TALA 530.

3 FC 466.

4 Lanzmann, *Patagonian*, p. 330.

5 *Brigitte Bardot and the Lolita Syndrome*, trans. Bernard Frechtman, London: Four Square, 1962. First published in *Esquire* in August 1959.

6 BB 36.

7 BB 30.

8 TALA 528, SdB to NA, 2 January 1959.

9 'Chronologie', MPII xiv; xvi. We know from Sylvie Le Bon de Beauvoir's 'Chronologie' that there are several surviving (unpublished) journals, extracts from which were published in MPI and II in 2018.

10 SdB, *Extraits du journal*, May 1959, MPI 349.

11 SdB, *Extraits du journal*, May 1959, MPI 349.

12 FC 479-80.

13 October 1959, QM 295.

14 Sartre to SdB, October 1959 [undated], QM 297.

15 FC 480.

16 FC 511.

17 FC 487.

18 '*Preface to The Great Fear of Loving*', FW 84.

19 SLBdB, 'Chronologie', MPII xvii.

20 FC 503.

21 Nelson Algren, 'People', *Time*, 2 July

52 FC 323.

53 FC 326.

54 FC 328.

55 'Les prix Goncourt et Renaudot', *Journal les actualités françaises*, 10 December 1954, Institut National de l'Audovisuel, France, https://www.ina.fr/video/AFE85007180/les-prix-goncourt-et-renaudot-video.html

56 SdB to NA, 9 January 1955, p. 512.

57 Colette Audry, 'Notes pour un portrait de Simone de Beauvoir', *Les Lettres françaises*, 17-24 December, 1954, p. 5.

58 Beauvoir, 'A Story I Used to Tell Myself' [1963], UM 159.

59 FC 328.

60 FC 282.

61 FC 283.

62 FC 328.

63 A. Blanchet, 'Les Prix littéraires', *Études* 284 (1955): 96-100, here p. 98.

64 G. Charensol, 'Quels enseignements peut-on tirer des chiffres de tirage de la production littéraire actuelle?', *Informations sociales* (1957): 36-45.

65 G. J. Joyaux, 'Les problèmes de la gauche intellectuelle et Les Mandarins de Simone de Beauvoir', *Kentucky Foreign Language Quarterly* 3 (1956): 121.

66 FC 328.

67 Doris Lessing, 'Introduction' to M 9.

68 M 48.

69 M 107.

70 M 203.

71 TALA 511.

72 Lanzmann, *Patagonian*, p. 257.

73 FC 336.

74 SdB to S, late May 1954 [undated], LS 505.

75 FC 361.

76 FC 332.

77 PW 7.

78 'What is Existentialism?' PW 324.

79 'What is Existentialism?' PW 324.

80 FC 358-9.

81 LM 32.

82 FC 487.

83 I am not at liberty to cite the Lanzmann letters directly, but the letters in question are from August and September 1956, available at the Beinecke Rare Book & Manuscript Library, Yale University. The quotation from C.Wright Mills is from *The Power Elite*, Oxford: Oxford University Press, 2000, p. 3.

84 See Sandrine Sanos, *Simone de Beauvoir*, p. 117. Margaret Simons, 'Beauvoir's Ironic Sacrifice; or Why Philosophy Is Missing from her Memoirs', forthcoming.

85 TLM 130.

86 This information is taken from 1956 (tome I) and 1958 (tome II) NRF editions of *Le Deuxième Sexe* (Paris: Gallimard).

87 TALA 526, 1 January 1957.

88 FC 398.

89 Unpublished journal, 25 May 1958, Sylvie Le Bon de Beauvoir archives, cited in the 'Introduction' to MPI ix.

90 FC 443.

made in 1978.

29 FC 297.

30 FC 297-8.

31 FC 298. See also Claude Lanzmann, *The Patagonian Hare: A Memoir*, trans. Frank Wynne, London: Atlantic Books, 2012, p. 244 on becoming part of 'the family'.

32 Lanzmann, *Patagonian*, p. 265.

33 Lanzmann, *Patagonian*, p. 259.

34 朗茲曼出售給耶魯的信件共有112封。但他曾在2008年提起，他手上的信件共有300封。See Claude Lanzmann, 'Le Sherpa du 11bis, in Julia Kristeva, Pascale Fautrier, Pierre-Louis Fort, Anne Strasser (eds) *(Re) Découvrir loeuvre de Simone de Beauvoir: Du Dexuième Sexe à La Cérémonie des Adieux*, Paris: Le Bord de L'eau, 2008, p. 20.

35 Cited in Franck Nouchi, 'L'exil américain des lettres d'amour de Simone de Beauvoir à Claude Lanzmann', *Le Monde*, 19 January 2018.

36 See Introduction to SS 12.

37 See Toril Moi, 'While We Wait: The English Translation of *The Second Sex*', *Signs* 27(4): 1005-35 (2002).

38 Blanche Knopf to Harold Parshley, 2 November 1951, cited in Rosie Germain, 'Reading The Second Sex in 1950s America', *The Historical Journal* 56(4) 2013: 1041-62.

39 Parshley, 'Introduction', SSP vi.

40 Parshley, 'Introduction', SSP x.

41 Beauvoir, in SdB, Simons and Todd, 'Two Interviews with Simone de Beauvoir', p. 20.

42 Clyde Kluckholm, 'The Female of our Species', New York Times Book Review, 22 February 1953, 3, 33.

43 Charles J. Rolo, 'Cherchez la femme', *The Atlantic*, April 1953, 86.

44 Margaret Mead, in 'A SR Panel Takes Aim at *The Second Sex*', *Saturday Review* 21 February 1953.

45 在美國，波娃的書總是和女性相關的當代書籍擺在一起。金賽的《男性性行為》在一九四六年出版。就像波娃在給艾格林的信中所希望的的那樣，市面上開始出現許多關於女性性慾的書籍。一九五二年，人類學家蒙塔古（Ashley Montagu）發表了《天生優越的女性》（*The Natural Superiority of Women*）。一九五三年時則出現了金賽的《女性性行為》和克馬羅斯克（Mirra Komarovsky）的《現代世界中的女性》。

46 Carol Giardina, *Freedom for Women: Forging the Women's Liberation Movement*, 1953–1979, Gainesville: University Press of Florida, 2010, p. 79.

47 For more on the reception of *The Second Sex* in 1950s America, see Rosie Germain's excellent article 'Reading *The Second Sex* in 1950s America'.

48 SdB to NA, April 1953, TALA 479.

49 Lanzmann, *Patagonian*, p. 235.

50 SdB to Sartre, summer 1953 (n.d.), LS 493.

51 SdB to NA, 15 February 1954, p. 492.

Sex and Existence: Simone de Beauvoir's The Second Sex, trans, Linda Schenck, Hanover, NH: Wesleyan University Press, 1996.

52 C. B. Radford, 'Simone de Beauvoir: Feminism's Friend or Foe?' Part II, *Nottingham French Studies* 7 (May 1968): 44. On 'energetic anger' see Margaret Crosland, *Simone de Beauvoir: The Woman and Her Work*, London: Heinemann, 1992, p. 359.

53 Kathryn T. Gines (Kathryn Sophia Belle), 'Comparative and Competing Frameworks of Oppression in Simone de Beauvoir's *The Second Sex*', *Graduate Faculty Philosophy Journal* 35 (1-2) (2014): 251-73. 250.

54 Beauvoir, 'Introduction to *Women Insist*', trans. Marybeth Timmerman, in FW 250.

55 Moi, *Simone de Beauvoir*, p. 28.

第十三章

1 See 'Chronologie', MPI xcviii. Included in FW.

2 'It's About Time Women Put a New Face on Love', *Flair* 1(3), April 1950: 76-7.

3 'It's About Time', FW 76.

4 'It's About Time', FW 78.

5 'It's About Time', FW 79.

6 SdB to Sartre, early July 1950, *Lettres à Sartre*, p. 370.

7 SdB to Sartre, 2 September 1950.

8 SdB to Sartre, 20 August 1950, LS 474.

9 FC 245.

10 TALA 434.

11 SdB to NA, 30 October 1951 TALA 434, 435.

12 SdB to NA, 30 October 1951, TALA 436.

13 FC 267-8.

14 SdB to NA, 9 November 1951, TALA 440.

15 Sylvie Chaperon, 'The reception of The Second Sex in Europe', *Encyclopédie pour une histoire nouvelle de l'Europe*, 2016.

16 SdB to NA, 3 December 1951, TALA 446.

17 FC 170.

18 FC 291.

19 FC 268. On Sartre's adoption of some of Beauvoir's views by the time he published *Saint Genet* in 1952, see Webber, *Rethinking Existentialism*.

20 FC 269.

21 FC 296-7.

22 FC 291.

23 FC 291.

24 Sartre, in 'Sartre on Literature and Politics: A Conversation with Redmond O'Hanlon', *The Crane Bag* 7(1), *Socialism and Culture* (1983): 83.

25 Claude Lanzmann to SdB: Sylvie Le Bon de Beauvoir archives, cited in Rowley, *Tête-à-tête*, p. 214.

26 FC 294.

27 Gerassi interview with Sartre, 12 March 1971.

28 See Josée Dayan and Malka Ribowska *Simone de Beauvoir*, text published by Gallimard: Paris, 1979; based on a film

26 Claire Laubier (ed.), *The Condition of Women in France, 1945-Present: A Documentary Anthology*, London: Routledge, 1990, p. 1.

27 SS 607.

28 SS 641, 644.

29 SS 645.

30 Cited in SdB to Sartre, 19 January 1940, LS 262.

31 SS 724-5.

32 SS 310, 311.

33 MDD 148.

34 SS 442.

35 Cited in PL 327.

36 SS 816.

37 SS 37. 波娃並未否認女性可以真實地在單偶制的婚姻中愛著丈夫，或出於母性而愛著孩子。但她認為女性深愛丈夫與孩子的必要條件並非單偶制或母性本身，而是這些女性服膺天職時的處境。不過，當年有許多讀者都被波娃的發言嚇著了，以致對其中的精細之處視而不見。

38 André Rousseaux, 'Le Deuxième Sexe', *Le Figaro littéraire* (1949), 12 November. Ibid. p. 210.

39 Emmanuel Mounier, *L'Esprit*, December 1949.

40 FC 200.

41 See Ingrid Galster, '"The limits of the abject": The Reception of *The Second Sex* in 1949', in *A Companion to Simone de Beauvoir*, ed. Laura Hengehold and Nancy Bauer, Oxford: Wiley-Blackwell, 2017, p. 40.

42 Cited in Galster, '"The limits of the abject", p. 39.

43 SS 127.

44 This section is indebted to Manon Garcia's excellent discussion of Beauvoir's method in *The Second Sex* in, *On ne naît pas soumise, on le devient*, Paris: Flammarion, 2018, p. 93.

45 See Garcia, *On ne nait pas femme*, p. 109.

46 George Eliot, *Middlemarch*, Oxford: Oxford University Press, 1988, p. 159.

47 On Beauvoir's phenomenological method in *The Second Sex,see Garcia, On ne nait pas femme*, p. 124 ff.

48 '*Simone de Beauvoir: Le Deuxième Sexe*', actualité du livre, Institut Nationel de l'Audovisuel, France. https://www.ina.fr/audio/PH806055647/oimone de-beauvoir-le-deuxieme-sexe-audio.html

49 This letter, dated 29 January 1958, is cited in Marine Rouch, '"Vous tes descendue d'un piédestal": une appropriation collective des Mémoires de Simone de Beauvoir par ses lectrices (1958-1964)' *Littérature* 191 (September 2018): 72.

50 Michèle Le Doeuff, *Hipparchia's Choice: An Essay Concerning Women and Philosophy*, trans. Trista Selous, New York: Columbia University Press, 2007, p. 34.

51 See, for example, Eva Lundgren-Gothlin, who argues that Beauvoir's reliance on Hegel made her work 'androcentric', to the extent that it 'sometimes verges on being misogynist'.

51 FC 170.

52 SdB to NA, 3 August 1948, TALA 206.

53 SdB to NA,8 August 1948, TALA 208.

54 SdB to NA, Friday, 20 August 1948, TALA 210, 212.

55 SdB to NA, Friday, 20 August 1948, TALA 214.

56 SdB to NA, 26 August 1948, TALA 216.

57 SdB to NA, 31 December 1948, TALA 254.

58 Sartre, quoted in interview with John Gerassi, *Talking with Sartre: Conversations and Debates*, New Haven: Yale University Press, 2009, p. 32.

第十二章

1 PL 62.

2 TALA 184. 波娃閱讀的確實是賴朵絲原先在《摧毀》中所寫下的段落，但這個段落因為太過驚世駭俗而被出版社刪除了。一直到2000年時，波娃當年閱讀的段落才會在《相思無盡》（*Thérèse et Isabelle*）中出現。

3 DPS 77, 21 August 1926.

4 Gisela Kaplan, *Contemporary Western European Feminism*, London: UCL Press, 1992, p. 163.

5 Rosie Germain, 'Reading *The Second Sex* in 1950s America', *The Historical Journal* 56(4): 2013: 1041–62, p. 1045.

6 Gustave Flaubert, cited in Allison Guidette-Georis, 'Georges Sand et le troisième sexe', *Nineteenth Century French Studies* 25 (1/2): 41–9, p. 41.

7 SS 25.

8 SS 32.

9 SS 13.

10 SS 37.

11 FC 199.

12 SS 475, 476.

13 Schwarzer, *Simone de Beauvoir Today*, p. 71.

14 François Mauriac, 'Demande d'enquête', *Le Figaro*, (1949), 30 May. See Ingrid Galster, *Le Deuxième Sexe de Simone de Beauvoir*, Paris: Presse universitaire Paris-Sorbonne, 2004, p. 21. Beauvoir discusses the reaction to this chapter's publication in FC 197.

15 FC 197.

16 See Ingrid Galster, *Le Deuxième Sexe de Simone de Beauvoir*, p. 45 n. 33, for the full note, which mentioned her clitoris, too.

17 FC 196.

18 SS 46.

19 Marie-Louise Barron, 'De Simone de Beauvoir à Amour Digest. Les croisés de l'émancipation par le sexe', *Les Lettres françaises* (1949), 23 June. Ibid. p. 128.

20 Armand Hoog, 'Madame de Beauvoir et son sexe', *La Nef* (1949), August. Ibid p. 161.

21 FC 192ff.

22 Cited in Brooke Horvath, *Understanding Nelson Algren*, Columbia, SC. University of South Carolina Press, 2005, p. 7.

23 FC 207.

24 SS 330.

25 SS 644.

'Femininity: The Trap', in FW 39.

19 See ADD 40; and LS 419, 423, 427, 430.

20 'Femininity: The Trap', FW 43.

21 'Femininity: The Trap', FW 46.

22 ADD 330-34.

23 *Daily Princetonian*, 22-24 April 1947, cited in Francis and Gontier, *Les écrits de Simone de Beauvoir, Textes inédits ou retrouvés*, Paris: Gallimard, 1979, p. 147.

24 ADD 57.

25 ADD 272.

26 ADD 58.

27 SdB to Sartre, 24 April 1947, LS 451.

28 Simons 182. See Diane Rubenstein, '"I hope I am not fated to live in Rochester": America in the Work of Beauvoir', Theory & Event 15:2 (2012).

29 SdB to Sartre, 8 May 1947, LS 454.

30 SdB to S, 8 May 1947, *Lettres à Sartre*, p. 355.

31 SdB to NA, 17 May 1947, TALA 15.

32 SdB to NA, 18 May 1947, TALA 16.

33 SdB to NA, 17 January 1954, TALA 490.

34 See SdB to NA, 23 May 1947, TALA 18.

35 SdB to NA, 24 May 1947, TALA 19.

36 See ADD 236-48; see also Margaret Simons, *Beauvoir and The Second Sex: Feminism, Race, and the Origins of Existentialism*, New York: Rowman & Littlefield, 2001, p. 177.

37 SdB to NA, 1 December 1947, TALA 113.

38 SdB to NA 23 July 1947, TALA 51.

39 Nelson Algren, 'Last Rounds in Small Cafés: Remembrances of Jean-Paul Sarde and Simone de Beauvoir', *Chicago*, December 1980,p. 213, cited in Bair, pp. 335-6.

40 SdB to NA, 26 September 1947, TALA 66.

41 See Isabelle Grell, *Les Chemins de la liberté de Sartre: genèse et écriture (1938-1952)*, Bern: Peter Lang, 2005, p. 155. On Swing's later recollections, see Hazel Rowley, *Tête-à-tête*, p. 187. Rowley interviewed Swing in 2002. Sixty-two pieces of correspondence from Sartre to Swing are held by the Morgan Library in New York. Sartre refers to Swing as 'the little one' in correspondence to SdB; see QM 282.

42 EA 101.

43 EA 71.

44 EA 40.

45 EA 66.

46 EA 71.

47 Jean-Louis Jeannelle and Eliane Lecarme-Tabone, 'Introduction', MPI xl. In English, see Webber, *Rethinking Existentialism*.

48 A. de Waelhens, compte-rendu de Francis Jeanson, *Le problème moral et la pensée de Sartre, Revue Philosophique de Louvain* 1948 (10): 229.

49 See Beauvoir, 'What is Existentialism?', PW.

50 SdB to NA, Friday, 20 August 1948, TALA 213.

48 FC 87.
49 FC 78.
50 FC 84.
51 In *Labyrinthe*, see Sylvie le Bon de Beauvoir, 'Chronologie', xc. FC 92.
52 ASD 105.
53 她在給沙特的信中曾寫下「我們突然多出了三十萬法郎」（一九四六年一月二十五日），以及「我們的財務狀況」（一九五〇年八月二十日），諸如此類的句子。(see SdB to Sartre, 20 August 1950, LS 472).
54 FC 171.
55 See FC 70, 84.
56 'Introduction to an Ethics of Ambiguity', PW 290.
57 FC 103.
58 DPS 259, 19 May 1927.
59 DPS 284, 19 July 1927.
60 WD 3 November 1939.
61 WD 133.
62 See SdB, in SdB, Simons and Todd, 'Two Interviews with Simone de Beauvoir', *Hypatia* 3:3 (1989): 17.
63 *La Force de l'age*, p. 417, cited in Simons, 2010, p. 921.
64 Sartre to SdB, QM 277–8.
65 AMM 187.
66 FC 72.
67 FC 75.
68 SSP 187.
69 Elizabeth Fallaize, *The Novels of Simone de Beauvoir*, p. 83.
70 FC 73.
71 FC 72.

第十一章

1 SdB to Sartre, 26 January 1947, LS 412.
2 PL 138-41.
3 ADD 15.
4 SdB to Sartre, 30 January 1947, LS 415.
5 See Margaret Simons, 'Introduction' to FW 2.
6 See Bair, p. 389.
7 SdB to Sartre, 11 February 1947, LS 425.
8 Gunnar Myrdal, with Richard Sterner and Arnold Rose, *An American Dilemma: The Negro Problem and Modern Democracy*, New York: Harper, 1944, Appendix 3.
9 'The Talk of the Town', *The New Yorker*, 22 February 1947.
10 Beauvoir, 'Problems for Women's Literature', 23 February 1947, *France-Amérique* 14. Translated by Véronique Zaytzeff and Frederick Morrison, in FW 24.
11 Beauvoir 'Problems for Women's Literature', FW 25.
12 'Women of Letters', in FW 30.
13 SdB to Sartre, 28 February 1947, LS 433.
14 'Chicago's Bowery', *The Chicago Tribune*, 13 November 1910.
15 SdB to Sartre, 28 February 1947, LS 433.
16 See SdB to NA, 12 March 1947, TALA 13.
17 ADD 72.
18 See Nancy Bauer, 'Introduction' to

Carrefours', *Opéra*, 31 October 1944.

21 FC 59.

22 Jean-Jacques Gautier, writing in *Figaro*, cited in Maragaret A. Simons, 'Introduction' to 'Literature and Metaphysic', PW 263.

23 Cited in UM 25.

24 Emmanuel Levinas, in Jean Wahl, *Petite histoire de 'l'existentialisme'*, Paris: Editions Club Maintenant, 1946, PP. 84-6.

25 1945年，她會以〈文學與形上學〉（Literature and Metaphysics）為標題發表此文。

26 Maurice Merleau-Ponty, 'Metaphysics and the Novel, trans. Hubert Dreyfus and Patricia Allen Dreyfus, *Sense and Nonsense*, Evanston, IL: Northwestern University Press, p. 28. First published as Le roman et la métaphysique', *Cahiers du sud 270* (March 1945).

27 'Literature and Metaphysics', PW 270.

28 'Literature and Metaphysics', PW 274. 在〈文學與形上學〉中，波娃按照哲學家各自的形上學（亦即他們理解這世界的方式）將哲學家分為兩類：「系統性」哲學家（System philosopher）與「主體性」哲學家（Subjectivity philosopher）。她寫道，前者（如亞里士多德、史賓諾沙、萊布尼茲）如果寫小說會顯得荒謬，因為他們對於主體性或暫時性（Temporality）不感興趣。但像齊克果這樣的哲學家卻喜歡以文學形式來表達人在其單一現實中所遇見的真理，並使真理在時光中逐漸展開。

29 See Jonathan Webber, *Rethinking Existentialism*, Oxford: Oxford University Press, 2018, p. 3.

30 FC 164.

31 Bair, p. 302.

32 Existentialism and Popular Wisdom, PW 210.

33 'Existentialism and Popular Wisdom, PW 214.

34 Existentialism and Popular Wisdom, PW 204, 205.

35 Existentialism and Popular Wisdom, PW 216.

36 "Existentialism and Popular Wisdom, PW 213.

37 FC 27. See also LS 390 n. 350.

38 SdB to JPS, 25 January 1946, LS 400.

39 SdB to Sartre, 18 January 1946, LS 395.

40 SdB to Sartre, 18 January 1946, LS 397.

41 Sartre to SdB, February 1946 (n.d.), QM 274.

42 Sartre to SdB, February 1946 (n.d.), QM 275.

43 Cohen-Solal, Sartre, p. 279.

44 *TIME* (1946) 'Existentialism', 28 January, 28–9.

45 Sartre to SdB January 1946 (n.d.), QM 274. He reiterates a similar sentiment in February 1946, too.

46 See Jean-Pierre Boulé, *Sartre, Self-Formation and Masculinities*, p. 168.

47 Beauvoir, An Eye for an Eye, in Margaret Simons, ed., *Philosophical Writings*, Urbana: University of Illinois Press, pp. 245-60, here p. 257.

Studies 12 (1995): 22–3.

24 PL 46.

25 Jean-Paul Sartre, *Being and Nothingness*, trans. Hazel Barnes, London: Routledge, 2003, p. 647.

26 Sartre, *Being and Nothingness*, 627.

27 PC 90.

28 PC 92, altered translation. The French noun 'enfant' is masculine so this passage was translated with male pronouns in English; but the story matches the story from Simone's own childhood, later recorded in *Memoirs of a Dutiful Daughter* in 1958, so I have used 'her' instead of 'his.'

29 PC 93.

30 PC 107.

31 雖然她在此也寫著：「我不知道上帝是否存在」。(PC 116).

32 PC 118.

33 此處的重點不是沙特在《自我的超越》中所說的「超越自我的自由」，而是「成為具有道德的自我的自由」。Many Beauvoir scholars have written excellent material on this topic, including Karen Vintges, 'Introduction' to 'Jean Paul Sartre', PW 223-8 and 'Simone de Beauvoir: A Feminist Thinker for the Twenty-First Century' in Margaret Simons (ed.) *The Philosophy of Simone de Beauvoir*, Bloomington, IN: Indiana University Press, 2006; Sonia Kruks, *Situation and Human Existence: Freedom, Subjectivity, and Society*, London: Unwin Hyman, 1990; Nancy Bauer, *Simone de Beauvoir, Philosophy, and Feminism*, New York: Columbia University Press, 2001.

34 LS 389, SdB to Sartre, 13 December 1945.

35 Lamblin, *A Disgraceful Affair*, p. 170.

36 FC 75.

37 'Dominique Aury,'Qu'est-ce que l'existentialisme? Escarmouches et patrouille', *Les Lettres françaises*, 1 December 1945, p. 4, cited in Simons, 'Introduction' PW 11 n. 14.

第十章

1 See Cohen-Solal, *Sartre*, p. 237.

2 SdB to S, 26 July 1945, LS 386 n. 321.

3 FC 46.

4 Jean Lacroix, 'Charité chrétienne et justice politique', Esprit 1945 (February).

5 BO, back cover.

6 BO 128.

7 BO 129.

8 BO 174.

9 UM 3.

10 See BO 9.

11 BO 17.

12 BO 51.

13 BO 102.

14 For Jean, see BO 106; for Marcel, BO 126.

15 PL 607.

16 FC 44, 45.

17 WD 322, 29 January 1941.

18 UM 66.

19 SdB to her mother, in Bair, P. 267.

20 A. Collingnon, 'Bouches inutiles aux

77 VED 15.

78 VED 42.

79 Sylvie Le Bon de Beauvoir, 'Chronologie', MPI lxxxiii.

80 1790年代法國將同性戀除罪化。但是1942年8月6日，維希政府在刑法中引入了一項法律，將同性戀關係的同意年齡提高到21歲——異性戀者的同意年齡原本是13歲，但會在1945年提高到15歲。(Panel code article 334 [moved to article 331 on 8 February 1945], ordonnance 45-190, Provisional Government of the French Republic.)

81 See Ingrid Galster, *Beauvoir dans tout ses états*, Paris: Tallandier, 2007.

82 最遲在1942至43學年度時，波娃已開始在卡米爾塞中學（Lycée Camille Sée）教授現象學了。一位波娃以前的學生珍娜維・賽維爾（Geneviève Sevel）表示，波娃的課「以現象學的觀點貫穿其中」，並感謝她在這麼早期的時候就以極為高明的方式把胡塞爾與海德格的思想介紹給學生。Geneviève Sevel, 'Je considère comme une grande chance d'avoir pu recevoir son enseignement, Lendemains 94 (1999): 48.

83 See SdB to Sartre, 20 January 1944, LS 380.

84 Ingrid Galster, 'Simone de Beauvoir et Radio-Vichy: A propos de quelques scenarios retrouvés, *Romanische Forschungen* 108. Bd. H. 1/2 (1996): 112–32.

85 See LS 384 n. 320; 'Chronologie', MPI lxxi.

第九章

1 WD 320, 21 January 1941.

2 PL 434.

3 SCTS 343.

4 PL 340.

5 SCTS 6-7.

6 Angela Carter, 'Colette', *London Review of Books* 2(19) 2 October 1980: 15-17.

7 Edward Fullbrook and Kate Fullbrook, *Sex and Philosophy*, London: Continuum, 2008,79 & passim.

8 PL 434.

9 See VED 68.

10 SCTS 108.

11 SCTS 17.

12 SCTS 16.

13 SCTS 158.

14 SCTS 159.

15 See SCTS 124, 207, 297, 337.

16 SCTS 244.

17 Claude Francis and Fernande Gontier, *Les écrits de Simone de Beauvoir*, Paris: Gallimard, 1979, p. 16. See SCTS 371.

18 SdB to Sartre, LS 21.

19 SCTS, chapter 8.

20 'Introduction', MPI: xii.

21 Notes' autour de *Tout compte fait*, MPI 984.

22 See LS 381 n. 318.

23 根據研究，這樣的文章有七篇，但我們不知道是沙特請她寫的或是她自己主動寫的。Ursula Tidd, 'Some Thoughts on an Interview with Sylvie le Bon de Beauvoir', Simone de Beauvoir

Moon Woman）。

30 SdB to Sartre, 11 December 1939, LS 206.

31 SdB to Sartre, 14 December 1939. *Lettres à Sartre*, p. 351 (French edition).

32 WD 192, 13 December 1939.

33 必須留意的是，她在這封信中並未提到奧嘉曾以這樣的方式愛過自己。SdB to Sartre, 21 December 1939, LS 223.

34 WD 210, 30 December 1939.

35 WD 210, 30 December 1939.

36 SdB to Sartre, 14 December 1939. *Lettres à Sartre*, p. 350. In her diary the same day she wrote: 'I don't know how he is going to give a content to his ethics' (14 December 1939, WD 192).

37 Beauvoir, cited in Bair, p. 270.

38 SdB to Sartre, 12 January 1940, LS 252.

39 See Lamblin, A Disgraceful Affair, p. 90.

40 See WD 217-20.

41 Sartre to SdB, 12 January 1940, QM 25.

42 SdB to Sartre, 14 January 1940, LS 255.

43 Sartre to SdB, 16 January 1940, QM 31.

44 Sartre to SdB, 17 January 1940, QM 33.

45 SdB to Sartre, 19 January 1940, LS 261.

46 Sartre to SdB, 18 February 1940, QM 61.

47 Sartre to SdB, 19 February 1940, QM 64.

48 SdB to Bost, 5 February 1939, CC 234.

49 SdB to Sartre, 18 February 1940, LS 277.

50 Sartre to SdB, 29 February 1940, QM 87-8.

51 SdB to Sartre, 4 March 1940, in LS 285.

52 Lamblin, A Disgraceful Affair, p. 9.

53 Lamblin, A Disgraceful Affair, p. 86.

54 SdB to Sartre, 27 February 1940, LS 279.

55 Sartre to SdB, 28 February 1940, QM 85.

56 SdB to Sartre, 1 March 1940, LS 282.

57 SdB to Sartre, 4 March 1940, LS 285.

58 See LS 311.

59 SLBDB, 'Chronologie', MPI bxix.

60 Sartre to SdB, 29 May 1940, QM 206.

61 SdB to Sartre, 11 July 1940, LS 312.

62 SdB to Sartre, 11 July 1940, LS 315.

63 For more see Ursula Tidd, *Simone de Beauvoir*, London: Reaktion, 2009, p. 70.

64 Bair, pp. 242-3.

65 Sandrine Sanos, *Simone de Beauvoir*, p. 88.

66 Simone de Beauvoir, *La Force de lâge*, Paris: Gallimard, 1960, p. 549.

67 PL 456-7.

68 PL 456-8. See also WD 304-9.

69 WD 304, 6 July 1940.

70 Lamblin, A Disgraceful Affair, p. 89.

71 Lamblin, A Disgraceful Affair, pp. 94, 92.

72 WD 318, 19 November 1940.

73 WD 320, 9 January 1941.

74 WD 320, 21 January 1941.

75 VED 104.

76 VED 31.

propos to CC 12.
56 SdB to Sartre, 6 July 1939, LS 30.
57 SdB to Bost, 28 August 1938, CC 64.
58 Bost to SdB, 13 September 1938, CC 79.
59 SdB to Bost, 21 September 1938, CC 84.
60 SdB to NA, 8 August 1948, TALA 209.
61 SdB to Bost, 25 August 1938, CC 59.
62 SdB to Bost, 2 September 1938, CC 69.
63 SdB to Bost, 28 November 1938, CC 136.
64 See Lamblin, *A Disgraceful Affair*, p. 5.
65 Lamblin, *A Disgraceful Affair*, p. 39.
66 SdB to Bost, 5 February 1939, CC 233.
67 波娃在寫給博斯的信件中提到「另一個意識所擁有的現實」。SdB to Bost, 24 May 1939, CC 373.
68 Bost to SdB, 25 May 1939, CC 376.
69 SdB to Bost, 4 June 1939, CC 386.
70 Bost to SdB, 7 June 1939, CC 391.
71 SdB to Bost, 8 June 1939, CC 397.
72 PL 319-20.

第八章

1 WD 40. 2 September 1939.
2 Bair, p. 201.
3 WD 51,5 September 1939.
4 WD 85, 3 October 1939.
5 André Gide, *The Journals of André Gide*, trans. Justin O'Brien, New York: Knopf, 1948, vol. II: 1914–27, p. 91, 16 October 1914.
6 WD 61, 14 September 1939.
7 WD 63-70, 16-19 September 1939.
8 WD 73, 20 September 1939.
9 WD 75, 22 September 1939.
10 WML 275, 2 October 1939.
11 Jean-Paul Sartre, *Carnets de la drôle de guerre*, Paris: Gallimard, 1995, Pp. 116-21, 10 and 11 October 1939. This 1995 edition includes the first notebook, covering September-October 1939, which was omitted from the first French and English editions.
12 WD 105, 15 October 1939.
13 WD 120, 20 October 1939.
14 WD 86, 4 October 1939.
15 WD 98, 11 October 1939.
16 WD 119, 29 October 1939.
17 Sartre to SdB, 30 October 1939, WML 322-3.
18 WD 129-30, 2 November 1939.
19 SdB to Algren, 8 August 1948, TALA 208.
20 WD 132-3, 3 November 1939.
21 See WD 109 for the commendation.
22 WD 143, 147, 9-12 November 1939.
23 See Annabelle Martin Golay, *Beauvoir intime et politique: La fabrique des Mémoires*, Villeneuve d'Ascq: Presses Universitaires du Septentrion, 2013, p. 147.
24 WD 144, 10 November 1939.
25 WD 147, 11 November 1939.
26 See WD 147-9.
27 WD 157, 16 November 1939; WD 159.
28 WD 176-7,2 December 1939.
29 WD 192, 14 December 1939. 波娃在回憶錄與日記中稱韋勒為瑪莉・吉赫（Marie Girard）或月亮女（The

34 (Spring-Summer 1965).
14 Simone de Beauvoir, cited in Bair, p. 194.
15 Cited in Rowley, p. 357: SdB to Olga, 6 September 1935; Sylvie Le Bon de Beauvoir archives.
16 PL 226.
17 PL 239.
18 PL 261.
19 PL 246.
20 PL 260.
21 PL 260.
22 DPS 267, 3 June 1927.
23 Interview with Deirdre Bair, cited in Bair, p. 200.
24 PL 276-7.
25 Bair, p. 203.
26 PL 288, 290.
27 PL 315.
28 PL 316.
29 SdB to S, 10 September 1937, in LS 9.
30 Quoted in *Nouvelle Revue Française*, January 1970, p. 78.
31 Sylvie Le Bon de Beauvoir, 'Avant-propos' to *Correspondences croisées*, p. 8.
32 Cited in PL 327.
33 Bair, p. 197.
34 See Sarah Hirschman, 'Simone de Beauvor: professeur de lycée', *Yale French Studies* 22 (1958–9), cited in Jacques Deguy and Sylvie Le Bon de Beauvoir, *Simone de Beauvoir: Ecrire la liberté*, Paris: Gallimard, 2008.
35 Lamblin, *A Disgraceful Affair*, p. 18; Jacqueline Gheerbrant and Ingrid Galster, 'Nous sentions un petit parfum de soufre...' *Lendemains* 94 (1999): 42.
36 SdB to Bost, 28 November 1938, CC 136.
37 SdB to Sartre, 19 January 1940, LS 262.
38 Lamblin, A Disgraceful Affair, p. 25.
39 Bianca wrote a book about their relationship, *A Disgraceful Affair*, under her married name, Bianca Lamblin, after her agreement with Beauvoir (never to reveal her name) was broken by the publication of Deirdre Bair's biography (see pp. 8-9 for Lamblin's reasons for writing after so many years).
40 In an interview with Alice Schwarzer, see Schwarzer, *Simone de Beauvoir Today*, p. 112.
41 See Lamblin, *A Disgraceful Affair*, pp. 6, 25.
42 Lamblin, *A Disgraceful Affair*, pp. 6, 9.
43 Lamblin, *A Disgraceful Affair*, pp. 8–9.
44 Lamblin, *A Disgraceful Affair*, p. 171.
45 Lamblin, *A Disgraceful Affair*, pp. 6–7.
46 WML, undated, Sunday July 1938, p. 145.
47 SdB to Sartre, 15 July 1938, LS 16.
48 SdB to Sartre, 27 July 1938, LS 21 (translation modified).
49 Bost to SdB, 6 August 1938, CC 52.
50 CC 74 and passim.
51 Bost to SdB, 3 August 1938, CC 47.
52 SdB to Bost, 30 July 1938, CC 33.
53 SdB to Bost, 22 August 1938, CC 57.
54 SdB to Bost, 21 September 1938 CC 86; SdB to Bost, 27 August 1938, CC 62.
55 Sylvie Le Bon de Beauvoir, Avant-

1914 (15/17): 399. My thanks to Emily Herring for bringing this to my attention.

77 PL 143.

78 PL 145.

79 PL 17, 18.

80 PL 15.

81 SLBdB, 'Chronologie', MPI Ixx. On the Nozière affair, see Sarah Maza, *Violette Nozière: A Story of Murder in 1930s Paris*, Los Angeles: University of California Press, 2011.

82 PL 149.

83 PL 181.

84 SLBdB, 'Chronologie, MPI Ixxii-lxxiii.

85 See Cohen-Solal, Sartre, pp. 99-100. Jean-Pierre Boulé, *Sartre, Self-formation, and Masculinities*, Oxford: Berghahn, 2005, p. 165.

86 PL 184.

87 PL 186.

88 Cohen-Solal, Sartre, p. 100.

89 PL 153.

90 PL 162.

91 WD 87.

92 Jean-Paul Sartre, War Diaries, trans. Quintin Hoare, London: Verso, 1984, p. 76, quoting Rodolphe Töpffer.

93 Nicolas of Cusa and many others called God 'the Absolute'; see WD 77; PL 207.

94 PL 107.

95 PL 206-9.

96 PL 210.

97 PL 213.

98 SdB to Sartre, 28 July 1935, LS 6-7.

99 PL 212.

100 PL 222.

101 學者艾莉昂・樂卡塔柏（Eliane Lecarme-Tabone）指出，沙特可能是由波娃的〈瑪格麗〉獲得靈感，進而寫下《一位領袖的童年》。trans. Kevin W. Gray, in Christine Daigle and Jacob Golomb, *Beauvoir & Sartre: The Riddle of Influence*, Bloomington: Indiana University Press, 2009.

102 See Jean-Louis Jeannelle and Eliane Lecarme-Tabone, 'Introduction', MPI x.

第七章

1 HdB, *Souvenirs*, p. 115.

2 Julia Kristeva and Philippe Sollers, *Marriage as a Fine Art*, trans. Lorna Scott Fox, New York: Columbia University Press, 2016, p. 6.

3 Although she changed the date to 1917 on her marriage certificate at the mairie. See Hazel Rowley, *Tete-d-téte*, p. 59.

4 PL 165.

5 PL 166.

6 WML 249, SdB to Sartre, 24 January 1940.

7 John Gerassi interview with Olga Kosakiewicz, 9 May 1973, Gerassi collection at Yale.

8 PL 218-19; WML, S to SdB, 3 May 1937.

9 PL 220.

10 PL 220.

11 Beauvoir, Jean-Paul Sartre, PW 232.

12 PL 221.

13 SdB, interview with Madeleine Gobeil, 'The Art of Fiction No. 35', *Paris Review*

22 CJ 824, 12 December 1929.
23 CJ 828, 13 December 1929.
24 Maheu, copied in SdB to Sartre, 6 January 1930, LS 3.
25 CJ 824, 12 December 1929.
26 PL 52-3.
27 CJ 839, 9 June 1930.
28 CJ 839, 9 June 1930.
29 HdB, *Souvenirs*, pp. 71, 96.
30 For Beauvoir's debt to Schopenhauer see Christine Battersby, 'Beauvoir's Early Passion for Schopenhauer: On Becoming a Self', forthcoming.
31 PL 52.
32 CJ 839.
33 CJ 842, 6 September 1930.
34 CJ 842, 6 September 1930.
35 CJ 814-15.
36 Sartre to Simone Jollivet, undated (1926), in *Witness to My Life*, pp. 16-17.
37 PL 40.
38 PL 41.
39 PL 42. See also MDD 343-5.
40 MDD 145.
41 CJ 827.
42 SS 710.
43 PL 70–74.
44 PL 47.
45 PL 61.
46 CJ 848-9, 31 October 1930.
47 CJ 848-9, 31 October 1930.
48 PL 59.
49 PL 51.
50 PL 54.
51 FC 287.
52 Cohen-Solal, *Sartre*, p. 43.
53 PL 82.
54 PL 71.
55 PL 56.
56 PL 57.
57 PL 76.
58 PL 78.
59 PL 88.
60 Bair, P. 177.
61 PL 94.
62 PL 95.
63 PL 80, 101.
64 PL 106
65 Bair, p. 176.
66 Colette Audry, 'Portrait de l'écrivain jeune femme', *Biblio* 30(9), November 1962:3-5.
67 Bair, p. 173, citing an interview with Audry.
68 PL 128.
69 PL 128.
70 Cited in Bair, p. 201.
71 PL 16.
72 PL 134.
73 PL 129.
74 法國天主教哲學家尚路易・維拉貝宏（Jean-Louis Viellard-Baron）主張，法國哲學中對於宗教的研究與後來被稱為「現象學路線」的學派就是柏格森所謂的具體的現象學（Concrete metaphysics）。See 'Présentation' to Jean Baruzi, *L'Intelligence Mystique*, Paris: Berg. 1985, p. 16.
75 See DPS 58-61, 66 especially 16 August 1926.
76 Anon. 'Views and Reviews', *New Age*

32 See Jean-Paul Sartre, *Écrits de jeunesse*, Paris: Gallimard, 1990, 293 ff.

33 CJ 740, 29 July 1929.

34 CJ 731, 17 July 1929; MDD 343-4.

35 MDD 344.

36 Bair, pp. 145-6; FF 16.

37 CJ 734, 22 July 1929.

38 Maurice de Gandillac, cited in Cohen-Solal, *Sartre*, p. 116.

39 Moi, 2008, p. 37.

40 Moi, 2008, pp. 44-5.

41 MDD 343.

42 Moi, 2008, p. 71.

43 Ralph Waldo Emerson, 'Considerations by the Way', from *Complete Works*, vol, 6, 'The Conduct of Life', 1904.

44 CJ 734, 22 July 1929.

第五章

1 CJ 744, 3 August 1929.

2 Bair, p. 148.

3 CJ 734, 22 July 1929.

4 CJ 749, 8 August 1929.

5 Letter from Hélène de Beauvoir, cited in Bair, p. 148.

6 See CJ 749-50.

7 CJ 753.

8 CJ 756.

9 CJ 757.

10 CJ 757.

11 CJ 757.

12 CJ 758, 2, 3, 4 September 1929, 'l'ami incomparable de ma pensée'.

13 CJ 759.2, 3, 4, September 1929.

14 DPS 76, 21 August 1926.

15 CJ 760, 6, 7, 8 September 1929.

16 CJ 762, 10 September 1929.

17 傑拉西也曾訪問馬厄，馬厄在該場訪問中承認自己是波娃的初戀情人。Gerassi, Jean-Paul Sartre, p. 90; see Bair, P. 628.

18 PL 62.

19 CJ 763.

20 Alice Schwarzer, *After the Second Sex: Conversations with Simone de Beauvoir*, trans. Marianne Howarth, New York: Pantheon Books, 1984, p. 84.

第六章

1 VED 40.

2 PL 12. SLBdB, 'Chronologie', MPI lxvi.

3 WT 50.

4 PL 14.

5 CJ 789.

6 CJ 795.

7 CJ 788, 24 September 1929.

8 CJ 783, 20 September 1929.

9 The distinction is attributed to Sartre in PL 19; for its use in the diaries see CJ 801-2, 14 October 1929.

10 DPS 274, 29 June 1927.

11 PL 22.

12 PL 24.

13 PL 27.

14 PL 25.

15 CJ 801-2.

16 CJ 807.

17 CJ 808, 23 October 1929.

18 CJ 808, 814.

19 PL 15-16.

20 CJ 815, 3 November 1929.

21 CJ 825, 12 December 1929.

dated to 1928, in UM 363-4.

37 'libre de se choisir', 'Notes for a Novel', UM 355.

38 Cited by Jean Lacroix, *Maurice Blondel: Sa vie, son oeuvre, avec un exposé de sa philosophie* (Paris: Presses Universitaires de France, 1963), p. 33.

39 'Notes for a Novel, UM 367.

40 DPS 315, 3 October 1927.

41 This letter is quoted in Bair, p. 137.

42 See MDD 349-60.

43 Cited in MDD 354.

第四章

1 MDD 323.

2 MDD 313.

3 In French, 'la douceur d'être femme'. Résumé de September 1928-1929, CJ 766.

4 英國歷史學家席拉・羅柏森（Sheila Rowbotham）說波娃「展開了一段風流韻事」，而愛德華・富爾布克（Edward Fullbrook）與凱特・富爾布克（Kate Fullbrook）則認為波娃筆下的文字暗示她與馬厄之間有性關係，但我個人認為不必然如此。See Edward Fullbrook and Kate Fullbrook, *Sex and Philosophy: Rethinking de Beauvoir and Sartre*, London: Continuum, 2008.

5 Bair, p. 129.

6 MDD 321.

7 SLBdB, 'Chronologie', MPI lxi.

8 CJ 704, 22 June 1929.

9 CJ 709, 25 June 1929.

10 Cited in MDD 331. The original, in her diaries, can be found in CJ 707, 25 June 1929.

11 MDD 331-2.

12 Bair, pp. 144, 142–3.

13 HdB, *Souvenirs*, p. 90.

14 A 245.

15 Sartre, Jean-Paul, with Michel Contat and Alexandre Astruc, *Sartre by Himself*, New York: Urizen Books, 1978, pp. 21-2.

16 MDD 334.

17 See CJ 720, Monday 8 July 1929.

18 See CJ 721, 10 July 1929.

19 Sartre, Jean-Paul, with Michel Contat and Alexandre Astruc, *Sartre by Himself*, New York: Urizen Books, 1978, p. 23. See also CJ 723, Thursday 11 July 1929.

20 MDD 337.

21 CJ 724, 12 July 1929.

22 CJ 727, 14 July 1929.

23 CJ 730-1, 16 July 1929.

24 MMD 339.

25 CJ 731, 17 July 1929.

26 CJ 731, 17 July 1929.

27 *Le Nouvel Observateur*, 21 March 1976, 15; cited in Gerassi, *Jean-Paul Sartre: Hated Conscience of His Century*, vol. 1, London: University of Chicago Press, 1989, p. 91.

28 14 July 1929 journal entry, *Zaza: Correspondence et carnets d'Elisabeth Lacoin* (1914-29), Paris: Seuil, 1991, pp. 304, 367.

29 CJ 731, 17 July 1929.

30 CJ 734, 22 July 1929.

31 CJ 738–9, 27 July 1929.

Existentialist Thought, Abingdon: Routledge, 2018, especially chapters 3 and 4.

3 MDD 234-43.

4 MDD 239.

5 See Bair, p. 124.

6 MDD 262.

7 DPS 277, 7 July 1927.

8 在波娃所閱讀過的哲學著作中，包含柏格森在內的許多哲學家都討論過「性格」（Personality）的概念。在《時間與自由意志》（*Time and Free Will*）中，柏格森說：「當行為由我們的整個性格中湧現出來、當我們的行為與我們的性格之間具有藝術家與其作品之間那種難以名狀的相似之處時，我們才是自由的。」後來，波娃寫了一篇探討萊布尼茲哲學的學位論文，指導教授是布倫什維克。萊布尼茲曾寫過，在政治學與倫理學的討論中，真正重要的議題是「他人的位置」（La place d'autrui）。See 'La Place d'autrui est le vrai point de perspective' in Jean Baruzi, *Leibniz: Avec de nombreux textes inédits* (Paris: Bloud et cie, 1909), p. 363.

9 MDD 265.

10 DPS 277,7 July 1927.

11 就我所知，這篇論文已亡佚，而西爾維・勒・龐與尚路易・尚涅爾（Jean-Louis Jeannelle）也都向我證實此事。

12 MDD 295.

13 Bair, p. 124.

14 MDD 137.

15 MDD 138.

16 MDD 138.

17 CJ 771, 'résumé de ma vie'.

18 MDD 74.

19 MDD 125.

20 MDD 132.

21 MDD 161.

22 HdB, *Souvenirs*, p. 39.

23 HdB, *Souvenirs*, p. 43.

24 MDD 41.

25 MDD 138.

26 MDD 141.

27 DPS 262, 21 May 1927.

28 DPS 284, 18 July 1927.

29 此處，波娃將男性與理智（Reason）連結在一起，將女性與心（Heart）連結在一起。此事有點奇怪，因為在法國哲學的傳統中，「心」具有獨立的認知機能。帕斯卡有句名言說：心自有理智所不知之理（The heart has its reasons which reason does not know），亦即心所擁有的是與直覺或慾望相關的「理」，而非經由推理而得的道理。

30 拉紐認為，比起以理性論證試圖推導出上帝存在，人類天性中對於「完美」的渴求是更好的「道德證據」（Moral proof），證明上帝存在。

31 DPS 289, 20 July 1927.

32 DPS 299, 1 August 1927.

33 See CJ 733, 20 July 1929.

34 DPS 303, 304, 5 and 6 August 1927.

35 DPS 311,7 September 1927.

36 See 'Notes for a Novel', a manuscript

1907: *L'Évolutionisme des idées-forces* (1890), *La psychologie des idées-forces* (1893) and *La Morale des idées-forces* (1907). See MDD 157; MPI 146.

53 MDD 160.

54 Moi, *Simone de Beauvoir*, p. 42; HdB, *Souvenirs*, p. 67.

55 See SLBDB, 'Chronologie', MPI lxi.

56 MDD 208.

57 See DPS 58-61, 66, especially 16 August 1926.

58 Simone de Beauvoir, *Carnets* 1927, unpublished holograph MS, Bibliothèque Nationale, Paris, 54-5; cited in Margaret A. Simons, 'Introduction' to 'Literature and Metaphysics', PW 264.

59 PL 265-6.

60 DPS 55, 6 August 1926.

61 DPS 55, 6 August 1926.

62 DPS 63, 12 August 1926.

63 DPS 63, 12 August 1926.

64 See DPS 65, 63.

65 DPS 67, 16 August 1926.

66 SLBdB, 'Chronologie', MPI Ixi.

67 DPS 68, 17 August 1926.

68 See DPS 112, 12 October 1926.

69 DPS 162, 5 November, 1926.

70 DPS 164, 5 November 1926.

71 See Bair, p. 112.

72 See Elizabeth Fallaize, *The Novels of Simone de Beauvoir*, London: Routledge, 1990, p. 84.

73 MDD 171-3.

74 DPS 232, 20 April 1927.

75 MDD 195.

76 DPS 246-8, 6 May 1927.

77 DPS 246-8, 6 May 1927.

78 語出以賽亞書第六章第八節。在創世紀二十二章第一節中，亞伯拉罕也說過相同的話。關於亞伯拉罕將兒子獻祭的故事，康德與齊克果都曾針對其背後的道德觀，做出著名的討論。

79 MDD 188.

80 MDD 193.

81 DPS 265, 28 May 1927.

82 DPS 277,7 July 1927.

83 DPS 279, 10 July 1927.

84 DPS 274, 29 June 1927.

85 MDD 158.

86 See Bair, p. 119.

87 DPS 163, 5 November 1927.

88 一般認為，沙特在黑格爾的在己（In-itself）和為己（For-itself）之外又加上了為他存有（For-others/ Pour autrui）。不過，「為他存有」的概念其實可以在傅耶的著作中找到，沙特與波娃都在青少年時期讀過傅耶的著作。至於波娃對於「外在性」與「內在性」的劃分則有可能受柏格森的形上學影響，因柏格森也提出過類似論點。(see *The Creative Mind: An Introduction to Metaphysics*, trans. Mabelle L. Anderson, New York: Citadel Press, 1992).

89 See Bair, p. 124.

第三章

1 CJ 255-62, 4 January 1927.

2 See George Pattison and Kate Kirkpatrick, *The Mystical Sources of*

the-art-of-fiction-no-35-simone-de-beauvoir
20 MDD 85.
21 MDD 109.
22 波娃讀到羅禮（Laurie）與艾咪（Amy）結婚的段落時，氣得把書丟到了房間的另一頭。對於喬與一位老教授結婚，並決定「封筆」、轉而投入創立學校，波娃表示：他的「干預」讓她覺得很不高興。(MDD 104-5) [she refers to it in SS too].
23 DPS 63, 12 August 1926.
24 MDD 140.
25 See VED 36-7.
26 MDD 166.
27 MDD 131.
28 BO 10-11.
29 HdB, *Souvenirs*, p. 29.
30 Bair, p. 55.
31 VED 35.
32 MDD 57.
33 SS 320.
34 MDD 92.
35 See Bair, pp. 79-80.
36 SS 378.
37 HdB, Souvenirs, p. 36.
38 MDD 176.
39 MDD 121.
40 See, e.g., CJ 744,3 August 1929.
41 See MDD 152.
42 Félicien Challaye to Amélie Gayraud, in Amélie Gayraud, *Les Jeunes filles d'aujourd hui*, Paris: G. Oudin, 1914, pp. 281–3.
43 Bair, p. 90.
44 MDD 157.
45 MDD 158.
46 See MDD 101-2, 107.
47 MDD 160.
48 MDD 160.
49 Claude Bernard, *Introduction to the Study of Experimental Medicine*, 85, cited in Margaret Simons and Hélène N. Peters, 'Introduction' to 'Analysis of Bernard's *Introduction*', Beauvoir, PW 18.
50 Bernard, *Introduction to the Study of Experimental Medicine*, 37, 38, 39, 73, cited in Margaret Simons and Hélène N. Peters, Introduction' to 'Analysis of Bernard's Introduction', Beauvoir, PW 18.
51 法文為 On ne naît pas libre, il le devient。查爾斯．拉爾（Charles Lahr）神父所寫的《哲學指南》（波娃的教科書）中曾引用這句話。一般認為這句話的原作者為詩人韓波（Arthur Rimbaud），常有人以這句話來簡短描述史賓諾沙之自由哲學。See, e.g., Alain Billecoq, 'Spinoza et l'idée de tolérance', Philosophique 1(1998): Spinoza, pp. 122-42.
52 See Alfred Fouillée, *La Liberté et le déterminisme*, 3rd edn, Paris: Alcan, 1890. Beauvoir wrote in her *Mémoires* that Fouillée's Les *Idées-forces* was assigned reading in her philosophy class, but it is unclear which book she is referring to: Fouillée published three essays on 'idées-forces' between 1890-

pp. 27–30.

6 Simone de Beauvoir, cited in Bair, p. 620 n. 19.

7 MDD 37.

8 MDD 42.

9 HdB, *Souvenirs*, p. 13.

10 MDD 75, 24, 25.

11 HdB, *Souvenirs*, p. 16.

12 MDD 23.

13 MDD 36, 51.

14 HdB, *Souvenirs*, p. 44.

15 HdB, *Souvenirs*, p. 58.

16 MDD 43.

17 SLBdB, 'Chronologie', 1915, MPI lvii. In *Memoirs of a Dutiful Daughter* she did not mention this story, instead writing that the 89-page *La famille cornichon* was her first (October 1916, at age 8). Other stories from childhood survived but have not been published, including one she dedicated to her sister, *Histoire de Jeannot Lapin* (written in 1917-18, fifty-four pages in Beauvoir's handwriting); 'contes et histories variées' (1918-19, nineteen pages); *En vacances. Correspodance de deux petites amies* (June 1919, twenty-three pages).

18 MDD 61.

19 In MDD she was referred to as Elisabeth Mabille to protect her identity.

20 Hélène de Beauvoir, cited in Bair, p. 133.

21 MDD 114.

22 DPS 67, 16 August 1926.

23 VED 33.

24 MDD 38.

25 MDD 41,82.

26 MDD 41.

27 Quoted in Bair, p. 47.

第二章

1 MDD 72.

2 MDD 106.

3 MDD 16.

4 MDD 71.

5 Bair, p. 51.

6 Hélène de Beauvoir, cited in Bair, p. 58.

7 MDD 97.

8 MDD 131.

9 VED 35.

10 Thion de la Chaume, cited in HdB, *Souvenirs*, p. 27.

11 MDD 66.

12 MDD 29.

13 MDD 30.

14 MDD 55.

15 *Entretiens avec Simone de Beauvoir* [1965], in Francis Jeanson, *Simone de Beauvoir ou l'entreprise de vivre*, Paris: Seuil, 1966, cited in Deguy and Le Bon de Beauvoir, *Simone de Beauvoir: Ecrire la liberté*, Paris: Gallimard, 2008, p. 99.

16 MDD 121.

17 MDD 36.

18 SLBdB, 'Chronologie, MPI lix. Françoise de Beauvoir gave Simone a copy in July 1919.

19 SdB, in interview with Madeleine Gobeil, 'The Art of Fiction No.35', *Paris Review* 34 (Spring-Summer 1965). https://www.theparisreview.org/interviews/4444/ simone-de-beauvoir-

Racusin, Julie E. Phelan and Sanne Nauts, 'Status Incongruity and Backlash Effects: Defending the Gender Hierarchy Motivates Prejudice against Female Leaders', *Journal of Experimental and Social Psychology* 48 (2012): 165-79.

48 For the psychology, see Z. Kunda and R. Sanitioso, 'Motivated Changes in the Self-concept, *Journal of Experimental Social Psychology* 25 (1989): 272–85; R. Sanitioso, Z. Kunda and G.T.Fong, 'Motivated Recruitment of Autobiographical Memories', *Journal of Personality and Social Psychology* 59 (1990): 229–41; R. Sanitioso and R Wlordarski, 'In Search of Information that Confirms a Desired Self-perception: Motivated Processing of Social Feedback and Choice of Social Interactions', *Personality and Social Psychology Bulletin* 30 (2004): 412-22.

49 Voltaire, 'Première Lettre sur Oedipe' in *Oeuvres* (1785) vol. 1.

50 Carolyn Heilbrun, *Writing a Woman's Life*, London: The Women's Press, 1988, p. 30.

51 例如，精神分析或馬克思主義傳記試圖通過重要的童年經歷或經濟和其他社會結構來實現對人類的理解。See James Conant, 'Philosophy and Biography', lecture given at a symposium on 'Philosophy and Biography', 18 May 1999.

52 BO 39.

53 EA 20.

54 SS 88.

55 PC 120.

56 Bair, p. 13.

57 SdB to S, 24 April 1947, LS 451.

58 'A story I used to tell myself', UM 159.

59 DPS 297, 29 July 1927.

60 Schwarzer, *Simone de Beauvoir Today*, p. 86; DPS 296, 29 July 1927.

61 Virginia Woolf, 'Not One of Us', October 1927, CE IV, p. 20, cited in Hermione Lee, *Virginia Woolf*, London: Vintage, 1997, p. 773 n. 42.

第一章

1 在出生證明上，波娃名字的原始拼法是「Simonne」。

2 根據艾蓮娜所述，雖然家裡的住址是蒙帕納斯大道103號，但他們家其實是靠哈斯派大道這一側。See HdB to Deirdre Bair, cited in Bair, p. 620 n. 18.

3 迪德莉·貝爾說，波特朗·波娃家的家譜可追溯至十二世紀聖安生（Saint Anselm）的某位門徒——此人與其他人共同創辦了巴黎大學。不過我曾詢問席薇·勒龐，她否認此事，而艾蓮娜也否認此事。(HdB p. 14). For Beauvoir's childhood we rely on MDD, VED, Bair, Hélène de Beauvoir's memoir, *Souvenirs*, Paris: Séguier, 1987, and Sylvie Le Bon de Beauvoir's 'Chronologie' in MPI.

4 MDD 37.

5 See Sylvie Le Bon de Beauvoir, 'Chronologie', MPI lv; for Bair's account (reliant on interviews with SdB and HdB) of the parents' meeting, see Bair,

24 Robert D. Cottrell, *Simone de Beauvoir*, New York: Frederick Ungar, 1975, p. 95.

25 'Elle est incapable d'inventer, de s'oublier.' P. de Boisdeffre, 'LA REVUE LITTERAIRE: Deux morts exemplaires, un même refus: Jean Genet et Simone de Beauvoir', *Revue des deux mondes* (1986): 414–28.

26 SS 166.

27 DPS 77, 21 August 1926.

28 Bianca Lamblin, *A Disgraceful Affair*, trans. Julie Plovnick, Boston: Northeastern University Press, 1996 [Fr. 1993), p. 161.

29 CJ 758, 2, 3, 4 September 1929, 'l'ami incomparable de ma pensée' (italics added).

30 SdB to Nelson Algren (NA), 8 August 1948, TALA 208.

31 Virginia Woolf, *A Room of One's Own*, in *A Room of One's Own/Three Guineas*, London: Penguin Classics, 2000, p. 32.

32 William Barrett, *Irrational Man: A Study in Existential Philosophy*, New York Doubleday, 1958, see pp. 231–2.

33 'Simone De Beauvoir', *The Times* [London, England] 15 April 1986: 18. The Times Digital Archive. Online 24 March 2018.

34 Deirdre Bair, *Simone de Beauvoir: A Biography*, London: Jonathan Cape, 1990, p. 514.

35 https://www.the-tls.co.uk/articles/private/sartres-sex-slave/

36 Moi, *Simone de Beauvoir*, pp. 44-5.

37 Moi, *Simone de Beauvoir*, p. 39.

38 bell hooks, "True Philosophers: Beauvoir and bell', in Shannon M. Mussett and William S. Wilkerson (eds), *Beauvoir and Western Thought from Plato to Butler*, Albany, NY: SUNY Press, 2012, p. 232.

39 Rowley, *Tête-à-tête*, p. 13.

40 Elizabeth Bachner, 'Lying and Nothingness: Struggling with Simone de Beauvoir's Wartime Diary, 1939–41', *Bookslut*, November 2008.

41 Richard Heller, 'The Self-centred Love of Madame Yak-yak', *The Mail on Sunday*, 1 December 1991, 35.

42 To the 1978 edition of *le Petit Robert*. See Preface to 'Everyday Sexism, Notes, FW 241.

43 bell hooks, 'Beauvoir and bell, p. 231.

44 Sarah Churchwell, *The Many Lives of Marilyn Monroe*, New York: Picador, 2005, p. 33.

45 François Mauriac, 'Demande d'enquête', Le Figaro (1949), 30 May. See Ingrid Galster, *Le Deuxième Sexe de Simone de Beauvoir*, Paris: Presse universitaire Paris-Sorbonne, 2004, p. 21. Beauvoir discusses the reaction to this chapter's publication in FC 197.

46 E.g., in Mill's discussion of impartiality and the command to 'love your neighbour as yourself' in chapter 2 of *Utilitarianism*, or Kant's discussion of the same command in section I of the *Groundwork for the Metaphysics of Morals*.

47 Laurie A. Rudman, Corinne A. Moss-

註解

前言

1 DPS 266, 28 May 1927.

2 See Toril Moi, *Simone de Beauvoir: The Making of an Intellectual Woman*, 2nd edn, Oxford: Oxford University Press, 2008, p. 26.

3 Claude Jannoud, 'L'OEuvre: Une vulgarisation plus qu'une création', Le Monde, 15 April 1986.

4 Moi, *Simone de Beauvoir*, p. 27.

5 Beauvoir, 'Existentialism and Popular Wisdom', PW 218.

6 Sandrine Sanos, *Simone de Beauvoir: Creating a Feminist Existence in the World*, Oxford: Oxford University Press, 2017, p. 118.

7 SS 3.

8 DPS 57,7 August 1926.

9 FC 288.

10 Henri Bergson, *Time and Free Will: An Essay on the Immediate Data of Consciousness*, New York: Dover, 2001, p. 178.

11 Ovid, *Tristia* III.iv.25, cited in Descartes (Descartes, Letter to Mersenne), April 1634, *Œuvres de Descartes*, ed. Charles Adam and Paul Tannery, volume I, Paris: Cerf, 1897, pp. 285-6.

12 PL 22.

13 Annie Cohen-Solal, *Sartre: A Life*, London: Heinemann, 1987, p. 86.

14 http://www.bbc.com/culture/story/20171211-were-sartre-and-de-beauvoir- the-worlds-first-modern-couple

15 Quoted by Madeleine Gobeil in an interview with Simone de Beauvoir, 'The Art of Fiction No. 35', *Paris Review* 34 (Spring-Summer 1965).

16 Hazel Rowley, *Tête-à-tête: The Lives and Loves of Simone de Beauvoir and Jean-Paul Sartre*, London: Vintage, 2007, p. ix.

17 MDD 344.

18 Beauvoir, cited in Simone de Beauvoir, Margaret A. Simons and Jane Marie Todd, 'Two Interviews with Simone de Beauvoir', *Hypatia* 3(3) (1989): 13.

19 Alice Schwarzer, *Simone de Beauvoir Today: Conversations 1972-1982*, London: Hogarth Press, 1984, p. 13.

20 本段中給的所有出版日期均指第一批法語版本。

21 正如瑪格麗特·西蒙斯所指出的，波娃寫給沙特的信的英譯本對此無甚幫助：它刪除了三分之一的法語可用材料。光是1939年的11月和12月，就刪去了38篇關於波娃在小說《女賓》中的引用段落。(See Margaret Simons, Introduction, PW 5.)

22 這些信件可以在耶魯大學的拜內克古籍善本圖書館中查閱。

23 PL 8.

UM

'The Useless Mouths' and Other Literary Writings, ed. Margaret A. Simons and Marybeth Timmerman, Urbana: University of Illinois Press, 2011.

VED

A Very Easy Death, trans. Patrick O'Brian, New York: Pantheon, 1965.

WD

Wartime Diary, ed. Margaret A. Simons and Sylvie le Bon de Beauvoir, Urbana: University of Illinois Press, 2009.

WML

Witness to My Life: The Letters of Jean-Paul Sartre to Simone de Beauvoir, 1926-1939, ed. Simone de Beauvoir, trans. Lee Fahnestock and Norman MacAfee, London: Hamish Hamilton, 1992.

WT

When Things of the Spirit Come First: Five Early Tales, trans. Patrick O'Brian, London: Flamingo, 1982.

Beth Mader, Chicago: University of Illinois Press, 2004.

LS

Letters to Sartre, trans. Quentin Hoare, New York: ST Arcade, 1991.

M

The Mandarins, trans. Leonard Friedman, London: Harper Perennial, 2005.

MDD

Memoirs of a Dutiful Daughter, trans. James Kirkup, London: Penguin, 2001.

MPI

Mémoires, tome I, ed. Jean-Louis Jeannelle and Eliane Lecarme-Tabone, Bibliothèque de la Pléiade, Paris: Gallimard, 2018.

MPII

Mémoires, tome II, ed. Jean-Louis Jeannelle and Eliane Lecarme-Tabone, Bibliothèque de la Pléiade, Paris: Gallimard, 2018.

OA

Old Age, trans. Patrick O'Brian, Harmondsworth: Penguin, 1977.

PL

The Prime of Life, trans. Peter Green, London: Penguin, 1965.

PW

Philosophical Writings, ed. Margaret Simons with Marybeth Timmerman and Mary Beth Mader, Chicago: University of Illinois Press, 2004.

PolW

Political Writings, ed. Margaret Simons and Marybeth Timmerman, Chicago: University of Illinois Press, 2012.

QM

Quiet Moments in a War: The Letters of Jean-Paul Sartre and Simone de Beauvoir 1940-1963, trans. Lee Fahnestock and Norman MacAfee, London: Hamish Hamilton, 1993.

SCTS

She Came to Stay, trans. Yvonne Moyse and Roger Senhouse, London: Harper Perennial, 2006.

SS

The Second Sex, trans. Constance Borde and Sheila Malovany-Chevallier, London: Vintage, 2009.

SSP

The Second Sex, trans. H. M. Parshley, New York: Random House, Vintage, 1970.

TALA

A Transatlantic Love Affair: Letters to Nelson Algren, New York: New Press, 1998.

TWD

The Woman Destroyed, trans. Patrick O'Brian, London: Harper Perennial, 2006.

西蒙・德・波娃著作縮寫

A

Adieux: A Farewell to Sartre, trans. Patrick O'Brian, London: Penguin, 1984.

ADD

America Day by Day, trans. Carol Cosman, Berkeley: University of California Press, 1999.

AMM

All Men Are Mortal, trans. Euan Cameron and Leonard Friedman, London: Virago, 2003.

ASD

All Said and Done, trans. Patrick O'Brian, London: Penguin, 1977.

BB

Brigitte Bardot and the Lolita Syndrome, trans. Bernard Frechtman, London: Four Square, 1962. First published in *Esquire* in 1959.

BI

Les Belles Images, Paris: Gallimard, 1972.

BO

The Blood of Others, trans. Yvonne Moyse and Roger Senhouse, London: Penguin, 1964.

CC

Correspondence croisée, Paris: Gallimard, 2004.

CJ

Cahiers de jeunesse, Paris: Gallimard, 2008.

DPS

Diary of a Philosophy Student: Volume I, 1926-27, ed. Barbara Klaw, Sylvie le Bon de Beauvoir and Margaret Simons, Urbana: University of Illinois Press, 2006.

EA

Ethics of Ambiguity, trans. Bernard Frechtman, New York: Citadel Press, 1976.

FC

Force of Circumstance, trans. Richard Howard, London: Penguin, 1987.

FW

Feminist Writings, ed. Margaret A. Simons and Marybeth Timmerman, Urbana: University of Illinois Press, 2015.

LM

The Long March, trans. Austryn Wainhouse, London: Andre Deutsch and Weidenfeld & Nicholson, 1958.

圖片提供者

本書內圖片由以下圖片提供者授權提供。衷心感謝。

頁39圖（前言）	Collection Sylvie Le Bon de Beauvoir, © Diffusion Gallimard.
頁48圖（第一章）	Collection Sylvie Le Bon de Beauvoir, © Diffusion Gallimard.
頁110圖（第三章）	Collection Sylvie Le Bon de Beauvoir, © Diffusion Gallimard.
頁162圖（第六章）	Photo: Frédéric Hanoteau/Collection Sylvie Le Bon de Beauvoir, © Diffusion Gallimard.
頁200圖（第七章）	Photo: Frédéric Hanoteau/ Collection Sylvie Le Bon de Beauvoir, © Diffusion Gallimard.
頁210圖（第七章）	Collection Sylvie Le Bon de Beauvoir, © Diffusion Gallimard.
頁264圖（第九章）	Robert Doisneau/Gamma-Legends Collection/Getty Images.
頁278圖（第十章）	Robert Doisneau/Gamma-Legends Collection/Getty Images.
頁311圖（第十一章）	Collection Sylvie Le Bon de Beauvoir, © Diffusion Gallimard.
頁409圖（第十四章）	Collection Sylvie Le Bon de Beauvoir, © Diffusion Gallimard.
頁444圖（第十四章）	Bettmann/Bettmann Collection/Getty Images.
頁456圖（第十五章）	Collection Sylvie Le Bon de Beauvoir, © Diffusion Gallimard.
頁463圖（第十五章）	Jacques Pavlovsky/Sygma Collection/Getty Images.
頁512圖（第十六章）	Eric Bouvet/Gamma-Rapho Collection/Getty Images.

Beyond

23

世界的啟迪

成為西蒙波娃

Becoming BEAUVOIR: A Life

作者	凱特・寇克派翠（Kate Kirkpatrick）
譯者	張葳
執行長	陳蕙慧
總編輯	張惠菁
責任編輯	盛浩偉、宋繼昕
行銷總監	陳雅雯
行銷企劃	張偉豪
封面・內頁設計	賴佳韋
內頁排版	宸遠彩藝
社長	郭重興
發行人	曾大福
出版	衛城出版 / 遠足文化事業股份有限公司
發行	遠足文化事業股份有限公司
地址	231 新北市新店區民權路 108-2 號 9 樓
電話	02-22181417
傳真	02-22180727
客服專線	0800-221029
法律顧問	華洋法律事務所　蘇文生律師
印刷	呈靖彩藝有限公司
初版五刷	2023 年 6 月
定價	650 元

ACRO POLIS
衛城出版

Email acropolismde@gmail.com
Facebook www.facebook.com/acrolispublish

國家圖書館出版品預行編目(CIP)資料

成為西蒙波娃
凱特.寇克派翠(Kate Kirkpatrick)作；張葳譯. -- 初版. -- 新北市：衛城出版, 遠足文化事業股份有限公司, 2021.06
面；公分. -- (Beyond；23)(世界的啟迪)
譯自：Becoming Beauvoir : a life
ISBN 978-986-06518-1-2 (平裝)

1.傳記　2.學術思想　3.法國

784.28　　110007721

● 親愛的讀者你好，非常感謝你購買衛城出版品。
我們非常需要你的意見，請於回函中告訴我們你對此書的意見，
我們會針對你的意見加強改進。

若不方便郵寄回函，歡迎傳真回函給我們。傳真電話 —— 02-2218-0727

或上網搜尋「衛城出版 FACEBOOK」
http://www.facebook.com/acropolispublish

● 讀者資料

你的性別是 ☐ 男性 ☐ 女性 ☐ 其他

你的職業是 ______________________ 你的最高學歷是 ______________________

年齡 ☐ 20 歲以下 ☐ 21-30 歲 ☐ 31-40 歲 ☐ 41-50 歲 ☐ 51-60 歲 ☐ 61 歲以上

若你願意留下 e-mail，我們將優先寄送 ______________________ 衛城出版相關活動訊息與優惠活動

● 購書資料

● 請問你是從哪裡得知本書出版訊息？（可複選）
☐ 實體書店 ☐ 網路書店 ☐ 報紙 ☐ 電視 ☐ 網路 ☐ 廣播 ☐ 雜誌 ☐ 朋友介紹
☐ 參加講座活動 ☐ 其他 __________

● 是在哪裡購買的呢？（單選）
☐ 實體連鎖書店 ☐ 網路書店 ☐ 獨立書店 ☐ 傳統書店 ☐ 團購 ☐ 其他 __________

● 讓你燃起購買慾的主要原因是？（可複選）
☐ 對此類主題感興趣
☐ 覺得書籍設計好美，看起來好有質感！
☐ 議題好熱，好像很多人都在看，我也想知道裡面在寫什麼
☐ 其他 __________
☐ 參加講座後，覺得好像不賴
☐ 價格優惠吸引我
☐ 其實我沒有買書啦！這是送（借）的

● 如果你覺得這本書還不錯，那它的優點是？（可複選）
☐ 內容主題具參考價值 ☐ 文筆流暢 ☐ 書籍整體設計優美 ☐ 價格實在 ☐ 其他 __________

● 如果你覺得這本書讓你好失望，請務必告訴我們它的缺點（可複選）
☐ 內容與想像中不符 ☐ 文筆不流暢 ☐ 印刷品質差 ☐ 版面設計影響閱讀 ☐ 價格偏高 ☐ 其他 __________

● 大都經由哪些管道得到書籍出版訊息？（可複選）
☐ 實體書店 ☐ 網路書店 ☐ 報紙 ☐ 電視 ☐ 網路 ☐ 廣播 ☐ 親友介紹 ☐ 圖書館 ☐ 其他 ______

● 習慣購書的地方是？（可複選）
☐ 實體連鎖書店 ☐ 網路書店 ☐ 獨立書店 ☐ 傳統書店 ☐ 學校團購 ☐ 其他 __________

● 如果你發現書中錯字或是內文有任何需要改進之處，請不吝給我們指教，我們將於再版時更正錯誤

____

____

____

____

____

請沿虛線剪

廣 告 回 信
臺灣北區郵政管理局登記證
第 1 4 4 3 7 號

請直接投郵•郵資由本公司支付

23141
新北市新店區民權路108-2號9樓

衛城出版 收

● 請沿虛線對折裝訂後寄回，謝謝！

ACROPOLIS 衛城出版

Beyond

23

世界的啟迪